财政部规划教材
全国财政职业教育教学指导委员会推荐教材
全国职业院校财经类教材

互联网金融基础

胡冬鸣　主编

U0823302

中国财经出版传媒集团
中国财政经济出版社

图书在版编目（CIP）数据

互联网金融基础／胡冬鸣主编. --北京：中国财政经济出版社，2020.3

财政部规划教材　全国财政职业教育教学指导委员会推荐教材　全国职业院校财经类教材

ISBN 978-7-5095-9657-9

Ⅰ.①互…　Ⅱ.①胡…　Ⅲ.①互联网络-应用-金融-高等职业教育-教材　Ⅳ.①F830.49

中国版本图书馆CIP数据核字（2020）第031915号

责任编辑：李　冰　　　　责任校对：徐艳丽

封面设计：构远设计

中国财政经济出版社出版

URL：http：//www.cfeph.cn

E-mail：cfeph@cfeph.cn

（版权所有　翻印必究）

社址：北京市海淀区阜成路甲28号　邮政编码：100142

营销中心电话：010-88191537

北京中兴印刷有限公司印刷　各地新华书店经销

787×1092毫米　16开　14.5印张　346 000字

2020年5月第1版　2020年5月北京第1次印刷

定价：46.00元

ISBN 978-7-5095-9657-9

（图书出现印装问题，本社负责调换）

本社质量投诉电话：010-88190744

打击盗版举报热线：010-88191661　QQ：2242791300

编写 说明

本书是财政部规划教材、全国财政职业教育教学指导委员会推荐教材，由财政部教材编审委员会组织编写并审定，作为全国中等职业学校财经类教材使用。

互联网金融是现代经济进入互联网时代后，在金融上所表现出的新特征、新技术、新平台、新模式和新实现形式。互联网金融是互联网技术和金融功能的有机结合，是依托大数据和云计算在开放的互联网平台上形成的功能化金融业态及其服务体系。互联网金融包括基于网络平台的金融市场体系、金融服务体系、金融组织体系、金融产品体系以及互联网金融监管体系，并具有普惠金融、平台金融、信息金融和碎片金融等相异于传统金融的全新金融模式。互联网金融并不是简单的互联网技术的金融，而是基于互联网思想且技术作为支撑的金融。虽然国内互联网金融发展历程要短于美欧等发达经济体，但互联网金融发展的势头非常之迅猛，互联网金融创新产品层出不穷。互联网金融的发展离不开大数据。数据产生、数据挖掘、数据安全和搜索引擎技术是互联网金融的有力支撑。应该讲，技术的发展还在不断扩充着金融服务的边界，以至于数字金融、普惠金融、智慧金融、科技金融这些当下热词都很难真正代表互联网金融的特征。纵观全球主要经济体每一次重要的体制变革，都会伴随着重大的金融创新。而中国的金融改革，正值互联网金融潮流的强有力推动，使得目前的金融效率、交易模式，甚至整体金融架构都发生了根本性的变革。

基于目前的中等职业学校互联网金融基础课程教学的需要，我们编写了这本介绍互联网金融基本原理的书籍，向广大中等职业学校的学生馈赠这方面的知识营养。本教材并没有从纯粹技术的角度去向读者介绍晦涩难懂的互联网金融技术问题，而是把重点放在互联网金融业务的基本原理及其基本知识的普及和介绍方面。本教材不仅阐述了互联网金融基本特征、主要模式及其技术工具，而且还较为系统介绍了第三方支付、网上银行、大数据金融、P2P网贷、网上理财、网上征信、众筹与众投、互联网金融安全保障主要原理及其使用方法。本教材在编写中自然吸纳了当代互联网金融主要理论观点与实践成果，内容安排上能够满足目前中等职业学校的互联网金融课程的教学需要以及社会上对互联网金融原理的培训需要。

本教材在编写过程中听取了相关专家、学者和教材使用者等多方面的意见和建议，从充分考虑到职业学校学生实务技能基础打造的需要、降低专业知识的难度、便于教学互动等方面进行了比较全面的内容规划。本书由胡冬鸣担任主编并总纂，田春丽参加了部分内容的编写工作。

编 者

2020 年 3 月 10 日

编写说明

目　录

第一章
认识互联网金融业务

第一节　互联网金融业务的主要特征及其模式

一、互联网金融发展的环境因素

（一）居民财富不断积累，投资理财需求旺盛

随着我国市场经济体制的日趋完善，产业结构调整带来新一轮经济的快速增长，我国经济社会发生了巨大的变化，居民的收入有了大幅提高。国家统计局公布的《2018 年国民经济和社会发展统计公报》显示，城乡居民收入继续增加。全年全国居民人均可支配收入 28228 元，比上年增长 8.7%。全国居民人均可支配收入中位数 24336 元，增长 8.6%。城镇居民人均可支配收入 39251 元，比上年增长 7.8%。城镇居民人均可支配收入中位数 36413 元，增长 7.6%。农村居民人均可支配收入 14617 元，比上年增长 8.8%。农村居民人均可支配收入中位数 13066 元，增长 9.2%。按全国居民五等份收入分组，低收入组人均可支配收入 6440 元，中间偏下收入组人均可支配收入 14361 元，中间收入组人均可支配收入 23189 元，中间偏上收入组人均可支配收入 36471 元，高收入组人均可支配收入 70640 元。全国农民工人均月收入 3721 元，比上年增长 6.8%。全年全国居民人均消费支出 19853 元，比上年增长 8.4%。城镇居民人均消费支出 26112 元，增长 6.8%；农村居民人均消费支出 12124 元，增长 10.7%。居民可支配收入的快速增长带来的是理财产品消费的快速增长。截至 2017 年底，全国共有 562 家银行有存续的理财产品，理财产品数 9.35 万只；理财产品存续余额 29.54 万亿元，较年初增长 0.49 万亿元；同比增长 1.69%。2017 年，银行业理财市场累计发行理财产品 25.77 万只，累计募集资金 173.59 万亿元。其中，个人理财产品募集金额占全部理财产品募集金额的 63.62%。2017 年发行产品数较 2016 年增长 27.51%，募集资金额较 2016 年增长 3.36%。截至 2018 年 12 月 31 日，554 家国内银行全年发行了超过 14.9 万只理财产品，披露预期收益率的产品年平均预期收益率为 4.72%，同比上涨 0.22 个百分点。2018 年《中国互联网络发展状况统计报告》显示。截至 2018 年 6 月 30 日，我国互联

网理财使用率由 2017 年末的 16.7% 提升至 2018 年 6 月的 21.0%，互联网理财用户增加 3974 万户，半年增长率达 30.9%。我国互联网理财用户规模持续扩大，网民理财习惯逐渐得到培养。数据显示，中国网民对各类型互联网金融产品及其服务的认知度方面，第三方支付在网民中认知度最高，占到 81.2%；其次是互联网渠道销售货币基金，认知度占比是 57.9%；排在后面的 P2P 与众筹融资的认知度也有非常大的提升。社交应用是中国网民接触互联网金融的最重要渠道，52.8% 的网民通过社交网络了解到互联网金融。社交网络正在挑战传统媒介的位置，成为互联网金融在移动互联网时代最主要的传播介质。互联网金融产品已对传统银行柜台理财产品产生很大的威胁，并且在获取互联网金融原生用户上更具有优势。

（二）互联网的迅猛发展，推动金融业务创新变革

随着通讯和网络技术的不断发展，我国互联网用户持续稳定增长。根据中国互联网络信息中心发布的第 42 次《中国互联网络发展状况统计报告》，截至 2018 年 6 月，中国网民规模达到 8.02 亿人，2018 年上半年新增网民数量为 2968 万人，与 2017 年相比增长 3.8%，互联网普及率为 57.7%。在手机网民方面，数据显示，截至 2018 年 6 月，中国手机网民规模达到 7.88 亿人，2018 上半年新增手机网民数量为 3509 万人，与 2017 年相比增长 4.7%。值得一提的是，在手机网民占网民数量的比重持续攀升，2018 年占比已高达 98.3%。在城乡网民结构方面，截至 2018 年 6 月，中国城镇地区互联网普及率为 72.7%，农村地区互联网普及率为 36.5%。数据显示，2018 上半年，中国农村网民规模为 2.11 亿人，占整体网民数量的 26.3%，与 2017 年末相比增长 204 万人，增幅为 1.0%。城镇网民规模为 5.91 亿人，占整体网民数量的 73.7%，与 2017 年末项目增长 2764 万人，增长率为 4.9%。目前，中国网民主要以青少年、青年和中年群体为主。数据显示，截至 2018 上半年，10 岁 ~39 岁群体占整体网民规模的 70.8%，其中 20 岁 ~29 岁占比最高，占比为 27.9%，其次为 30 岁 ~39 岁群体，占比为 24.7%，其后为 10 岁 ~ 19 岁群体，占比为 18.2%。截至 2018 年 6 月，我国网络购物用户和使用网上支付的用户占总体网民的比例均为 71.0%，网络购物与互联网支付已成为网民使用比例较高的应用，手机网民中使用移动支付的比例高达 71.9%。由于 P2P 贷款、阿里小贷、众筹融资、网络理财、网络支付等各类互联网金融形式获得飞速发展，改变了原有消费金融的结构，直接影响或改变了消费者的借贷、投资、理财和支付习惯。国内互联网巨头阿里、腾讯、百度相继涉足金融领域，借助互联网盘活大众闲散资本。借助电商的大用户流量基础，以余额宝为代表的互联网证券产品得以继续迅速发展。面对来势汹汹的互联网金融，各行业在感受危机的同时，必须拿出勇气进行创新与变革。对中国商业银行来说，进入 2018 年，以网络银行、手机银行、电商平台、直销银行和线上线下联动产品为特点的互联网金融产品格局基本形成，部分银行已经形成自己鲜明的互联网金融战略定位。

（三）提升客户服务水准，促进互联网金融业务发展

互联网金融为商业银行金融服务注入了全新理念，使金融服务更加“开放”。互联网金融突破了时间、空间对金融服务的限制，通过网络技术打破了信息传递的物理边界限制，真正实现了 7×24 小时跨地域的金融服务。互联网金融还降低了金融行业的门槛限制，突破了金融行业原有的行业垄断，使得更多的机构有平等的机会直接参与到金融活动之中，倒逼商业银行必须提供更加优质的金融服务，降低金融服务成本。互联网金融使金融服务更加“平等”与“亲民”。一方面，商业银行作为金融服务的提供者可以通过网络平等的为客户提供金融服务，依据自身的竞争力实现优胜劣汰。另一方面，由于互联网金融降低了运营成本，从而客户可以更加平等的享受金融服务带来的收益，金融的普惠有效地打破了资金收益的基金规模限制。同时，共享作为互联网精神的重要一部分，在互联网金融的发展中也得到了很好的体现。随着大数据、云计算等技术的发展，从信息到硬件设备都通过“共享”的形式进一步降低了成本。与此同时，借助社交平台的发展，金融行业信息、产品信息会得到更为有效的传播。应该强调的是，客户的需求是互联网金融发展的原动力，利用互联网开放、平等、互动、透明的特点增加客户黏度是开展互联网金融的终极目标。

二、互联网金融相对于商业银行的优势

（一）互联网金融能够快速匹配客户的金融需求

以往商业银行因规避风险的需要，在某些企业发展遇阻急需得到资金求助时，往往会遭遇闭门羹，这种情况会导致资源分配不合理，阻碍经济发展。同时，商业银行的零售业务只要销量不足，成本就会上升，实现盈利就比较困难。而需求的长尾效应是分散和有限的，很难同时做到。然而，互联网金融依靠自身优势可以很好解决这一问题。拥有云技术、微贷技术的互联网可以建立一个对客户进行评级的偌大的数据库和网络信用体系。通过参考以往办理业务中的历史交易记录和信用评级，对客户信息进行整合分析，规避潜在风险，切实保证客户利益。互联网金融跨越了地域和时间的限制，降低了交易和沟通成本，让客户快捷方便找到适合自己的产品。数据分析技术可使其实现在低成本条件下的定制生产。互联网金融通过创新的模式克服了规模效应的限制，实现了企业大规模增长。独一无二的阳光操作，使得互联网金融在向客户提供服务过程中，资源配置效率大幅度提升。提高融资者效率的同时，不仅收益提高，投资风险也相应降低。极大促进了实体经济的发展。相对于传统的商业银行，互联网金融能快速适应市场利率的改变，更有效判断出潜在的市场流动性风险，并做出相应的反应。对市场发展方向做出正确判断，掌握客户最终利率信息，是互联网金融实现行为的有效方式。互联网金融的发展能够促使目前的利率定价体系更加完善，同时还会有更好适应利率市场化的表现。互联网金融通过获得的客户不断更新的经济信息、消费信息、信用信息，不断修正基础数据，缩小风险误差，建立更准确的客户等级，从而推荐更适合的产品给客户，并有效防控风险的发生。

（二）互联网金融使资金储存找到了更好的盈利空间

虽然第三方支付平台暂存的资金最终还是流向了商业银行，是商业银行存款总量不变的主要原因。但第三方支付平台可对存款进行分流的行为还是使商业银行存款结构受到了前所未有的影响，特别是由第三方支付平台延迟支付功能导致的中小银行资金流动压力加大。存放于第三方支付平台的部分资金实质上是用户的活期存款。但由于第三方支付平台的发展规模巨大，资金积累现象也就越显著。随着第三方支付平台向投资、理财、保险业务的延伸，给用户提供超过银行预期效益的同时，自然也对现有的商业银行产生了不小的冲击。众多依靠互联网发展的货币基金产品在收效方面相较传统银行更为明显，并最终导致银行存款的快

速分流。

（三）互联网金融业务更加亲民普惠

互联网金融快速发展的初期主要归功于第三方支付平台在电商企业和结算银行之间承担了担保这一重要角色。但发展到今天已经不是简单的担保角色定位，而是大众乐于接受的支付方式。第三方支付相对于传统银行支付其交易成本更低，信息更加安全，交易风险基本可以得到控制。虽然当下很多商业银行开通了网银转账的功能，方便客户进行理财、结算、查询。但由于在支付时操作程序比第三方支付平台要复杂得多，使得多数人仍旧青睐支付宝和微信支付，因为的确身上可以不用带现金和银行卡出门，并吸取了更多的闲散社会资金，最终导致商业银行活期存款数量急剧下降。目前第三方支付平台不光有转账支付，还有订票、缴费等与百姓生活息息相关的支付结算。更多的用户都采用第三方支付。现实中受存款规模制约的贷款业务也同样受到互联网金融的围剿。由于商业银行在发展过程中秉承的是安全稳定，而互联网金融实现的是快捷便利。对于急需资金的企业客户来说，虽然商业银行能够起到中介作用，但由于手续烦琐存在信息不对称问题，融资成本相对较高。而互联网金融成本低，大量的融资者自然会使用互联网金融替代银行的中间角色，无法提供担保的小额贷款人群是目前互联网金融客户群体的主要来源。

三、互联网金融业务的主要特征

互联网金融（ITFIN）就是互联网技术和金融功能的有机结合，依托大数据和云计算在开放的互联网平台上形成的功能化金融业态及其服务体系，包括基于网络平台的金融市场体系、金融服务体系、金融组织体系、金融产品体系以及互联网金融监管体系等，并具有普惠金融、平台金融、信息金融和碎片金融等相异于传统金融的新兴金融模式，或者说是借助互联网和移动通信技术实现资金融通、支付和信息中介功能的新兴金融模式。狭义的互联网金融仅指互联网企业开展的、基于互联网技术的金融业务。广义的互联网金融不仅包括作为非金融机构的互联网企业从事的金融业务，还包括金融机构通过互联网开展的业务。网络金融业务应具备的主要特征如下：

（一）互联网金融服务基于大数据的运用

基于大数据的金融服务平台是指拥有海量数据的电子商务企业开展的金融服务。大数据的关键是从大量数据中快速获取有用信息的能力，或者是从大数据资产中快速变现利用的能力。大数据的处理必须以云计算为基础才能进行。数据一直是信息时代的象征。当代金融机构一方面是大数据的重要生产者，同时也高度依赖着信息技术，是典型的数据驱动行业。在互联网金融环境中，数据作为金融机构的核心资产，将撼动金融机构传统的客户关系及其抵押品和质押品在金融业务中的位置。大数据可以促进高频交易，社交情绪分析和信贷风险分析三大金融创新。无论互联网金融领域哪种业务模式及产品交互无不体现对大数据的合理运用。互联网金融通过互联网及相关软件，将高度分散化的企业、个人信息进行系统集中处理，形成分门别类的信息数据资源，并以此为基础提供资金融通和交易服务。换句话说，通过对大数据进行实时分析，可以为互联网金融机构提供客户全方位信息，通过分析客户的交易和消费信息挖掘掌握客户的消费习惯，并准确预测客户的消费行为，使金融机构和金融服务平台在营销和风险控制方面更加有明确的目标。

（二）成本低廉

互联网金融基于互联网虚拟空间开展，金融产品的发行、交易以及货币的支付可以直接在网上进行。在互联网金融模式下，资金供求的双方可以通过网络交易平台自行完成信息甄别、匹配、定价和交易，无须再到传统中介的固定经营场所、交易成本非常低、无垄断利润。一方面，金融机构省去了传统的庞大实体营业网点费用和雇用众多员工的人力资源成本，大大减少了投资成本、营业费用和管理成本；另一方面，消费者可以在开放透明的平台上快速找到适合自己的金融产品，交易双方在资金期限匹配、风险分担上的成本非常低，进而大幅降低了市场交易成本。当然，互联网金融的低成本特征还会体现在服务成本方面，特别是降低了小微企业的融资成本。第三方支付带来的结算成本大大的降低，互联网金融门户能够促使客户以更低的成本搜索比价更加优质的金融产品。

（三）资金借贷运作高效

互联网金融业务主要由计算机处理，操作流程完全标准化，客户不需要排队等候，业务处理速度更快，用户体验性更好。互联网金融争取最多的还是小微用户，用户的金融需求既小额又个性差异非常大，在传统金融体系中往往得不到满足。而在互联网金融的服务中，可以高效解决小微用户的个性需求。平板电脑、智能手机等移动端设备的便于携带、功能丰富、操作简单的特点，使得用户利用互联网可以非常便捷地通过手机、平板电脑等客户端随时随地进行转账、支付、购买理财产品。应该讲，互联网金融模式突破了时空限制，减少了中间环节，创造了便捷支付方式，金融活动参与者通过互联网有了更直接、更有效的接触，透明度更高，极大程度上减少了市场信息不对称，使市场更加充分有效，且能够有效提高资金融通效率。

（四）风险管控比较弱

互联网金融目前并未接入人民银行征信系统，也不存在信用信息共享机制，不具备类似银行的风控、合规和清收机制，容易发生各类风险问题。互联网金融在中国处于起步阶段，还没有监管和法律严格约束，缺乏准入门槛和行业规范，整个行业面临诸多政策和法律滞后问题。因而互联网金融违约成本较低，容易诱发恶意骗贷、卷款跑路等风险问题。由于准入门槛低和缺乏监管，往往会成为不法分子从事非法集资和诈骗等犯罪活动的温床。同时，互联网安全问题突出，网络金融犯罪问题不容忽视。一旦遭遇黑客攻击，互联网金融的正常运作会受到影响，危及消费者的资金安全和个人信息安全。互联网金融除具有传统金融业经营过程中存在的流动性风险、市场风险和利率风险外，还存在基于信息技术导致的技术风险、系统安全风险和基于虚拟金融服务的各类业务风险，且风险扩散传播速度更快、风险诱因更复杂。

（五）注重客户消费产品的体验

注重客户消费产品的体验是互联网运作的一个重要特征，提供一个信息公开透明的消费评价平台是客户和零售商都能获得彼此所需信息的重要手段。互联网金融在服务模式上能够将传统的面对面个体柜台交易转变为开放式的群体互动式沟通；在商业模式上通过实时交互实现了客户信息的平台网络化处理。换句话说，消费者之间以及消费者与零售商的体验互动可以随时借助于互联网进行。互联网金融可以通过数据挖掘和分析，提前发现潜在客户和潜在需求，为客户提供优质高效的产品和服务体验。目前，互联网的发展逐渐从 PC 端向移动端渗透，越来越多的移动应用应运而生。移动应用具有很强的互动性，实现交流沟通、获取资讯更为快捷与方便。信息在网络上快速传播的特点，使得用户能够在第一时间获取信息，客户体验更为透明和公开。

四、互联网金融业务的主要模式

（一）第三方支付

狭义第三方支付是指目前具备一定实力和信誉保障的非银行机构，借助通信、计算机和信息安全技术，采用与各大银行签约的方式，在用户与银行支付结算系统间建立连接的一种电子支付模式。而从广义上来讲，第三方支付是指非金融机构作为收、付款人的支付中介所提供的网络支付、预付卡、银行卡收单以及中国人民银行确定的其他支付服务。由于第三方支付（Third - Party Payment）是由具备实力和信誉保障的第三方企业和国内外的各大银行进行签约基础上为买方和卖方提供的信用增强，即在银行的直接支付环节中增加一道中介。在通过第三方支付平台交易时，买方选购商品，将款项不直接打给卖方而是付给中介，中介通知卖家发货；买方收到商品后，通知付款，中介将款项转至卖家账户。在第三方支付交易流程中，支付模式使商家看不到客户的信用卡信息，同时又避免了信用卡信息在网络上多次公开传输而导致信用卡信息被窃。理论上讲，第三方支付彻底杜绝了电子交易中的欺诈行为。若以发展的观点来看待目前的第三方支付，则其已不仅仅局限于最初的互联网支付范围，而是作为线上线下全面覆盖，应用更为丰富的综合支付工具。

第三方支付具有显著的特点：第一，第三方支付平台提供一系列的应用接口程序，将多种银行卡支付方式整合到一个界面上，负责交易结算中与银行的对接，使网上购物更加快捷、便利。消费者和商家不需要在不同的银行开设不同的账户，可以帮助消费者降低网上购物的成本，帮助商家降低运营成本；同时，还可以帮助银行节省网关开发费用，并为银行带来一定的潜在利润。第二，较之 SSL、SET 等支付协议，利用第三方支付平台进行支付操作更加简单而易于接受。SSL 是应用比较广泛的安全协议，在 SSL 中只需要验证商家的身份。SET 协议是发展的基于信用卡支付系统的比较成熟的技术。但在 SET 中，各方的身份都需要通过 CA 进行认证，程序复杂，手续繁多，速度慢且实现成本高。有了第三方支付平台，商家和客户之间的交涉由第三方来完成，使网上交易变得更加简单。第三，第三方支付平台本身依附于大型的门户网站，且以与其合作的银行的信用作为信誉依托，因此第三方支付平台能够较好地解决网上交易中的信用问题，有利于推动电子商务的快速发展。

目前市场上第三方支付公司的运营模式可以归为两大类：一类是独立第三方支付模式，是指第三方支付平台完全独立于电子商务网站，不负有担保功能，仅仅为用户提供支付产品和支付系统解决方案，以快钱、易宝支付、汇付天下、拉卡拉等为典型代表。以易宝支付为例，其最初凭借网关模式立足，针对行业做垂直支付，而后以传统行业的信息化转型为契机，凭借自身对具体行业的深刻理解，量身定制全程电子支付解决方案。另一类是以支付宝、财付通为首的依托于自有 B2C、C2C 电子商务网站提供担保功能的第三方支付模式。货款暂由平台托管并由平台通知卖家货款到达、进行发货；在此类支付模式中，买方在电商网站选购商品后，使用第三方平台提供的账户进行货款支付，待买方检验物品进行确认后，就可以通知平台付款给卖家，这时第三方支付平台再将款项转至卖方账户。第三方支付公司主要有交易手续费、行业用户资金信贷利息及服务费收入和沉淀资金利息等收入来源。

比较著名的第三方支付产品主要有支付宝、微信支付、百度钱包、PayPal、中汇支付、拉卡拉、财付通、融宝、盛付通、腾付通、通联支付、易宝支付、中汇宝、快钱、国付宝、物流宝、网易宝、网银在线、环迅支付 IPS、汇付天下、汇聚支付、宝易互通、宝付、乐富等。其中用户量最大的是 PayPal 和支付宝。

PayPal 在中国大陆的品牌注册是"贝宝"，是美国 eBay 公司的全资子公司。1998 年 12 月由 Peter Thiel 和 Max Levchin 创建。PayPal 允许在使用电子邮件来标识身份的用户之间转移资金，避免了传统的邮寄支票或者汇款的方法。PayPal 和一些电子商务网站合作，成为它们的货款支付方式之一。但是使用 PayPal 支付方式转账时，PayPal 会收取一定数额的手续费。通过 PayPal 付款人欲支付一笔金额给商家或者收款人时，只要有一个电子邮件地址，付款人就可以登录开设 PayPal 账户，通过验证成为其用户，并提供信用卡或者相关银行资料，增加账户金额，将一定数额的款项从其开户时登记的账户转移至 PayPal 账户下。当付款人启动向第三人付款程序时，必须先进入 PayPal 账户，指定特定的汇出金额，并提供收款人的电子邮件账号给 PayPal 服务商。接着 PayPal 服务商向商家或者收款人发出电子邮件，通知其有等待领取或转账的相关款项。若商家或者收款人也是 PayPal 用户，其决定接受后，付款人所指定之款项即移转进收款人账户；若商家或者收款人没有 PayPal 账户，收款人得依 PayPal 电子邮件内容指示连线进入网页注册取得一个 PayPal 账户，收款人可以选择将取得的款项转换成支票寄到指定的处所、转入其个人的信用卡账户或者转入另一个银行账户。

支付宝是支付宝（中国）网络技术有限公司在国内提供的第三方支付平台。支付宝公司于 2004 年由马云创建，旗下有"支付宝"与"支付宝钱包"两个独立支付品牌。支付宝是当前全球最大的移动支付厂商，主要提供支付及理财服务。包括：网购担保交易、网络支付、转账、信用卡还款、手机充值、水电煤缴费、个人理财等多个领域。在进入移动支付领域后，支付宝为零售百货、电影院线、连锁商超和出租车等多个行业提供支付转账服务，并同时推出了余额宝理财产品。客户使用支付宝支付服务需要先注册一个支付宝账户，有"个人账户"和"企业账户"两类。在支付宝官方网站或者支付宝钱包注册均可。用户使用支付服务需要实名认证，实名认证之后可以在淘宝开店，增加更多的支付服务，更重要的是有助于提升账户的安全性。实名认证需要同时核实会员身份信息和银行账户信息。买家在注册支付宝账户后，需要利用开通的网上银行给支付宝账户充值；在淘宝或外部支持支付宝担保支付的网站上购买商品，用支付宝账户支付货款，货款会先付款给支付宝（其承担担保责任），支付宝在收到支付的信息后通知卖家；卖家确认付款情况后，发货给买家；买家收到商品后，在支付宝（或淘宝）确认收货；支付宝收到买家确认收货并满意的信息后，最终给卖家打款。目前支付宝的支付类型主要有：快捷支付；支付宝手机支付；支付宝二维码支付；支付宝声波支付；支付宝 NFC 支付；支付宝 iptv 支付；支付宝指纹支付；支付宝刷脸支付。

（二）大数据金融

大数据金融是指集合海量非结构化数据，通过互联网、云计算等信息化方式对其数据进行专业化的挖掘和分析，同时与传统金融服务相结合，创新性开展相关资金融通工作的统称。挖掘大数据可以为互联网金融机构提供客户全方位信息。通过分析和挖掘客户的交易和消费信息掌握客户的消费习惯，并准确预测客户行为发生，使金融机构和金融服务平台在营销和风险管控方面目标更加明确。使用大数据的关键是从大量数据中快速获取多少有用的客户消费信息，或者是从大数据资产运营中快速变现获利，因而大数据的信息处理必须以云计算为基础。

目前，大数据服务平台的运营模式主要有以阿里小额信贷为代表的平台模式和京东、苏宁为代表的供应链金融模式。阿里小贷以“封闭流程＋大数据”的方式开展金融服务，凭借电子化系统对贷款人的信用状况进行核定，发放无抵押的信用贷款及应收账款抵押贷款，单笔金额在5万元以内，与银行的信贷形成了非常好的互补。阿里金融目前只统计、使用自己的数据，并且会对数据进行真伪性识别、虚假信息判断。阿里金融通过其庞大的云计算能力及数十位优秀建模团队的多种模型，为阿里集团的商户、店主时时计算其信用额度及其应收账款数量，依托电商平台、支付宝和阿里云，实现客户、资金和信息的封闭运行，一方面有效降低了风险因素，同时真正的做到了一分钟放贷。和平台模式有所不同的是，京东商城、苏宁的供应链金融模式是以这些电商作为客户，以未来收益的现金流作为担保来获得商业银行授信，为供货商提供贷款支持。商业银行向客户提供融资和结算、理财服务，同时向客户的供应商提供贷款及时收达的便利，或者向其分销商提供预付款代付及存货融资服务。供应链金融是商业银行将核心企业和上下游企业联系在一起提供灵活运用的金融产品和服务的一种融资模式。供应链金融对商业银行的价值还在于能够实现银企互利共赢的局面。在供应链金融模式下，银行跳出单个企业的局限，站在产业供应链的全局和高度，向所有成员的企业进行融资安排，通过中小企业与核心企业的资信捆绑来提供授信。供应链金融还能够降低商业银行资本消耗。根据巴塞尔资本协议的规定，贸易融资项下风险权重仅是一般信贷业务的20%。但供应链金融涵盖了传统授信业务、贸易融资、电子化金融工具，为商业银行拓展中间业务提供了非常大的增长空间。

大数据能够通过海量数据的核查和评定，增加风险的可控性和管理力度，及时发现并解决可能出现的风险点，对于风险发生的规律性有精准的把握。同时，大数据将推动金融机构对数据的深入和透彻的分析需求。虽然商业银行不乏众多支付流水数据，但是交叉整合数据的意识不强，大数据金融的模式会促使银行开始对沉积的数据进行有效利用，推动金融机构创新品牌和服务，对客户推送个性精细定制服务。同时，利用数据测分析模型，实现对客户消费模式的精准判断。未来个性化的金融产品设计会愈来愈多，也会更加方便平台用户和供应商进行贷款融资。大数据金融企业之间的竞争将主要存在于数据采集范围、数据真伪鉴别以及数据分析和个性服务方面。

（三）P2P网贷

P2P网贷（Peer－to－Peer lending），或称作点对点信贷，是指通过第三方互联网平台进行资金借、贷双方的匹配，需要借贷的人群可以通过网站平台寻找到有出借能力并且愿意基于一定条件出借的人群，帮助贷款人通过和其他贷款人一起分担一笔借款额度来分散风险，也帮助借款人在充分比较的信息中选择有吸引力的利率条件。P2P平台的盈利主要是从借款人收取一次性费用以及向投资人收取评估和管理费用。贷款的利率确定或者是由放贷人竞标确定或者是由平台根据借款人的信誉情况和银行的利率水平提供参考利率。

目前已经出现的P2P网贷运营模式主要有以下三种：一是纯线上模式，此类模式典型的平台有拍拍贷、合力贷、人人贷，其特点是资金借贷活动都通过线上进行，不结合线下的审核。通常这些企业采取的审核借款人资质的措施有通过视频认证、查看银行流水账单、身份认证；第二种是线上线下结合的模式，此类模式以翼龙贷为代表。借款人在线上提交借款申请后，平台通过所在城市的代理商采取入户调查的方式审核借款人的资信及其还款能力。不管是纯线上模式还是线上线下结合模式，网贷平台仅为借贷双方提供信息流通交互、信息价值认定和其他促成交易完成的服务，不实质参与到借贷利益链条之中，借贷双方直接发生债权债务关系，网贷平台则依靠向借贷双方收取一定的手续费维持运营。P2P网贷的另一种模式是以宜信为代表且现在还处于质疑之中的债权转让模式。债权转让模式不是直接由投资人把钱提供给借款人（借贷双方不直接签订债权债务合同），而是由某个特定的第三方个人先行放款给借款者，再由该第三方个人将债权转让给投资者，形成了P2P借贷的专业放贷人与债权转让相结合的模式。这里特定的第三方个人称为专业放贷人。债权转让模式能够更好地连接借款者的资金需求和投资者的理财需求，主动批量开展业务，而不是被动等待各自匹配，从而实现了规模的快速扩展。几乎所有2012年以来成立的网贷平台都是债权转让模式。正是由于债权转让模式造成P2P网贷信用链条的拉长，特别是风控的不专业性，P2P网贷发展过程中倍受质疑，并由此催生了P2B模式。

P2B全称是互联网融资服务平台，有别于P2P网络融资平台的一种微金融服务模式。P2B是指person－to－business，个人对企业的一种贷款模式。P2B平台负责审核借款企业融资信息的真实性、抵质押物的有效性、评估借款风险、通过从借款资金中提取还款保证金的方式确保将还款风险降到最低。P2B平台只是作为一种纯粹的投融资中介只收取一定平台服务费，本身既不融资也不放贷。从P2B互联网投融资服务的操作原理上分析，即投资人基于对P2B平台的信任，通过P2B平台进行投资，获取固定投资收益回报。P2B平台则采取类似信托项目风控的方式，严格把关借款项目的质量及风险程度，并根据借款企业信用度要求其提供优质抵押或担保手段。同P2P不同，P2B平台只针对中小微企业提供投融资服务，借款企业及其法人（或实际控股的大股东）要提供企业及个人的担保，并且基本上不提供纯粹的信用无抵押借款，再加上类似担保模式的借款保证金账户，因此从投资风险角度分析，P2B比P2P具有更高的投资安全性。目前实际运行中的P2B平台，根据所合作的机构的不同，又可以细分成：和担保公司合作的平台；和小贷公司合作的平台；和保理公司、融资租赁公司合作的平台；和证券公司、四大资产管理公司、银行等实力较强的持牌正规金融机构合作的平台。

网贷投资具有以下特征：（1）投资门槛低。除陆金所最低投资需要1万元以外，大部分的网贷平台投资门槛起家时甚至有50元的投资标准。相对信托和银行理财产品，网贷投资是低门槛的大众理财产品，适合所有阶层的投资者。（2）投资收益稳定。作为约定利率的借贷产品，网贷投资的收益是比较稳定的，参照中国网贷五年来的借贷利率水平，平均而言整体的收益率水平大约在20%左右。当然近期随着营销活动较多的新平台的不断涌现，整体的收益率水平有上升的趋势。而主流的网贷平台的利率水平则是稳中有降。（3）投资期限可自由规划。网贷投资，可以根据自己的需求以及未来的实际情况，选择投资的期限，而许多平台也允许让投资者用未到期的投资做担保在平台上借款，以满足不可预测的资金需求。这让网贷投资的流动性得以释放。投资者既可以参照未来的资金需求情况来选择投资期限，也可以在平台上借钱来暂时迅速提现。满足现实经营中的各种资金需求。（4）系统风险是网贷投资的主要风险。如果借款人到期不还钱，那么投资者就有面临损失本金的可能性。但目前大部分 P2P 网贷平台充当了担保人的角色，如果借款人逾期不还款，那么网贷平台会先行垫付本金或者本息，这让投资者规避了借款人逾期不还款的信用风险，而所有的风险只在于网贷平台本身是否可靠，平台自身是否能够承受逾期的压力。

目前国内已有 2000 家左右的 P2P 在线运营平台。P2P 平台网贷的放贷过程非常便捷：企业或个人可以通过百度、搜狗、必应、谷歌搜索“P2P 网贷”或“P2B 网贷”来获取相关信息，也可到第三方门户获取平台信息。打开 P2P 平台网站，有的平台需要先注册，有的平台可以陌生人直接发布借款需求。根据提示填写企业名称、营业执照、联系人信息、借款金额信息。借款人按平台要求提交完整的资料。通过 P2P 平台工作人员初审后，会要求借款企业或个人提供完整资料，包括营业执照等证件原件或复印件，法人证明等材料。网贷平台风控团队会进行实地调查和复核，也就是风控。如果你遇到的平台没风控，那么就要考虑下了。这时要审查相关抵押物。一般平台会与小贷公司、担保公司进行项目合作，如果你是有担保公司或小贷公司推荐，那么为了确保项目的真实与安全，P2P 平台会在担保公司、小贷公司已完成风控的基础上，进行二次风控。上述步骤和材料均处理妥善后，P2P 平台跟借款企业或个人签订合同，企业或者个人提交收款账户，并办理抵押物他项权属，企业或者个人还款后解抵。网贷平台将借款标发布到网站上，由网络投资人投标，满标后资金通过第三方支付平台转入到企业或者个人预留账户。

（四）众筹与众投

众筹是指融资需求方将众筹融资项目交与众筹平台，平台为项目建立专门的网页向投资者招揽项目资金，对项目感兴趣且有能力的投资者可以对项目进行投资。众筹融资根据投资标的不同，通常分为以物为投资对象和以股权为投资对象。简单来说，就是众筹项目融资成功后给予投资者的回报是物还是股权。众筹融资的主要特点就是将融资项目所需的巨额资金进行拆分，以达到集合大众小额投资的目的。相对于传统的融资方式，众筹更为开放，能否获得资金支持也不再是由项目的商业价值作为唯一标准。只要是网友喜欢的项目，都可以通过众筹方式获得项目启动的第一笔资金，为更多小本经营或创作的人提供了无限的可能。需要说明的是，筹资项目必须在发起人预设的时间内达到或超过目标金额才算成功。筹资项目完成后，支持者将得到发起人预先承诺的回报，回报方式可以是实物，也可以是服务。如果项目筹资失败，那么已获资金全部退还支持者。众筹不是捐款，支持者的所有支持一定要设有相应的回报。截至 2017 年年底，我国上线过的众筹平台共 834 家，仍处于正常运营状态的仅剩 294 家。2017 年全年共有 76670 个众筹项目，其中众筹成功项目有 69637 个，占比重 90. 83%，成功项目的实际融资金额约为 260 亿元。

众筹具有低门槛的重要特点，无论身份、地位、职业、年龄、性别，只要有想法有创造能力都可以发起项目。众筹的方向具有多样性，国内众筹网站的项目类别包括设计、科技、音乐、影视、食品、漫画、出版、游戏、摄影都有。众筹的支持者通常是普通的草根民众，而非公司、企业或是风险投资人。众筹是否成功的关键还是在于项目的创意。创意（设计图、成品、策划）达到可展示的程度，才能通过平台的审核，而不单单是一个概念或者一个点子，要有可操作性。

众筹的第一步是对投资者的审核。第二步是项目审核，根据各平台的要求，线上的项目审核主要是通过项目基本介绍，项目团队信息，商业计划书三个部分进行。第三步是线下撮合投资者和创业者达成投融资合议。最后一步是投融资合议达成后的投资人入资。

众投与众筹相关联，是通过承诺付出非现金的回报，吸引大家支持创新者的项目，让创意和梦想变成现实。众投与众筹是一个事物的两个不同方面，也是该商业模式发展的不同阶段。众筹更为注重项目发起者，是站在发起者筹资的角度运营平台的，其目标也只是获得支持者的资本支援；但众投则更为注重项目支持者的参与，是站在公众支持创新的角度运营平台的，其目标则不限于支持者的金钱支援，也包括时间的投入、方法创意的互动乃至亲身参与。与众筹模式相比，众投在平台的角色定位、对创意创新的理解、对支持方式的扩展和创新者与公众的互动上，都有了显著的能力提升。众筹在发起的时候，其项目本身大多还是在规划中，而并未开始落实，是一种对于未来的期望。但是，众投在发起的时候，众投标的本身是已经真实存在的债权资产，众投是对于这种债权资产进行资产交易。众投是一种明显的投资行为，通过众投的模式，一方面使金融机构或类金融机构可以盘活存量资产从而获得新的资金用于运营，一方面让投资者在低风险的前提下获取合理回报。

客户参与众投项目，需要首先注册成为众投的会员，然后进行实名认证并经过众投平台审核，通过之后才能成为众投平台的认证投资人，同时，参与众投的会员还要开通第三方支付平台的账户。而后投资者就可以在网站上挑选自己觉得比较好的项目进行预约认购了。当然，平台服务商还会组织线下的项目路演，让投资方和项目方进行深度沟通。路演后您如果看好项目，就可以将投资的资金打入第三方支付平台。当某个项目众投成功后，投资人和项目方一起签订合伙协议，并成为本项目的合伙人。在众投平台发起项目原则上按照以下流程进行：首先在众投平台注册，并不断完善相关资料；认证通过后，就可以发起项目，填写好项目相关信息，等待平台的审核；项目审核通过后即发起项目，项目发起人需要及时更新动态，回复投资人的提问；然后平台会组织项目路演活动，让投资人和项目发起人进行沟通；当项目融资成功后，筹集资金将从第三方支付平台转到项目发起人手中；否则项目融资失败。

（五）信息化金融机构

所谓信息化金融机构，是指通过采用以互联网为代表的信息技术，对传统运营流程进行改造或重构，实现经营、管理全面电子化的银行、证券和保险等金融机构。金融信息化是金融业发展趋势之一，而信息化金融机构则是金融创新的产物。从金融整个行业来看，银行的信息化建设一直处于业内领先水平，不仅具有国际领先的金融信息技术平台，建成了由自助银行、电话银行、手机银行和网上银行构成的电子银行服务体系，而且以信息化的数据集中工程在业内独领风骚。

互联网金融时代，信息化金融机构的运营模式相对于传统金融机构运营模式发生了很大的变化，目前信息化金融机构主要运营模式可分为以下三类：传统金融业务电子化模式、基于互联网的创新金融服务模式、金融电商模式。传统金融业务电子化模式主要包括网上银行、手机银行、移动支付和网络证券。基于互联网的创新金融服务模式包括直销银行、智能银行及银行、券商、保险创新型服务产品。目前，大多数商业银行都在自建电商平台，从银行的角度来说，电商的核心价值在于增加用户黏性，积累真实可信的用户数据，从而银行可以依靠自身数据去发掘用户的需求。从经营模式上来说，传统的银行贷款是流程化、固定化，银行从节约成本和风险控制的角度更倾向于针对大型机构进行服务，通过信息技术，可以缓解甚至解决信息不对称的问题，为银行和中小企业直接的合作搭建了平台，增强了金融机构为实体经济服务的职能。但更为重要的是，银行通过建设电商平台，积极打通银行内各部门数据孤岛，形成一个“网银 + 金融超市 + 电商”的三位一体的互联网平台，以应对互联网金融的浪潮及挑战。

信息化金融机构从另外一个非常直观的角度来理解，就是通过金融机构的信息化，让我们汇款不用跑银行、炒股不用去营业厅、电话或上网可以买保险，虽然这是咱们大家现在已经习以为常的生活了，但这些都是金融机构建立在互联网技术发展基础上，并进行信息化改造之后带来的便利。未来，传统的金融机构在互联网金融时代，更多的是，如何更快、更好的充分利用互联网等信息化技术，并依托自身资金实力雄厚、品牌信任度高、人才聚焦、风控体系完善等优势，作为互联网金融模式的一类来应对非传统金融机构带来的冲击，尤其是思维上、速度上的冲击。

（六）互联网金融门户

互联网金融门户是指利用互联网进行金融产品的销售以及为金融产品销售提供第三方服务的平台。它的核心就是“搜索 + 比价”的模式，采用金融产品垂直比价的方式，将各家金融机构的产品放在平台上，用户通过对比挑选合适的金融产品。互联网金融门户多元化创新发展，形成了提供高端理财投资服务和理财产品的第三方理财机构，提供保险产品咨询、比价、购买服务的保险门户网站等。由于平台既不负责金融产品的实际销售，因而这种模式没有太多政策风险滋生或者承担问题，同时资金也完全不通过中间平台。目前在互联网金融门户领域针对信贷、理财、保险、P2P 等细分行业分布有融 360、91 金融超市、好贷网、银率网、格上理财、大童网、网贷之家等。

互联网金融门户的最大价值就在于它的渠道价值。互联网金融分流了银行业、信托业、保险业的客户，加剧了上述行业的竞争。随着互联网金融时代的来临和国内资金市场的更加开放，资金的需求者只要能够在一定的时间内，在可接受的成本范围内筹集到所需资金，而具体钱是来自工行也好、建行也罢，还是 P2P 平台或小贷公司，或是信托基金、私募债等，已经不是那么重要。融资方到了融 360、好贷网或软交所科技金融超市时，用户甚至勿须像在京东买实物手机似的，需要逐一的浏览商品介绍及详细的比较参数、价格，而是更多的将其需求提出，反向进行搜索比较。因此，当融 360、好贷网、软交所科技金融超市这些互联网金融渠道发展到一定阶段，拥有一定的品牌及积累了相当大的流量，成为了互联网金融界的“京东”和“携程”的时候，自然会成为了各大金融机构、小贷、信托、基金的重要渠道。从相关互联网金融门户平台的服务内容及服务方式看，互联网金融门户分为第三方资讯平台、垂直搜索平台以及在线金融超市三大类。第三方资讯平台是提供全方位、权威的行业数据及行业资讯的门户网站，典型代表为网贷之家、和讯网等。垂直搜索平台是聚焦于金融产品的垂直搜索门户，消费者在门户上可以快速地搜索到相关的金融产品信息。典型代表为融 360、安贷客等。而线上金融超市的业务形态是在线导购，提供直接的购买匹配，因此该类门户集聚着大量金融类产品，利用互联网进行金融产品销售，并提供与之相关的第三方服务。典型代表为大童网、格上理财、91 金融超市以及软交所科技金融超市等。

互联网金融门户又可以根据汇集的金融产品、金融信息的种类，将其细分为 P2P 网贷类门户、信贷类门户、保险类门户、理财类门户以及综合类门户五个子类。

第二节　互联网金融业务的发展历程及其技术工具

一、国外互联网金融业务的发展历程及其主要特征

（一）国外互联网金融业务的发展历程

美国于 1971 年创立的 Nasdaq 标志着互联网金融这一全新的经营方式从构想进入到实际运营。1995 年 10 月 18 日，美国三家银行联合在互联网上成立了全球第一家网络银行“安全第一网上银行”，预示着互联网金融已进入迅速发展的新阶段。2000 年 7 月 3 日，西班牙 Uno－E 公司同爱尔兰互联网银行第一集团正式签约，组建业务范围覆盖全球的第一家互联网金融服务企业 Uno First Group。两家公司跨洋重组的最终目标是建立全球最大的互联网金融服务体系。

应该讲，20 世纪 90 年代初期，传统的金融业务建立在信息化体系和进行业务流程再造的过程中，使得互联网成为金融业务内嵌式的软件框架，二者有机地融合起来，从而使美国甚至全球金融体系一体化进程大大的提速了，并形成了全球性的金融信息化和支付体系。互联网金融最早在美国出现并取得了快速发展，其主要原因可以归纳为三个方面：第一，美国是全球金融业最发达的国家，也是互联网的发源地，互联网发展的基础最好，因此美国成为互联网金融的发源地以及目前互联网金融最发达的国家一点也不意外。第二，美国拥有全球最完善的互联网金融创新支持及配套体系。美国是一个具有创新精神的国度，创业者对互联网金融这类的新领域充满热情与期待，同时美国的风险投资也十分兴旺，这些都为美国互联网金融的发展提供了良好的支持。最后，美国金融监管方面的支持力度也很大。美国的金融监管十分强调对投资者利益的保护，与此同时以“乔布斯法案”等为代表的法律体系又非常支持中小企业、成长期公司的融资与发展，这两方面支持了互联网金融的可持续发展。

20 世纪 90 年代以来，发达国家和地区的互联网金融发展非常迅速，出现了从网络银行到网络保险，从网络个人理财到网络企业理财，从网络证券交易到网络金融信息服务的全方位、多元化的网络金融服务。网络银行走向成熟，网络证券和网络保险获得了长足的发展，电子货币和网络支付开始受到青睐。互联网金融已相对成熟、完善、并初具规模；互联网金融的服务多元化、全能化、综合化，内容集成度相当高而且创新频繁；互联网金融业之间竞争激烈，消费者可自由选择适合自己的服务；互联网金融业的参与主体多样化，除了传统的商业银行外，还有信用卡公司、纯网络银行等。

20 世纪 90 年代中后期，进入了传统业务和互联网融合的创新性业务探索与实践的阶段。区别上阶段的电子银行，此阶段出现了纯粹的、没有任何网点实体柜台的“网络银行”等网络型企业。网上发行证券、网上销售保险、网上理财等业务模式也不断涌现。此时美国

的互联网金融仍然是基于传统业务的升级，但逐步呈现出相对独立的经营业态。在 1995 年成立的美国安全第一网络银行 SFNB（Security First Network Bank）是全球第一家无任何分支机构的“只有一个站点的银行”，其前台业务在网上进行，后台处理集中在一个地点进行。SFNB 银行依靠业务处理速度快、服务质量高、存款利率高和业务范围广，在成立后的 2~3 年里最高拥有 1260 亿美元资产，位列美国第六大银行。不过，SFNB 发展的并非一帆风顺，它存在着三个固有问题：一是客户黏性；二是产品开发；三是风险管理。随着 2000 年前后互联网发展低谷的到来，SFNB 被收购。

21 世纪初以来，有别于传统金融业务的互联网金融蓬勃发展起来，主要是非传统信贷业务、支付体系的变迁以及虚拟货币的发展。一方面，基于互联网的信用与资金融通业务开创性发展起来，2005 年美国第一家 P2P 借贷平台 Prosper 成立，是美国互联网信贷业务发展的新起点。2006 年美国最大的网络贷款平台 Lending Club 成立。2013 年这两家公司的成交量总计 24.2 亿美元，比 2012 年增长 177%。2013 年共有 300 万人向众筹平台 Kickstarter 的项目投入了 4.8 亿美元，成功筹资项目达 1.99 万个，相当于每天筹资 131.552 万美元，每分钟筹资 913 美元。另一方面，基于智能终端的普及，非传统支付迅猛发展起来，非金融企业利用互联网积极推进业务支付的网络化是其发展的基础动力，比如 Facebook 的 Credits 支付系统、PayPal 的微支付系统 Digital Goods 系统、Square 公司的读卡系统以及星巴克（Starbucks）的移动支付程序等。美国三大移动运营商 Verizon、AT&T 和 T-Mobile 利用其话费账户也在积极切入支付领域。

1. 传统金融服务互联网化。国外金融业在互联网出现不久就开始了将业务实现方式向网络方向延伸拓展。互联网与金融之间的关系主要表现为以互联网为代表的多种信息技术手段对传统金融服务的推动作用，即传统金融业务通过互联网手段实现了服务的延伸，是一个互联网化的过程。主要表现在商业银行传统业务通过互联网、手机、PDA 等终端设备实现银行业务功能；券商建立互联网平台以实现让客户通过网络完成证券交易；保险公司依托互联网交易平台实现保单出单和在线理赔；还有诸如通过互联网平台实现资产管理等业务。这些业务的本质是技术创新带来的银行传统业务渠道的信息化升级。这其中较为典型的早期创新就是美国 Wells Fargo 银行于 1995 年 5 月向公众提供 web 通道办理银行业务，早期的网页服务在功能多样化和安全性上较如今的水平相差很远，但这拉开了互联网技术在金融业务中取得长足发展的序幕。应该讲，通过互联网媒介，金融机构实现了新的业务形态，虽然这仅仅是对原有金融业务信息化进行的升级。金融互联网是美国互联网金融发展的最初业态也是基础的动力源。

表 1-1　互联网技术在银行业务中的早期应用创新

时间	金融机构名称	地区/国家	网络金融业务创新点
1995.05	Wells Fargo	美国	最先提供 web 通道的银行
1995.01	Security First Network Bank	美国	最先提供全面服务的网络银行品牌
1998.06	Citibank	美国	最先提供银行账户综合服务
1996.03	Bay Shore trust	加拿大	最先提供在线实时贷款
1997.12	Next Card	美国	最先提供网上信用卡服务
1997.01	Beneficial Finance	美国	最先提供实时小额贷款
1997.08	People First Finance	美国	最先提供空白支票自动出借业务

2. 第三方支付。国外第三方支付的概念类似于国内同类型三方支付产品，但从出现的先后顺序来看，国外第三方支付的起步时间和发展远远领先于国内。其中，大名鼎鼎的PayPal的中文译名是“贝宝”，是到目前为止全球最大的支付业务供应商，成立于1998年12月，总部设在美国加利福尼亚州圣荷西市，PayPal在全世界范围内拥有大约1亿个注册账户，特点是不仅提供普通的在线支付服务，在跨国交易中，使用PayPal付款也是现今最为有效的付款方式。普通用户只需使用电子邮件地址即可进行注册使用相关服务，包括在线实施付出和接受付款，收付款均可即时到账。与传统的到银行汇款或者采用邮寄方式送出支票的方法相比，PayPal提供的服务无疑是更加安全和便捷。现在PayPal的业务范围覆盖了全世界190多个国家和地区，是跨国交易中较为理想的解决方案之一。

与PayPal相类似的产品还有美国Google公司于2006年推出的Google check out支付平台，美国Facebook公司的Credits支付系统，以及荷兰的著名支付服务提供商Global Collect公司，英国的Worldpay和Moneybookers公司，加拿大的Alertpay公司，澳大利亚的eWAY在线支付公司、Paymate公司等，这些公司在各自三方支付业务上各有侧重，核心业务均围绕在充当了第三方的转账支付工具。如今，移动支付、第三方支付等新型支付体系在移动终端智能化的支持下迅猛发展，并逐渐成为欧美国家特别是美国金融体系“基础设施”的重要组成部分。

3. 互联网货币市场基金。2013年以来，国内互联网理财产品风生水起，“余额宝”“理财通”等互联网理财产品现如今已在大众用户中耳熟能详，但这类产品还被人们称作“美版余额宝”。从产品属性本质上来看，中国国内现有的互联网理财产品都不能算作本土的创新产品，这类业务在很多年前的美国就已经出现。余额宝类产品的鼻祖是美国PayPal公司推出的一款利用用户账户余额投资的货币市场基金。1998年PayPal公司在美国诞生后，该公司于第2年极具开创性地将自身原有的三方支付业务和金融理财产品相结合，针对账户余额设计出来对应的理财产品，只要是PayPal的现有用户，PayPal网站在线向其用户提供货币市场基金购买的业务。该业务的购买门槛较低，为初始投资金额大于等于0.01美元，追加投资的金额大于等于0.01美元。用户持有PayPal货币市场基金最高额度为10万美元。到了2000年，PayPal货币市场基金创下了年收益率5.56%的历史高度，PayPal公司运作这支基金采用了联接基金的方式将自身资产管理公司交给巴克莱的上级母账户进行管理，用户只需要将自己对应的个人基金账户进行激活处理，即可享受这种理财服务，收益率每天都有上下浮动，用户账户里的余额每月将获得利息收入。PayPal公司推出货币市场基金的最初阶段，年化收益率曾非常高，一度涨至年息5.65%，这和国内互联网理财产品极其相似，但是在2008年出现了金融海啸，美联储调整利率政策，在今后的几年里维持极低的利率水平，PayPal公司货币市场基金收益率开始有所下滑，甚至一度跌至0.04%的水平。到了发展的后期，美国财政部调整了政策，不再担任货币市场基金担保人的角色，这使PayPal公司最终于2011年7月停止了该货币基金的运营。值得一提的是，PayPal公司在关闭此项货币基金业务时，已经在利率上倒贴了长达两年的时间。

4. P2P网贷。P2P（Peer－To－Peer Lending）即点对点信贷。这种贷款模式最早始创于英国，它较好的利用了互联网技术的成本低廉和高效便利的优势，实现借贷双方的信贷需求匹配。P2P业务是将有闲置资金的且有出借意愿的个人以及具有贷款需求的个人或企业的信息在其网络平台上发布出来，供需双方根据自身情况自行决定是否达成借贷事实。P2P网络贷款平台，资金需求和供给双方在互联网上直接完成资金融通，完全脱离于传统商业银行体系，是金融脱媒的一种重要表现。Avant Credit 运用了机器学习算法来实时评估客户信用的可靠性。贷款整个过程在网上仅需 5～10 分钟就可以完成。不少的融资者还可以将抵押物邮寄给网络典当公司 Pawngo，便可获得为期 3～6 个月的贷款。

在欧美等发达国家，P2P 贷款机构十分普遍，目前比较著名有美国的 Lending Club 和 Prosper，西班牙的 Comunitae，英国的 Zopa、韩国的 Popfunding，巴西的 Fairplace 和日本的 Aqush 等。以美国的 P2P 贷款平台 Lending Club 为例，该公司成立于 2006 年，到 2013 年底，该公司的总贷款规模已超过 20 亿美元，Lending Club 公司的运营方式是交易成功后收取一定比例的中介费用，不为交易双方提供任何担保。

5. 众筹。众筹（Crowd funding）的意思为大众筹资模式，是利用互联网传播范围广的特点向大众募集项目资金的资金运作形式，运作方式为团购加预购，让筹资人公开展示自己的项目或创意，从而吸引受众的注意力赢得支持，进而获得自身所需的资金援助。众筹平台集中了平台上众多参与者的资金，为小企业或个人进行某项活动提供了快速资金支持。国外众筹模式的典型代表平台是成立于 2009 年的 Kickstarter（KS）公司，该平台最大的业务特点是鼓励和支持创新，主要服务小额融资项目。美国政府于 2012 年通过了 JOBSACT（创业企业融资法案），适用范围是美国境内的小型企业在满足国家证券相关法规要求的前提下，可吸引投资者对其进行投资，有利于解决美国国内当时面临的失业问题。此法案将众筹股权融资放开，使众筹模式在法律层面得到认可。JOBS 法案还在投资者利益的保护方面做出了较为细化的规定。

（二）国外互联网金融业务的主要发展特征

1. 起步时间早，运作成熟。互联网技术最早诞生在美国，Nasdaq 系统在美国最早于 1971 年创立，标志了互联网金融这种全新的运行模式从最初的设计构想阶段进入到实际运营阶段。在美英等金融市场发展较成熟的西方国家中，互联网技术早在 20 世纪 90 年代就开始陆续应用在了金融业务经营中，其发展经历了各个阶段并最终走向成熟，在世界上首先诞生互联网技术的美国，“互联网金融”这一概念在经济生活中并不存在，互联网技术从诞生之日起就逐渐与传统金融业务实现了快速融合，已经融入金融业务的各个领域，成为金融业不可或缺的一部分；此外，新兴的互联网相关金融业务模式也得以快速生根发芽，以 PayPal 货币市场基金为代表的互联网理财产品的出现、发展与最终退出市场代表着互联网理财产品的完整生命周期。从传统金融业的网络化延伸，到众筹模式的立法确立地位，以美国为代表的西方互联网金融市场已发展到较为成熟的阶段。

2. 与传统金融市场的兼容性。以美国金融市场为代表的西方发达国家金融体系经过了长期的发展演变以后，其自身的服务和产品较为完善。各金融机构在互联网技术出现的初期即开始了对自身的信息化改造和升级。金融的互联网化对传统金融机构的强势地位起到了巩固作用。在强大的传统金融体系中，诸如 P2P、众筹业务平台等新型互联网企业将市场瞄准了传统金融企业涉及不到的新领域里。美国的 Lending Club 每年平均完成小额贷款交易量 8.3 万笔，设计总金额 10 亿美元，Posper 平台 2010 年—2013 年间每年的业务增长率平均超过 100%，利息浮动空间从 5.6%～35.8%，违约率为 1.5% 到 10%。2012 年，美国众筹模式平台 Kickstarter 累计完成项目融资 1.8 万个，涉及金额 3.2 亿美元，另外向 220 万名普通网民提供资金，出资者是来自除美国以外的 177 个国家。从美国互联网金融运行情况来看，互联网金融产品对于传统的银行业务没有显现出冲击作用，反而在促进资金供求调配、弥补传统金融业务不足方面起到了积极作用。

3. 法律监管到位。国际上对待互联网金融的普遍看法是其并未改变金融的本质，应该比照金融行业法规和办法制定相应监管条例。英国的做法是从 2014 年 4 月开始，由 FCA（金融行为监管局）对 P2P 贷款和众筹业务等互联网金融业务实施监管。其他国际诸如法国和德国则是规定互联网金融机构必须首先获得传统的经营信贷业务的执照，才可以参与信贷业务。对于 P2P 贷款平台公司，美国证监会实行了注册制度，具体内容是对企业进行信用登记、对额度采取定时评估和管控。2012 年美国 JOBS 法案的颁布实施，使得众筹模式在法律层面得到认可。

二、国内互联网金融业务的发展历程及其主要特征

（一）中国互联网金融业务的发展历程

互联网金融是传统金融机构与互联网企业利用互联网技术和信息通信技术实现资金融通、支付、投资和信息中介服务的新型金融业务模式。近年来，互联网金融凭借其独特的经营模式和价值创造方式在国内得到了迅猛发展。但是，当前互联网金融的发展模式尚处于“互联网＋传统金融业务”的狭义层面，而狭义层面的互联网金融作为传统金融的补充，在优化资源配置、改善现行支付体系、拓展财富管理功能、降低信息不对称等方面已经发挥着不可替代的作用。

1. 第三方支付。第三方支付，是指具备一定实力和信誉保障的非银行机构，借助通信、计算机和信息安全技术手段，采取与各大银行签约的方式，在用户与银行支付结算系统间建立连接的电子支付模式。1999 年，伴随着易趣网、当当网的成立，中国第一家第三方支付公司——首易信支付诞生。此后，第三方支付相继迎来了三个重要的发展节点。第一个节点是 2003 年，阿里巴巴网络技术有限公司旗下的支付宝诞生，自此，第三方支付行业经历了一段高速发展的时期。到 2009 年，我国电子支付产业交易量达到 5677 亿元，拥有各类电子支付企业 300 多家。但是在这一时期，由于缺乏相应的法律法规，第三方支付处于监管的盲区，问题也频频呈现。第三方支付平台甚至成了多项网络违法犯罪活动的“帮凶”。进入 2010 年，第三方支付迎来了发展的第二个重要节点，即第三方支付相关管理办法的出台和第三方支付牌照的颁布。2010 年 6 月 21 日，中国人民银行出台《非金融机构支付服务管理办法》，明确规定非金融机构提供金融服务，应当取得支付业务许可证并成立支付机构。支付机构依法接受中国人民银行的监督管理，未经中国人民银行批准，任何非金融机构和个人不得从事或变相从事支付业务。次年 5 月，央行向支付宝、银联、财付通等 27 家企业颁发了第一批支付业务许可证。截至 2015 年 3 月，央行已经发放 270 张支付牌照，其中拥有网络支付牌照的有 80 家。数据显示，2013 年第三方支付市场规模为 16 万亿元；支付机构共处理移动支付业务 1.19 万亿元，较上年同期增长 556.75%，是中国网络支付高速发展的一年；2015 年中国第三方移动支付市场交易总规模达 9.31 万亿元，同比增长 57.3%。商业银行处理的移动支付业务 9.64 万亿元。在 2015 年第三方移动支付交易规模市场份额中，支付宝以 72.9% 的份额居首，财付通（微信＋手 Q）以 17.4% 位居第二，拉卡拉、百度钱包、易宝支付的市场份额均在 1% 以上，分别为 3%、2.2%、1.5%；快钱、平安付、京东支付、

连连支付相对较小。

在这一阶段，以银联商务为首的银联系第三方支付公司，依托广泛而成熟的线下支付网络，在线下交易规模上占有优势。而以支付宝和财付通为首的拥有互联网背景的第三方支付公司，依托各自的电子商务平台和其他互联网服务，在线上电子商务支付中处于绝对领先地位。区别于这两者的，就是不依靠集团资源优势的独立第三方支付模式。独立第三方支付模式，是指第三方支付平台完全独立于电子商务网站，不负有担保功能，仅仅为用户提供支付系统和服务解决方案。平台前端连着各种支付方法供网上商户和消费者选择，平台后端连着众多的银行，平台负责与各银行之间的账务清算。如：汇付天下，快钱为首的独立第三方支付企业以支付业务为基础，为企业客户提供多方面的财务与咨询服务，开辟了在跨境支付、航旅、金融、P2P 资金托管等新的市场。

可以说，移动支付产品的出现，是第三方支付发展的第三个重要节点。其所使用的移动终端可以是手机、PDA、移动 PC。随着 4G 通信技术的广泛普及，手机近距离支付的 NFC 技术不断创新，加上金融业信息化需求的不断提升，第三方移动支付的市场极为广阔。根据艾瑞咨询的数据，2013 年中国第三方移动支付交易规模达到 1.22 万亿元，增长率 707.0%；2014 年中国第三方移动支付市场规模达到 2.94 万亿元，同比增长 141.1%；2015 年中国第三方移动支付市场交易总规模 9.31 万亿元，同比增长 57.3%。2016 年第三方移动支付交易规模 58.8 万亿元，同比增长 382%。从 2015 年开始，移动支付占比 50.7% 首次超过互联网支付，到 2016 年其占比已经接近 75%。

一方面，移动支付可以为民众日常生活中的多种交易行为提供支付服务，简化了生活中支付的流程，使得整个支付模式发生了改变。移动支付自然而然地融入了日常生活和交往中。较之于 PC 端的网上支付，移动支付提供了更加丰富的使用情景，进而拓展出了多元化的服务，表现出了更强的用户黏性。在这一方面，阿里的声纹支付、快钱的支付网关、微信的扫码支付与公众号联动等，都是对第三方支付发展有益的探索。另一方面，移动支付与场景营销密切结合，使商家能够准确判断消费者当下情境的需求，并向用户推送相应的品牌内容。在使用移动支付的过程中，用户提供了大量关于自身消费习惯、消费能力与消费偏好的精确数据。通过深入挖掘这些信息，有利于场景营销更加切合用户痛点，商家能够主动解决消费者的问题，满足消费者的潜在需求，创造全新的营销机会。

当前，第三方支付行业正处在第四个发展节点。中国人民银行于 2015 年 12 月 28 日发布了《非银行支付机构网络支付业务管理办法》。这部被媒体称作“史上最严”的第三方支付监管条例主要的变化有三点：第一是对第三方支付提出限额的管理，将支付限额与支付指令验证方式的安全级别挂钩，对个人客户使用支付账户余额付款进行限额管理。第二是支付机构不得为金融机构，以及从事信贷、融资、理财、担保、货币兑换等金融业务的其他机构开立支付账户。第三是确认了第三方支付的结算功能，但不允许第三方支付机构执行支付清算。在约束第三方支付机构清算空间同时，使第三方支付机构回归资金通道平台定位，而非资金清算机构。

2. P2P 网贷。在中国，互联网与借贷的结晶便是 P2P 网贷以及网络小额贷款。P2P 网络借贷是指个体和个体之间通过互联网平台实现的直接借贷。在 P2P 网络借贷平台上，借款人可以提出借款需求，并公布借款金额、利率、期限、借款目的等借款信息以及年龄、学历、工作行业等个人信息。P2P 网贷机构除了对网络平台的运营与维护提供技术支持外，还负责审核借款人部分信息的有效性：对个人，审核身份信息、信用报告、收入证明等内容；对企业，审核营业执照、企业盈利等内容。投资人通过综合分析借款人与 P2P 网贷平台提供的公开信息，自主决定投资的对象、金额。而网络小额贷款是指互联网企业通过其控制的小额贷款公司，利用互联网向客户提供小额贷款。实践中，P2P 网贷平台根据资产端的不同主要分作以向个人提供消费贷款为主的平台和以向小微企业提供项目融资为主的平台两类。网贷平台根据运营模式的不同主要分作从借款申请到投资活动都发生在线上的线上模式以及借款人的审核在线下完成的 O2O 模式。

2007 年，中国第一家 P2P 网贷平台拍拍贷成立。在短短 10 年不到的时间内，这一金融业务创新模式发展迅猛。截至 2015 年 10 月，中国 P2P 网贷平台的数量已迅速增长至 3598 家；而单单在 2015 年 10 月，通过 P2P 网贷进行的新增借贷总量就达到 1196.49 亿元，累计待还金额达到 3515.49 亿元。迅速成长的 P2P 网贷已经成为一股不可小觑的金融服务力量。P2P 网贷在规模迅速扩张的同时，其运作方式也发生着显著的变化。在 2007 年网贷创立时，其面向的是个人与个人间的消费信贷市场，随后成立的平台则分别针对企业项目融资市场与金融资产交易市场。部分新型的 P2P 网络借贷平台，借助创新的商业模式，在成交量等方面迅速扩张，在短时间内已经超过了行业先行者。

运作方式的创新在最早成立的拍拍贷和人人贷中也同样明显。以人人贷为例，该平台成立伊始只有一种借贷模式，即完全在线上进行的借贷。而在 2012 年 12 月，人人贷与小贷公司友众信业联合成立了集团公司，合作推出了 O2O 的信贷新模式，将主推的产品变为与友众信业合作的网络小额消费贷款，而之前的 P2P 借贷模式则继续保留。尽管人人贷始终坚持最初的消费信贷市场，但在 O2O 新模式的支持下，人人贷平台的规模迅速扩容，成为消费信贷市场的领军品牌之一。在快速发展的同时，网络借贷自出生起就与信用风险高度结合、不可分割，这是所有网络借贷平台的共性，也是网络借贷平台面临的主要风险。因此，信用评级作为借贷过程中的核心环节，对于网络借贷平台可谓至关重要。在过去近 10 年的时间里，成立较早的网络借贷平台的信用评级系统大多由线上转移至线下以此来降低坏账率，而新生网络借贷平台的信用评级系统则大多从建立伊始，就通过线下网点进行信用评级以防范坏账的发生。

早期的 P2P 网络借贷平台资金托管以第三方支付平台为主，但目前银行直接托管已经呈现出后来居上的趋势。究其原因，第一，对于政府来说，资金托管最终目的是解决问题平台跑路频发的现实问题，而银行的托管能力较强，可以更有效地达到这一目的；第二，对于第三方支付机构来说，其行业实践经验还有待积累，不成熟的第三方支付机构对 P2P 网贷平台的资金托管甚至可能导致危机局面的爆发；第三，对于 P2P 网贷平台来说，银行的介入无疑达到了为平台增信的效果，有利于吸引投资人。因此，P2P 网贷平台直接与银行对接的模式在未来会成为主导，甚至是监管层唯一认可的模式。

未来，影响网络借贷平台发展的最主要因素在于平台的资产端。尽管面临着 P2P 平台跑路的风险，但投资人的投资需求增速依然不减，远高于借款人的借款需求增速。投资者的高热情给网络借贷平台寻找优质资产的能力提出了更高的要求。一方面，仅靠稳健发展的个人消费借贷市场难以消化庞大的投资需求；另一方面，令人眼花缭乱的创新模式在短时间内发展迅速，但其面临的风险则是未知的。在资金端方面，现在 P2P 网贷，个人投资者对借款人信息并没有足够的能力进行判断，其投资完全依赖于平台保本付息的承诺。如果 P2P

网贷平台自担保的实践被有关部门明令禁止，那么其资金端很可能会向机构投资者靠拢，信托等金融机构或许将成为P2P借贷平台上最主要的资金来源。

3. 网上理财。2013年6月17日，阿里巴巴的余额宝正式上线。将传统的理财服务与互联网结合，可以说是互联网金融领域的又一创新举措。作为支付宝打造的余额增值服务，其实质是将基金公司的基金直销系统内置到支付宝网站中。而用户将资金转入余额宝，实际上是进行了货币基金的购买，相应的资金均由基金公司进行管理。目前，余额宝对接的是天弘基金的货币基金“增利宝”。货币基金的主要投资领域为国债、银行定期存单、中央银行票据、同业存款等短期货币工具，具有收益稳定、风险较低两个特点。当传统的货币基金与具有庞大用户群的支付宝对接，就产生了无比强大的能量。余额宝依托支付宝的3亿用户，在推出后短短6个月时间，用户量就达到了8100万户，而同期中国股市的活跃账户不过7700万户。截至2015年12月31日，余额宝用户数量突破2.6亿户，资金规模达到了6207亿元。伴随着余额宝的成功，百度的“百发”、网易的“活期宝”、苏宁的“零钱宝”等互联网金融理财产品也相继上线。这一类将互联网平台的客户资源与稳健的货币基金对接，具有互联网理财功能的产品，我们称之为“宝宝”类理财产品。

“宝宝”类理财产品发展至今，大致经历了两个阶段。第一个阶段是产生初期的爆炸性增长期，主要表现在其较高的年化收益率和迅速积累的用户数量上。第二个阶段是在爆炸性增长过后的平稳期，主要表现在年化收益率的不断下降和用户数量增速的放缓。余额宝在产生初期的成功，主要可归结于以下几个方面。第一，在当时中国的存款利率市场化大门尚未打开的背景下，中国的货币超发带来了资产价格飙升，与之对应的是中国银行业存款利率过低，居民货币资产不断缩水。在这样的大环境下，居民通过投资实现资产保值增值的迫切意愿与便捷有效的投资渠道匮乏现状成为一对矛盾。在此背景下，余额宝的出现正好满足了民众的强烈投资需求，其7日年化收益率一度达到6.74%，远远高于银行存款利率，短时间内受到广大用户青睐也就丝毫不足为奇。第二，余额宝开创了碎片化理财时代，降低了理财门槛，适应了互联网时代的需求。碎片化理财，既表现在投资金额上，又表现在交易时间上。余额宝的投资门槛极低，一元即可购买。再者，余额宝的购买和赎回流程都很简单，消费者通过零碎的时间借助手机或者电脑即可完成操作。第三，余额宝较高的流动性抓住了平民理财的痛点，在很大程度上打消了用户对于投资理财的疑虑。余额宝创造出了货币基金的T+0赎回模式，用户可以随时对基金进行购买或赎回，将余额宝内的资金用于支付、结算和消费。在民众的眼中，余额宝T+0的模式对银行活期存款有较强的替代性，在余额宝收益水平远高于银行活期存款的事实下，余额宝规模不断壮大。

经历了初期的成功后，余额宝的收益率开始下降，并伴随着用户增速的放缓。自2014年5月起，余额宝7日年化收益率跌破5%，此后一路下滑，截至2015年11月24日，余额宝7日年化收益率为2.79%。余额宝收益率变动的影响因素，一是银行间同业拆借利率对余额宝收益率的影响程度最大，且短期内两者的正效应明显；二是广义货币供应量与余额宝收益率呈负相关。实际上，余额宝收益率下降的原因，也正与银行同业拆借利率的下降和银行系统整体资金流动性不断放宽有关。一方面，近年来我国进入了降息周期，2015年3月以来，央行已经进行了超过7次的降息。以银行为代表的无风险利率整体下滑，并最终传导至整个理财市场。“宝宝”类理财产品的收益出现同步下跌，实属情理之中。另一方面，随着货币政策不断宽松，如银行解除存贷比等新规的实施，广义货币供应量增加，银行系统整体资金较为宽松，导致货币基金的需求有所放缓。而且随着四大国有银行公开表示不接受互联网理财产品的协议存款，货币基金风光不再。货币量需求的下降，必然引发“宝宝”类理财产品的收益率降低。但“宝宝”类理财产品高流动性的优势是定期存款和很多银行类理财产品无可比拟的。因此，即使“宝宝”类理财产品的收益率不断出现下滑，其价值仍然存在。“宝宝”类理财产品强大的竞争力也引起了包括银行在内的各大传统金融机构的关注，各大金融机构采取与基金公司合作的方式相继推出了自己的“宝宝”产品。包括中国银行的“中银活期宝”、平安银行的“平安盈”、工商银行的“现金宝”、广发银行的“智能金”、民生银行的“如意宝”。此类产品投资门槛极低，甚至1分钱即可起投。同余额宝一样，这些产品也可随时赎回，流动性较强。此外，也有银行将原本的开放式理财产品进行升级，以实现快速赎回，如浦发银行的“天添盈”、光大银行的“活期宝”等。从风险来看，银行的“宝宝”类理财产品风险更小。虽然余额宝绑定了支付宝，具有直接支付功能，但同时也在资金安全方面留下了缺口。而银行“宝宝”类理财产品并不具备支付功能，资金闭环且有银行专业风控技术的支撑，在资金安全性方面，能够让投资者更为放心。因此，银行系宝宝理财产品也将越来越受到风险规避型投资者欢迎。

4. 众筹。众筹，意思是汇集多人的投资力量，支持他人的奋斗和努力。后来的意义更加宽泛，指一个人通过接受并协调来自多方的零散贡献，来达成自己的目标。众筹可以视为众包概念在筹资领域的具体化：通过接受来自多方的零散投资，为一个具体的项目或创意提供资金。目前，众筹主要分为三种类型，第一是公益众筹，第二是商品众筹，第三是股权众筹。公益众筹也被称作捐赠类众筹，主要是通过众筹这一模式，促进投资人与融资人的互动，其投资对象往往是一些公益项目或是极具创新性的项目。投资人重在享受参与的过程，并不期许获得经济上的回报。2013年2月，“月亮孩子走向阳光”公益项目在众筹网正式上线，在不到一周的时间内，该项目就成功征集到了1万元的资金支持。利用互联网众筹平台，开展“微公益”活动，是一次有益的尝试。商品众筹的运作模式则与公益众筹大为不同。在商品众筹中，投资人为融资人提供包括资金、渠道在内的外部资源，以帮助融资人的创作或产品得到实现。作为回报，投资人可以通过商品众筹以较低的价格获得产品或者服务。商品众筹的项目，主要集中于电影、艺术品、科技产品等。根据创意产品类型的不同，融资人给出不同的回报，有的是实物产品，有的是网络下载权，有的是免费观赏（使用）权等，但一般不是资金、股权回报。因而在某种意义上，商品众筹实际上以预授权为依托，投资者实际购买了一项尚未生产的产品。

最近两年来，众筹的资金规模呈现爆发性增长。到了2014年，15家主要商品众筹平台成功完成筹资的项目总数为3014个，成功筹款金额约为2.7亿元，活跃支持人数至少在70万以上。商品众筹之所以如此成功，与其新颖的模式密不可分。第一，商品众筹的门槛低，对于众筹的融资人和投资人几乎没有要求，这保证了众筹平台参与的人群基数。第二，商品众筹的项目创新度高，能够对追求创新、热爱创意的投资群体产生巨大的吸引力，增强了平台的用户黏性。第三，对于融资人而言，众筹模式能帮助其找到最先的资金支持者，并借助平台的产业资源整合能力，提高项目完成的可能性，这一模式为众筹发起人普遍乐于接受。以电影《捉妖记》的众筹过程为例，虽然参与《捉妖记》众筹项目的人并不多，只有2826人，但2000多的种子用户，通过一个多月的持续话题发酵，尤其是在电影首映，众筹用户获取回报后，口碑宣传带来的传播效果，影响深远。

对于投资者而言，其投资很有可能是没有回报的，因此会担负较高的风险。为了尽可能提高商品众筹成功率，未来应该主要聚焦于两大发展着力点。第一是商品众筹从综合型平台向垂直型平台转变。在专攻于某一领域的商品众筹的情况下，更有利于其整合产业资源，培育专属的用户群，促进众筹项目的成功。例如淘梦网作为国内首家垂直型众筹平台，就专注于微电影众筹。导演和团队可以通过淘梦网的众筹项目展示创意，为所拍摄的电影筹集资金。平台上的投资人和发起人都对电影抱有兴趣，这也增加了用户黏性和市场竞争优势。第二是强化众筹项目的知识产权保护，提前做好众筹项目知识产权保护规划，并积极吸引众多创业团队特别是知名厂商的参与热情。

众筹形式之一的股权众筹，意为投资者通过众筹平台向项目提供资金，按出资比例获得相应的股权。若未来组织营运状况良好，其股权价值就能得到提升，投资者将得到相应回报。根据《证券法》规定，公开发行证券必须通过证监会或向国务院授权的部门核准，并且需要在交易中遵循相关法律法规。同时《公司法》规定，成立股份有限公司的股东人数不能超过200人，成立有限合伙制的股东人数不能超过50人。这两条规定也成为股权众筹的法律红线，一旦跨过红线，将面临非法集资风险。为了规避这种风险，大多数股权众筹平台采取了“线上+线下”的模式，线上只作为项目的展示，而股权投资行为则在线下进行。实际上，互联网股权众筹平台扮演了为私募股权投资提供信息的角色，此时的股权众筹与VC、PE的概念界定非常的模糊。即使此时股权众筹处于灰色地带，其产业规模仍然不可忽视。根据零壹财经发布的《中国众筹行业2014年度简报》显示，股权众筹平台的交易信息相对隐蔽，可获取的数据显示，2014年全年共有261个项目合计完成5.84亿元的融资，考虑到第一梯队的天使汇、创投圈、路演吧等平台未公开详细数据，2014年股权众筹融资金额至少在15亿元以上。2015年8月7日，证监会下发《关于对通过互联网开展股权融资活动的机构进行专项检查的通知》，明确定义了股权众筹是通过互联网形式进行公开小额股权融资的活动。

股权众筹模式想要长久发展，必须做到以下三点。第一是为项目审核和信用评判制定标准化的体系，并且为投资者提供良好的退出机制。股权众筹的本质是投资，创业者没有必须回报投资者的法律义务。但与此同时，投资行为在互联网上完成，出于知识产权和商业秘密的考虑，创业者又往往不会将自己的项目进程和细节尽数公布网上，客观上造成了投资者和创业者之间的信息不对称，而信息不对称必然会产生道德风险。因此，为了保证股权众筹行业的健康发展，保障投资者的退出机制势在必行。未来很多股权众筹公司有望通过多层次资本市场完善其退出机制，例如在新三板上市。但投资者退出机制的建立和健全，依然是未来股权众筹从业者必须思考的方向。第二是必须强化公司治理。许多公司因为好的想法和创意可以众筹成功，但公司成立之后，往往由于公司团队缺乏经验，公司治理不健全，而面临经营困难甚至倒闭困境。在未来，股权众筹平台可以尝试与咨询业务对接，为众筹成立的机构提供公司治理方面的专业知识。一方面开辟了自身的业务，创造了新的盈利点；另一方面也能提高股权众筹的成功率。第三是众筹平台必须设置科学合理的投资者筛选机制。平台必须为股权众筹，以及通过互联网形式开展公募股权融资和私募股权融资的项目，将投资者资质与社会层面的征信体系结合，筛选出合格的投资者，维护众筹项目双方的合法利益。

（二）中国互联网金融业务的主要发展特征

1. 业务交易的平民与普惠特征突出。中国是人口大国，消费产品得以快速发展必须要具有普惠特征，而且是非常亲民。而互联网金融的市场参与者相对平民与大众，门槛已经非常低，即使是草根族也可通过互联网进行各种金融交易，交易流程相对简化且易于操作，这与具有众多营业网点的金融机构进行客户分级分类，并专注于大客户服务具有明显的不同。互联网金融在中国的发展，主要是以互联网的发展为基础，同时，依靠电商平台的快速覆盖。网络将自身的特点赋予到金融上，几乎可以对所有的领域进行有效的覆盖，几乎打破了所有地理区域的限制，并且突破了时间上的所有约束。金融业务借力于互联网后，业务覆盖范围会更加广阔，同时会有更多甚至是爆发式的客户增长。互联网金融是真正普惠的金融，即使是你投入1元钱，也会得到回报。

2. 移动互联网金融业务发展飞速。随着平板电脑、智能手机等移动端设备的推出，其便于携带、功能丰富、操作简单的特点，使用户可以利用互联网通过手机、平板电脑等客户端随时随地进行转账、支付、购买理财产品的操作。同时，互联网向移动端渗透，越来越多的移动应用应运而生，微博社区、大众点评、微信等移动应用程序具有很强的互动特征，可以实现在线交流沟通、获取更加直接的消费资讯。移动用户能够在第一时间获取信息，信息更为透明和公开。数据显示，中国目前拥有全球最大的互联网用户量和最大的手机用户量。2016年CNNIC发布的《第37次中国互联网络发展状况统计报告》显示，截至2015年12月，中国网民规模6.88亿户，互联网普及率为50.3%。其中，手机网民规模达6.2亿户，网民中使用手机上网人数占90.1%。而据2016年1月中国移动数据服务商QuestMobile发布的《2015年中国移动互联网研究报告》显示，截至2015年12月，中国国内在网活跃移动智能设备数量达到8.99亿，其中，苹果设备与安卓设备比例是3:7，设备用户年龄构成中80后接近80%。在网络使用上，4G用户在2015年取得了飞速发展，4G增长了25个百分点，达到了32.3%，而且4G在网用户人均月度使用量突破了222.9MB，人均单日联网时间超过62分钟。2015年是线下电子支付大规模应用“元年”，快餐店、超市、商场几乎都可以使用支付宝、微信等移动支付工具。央行的数据显示，2015年二季度全国银行机构共处理电子支付业务249.76亿笔，金额594.15万亿元。其中，移动支付业务22.86亿笔，金额26.81万亿元，同比分别增长141.34%和445.14%。2015年是中国移动互联网金融业务井喷式增长的元年。2017上半年金融机构电子支付总金额约1302万亿元，其中网上支付、移动支付、电话支付分别占87%，7.7%和0.3%。而从近几年各自同比增速来看，移动支付经历2015年的爆发式增长之后，2016年和2017上半年同比增速分别为45.6%和22.6%，依然远高于网上支付和电话支付。

三、互联网金融业务的技术工具

（一）大数据

大数据（big data）是指无法在一定时间范围内用常规软件工具进行捕捉、管理和处理的数据集合，是需要新处理模式才能具有更强的决策力、洞察发现力和流程优化能力来适应海量、高增长率和多样化的信息资产。在维克托·迈尔－舍恩伯格及肯尼斯·库克耶编写的《大数据时代》中，大数据指不用随机分析法（抽样调查）这样的捷径，而采用所有数据进行分析处理。麦肯锡全球研究所给出“大数据”的定义是：一种规模大到在获取、存储、管理、分析方面大大超出了传统数据库软件工具能力范围的数据集合，具有海量的数据规模、快速的数据流转、多样的数据类型和价值密度低四大特征。“大数据”技术的战略意义不在于掌握庞大的数据信息，而在于对这些含有意义的数据进行专业化处理。如果把大数据比作一种产业，那么这种产业实现盈利的关键，在于提高对数据的“加工能力”，通过“加工”实现数据的“增值”。大数据的价值体现在以下几个方面：对大量消费者提供产品或服务的企业可以利用大数据进行精准营销；追求完美模式的中小微企业可以利用大数据做服务转型；面临互联网压力之下必须转型的传统企业需要充分利用大数据开发与时俱进的产品或服务。应该讲，大数据技术的战略意义并不在于是否能够掌握庞大的数据信息本身，而在于对这些含有意义的数据是否进行了“随心所欲”的专业性处理。换言之，如果把大数据比作一种产业，那么这种产业实现盈利的关键，在于提高对数据的“加工能力”，通过“加工”实现数据的“增值”，并满足客户的不同专业性需求。

大数据分析需要有特殊的技术进行支持，以适应大量的只容忍短期时间内拿出工作结果的数据分析工作。目前适用于大数据的处理技术，主要包括有：大规模并行处理（MPP）数据库、数据挖掘电网、分布式文件系统、分布式数据库、云计算平台、互联网和可扩展的存储系统。

（二）云计算

云计算（cloud computing）是基于互联网的相关服务的增加、使用和交付模式，通常涉及通过互联网来提供动态易扩展且经常是虚拟化的资源。云是网络、互联网的一种比喻说法。过去在图中往往用云来表示电信网，后来也用来表示互联网和底层基础设施的抽象。云计算可以让客户体验每秒10万亿次的运算能力。拥有这么强大的计算能力自然可以模拟核爆炸、预测气候变化和金融消费市场的发展趋势。用户通过电脑、笔记本、手机等方式接入数据中心，按自己的需求进行运算。云计算（Cloud Computing）是分布式计算（Distributed Computing）、并行计算（Parallel Computing）、效用计算（Utility Computing）、网络存储（Network Storage Technologies）、虚拟化（Virtualization）、负载均衡（Load Balance）、热备份冗余（High Available）等传统计算机和网络技术发展相互融合的产物。从技术上看，大数据与云计算的关系就像一枚硬币的正反面一样密不可分，大数据必须依托云计算的分布式计算、分布式数据库和云存储、虚拟化计算。

云计算使大规模的数据计算分布在大量的分布式计算机上进行，而非本地计算机或远程服务器中，企业数据中心的运行将与互联网更相似。这使得企业能够将资源切换到需要的应用上，根据需求访问计算机和存储系统。它意味着计算也可以作为一种商品进行流通，而且取用方便，费用低廉。云计算特点如下：一是超大规模。“云”具有相当的规模，Google云计算已经拥有100多万台服务器，Amazon、IBM、微软、Yahoo的“云”均拥有几十万台服务器。“云”能赋予用户前所未有的计算能力。二是虚拟化。云计算支持用户在任意位置、使用各种终端获取应用服务。所请求的资源来自“云”，而不是固定的有形的实体。应用在“云”中某处运行，但实际上用户无需了解、也不用担心应用运行的具体位置。只需要一台笔记本或者一个手机，就可以通过网络服务来实现我们需要的一切，甚至包括超级计算这样的任务。三是高可靠性。“云”使用了数据多副本容错、计算节点同构可互换等措施来保障服务的高可靠性，使用云计算比使用本地计算机可靠。四是高扩展性。云计算不固定特有的应用模式，在“云”的支撑下可以构造出千变万化的应用，同一个“云”可以同时支撑不同的应用运行。“云”的规模可以动态伸缩，满足应用和用户规模增长的需要。“云”是一个庞大的资源水库，客户可以按需购买自己的“产品”。五是极其廉价。由于“云”的特殊容错措施可以采用极其廉价的节点来构成云，“云”的自动化集中式管理使大量企业无需负担日益高昂的数据中心管理成本，“云”的通用性使资源的利用率较之传统系统大幅提升，因而用户可以充分享受“云”的低成本。

（三）人工智能

人工智能（Artificial Intelligence）的英文缩写是AI。它是研究、开发用于模拟、延伸和扩展人的智能的理论、方法、技术及应用系统的一门新的技术科学。人工智能是计算机科学的一个分支，它企图了解智能的实质，并生产出一种新的能以人类智能相似的方式做出反应的智能机器，该领域的研究包括机器人、语言识别、图像识别、自然语言处理和专家系统等。人工智能从诞生以来，理论和技术日益成熟，应用领域也不断扩大，可以设想，未来人工智能带来的科技产品，将会是人类智慧的“容器”。

人工智能是对人的意识、思维的信息过程的模拟。人工智能不是人的智能，但能像人那样思考、也可能超过人的智能。如今人工智能已经不再是几个科学家的专利了，全世界几乎所有大学的计算机系都有人在研究这门学科，学习计算机的大学生也必须学习这样一门课程。在大家不懈的努力下，如今计算机似乎已经变得十分聪明了。1997 年 5 月，IBM 公司研制的深蓝（DEEP BLUE）计算机战胜了国际象棋大师卡斯帕洛夫（KASPAROV）。2015 年 3 月 9 日，备受瞩目的李世石与谷歌 AlphaGo 的围棋人机大战，AlphaGo 一举击败世界冠军韩国棋手李世石，拿到了第一局的胜利。计算机以它的高速和准确为人类发挥着它的作用。人工智能始终是计算机科学的前沿学科，计算机编程语言和其他计算机软件都因为有了人工智能的进展而得以存在。

在投资领域，美国的智能投资顾问的领军者 WealthFront 公司，通过计算机智能为每个客户量身定制投资组合计划，同时随着客户结婚、生孩子、年龄增长等变化动态调整其投资策略。花旗集团也开始运用人工智能电脑来获得客户需求分析，预测经济走势等服务。“刷脸取款”“指纹取款”等生物识别技术、语音识别技术都是人工智能在金融领域的应用。

（四）移动互联

移动支付的发展预示着移动互联与金融行业融合的深入。移动互联（Mobile Internet）就是将移动通信和互联网二者结合起来，成为一体，指互联网的技术、平台、商业模式和应用与移动通信技术结合并实践的活动的总称。移动互联科技的不断发展，移动支付、手机申请贷款、手机自助放款、手机自助还款等使得互联网金融大行其道，同时也极大地改变了消费者的消费习惯。移动互联网是互联网与移动通信各自独立发展后互相融合的新兴市场，目前呈现出互联网产品移动化强于移动产品互联网化的趋势。从技术层面的定义，以宽带 IP 为技术核心，可以同时提供语音、数据和多媒体业务的开放式基础电信网络；从终端的定义，用户使用手机、上网本、笔记本电脑、平板电脑、智能本等移动终端，通过移动网络获取移动通信网络服务和互联网服务。移动互联网的核心是互联网，因此一般认为移动互联网是桌面互联网的补充和延伸，应用和内容仍是移动互联网的根本。

观察移动互联的主要特征，一是终端的移动特征。移动互联网业务使得用户可以在移动状态下接入和使用互联网服务，移动的终端便于用户随身携带和随时使用。二是业务使用的私密性。在使用移动互联网业务时，所使用的内容和服务更私密，特别是手机支付业务。三是终端和网络的技术限制。移动互联网业务在便携的同时，也受到了来自网络能力和终端能力的限制：在网络能力方面，受到无线网络传输环境、技术能力等因素限制；在终端能力方面，受到终端大小、处理能力、电池容量等的限制。无线资源的稀缺性决定了移动互联网必须遵循按流量计费的商业模式。由于移动互联网业务受到了网络及终端能力的限制，因而其业务内容和形式也需要适合特定的网络技术规格和终端类型。

移动互联网支持多种无线接入方式，根据覆盖范围的不同，可分 WPAN 接入、无线局域网 WLAN 接入、无线城域网 WMAN 接入或 WWAN 接入。各种技术客观上存在部分功能重叠的相互补充、相互促进的关系，具有不同的市场定位。WPAN 主要用于家庭网络等个人区域网场合，以 IEEE802. 15 为基础。蓝牙 Bluetooth 是目前最流行的 WPAN 技术，其典型通信距离 10 rn，带宽为 3Mbit/s。WLAN 主要用于商务休闲和企业校园等网络环境，以 IEEE802. 11 标准为基础，被广泛称为 Wi - Fi（无线相容性认证）网络，支持静止和低速移动，其中 802. 119 的覆盖范围约 100m，带宽可达 54Mbit/s。Wi - Fi 技术是一种的非常成熟的技术，目前处于快速发展阶段，机场、酒店和校园场合得到广泛应用。WMAN 是一种新兴的适合于城域接入的技术，以 IEEE802. 16 标准为基础，常被称为 WiMAX（全球微波互联接入）网络，支持中速移动，视距传输可达 50km，带宽可至 70Mbit/s。WiMAX 可以为高速数据应用提供更出色的移动性，但在互联互通和大规模应用方面尚存在很多亟待解决的难点问题。WWAN 技术使得笔记本电脑或者其他的设备装置在蜂窝网络覆盖范围内可以在任何地方连接到互联网。WWAN 是指利用现有移动通信网络实现互联网接入，具有网络覆盖范围广、支持高速移动、用户接入方便等优点。基站覆盖范围可达 7km，室内应用带宽可达 2Mbit/s，但在高速移动时仅支持 384kbit/s 的数据速率。其三种主流 3G 制式分别是 WCD-MA、cdma2000 和 TD - SCDMA，已在世界范围内广泛应用。目前，第四代移动通信技术 4G 包括 TD - LTE 和 FDD - LTE 两种制式。而从严格意义上来讲，LTE 只是 3. 9G，尽管被宣传为 4G 无线标准，但它其实并未被 3GPP 认可为国际电信联盟所描述的下一代无线通信标准 IMT - Advanced，因而在严格意义上还未达到 4G 的标准。只有升级版的 LTE Advanced 才满足国际电信联盟对 4G 的要求。4G 是集 3G 与 WLAN 于一体，并能够快速传输数据、高质量、音频、视频和图像等。4G 能够以 100Mbps 以上的速度下载，比目前的家用宽带 ADSL 快 25 倍，能够满足几乎所有用户对于无线服务的要求。此外，4G 可以在 DSL 和有线电视调制解调器没有覆盖的地方部署，然后再扩展到整个地区。

（五）区块链

区块链（Block chain）像一个数据库账本，记载所有的交易记录。这项技术因其安全、便捷的特性逐渐得到了银行与金融业的关注。区块链在本质上是一个资产数据库，也是一个巨型网络中的分布式总账。它将记录存放到一个个区块里，每个区块使用密码学签名与下一个区块“链接”。记录可以通过网络中不同的网址、位置或机构进行共享，每个人都有权限访问及参与其中。区块链技术具有分布式、去中心化、去信任化、不可篡改、加密安全性等特征。

区块链目前分作三个类别，其中，公有区块链（Public Block Chains）是指世界上任何个体或者团体都可以发送交易，且交易能够获得该区块链的有效确认，任何人都可以参与其共识过程。公有区块链是最早的区块链，也是目前应用最广泛的区块链。联合（行业）区块链（Consortium Block Chains）由某个群体内部指定多个预选的节点为记账人，每个块的生成由所有的预选节点共同决定（预选节点参与共识过程），其他接入节点可以参与交易，但不过问记账过程（本质上还是托管记账，只是变成分布式记账，预选节点的多少，如何决定每个块的记账者成为该区块链的主要风险点），其他任何人可以通过该区块链开放的API进行限定查询。私有区块链（Private Block Chains）则仅仅使用区块链的总账技术进行记账，可以是一个公司，也可以是个人，独享该区块链的写入权限。本链与分布式存储方案没有太大区别，传统金融都想实验尝试私有区块链。

区块链主要解决的交易的信任和安全问题，针对这个问题需要有四项技术创新：第一是分布式账本，就是交易记账由分布在不同地方的多个节点共同完成，而且每一个节点都记录的是完整的账目，因此它们都可以参与监督交易合法性，同时也可以共同为其作证。不同于传统的中心化记账方案，没有任何一个节点可以单独记录账目，从而避免了单一记账人被控制或者被贿赂而记假账的可能性。另一方面，由于记账节点足够多，理论上讲除非所有的节点被破坏，否则账目就不会丢失，从而保证了账目数据的安全性。第二是对称加密和授权技术。存储在区块链上的交易信息是公开的，但是账户身份信息是高度加密的，只有在数据拥有者授权的情况下才能访问到，从而保证了数据的安全和个人的隐私。第三是共识机制，就是所有记账节点之间怎么达成共识，去认定一个记录的有效性，这既是认定的手段，也是防止篡改的手段。区块链提出了四种不同的共识机制，适用于不同的应用场景，在效率和安全性之间取得平衡。以比特币为例，采用的是工作量证明，只有在控制了全网超过51%的记账节点的情况下，才有可能伪造出一条不存在的记录。当加入区块链的节点足够多的时候，这基本上不可能，从而杜绝了造假的可能。第四是智能合约。智能合约是基于这些可信的不可篡改的数据，可以自动化的执行一些预先定义好的规则和条款。以保险为例，如果说每个人的信息，包括医疗信息和风险发生的信息都是真实可信的，那就很容易的在一些标准化的保险产品中，去进行自动化的理赔。在保险公司的日常业务中，虽然交易不像银行和证券行业那样频繁，但是对可信数据的依赖是有增无减。因此，本书认为利用区块链技术，从数据管理的角度切入，能够有效地帮助保险公司提高风险管理能力。具体来讲主要分投保人风险管理和保险公司的风险监督。

第三节　互联网金融监管

我国对互联网金融监管涉及面广、监管主体多，既包括中国人民银行、银保监会、证监会等金融监管部门，同时包括工信部与公安部等相关职能机构 。随着我国金融监管体制改革的不断推进，2015 年 7 月，中国人民银行、工信部、财政部、中国证监会等多部委联合出台了《关于促进互联网金融健康发展的指导意见》，针对互联网金融创新以及互联网金融市场秩序的维护提出了指导性意见，从此我国互联网金融监管有了自己的初步规范。同年 7 月 18 日，中国互联网金融协会成立，有了中国互联网金融行业自律组织。2016 年 4 月，国务院印发了《互联网金融风险专项整治工作实施方案》，这一监管方案被称为“史上最严格的互联网金融监管文件”，专门针对互联网金融的整治工作目标和重点整治问题，进一步明确了主体责任，明确了互联网金融监管的工作要求和监管措施，设立了组织保障以及监管的长效机制。2018 年，全球加密货币的交易数量迅速上涨，炒作愈演愈烈。为维护正常的金融秩序，中国人民银行、中央网信办、中国银保监会等五部委联合发布《关于防范代币发行融资风险的公告》，明确界定虚拟货币为非真正货币，严格限制了虚拟货币交易，有效化解虚拟货币炒作带来的金融风险 。

一、互联网金融监管的必要性

金融安全是国家安全的重要组成部分，互联网金融业务监管是保障金融安全的前提。互联网金融业务涉众面较广，就目前来看，主要是技术风险、业务风险和法律风险三个方面的问题非常突出。我国现阶段建立和完善互联网金融监管体系显得非常必要。

（一）互联网金融监管能够降低互联网技术风险

既然互联网金融以互联网为平台，其相应的互联网技术风险就应引起足够的重视。由于受到网络传输故障、黑客攻击、计算机病毒感染等因素不利影响，互联网金融交易会面临网络瘫痪的问题。技术风险既有互联网技术解决方案本身的安全度问题，也有互联网技术的选择及其支持问题。具体来讲，技术风险包括系统性安全风险、技术选择风险和技术支持风险三个方面。其中，系统性安全风险是指由于黑客攻击、互联网传输故障和计算机病毒等因素引起，会造成互联网金融计算机系统瘫痪的风险。表现在三个方面：一是加密技术和密钥管理不完善、TCP/IP 协议安全性差、病毒容易扩散。互联网金融的交易资料都被存储在计算机内，而且消息都是通过互联网传递的。由于互联网的开放性，在加密技术和密钥管理不完善的情况下，黑客就很容易在客户机向服务器传送数据时进行攻击，危害互联网金融的发展；二是 TCP/IP 在传输数据的过程中比较注重信息沟通的流畅性，而很少考虑到安全性。这种情况容易使数据在传输时被截获和窥探，进而引起交易主体资金损失；三是通过网络计算机病毒可以很快的扩散并传染，一旦被传染则整个互联网金融的交易网络都会受到病毒的威胁和破坏。

技术选择风险是由于在选择技术解决方案时存在操作失误或设计缺陷所带来的风险。它可能来自于技术落后，也可能来源于信息的传输过程中效率较低。如果互联网金融机构的技术创新跟不上时代的发展或选择的技术方案已经被淘汰，则会出现网络过时、技术相对落后的状况，从而导致互联网金融机构或客户错失交易机会。技术选择失误对于传统的金融业务而言，只会增加业务的处理成本，而对于互联网金融而言，会影响客户及交易机构的交易机会，最终导致互联网金融机构失去生存基础；如果数据在传输过程中的效率较低，则会出现传输速度降低或中断的情况，从而延误交易时机。

技术支持风险是指由于互联网金融机构受技术所限或为了降低运营成本而以外部技术支

持解决内部的管理难题或技术问题所引发的风险。在此过程中，中小互联网金融平台可能由于外部支持自身的原因而无法满足要求或中止提供服务，导致造成技术支持风险。还有的一方面是在互联网金融方面我国具有自主知识产权的设备较缺乏，需要从国外进口，这对我国的互联网金融安全造成了技术支持风险。

（二）互联网金融监管能够降低业务风险

互联网金融的业务风险是包括交易主体和计算机系统的业务风险，主要有操作风险、市场选择风险和信誉风险三个方面。其中，操作风险是由交易主体操作失误或有互联网金融的安全系统造成的。从交易主体操作失误方面来看，可能会由于交易主体对互联网金融业务的操作要求不太了解而造成支付结算资金流动性不足的操作性风险。特别是期限错配，以短期的、甚至即时的资金去投资较长期限的货币市场基金，或者是投资到房地产、私募基金等具有相对固定期限的理财产品，一旦遇到投资者大量同时撤资，管理者很难保证流动性不被破坏。而从互联网金融安全系统方面来看，可能会由于互联网金融风险管理系统、账户授权使用系统、与客户交流信息的系统等的设计缺陷而引起操作错误。

市场选择风险是由信息不对称而使得客户面临道德风险和不利选择的业务风险，或者是使得互联网金融市场成为柠檬市场。互联网的虚拟性增加了交易者信用评价和身份等信息的不对称，导致其在选择过程中处于不利地位。还有可能使价格低但服务质量差的互联网金融机构被客户接受，而高质量的机构被挤出市场。互联网的开放性和信息迅速传播的特点非常容易造成网上金融业务的失控，加之互联网低廉的宣传成本，更促成了信息的蔓延和疯狂传播，“谣言”有了可乘之机，造成交易过程中的非理性参与不断。互联网金融下的货币流动速度快且金额大，一旦出现问题很难控制，会造成难以预想的金融动荡，引起比较严重的社会问题。加强互联网金融监管，引导正确的消费模式，可将隐患消灭在发生之前。目前许多新型互联网金融交易因缺少规范而难以管控。身份认证困难、信息虚假、失信跑路问题频繁出现。信用评价中，利用虚拟交易获得好评，以此提高信用度，诱导他人不理性消费还未根除。在交易一些特殊商品时，消费者发现质量问题时，由于早已过了投诉期限，加大了问题的解决难度。而加强互联网金融的监管，可以减少交易过程中的欺诈案件，降低互联网金融问题的爆发次数和爆发程度，以便有效地控制互联网金融交易。

信誉风险指互联网金融机构不能与客户建立良好的关系，从而导致其无法有序开展金融业务的风险。互联网金融依托的是互联网技术，而互联网技术容易发生故障或系统容易被破坏，所以势必会引起不能满足客户预期需求，进而影响互联网金融机构的信誉，出现资金链断裂和客户流失等问题。目前国内互联网金融信用体系仍处于建设初期，尚存在以下问题需要解决：一是客户真实身份如何进行认定问题，且要建立有效的客户信息安全保护机制；二是互联网金融交易过程是在虚拟环境中进行的，其真实性不易考察验证；三是互联网金融的虚拟性增加了反洗钱的难度。

（三）互联网金融监管能够降低法律风险

法律风险是由于互联网金融业务违反法律或交易主体在交易过程中未遵守相关权利义务引起，或者是由于我国互联网金融立法方面没有明确的规定或比较落后，现有的银行法、保险法和证券法都是为传统金融业务，对于互联网金融不太适合。对于互联网金融的电子合同有效性的确认、个人信息保护、交易者身份认证、资金监管、市场准入等尚未有明确规定。故在互联网金融的交易过程中容易出现交易主体间权利义务模糊，不利于互联网金融的稳定发展。现实互联网金融交易中极易出现客户对自己购买产品风险严重低估和销售产品机构虚估收益的问题。而出现这些不合理的市场行为时，监管部门的依照相关法律法规进行及时干预就会起到很大的作用，通过纠正约束双方金融交易行为，保障金融企业和客户的资金安全。

互联网环境下的金融业务普遍还具有跨行业、跨部门、业务交叉性强的特征，形成了银行业务、证券业务、保险业务以互联网为基础进行深度融合和交叉的模式。在目前分业监管格局下，对于涉及银行、券商、基金、保险等多方面的互联网金融产品，具体谁来监管、如何监管以及工信部、公安部等其他相关部门如何协调配合，已成为现有监管体系面临的巨大挑战。跨部门监管协调机制尚不成熟、部门间职能不清等方面问题，导致互联网金融业存在很多不规范的领域与灰色地带。如处理不当，既有可能影响金融创新，也有可能带来监管套利，因而需要法律法规及时跟进。

二、互联网金融监管现有体制

互联网金融蕴含的风险较传统金融更为复杂和广泛，对于互联网金融的监管也提出了更高的要求。2015 年 7 月 18 日，由中国人民银行会同有关部委制定了互联网金融（ITFIN）行业“基本法”《关于促进互联网金融健康发展的指导意见》，按照“依法监管、适度监管、分类监管、协同监管、创新监管”的原则，确立了互联网支付、网络借贷、股权众筹融资、互联网基金销售、互联网保险、互联网信托和互联网消费金融等互联网金融主要业态的监管职责分工，落实了监管责任。互联网金融监管涉及面广、监管主体多，既包括工信部、公安部，也包括一行两会（中国人民银行、中国银保监会、中国证监会）。

（一）第三方支付

2005 年 10 月，为规范电子支付业务，防范支付风险，保证资金安全，维护银行及其客户在电子支付活动中的合法权益，促进电子支付业务健康发展，中国人民银行制定了《电子支付指引（第一号）》，明确将电子支付业务纳入监管范畴。2010 年，中国人民银行发布《非金融机构支付服务管理办法》和《非金融机构支付服务管理办法实施细则》，依据办法和细则向符合条件的非金融机构发放《支付业务许可证》，并对其行为进行监督和管理。2012 年 3 月至 2013 年 6 月，中国人民银行先后发布了《支付机构反洗钱和反恐怖融资管理办法》、《支付机构预付卡业务管理办法》及《支付机构客户备付金存管办法》，在征集社会公众意见和建议的基础上出台对应管理办法，逐步构建起网络支付监管体系。2015 年 12 月 28 日，中国人民银行发布《非银行支付机构网络支付业务管理办法》，规范了非银行支付机构网络支付业务，以防范支付风险，保护当事人合法权益。

（二）P2P 网贷

目前，在国内成立一家经营性网络借贷平台一般需要三个步骤：第一，获得由工商行政机关颁发的营业执照；第二，向通信管理有关部门申请并获得《电信与信息服务业务经营许可证》；第三，向工商行政机关申请增加“互联网信息服务”经营范围，并办理相应的经营性网站备案，这一过程并不需要金融监管部门的介入。而且，我国尚未出台民间借贷相关法律法规，网络借贷处于监管的真空地带。2011 年 8 月，中国银监会印发了《关于人人贷有关风险提示的通知》，警示银行业金融机构要与 P2P 网络借贷平台之间建立防火墙，防止民间借贷风险向银行体系蔓延。2013 年 11 月，浙江省第十二届人民代表大会常务委员会第六次会议通过《温州市民间融资管理条例》，自 2014 年 3 月 1 日起施行，该条例是中国第一部民间借贷的地方性法规，旨在引导和规范民间融资活动健康发展，防范和化解民间融资风险，促进民间融资为经济社会发展服务。2015 年 6 月 23 日由最高人民法院审判委员会第 1655 次会议通过《最高人民法院关于审理民间借贷案件适用法律若干问题的规定》自 2015 年 9 月 1 日起施行，规定了人民法院审理民间借贷案件适用法律的司法解释。

（三）网上银行

2005 年 11 月，在总结国内商业银行电子银行业务发展与监管历程、借鉴国际电子银行监管经验的基础上，中国银监会制定了《电子银行业务管理办法》，进一步明确电子银行业务的申请与变更、风险管理、数据交换与转移管理、业务外包管理、跨境业务活动管理、监督管理以及法律责任等细则。此外，为了推动电子银行系统的安全建设工作，中国银监会还发布了《电子银行安全评估指引》，从 2006 年 3 月 1 日起施行。2007 年，中国银监会引发《关于做好网上银行风险管理和服务的通知》，促进网上银行健康持续发展，积极防范针对网上银行的不法活动，维护商业银行和客户权益。

（四）网上证券

2012 年 5 月 18 日，中国证监会审议通过的《关于修改〈证券发行与承销管理办法〉的决定》中规定，首次公开发行股票的发行人及其主承销商应当在网下配售和网上发行之间建立双向回拨机制，根据申购情况调整网下配售和网上发行的比例。在证券委托方面，2000 年 3 月，中国证监会制定了《网上证券委托暂行管理办法》，对证券网上委托的业务规范、技术规范、信息披露、资格申请等做出了具体的规定，为网上委托业务的开展提供了法律依据。同年 4 月，中国证监会依据此办法制定《证券公司网上委托业务核准程序》。在市场准入方面，2013 年 3 月 15 日，中国证监会公布了《证券投资基金销售机构通过第三方电子商务平台开展业务管理暂行规定》，对拓宽公开募集证券投资基金的销售渠道，保障基金销售机构在第三方电子商务平台上基金销售活动的安全有序开展，维护基金投资人合法权益起了积极的作用。但是在具体管理手段方面，监管政策仍留有不少空缺之处。

（五）网上保险

2011 年 9 月 27 日，中国保监会印发《保险代理、经纪公司互联网保险业务监管办法（试行）》，对互联网销售保险的准入门槛、经营规则以及信息披露做出了规定，并于 2012 年 1 月 1 日起施行。2015 年 7 月 22 日，为了促进互联网保险业务规范健康有序发展，防范网络保险欺诈风险，切实保护投保人、被保险人和受益人的合法权益，中国保监会印发了《互联网保险业务监管暂行规定》，针对互联网保险业务开展的资质条件、经营规则、监督管理、法律责任等方面做出了具体的规定。

三、互联网金融监管基本原则

互联网金融监管要坚持依法监管、适度监管、分类监管、协同监管、创新监管，促进互联网金融健康发展，提升金融服务质量和效率，促进金融创新发展，扩大金融业对内对外开放，构建多层次金融体系。

（一）依法监管

依法监管要求各金融监管部门要依法依规监管互联网金融业务。按照法律法规规定，对符合条件的互联网企业开展相关金融业务实施高效管理。工商行政管理部门要支持互联网企业依法办理工商注册登记。电信主管部门、国家互联网信息管理部门要积极支持互联网金融业务依法开展金融业务，电信主管部门对互联网金融业务涉及的电信业务进行监管，国家互联网信息管理部门负责对金融信息服务、互联网信息内容等业务进行监管。同时，积极开展互联网金融领域立法研究，适时出台相关管理规章，营造有利于互联网金融发展的良好制度环境。加大对从业机构专利、商标等知识产权的保护力度。鼓励省级人民政府加大对互联网金融的政策支持。支持设立专业化互联网金融研究机构，鼓励建设互联网金融信息交流平台，积极开展互联网金融研究。

金融监管部门要简政放权，落实和完善有关财税政策，坚持鼓励和规范并重、培育和防险并举，维护良好的竞争秩序、促进公平竞争，构建包括市场自律、司法干预和外部监管在内的三位一体的安全网，维护金融体系稳健运行。依法监管就要杜绝监管套利现象的出现。监管套利是指金融机构利用监管标准的差异或模糊领域，选择按照相对宽松的标准进行业务拓宽，以此来降低监管成本开支、获取超额收益。互联网金融提供的支付、放贷等服务与传统金融业相仿，如果对二者执行不同的监管标准，将易于引起不公平竞争。为确保监管的有效与公平，维护金融市场正常竞争秩序，在设计互联网金融监管的规则时，应确保两个“一致性”：一是不论是互联网企业还是传统的持牌金融机构，只要其从事的金融业务相同，原则上就应该受到同样的监管；二是对互联网金融企业的线上、线下业务的监管应当具有一致性。

（二）适度监管

对于互联网金融这样一类新出现的金融业态，需要留有一定的试错空间，过早的、过严的监管会抑制创新。另一方面，整个互联网金融行业可以在摸索中寻找道路，但不能犯致命性错误，整体风险须在可控范围内。因此，监管的良好目标应是：既避免过度监管，又防范重大风险。国内互联网金融目前还处于发展的观察期，按照“鼓励创新、防范风险、趋利避害、健康发展”的总体要求，对其予以适度监管。在适度监管原则下，监管当局对监管对象以引导为主，关注最终监管目标能否实现，一般不对监管对象做过多过细要求，较少介入或干预具体业务。监管当局主要依据成文法规定，对金融企业各项业务内容和程序做出详细规定，强制每个机构严格执行，主要进行过程控制式监管。一方面，互联网金融监管必须在明确监管目标的基础上，实现“原则”先行。监管原则应充分体现互联网金融运营模式的特点，并给业界提供必要的创新空间，同时指导和约束运营者承担对消费者的责任。另一方面，要在梳理互联网金融主要风险点的基础上，对互联网金融中风险高发的业态和交易制定监管规则，事先予以规范。适度监管原则有助于在维护互联网金融的市场活力与做好风险控制之间实现良好平衡，促进其可持续发展。

（三）分类监管

分类监管首先要求各金融监管部门按照自己的业务监管范围分别监管金融机构开展互联网金融业务。同时按照法律法规的规定，对符合条件的互联网企业开展相关金融业务实施高效管理。工商行政管理部门要支持互联网企业依法办理工商注册登记。电信主管部门、国家互联网信息管理部门要积极支持互联网金融业务，电信主管部门对互联网金融业务涉及的电信业务进行监管，国家互联网信息管理部门负责对金融信息服务、互联网信息内容等业务进行监管。积极开展互联网金融领域立法研究，适时出台相关管理规章，营造有利于互联网金融发展的良好制度环境。加大对从业机构专利、商标等知识产权的保护力度。鼓励省级人民政府加大对互联网金融的政策支持。支持设立专业化互联网金融研究机构，鼓励建设互联网金融信息交流平台，积极开展互联网金融研究。

其次，分类监管还指金融监管部门应当定期评估不同的互联网金融平台和产品对经济及其社会的影响程度和风险水平，并根据评估结果确定监管的范围、方式和强度，实行分类监管。对其中影响小、风险低的，可以采取市场自律、注册等监管方式进行管理；而对于影响大、风险高的，则必须纳入监管范围，直至实行最严格的管控，从而构建灵活而不是僵化的、富有针对与有效而不是笼统与无效的互联网金融监管体系。金融监管部门的监管评估应定期进行，监管方式需根据评估结果动态调整。

（四）协同监管

互联网金融横跨多个行业和市场，交易方式广泛、参与者众多，有效控制风险的传染和扩散，离不开有效的监管协调。一是可以通过已有的金融监管协调机制，加强跨部门的互联网金融运营、风险等方面的信息共享，沟通和协调监管立场。二是以打击互联网金融违法犯罪为重点，加强司法部门与金融监管部门之间的协调合作。三是以维护金融稳定，守住不发生区域性、系统性金融风险底线为目标，加强金融监管部门与地方政府之间的协调与合作。

（五）创新监管

需要说明的是，以上各条原则各有侧重，不同原则之间并非完全一致，这些原则的同时实现并不容易。事实上，互联网金融监管中的挑战，亦是全球金融监管者在金融创新领域中面临的难题。美国次贷危机的教训已然表明，只注重效率不注重稳定、最少的监管就是最好的监管理念肯定是行不通的。单纯追求稳健而过度抑制创新，也远非良好的监管选择。一个现实问题是，金融监管的格局是基于已有的金融业务并遵从法律规定确立的。在这样的框架下，当新的金融业态出现后，难以找到或客观上并不存在明确的监管机构，因而常常只有当风险累积到一定程度后，相关监管问题才可能会被严肃地提上议事日程。互联网金融作为一个新兴的金融业态，为探索金融创新的有效监管模式提供了一个不可多得的机遇。应当立足我国互联网金融发展实际，把互联网金融作为践行创新金融监管理念的试验田，积极探索未来新金融监管的范式。

四、互联网金融监管的主要手段

（一）通过确立监管主体来规避多头监管和监管真空

我国当前互联网金融企业事故频发的主要原因之一就是监管主体不明确。原则上来说中国证监会、中国保监会、中国人民银行都有着直接监督管理权力。但是，由于各主体之间的权力划分存在着重叠现象，导致多头管理以及管理标准不统一的矛盾。当互联网金融违法事件出现时，容易出现多头管理或者管理真空的现象。我国目前尚未从法律方面规定具体类别的违法事件落实到哪一个具体的监管部门。而考虑到互联网金融根本无法按照传统金融三大行业来对企业进行分类，所以国务院成立了专门的互联网金融监管办公室，统一制定监管准则，同时在地方政府内部也成立相应的网信办公室用以管理具体违法事件。由专门的监管机构管理互联网金融业务监管可以避免管理多头的现象，也可以很好地防止了监管部门不作为的发生。

（二）加强征信体系建设，不断完善个人信用评级

目前许多 P2P 个人借贷出现违约的原因就在于那些信用状况非良好的，无法通过传统金融银行筹措到资金进而寻求到线上的 P2P 来进行借款。然而，一方面由于这些平台的线上的征信工作不完善以及信息核实工作严重缺失，导致了这些信用记录不良的客户可以进入线上 P2P 来借钱。互联网金融监管平台应该统一线上征信以及信息核实制度并且要求上传真实的个人信息，针对不同的贷款人群给予不同的信用评级并且针对评级要求最低贷款利率，然后再将这些信息如实反馈给资金提供者供其参考。而且对于信用评级较低的借款人的还款要增设附加的抵押条款、第三方担保条款等。无法满足条件的借款者，应果断拒绝其进入 P2P 平台贷款的请求。目前，中国人民银行已建立金融信用信息基础数据库，覆盖约 4 亿人口，是中国最大的征信数据库。接入央行征信系统的机构主要是持牌金融机构，包括银行业金融机构、消费金融公司、融资担保机构和小额放贷公司，互联网金融正待纳入国家统一的征信系统。2018 年 3 月 18 日，在中国人民银行监管指导下，百行征信有限公司注册开业。这是一家由市场自律组织中国互联网金融协会与芝麻信用、腾讯征信、前海征信、考拉征信、鹏元征信、中诚信征信、中智诚征信、华道征信等 8 家市场机构按照共商共建共享共赢原则，共同发起组建的市场化个人征信机构。而与传统的征信不同，百行征信主要专注的是个人的征信业务。而百行征信出来之后，将会逐步消除之前除了银行征信便没有其他数据作为审核条件的“信息孤岛”现象，促进互联网金融业务的稳健发展。

（三）完善平台信息披露制度，对现金流动进行动态管理

我国互联网金融违法事件曾在某些年度频发，首当其冲的就是 P2P 网贷平台和众筹平台卷款跑路的问题，其发生的主要原因就是对于现金流向的信息披露不完整。互联网金融投资安全与信息披露密切相关，只有对所投资项目的现金流向有了充分的了解才能最大程度上保护投资的财产安全。监管部门应制定制度强制要求众筹平台及 P2P 平台对于筹集资金的使用流向进行定期完整披露，同时对于投资的现金使用进行动态管理，确保投资者的资金用于合法且符合投资者利益的投资途径。互联网贷款余额（含生产经营和消费）占全部贷款余额比重超过 3% 左右的传统银行机构，要定期向所在地金融监管部门并在财报中披露互联网贷款重要信息。掌握互联网业务产品相关信息的互联网金融机构，不得以泄露商业秘密为

由，拒绝向金融监管部门披露信息，要主动配合和接受金融监管部门的调查管理。在《关于规范金融机构同业业务的通知》（银发 2014 年 127 号）文件基础上，对开展互联网联合贷款业务的涉入银行，进一步细化同业账户管理、同业资金利率、会计处理、信贷管理等方面的政策规定。

（四）行业自律组织发挥自我约束作用

相对于政府监管来说，行业的自律组织更灵活，工作效果更明显，更具有自觉性。行业自律组织是政府监管的有效补充，影响着互联网金融业务的健康发展。2015 年 12 月，中国人民银行会同有关部门组建了中国互联网金融协会，这是实现互联网金融行业自律的重要举措。互联网金融协会主要负责制定经营管理规则和行业标准，推动机构之间的业务交流和信息共享；明确自律惩戒机制，提高行业规则和标准的约束力；强化守法、诚信、自律意识，引导从业机构积极主动遵守反洗钱法律，培育从业机构防范风险、依法合规经营的理念，强化整个行业对洗钱风险的管控能力。目前，互联网金融协会设置了登记平台，并制定了信息共享、登记披露、统计监测申报制度。2018 年 3 月 29 日，互联网金融协会出台了《互联网金融逾期债务催收自律公约（试行）》，并于同年 6 月 14 日出台了《互联网金融从业机构营销和宣传活动自律公约（试行）》。行业自律组织在树立行业导向、实现公平竞争、营造良好的市场环境方面开始发挥着积极的作用。

（五）公民个人信息安全保护

数据泄露和个人隐私保护成为互联网金融领域的顽疾。2013 年支付宝前员工在工作 3 年内下载支付宝用户 20G 的资料出售；2015 年 4 月，芝麻金融 9000 个高净值客户资料泄露；2016 年年初，铜掌柜被爆出平台 60 万用户大量敏感信息泄露…… 然而这些可能仅是新闻披露出来的冰山一角。而且许多互联网金融公司为了维护自己的形象，往往在发生数据泄露事件后遮遮掩掩，互联网金融行业几乎是个人数据泄露重灾区。漠视金融消费者的合法权益，最终会失去消费者的信赖，促使行业发展步入死胡同。在客户注册互联网金融 APP 时，信息采集要事先经过客户 授权同意，明确告知客户采集信息的合法用途，不得泄露已采集到的客户信息；要严格限制信息采集的范围，除验证客户身份的 必要信息之外，不得采集客户的通讯录、短信、微信、网页浏览等信息。明确场景用途，对场景用途不明确的现金贷业务，要通过百行征信查询、电子账户监测、信贷总额控制等手段，确保信贷资金安全。开展互联网信贷业务的传统银行，必须建立行方网贷风控系统和相关反欺诈、电子签章等互联网金融系统，为客户提供具有司法可信力的电子证据，加强对借款人主体和资产信用的识别和监测，确保信贷业务关键环节自主掌控。

思考题

1. 互联网金融业务的主要特征是什么？
2. 互联网金融业务的技术工具主要有哪些？
3. 互联网金融监管现有体制主要内容是什么？

第二章
第三方支付

第一节　第三方支付的主要发展历程及其主要特征

第三方支付是指具备一定实力和信誉保障的独立机构，通过与网联对接而促成交易双方进行款项结算的网络支付模式。第三方支付机构是近些年来出现的新型支付结算组织。第三方支付是有实力和信用的非银行机构利用网络通讯等技术，与银行签订协议，联系用户和银行支付结算系统的电子支付方式在电脑或者手机端进行的互联网支付。在第三方支付交易过程中，买家选购商品并使用第三方平台提供的账号进行货款支付，由第三方通知卖家货款到达和发货，买方在验收物品后选择收货，钱款便转至卖家账户。当今，社会主要的支付媒介有三种：一是以互联网为媒介的互联网支付；二是以手机为媒介的移动支付；三是用银行卡或预付卡进行支付。而支付工具目前主要采用网上填写支付密码、以手机扫描二维码，NFC近场支付三种方式为主，特点就是独立于商户和银行，为客户提供支付结算服务。在网络虚拟化的市场，支付就成为了电子商务发展过程中最大的难题。卖家不愿先发货，害怕不能及时收回货款；买家不愿先付款，害怕得不到应有的商品服务。而应运而生的第三方支付很好地解决了这一难题，具有方便快捷、安全可靠、开放创新的优势。

从结算理论上讲，第三方支付结算采用分步支付方式，买卖双方所结算款项须借助于第三方平台才能完成全部交易过程，并在买家验收商品或服务后第三方平台才可将款项划转到商家结算账户，这与现金结算、票据结算、汇转结算直接到账有着明显的不同。第三方支付方式的做法还包括信用证结算、保函结算。

第三方支付结算产生于社会经济活动的实际需要。在社会经济活动中，结算的需求产生于交换。交换是交付标的与支付货币两大对立流程的统一。交换遵循的原则是等价和同步。换句话说，交货与付款互为前提条件，是等价交换的保证。但在实际操作中，对于现货标的面对面交易，同步交换容易实现；但在非面对面交易中由于交易标的流转验收需要过程，货物流和资金流的异步和分离的矛盾便不可避免发生，同步交换往往难以实现。而异步交换过程中，先收受对价的一方可能会出现违背道德和协议，破坏等价交换原则的事件，而此时先支付对价的一方往往会受制于人，自陷被动、弱势的不利位置，并极有可能承担由此所带来的资金损失。解决的办法之一就是异步交换必须附加信用保障机制并得到相关技术的支持。附加信用保障机制，就是对隔面或期货交易，适配过程化分步支付方式。款项从启动支付到所有权转移至对方不是一步完成结算全部过程，而是在中间增加中介托管环节，由原来的直接付转改进到间接汇转，业务由一步完成变为分步操作，从而形成一个可监可控的过程，按步骤有条件进行支付。这样就可商品走专门运输线路，款走专门结算线路，两相呼应，同步起落，使资金流适配货物流进程达到同步相应的效果，使支付结算方式更科学和合理，并适应市场交易的需求变化。

第三方支付能够实现的原因在于第三方支付平台与各家商业银行签有相关的有效支付转账协议，使得第三方支付机构能够与商业银行之间进行某种形式的客户数据交换和相关信息的确认。这样，第三方支付平台就能够实现在持卡人或者消费者与开卡银行之间，以及最终的收款人或者商户之间建立一个有效的支付结算渠道，并将支付过程中的风险降到最低。实际运营中，这个第三方支付平台可以是发卡银行本身负责具体运作。在进行网络支付时，银行卡号及其支付密码信息只在持卡人与开卡银行之间传递，规避了由商户转移相关信息而出现的客户账户信息被窃取的危险。当然，这个第三方支付平台还可以由具有良好信誉条件和技术水准的某个商业机构来承担具体运作。这样，在进行网络支付时，客户的银行卡号及其支付密码信息同样只在持卡人与开卡银行之间传递，只是需要借助于第三方支付平台而已。这种做法同样规避了由商户转移相关信息而出现的客户账户信息被窃取的危险。客户每次登陆支付界面所看到的并不是不同银行间的支付结算界面，而是由第三方支付平台提供的客户非常熟悉的同一支付结算界面。

一、第三方支付的主要发展历程

第三方支付最早源于美国的独立销售组织制度（Independent Sales Organization，ISO），指收单机构和交易处理商委托 ISO 做中小商户的发展、服务和管理工作的一种机制。1996年，全球第一家第三方支付公司在美国诞生。随后涌现出的 Amazon Payments、Yahoo! PayDirect、PayPal 等一批著名的第三方支付公司，而其中以 PayPal 的业绩最为突出，其发展历程基本代表了北美第三方支付市场的发展缩影。PayPal 即是世界第一家支付公司，也是目前全球使用范围最广的第三方支付平台。PayPal 支持200多个国家和地区，全球活跃用户接近2亿，支付货币涵盖美元、加元、欧元、英镑、日元及其澳元等24种主要结算货币。PayPal 公司成立的当初就是应对全球逐渐兴起的电子商务发展热潮，弥补商业银行不能涵盖个人收单业务领域的欠缺。1998年，在美国的斯坦福大学，一位叫马克斯·列夫琴（Max RafaelLevchi）的程序员被一场主题称作“市场全球化和政治自由之间的联系”的演讲而推崇至极，演讲结束后马克斯主动找到演讲者彼得·蒂尔（Peter Thiel）交流互动。他与马克斯研讨了当前支付领域的种种痛点，尝试用一种新的技术数字钱包来代替现有的现金结算，实现个人对个人的快捷支付。不久，一家名叫康菲尼迪（Confinity）的支付公司就这样在两位年轻人此次简短交流和几次午餐的思想碰撞后诞生了。产品的初衷是提供一个方便客户和商家进行网上金钱交易的工具。2000年，埃隆·马斯克为解决在网上快捷转账业务上的竞争，将 X.com 公司与彼得·蒂尔和麦克斯·拉夫琴创办的 Confinity 公司合并，这家新公司于次年2月更名为贝宝（PayPal）。2002年10月，全球最大拍卖网站 eBay 以15亿美元收购

PayPal，PayPal 便成为了 eBay 的主要付款途径之一。eBay 当时是全球最大的个人电子商务交易平台，汇集了各种二手商品。商品的所有者和购买者都是个人，而商业银行和银行卡组织按照规定不得向个人客户提供银行卡收单服务。因而 eBay 收购 PayPal 后，PayPal 进入了业务发展的“快车道”。仅 2003 年一年，PayPal 就依托 eBay 庞大的市场份额和相对于传统的邮局或银行汇款时间长和效率低的劣势实现了 4.4 亿美元的结算规模。目前，PayPal 正在努力将第三方支付扩展到更广阔的电子商务领域。在北美地区，PayPal 已经和 535 家独立的 B2C 电子商务在线平台签订了合作协议，大到沃尔玛零售巨头、小到披萨店都支持使用 PayPal 支付。正如 PayPal 董事局主席 Jeff Jordan 所言，PayPal 的目标是要成为在线支付的标准。2005 年，PayPal 的中国大陆网站开通，名称是“贝宝”，但是 PayPal 和贝宝实际上是两个相互独立的账户，因为贝宝使用人民币作为唯一的支付货币。有趣的是，PayPal 自 2002 年以 15 亿美元出售给 eBay 之后，大部分重要员工纷纷离职创业，PayPal 也因此一举成为硅谷史上创造创业者群体最多的一家公司，这些人被誉为 PayPal 黑帮。其实“Paypal 黑帮”这个称谓并不是特指某几个联合创始人，而是指早期带领 Paypal 攻城拔寨、离开 Paypal 后依旧驰骋科技领域的一群科技达人。

2008 年，全球网上支付数据显示，交易规模 4380 亿美元。其中，欧洲占比最大达 48%，美国和澳大利亚分别占据 30% 和 3%。第三方支付交易规模平均增长速度 20% 左右。欧美国家的第三方支付主要是渗透签名借记卡和信用卡而来。由于整体信用环境较好并采取无磁无密的交易方式，因而能够非常顺利迁移银行卡支付到互联网交易渠道中。1997 年金融危机后，借记卡成为主要支付工具，率先推行全球化战略的第三方支付企业凭借其自身优势而迅速居于支付市场主导地位。在业务类型方面，第三方支付已经延伸到欧美国家的学费、公用事业费、房租等各类账单的支付。

其实，我国第三方支付企业的出现并不晚于美国，只是没有及时抓住发展的机遇而稍显滞后于美国。1999 年，分别成立于北京和上海的首易信和环迅两家企业是中国最早的第三方支付公司，但受制于电子商务业务在中国的缓慢发展，其影响力一直不大，其支付的功能仅仅停留在把用户的支付需要告知开卡银行，让用户在开卡银行的网上支付页面完成简单的支付操作。由于第三方支付早期发展阶段其影响力和覆盖范围均有限，因而政府也没有相关政策措施出台。直到 2004 年 12 月阿里巴巴公司支付宝的推出，在淘宝购物平台的强大影响下，其业务取得了突飞猛进的发展，第三方支付的交易规模也呈飞速增长趋势，仅用 4 年时间便以超过 2 亿使用用户的绝对优势胜过美国的 PayPal 而一举成为全球最大的第三方支付平台。

2003 年，针对国内电商平台由于商户良莠不齐而产生的信誉隐患，阿里巴巴成立了支付宝业务部，并于 2004 年 12 月推出第三方支付产品“支付宝”，支付宝平台的实质是充当了一个信用中介功能的虚拟账户，目标是降低买卖双方的交易风险。2005 年在达沃斯世界经济论坛上，阿里巴巴创始人马云首次提出第三方支付平台概念，提出要保证电子商务环境的安全，就必须从交易环节入手，而支付宝就是基于此种想法而推出的第三方支付工具。继阿里巴巴公司的支付宝推出后，国内相继出现了一系列类似的支付平台，如腾讯旗下的财付通，还有诸如安付通、买卖通、微信支付、e 拍通、网银在线等产品均以较高的收益回报率和服务便捷性被亿万用户使用。这一时期，以拉卡拉为代表的线下便民金融服务提供商开始崭露头角，还有银联电子支付推出的银联商务等多项金融服务衍生产品。中国第三方支付平台在2003年至2005年呈现迅猛的发展态势，第三方支付进入了“黄金”增长期。由于这一时期第三方支付企业集中发展且影响力逐渐增大，甚至对银行实体金融造成了较大冲击，导致相互之间竞争激烈。从2005年开始，国务院及相关部门陆续出台了一系列相关政策措施用于规范电子商务市场的发展和网上支付环境建设，第三方支付企业则利用这一有利时机和环境不断拓展业务范围和大力发展多样性经营。第三方支付平台很快发展为集网上支付、电子支付、电话支付、充值卡充值、代收代付等多种功能于一身的综合支付产品。航空、铁路、保险、税务、政务等诸多领域开始出现第三方支付的影子。2006年有关网民的调查数据显示，中国有八成的网民在使用第三方支付平台。2009年，中国第三方支付平台的市场规模达到5766亿元。经营第三方支付平台的企业达到300家以上。由于监管政策处于空白期，挪用资金和非法套现频繁发生，整个行业发展陷于混乱局面。2010年，中国人民银行出台了《非金融机构支付服务管理办法》，规定了通过核发第三方支付牌照的方式将其纳入国家金融监管体系，并规定无第三方支付牌照的企业不得经营相关支付业务。2011年5月26日，中国人民银行发放首版27张第三方支付牌照。2011年至2015年是中国人民银行发放第三方支付牌照的高峰期，支付宝、拉卡拉、快线等著名的支付平台都是在这一时期拿到支付牌照的。至2018年10月，共有250家第三方支付企业登记在册并持照经营。但第三方支付平台的发展并非一帆风顺，从2014年开始，中国人民银行对第三方支付的态度开始有了微妙的转变。同年3月13日，中国人民银行支付结算司发布《关于暂停支付宝公司线下条码（二维码）支付等业务意见的函》，紧急叫停了虚拟信用卡和二维码支付。同年4月10日，中国人民银行和中国银监会联合发布《关于加强商业银行与第三方支付机构合作业务管理的通知》（银监发［2014］10号）。文件中的20条规定都是事实上都是指向第三方支付机构。2015年中国人民银行《网络支付业务管理办法》出台；2016年3月中国人民银行颁布《完善银行卡刷卡手续费定价机制的通知》；2016年4月中国人民银行出台《非银行支付机构分类评级管理办法》；2016年8月中国人民银行《二维码支付业务规范（征求意见稿）》《银行卡受理终端业务准入规则》相继出台。应该讲，央行相应文件的陆续出台，证实了第三方支付机构在移动支付体系中作为补充者的角色已被政府锁定。同样，地方性区域性移动支付也充当着补充者的角色。

进入2017年后，支付规模的增长速度明显表现出移动端快于PC端，使用者快速向移动端迁移。尤其是近年来，随着智能手机的普及，手机网民数量急剧攀升，2017年中国手机网民数量突破7.53亿，占中国总人口的比例为55.8%，而在2012年只有22.6%；与此同时，移动APP使用者的数量和使用总时长都出现了井喷式增长，移动端比传统PC端更能极大地吸引日益增长的用户数量。电商支付行业在2014年迎来了重要转折，电商支付规模PC端增速大幅下降；而移动端快速增长，增幅为238.1%，到2016年规模提高到37万亿，增幅高达84.5%。由于第三方支付与电子商务是紧密捆绑的，因而随着移动电商的发展，第三方支付也逐渐向移动支付发展，移动版支付宝的推出为移动支付方式发展提供了重要基础。从此，第三方支付不再仅仅是电商的附属，逐渐发展成为独立的支付工具，深刻改变着用户的生活习惯。到2017年，银行卡收单业务规模占比为32%，网联支付总规模占比68%，其中移动支付的部分超过80%。而随着第三方支付在社会生活中的流行普及，民众已逐渐习惯将资金放在支付工具上供自己不时消费之需，而第三方支付工具里产生大量沉淀资金则被2013年余额宝产品打通了支付工具和理财工具之间的桥梁，也带动了普惠金融的发展，第三方支付工具具备了投资理财的增值功能。截至 2017 年年末，余额宝的规模 1.58 万亿元。移动虚拟账户转账经历高速发展后，社交支付逐渐流行，通过用户的社交网络传播，第三方移动支付使用者数量急剧增长，使用移动支付转账成为新的习惯，而使用者移动支付钱包中的零钱潜在会给第三方移动支付带来更多业务机会和更多使用场景。而此时的线下消费越来越多的使用到扫码支付，2016 年扫码支付金额达到6500 多亿元；2016 年，扫码支付环比增长率达到了 1038% 的高速增长，远超第三方支付总体规模的增速，成为第三方支付市场名副其实的新驱力。

二、第三方支付的主要特征

第三方支付平台是电子商务发展的重要组成部分。但由于国内外第三方支付平台在发展过程中的市场条件不同，因而国内的第三方支付和国外特别是欧美国家的第三方支付还是有着明显的不同。

（一）结算过程中与开卡银行结算账户直接对接

虽然在账户开立环节国内外第三方支付平台都提供非面对面的虚拟在线服务，但欧美国家客户使用电子邮箱注册 PayPal 账户，并将银行卡资金转入虚拟账户，用于在线购买和支付。形式上看，PayPal 提供的是一种电子邮件支付服务账户，本质是银行账户和虚拟账户间的记账和转账。资金转移在付款人银行账户、第三方支付机构账户以及收款人账户之间进行，其运转离不开银行账户支付工具。PayPal 在客户结算时无需和各个开卡银行进行系统连接，而且国外的商业银行大都也不提供类似国内商业银行 B2C 方式的在线支付服务，其支付途径是通过银行卡组织 VISA 或者 MASTER 提供支付服务并将银行卡资金转入虚拟账户，验证要素则统一遵循银行卡组织风险控制的标准和安全保障规则。而与之不同的国内第三方支付平台则采取与各家开卡银行系统分别接入，其验证要素则分别遵循各家商业银行风险控制的标准和安全保障规则而定。主要原因是银行卡组织在国外线上线下消费跨行清算领域有着非常强的竞争和垄断优势。国内第三方支付平台在 C2C 支付市场上是以支付中介的身份参与到买家向卖家的支付过程，在交易没有完成之前，资金始终停留在第三方支付机构账户以确保其相对安全性要求。而 PayPal 有所不同的是，对外部 B2C 商户是直接将交易资金划入电商账户，第三方支付平台不承担支付中介的功能。不难看出的是，国内第三方支付平台重在解决交易过程中的信任问题，而欧美国家第三方支付平台以成熟的信用体系作为后盾，强调的是支付的便捷性和高交易效率、低交易成本。

（二）闲置资金管控相对宽松且有收益

欧美国家监管体系普遍将第三方支付平台定义为非银行金融机构，因而对其监控属于商业事务范围。而在美国，商业事务属于各州法律管辖范围，并非都由联邦统一制定，因而第三方支付机构只能从事支付结算服务而不能吸储和放贷，PayPal 账户上的沉淀资金虽然是其负债但并不是客户主动存储的结果。PayPal 既不是这些闲置资金的实际所有者，也没有实际的支配使用权。PayPal 的资金托管方美国联邦储蓄保险公司则认为联邦储蓄保险公司仅为这些资金履行监管和保险，统一不予计息。换句话说，PayPal 的主要收入来源是为商户提供结算交易所收取的佣金以及客户从 PayPal 账户向银行账户转移资金时收取的手续费，没有资金沉淀利息收入。而在国内，中国人民银行2012年发布了《支付机构客户备用金存管暂行办法》，明确了第三方支付机构最高可获得备付金利息收益的90%，剩余10%比例则用于风险拨备。目前国内第三方支付平台客户存入资金的数量和银行转出的金额是一致的，相应的虚拟货币可以在互联网商家购买商品，并在支付平台与商家之间进行结算。表面上看，第三方支付平台虽然保留了与存入货币相同的币种形式及其数量，但第三方支付平台常会在经营过程中以红包和优惠券方式来增加客户在第三方支付平台中的资金总量，但并不一定同步增加其在商业银行的备付金。正是这个原因，使得国内第三方支付平台的营收来源不仅依靠为商家提供支付结算服务而收取的佣金，而且在第三方支付平台账户产生的沉淀资金还有利息收益。

（三）节省大量交易成本

国内大多数线上结算客户所使用的支付账户是商业银行的结算账户。2010年6月，中国人民银行发布的《非金融机构支付服务管理办法》对第三方支付平台支付账户开立及其合法合理使用问题都作了非常具体的规定。目前国内第三家支付平台开立账户普遍采取自助注册的账户开立模式而不像营业网点开立结算账户那样要求客户必须临柜，开户条件相当宽松和高效便捷。同时，考虑到国内商业银行众多的实际，国内第三方支付平台也没有采取与各家服务标准和接口并不统一的商业银行分别不同对接技术的方式，而是第三家支付平台利用自身的技术优势，整合各家商业银行的支付网关接口，形成网上的“银联”。商户只要一次性接入就可以使用该平台支持的所有银行卡进行网上收款付款操作。第三方支付平台凭借整合多家商业银行支付网关接口，享有在线开户待遇和信用担保机制创新的优势，在满足客户资金支付需求的同时，促进交易便利并增加增值服务。需要强调的是，依照目前规定国内商业银行并不能向个人客户提供收单服务，因而商业银行也不能为C2C平台上的买卖双方直接提供结算服务，而且买卖双方的信任很难在银行结算平台上建立起来。国内第三方支付平台的优势就是做到有效整合信息流、资金流和物流三大资源，直接为众多个人卖家及其小商户提供收单服务，而且所涉及的买卖评价和物流信息、客户消费行为分析便于进行整合和管理。关联性交易平台孵化器的作用非常明显。欧美国家的第三方支付平台很难有主动拓展平台用户群的想法，因而客户消费信息资源的获取成本相对较高且时效性也较差。

三、第三方支付的准入制度

市场准入制度通常是指国家出于维护社会经济秩序的需要，依据相关法律的规定，对市场主体进入某个市场领域的直接干预制度。第三方支付业务手段和运作方式上发生革命性的变革，在业务内容上存在着非常大的差异。如果没有相对严格的准入审批制度，很可能会导致第三方支付行业漫无节制的发展，服务水平参差不齐，洗钱、套现、贪污问题有可能会泛滥成灾。

2010年6月21日，中国人民银行公布的《非金融机构支付服务管理办法》首次确立了以许可制度为核心，资本制度为重点，退出制度为补充的市场准入制度。《非金融机构支付服务管理办法》将第三方支付的业务范围区分为全国范围和省域范围，并规定了不同的注册资本最低限额。明确国内第三方支付企业注册资本数额的下限，既能确保进入市场的第三方支付机构具有一定的经济实力和服务能力，又能鼓励更多第三方支付行业进入第三方支付机构市场，防止出现垄断型第三方支付企业，压制第三方支付市场的合理竞争。

第三方支付的市场准入设置了牌照制度。目前欧盟要求第三方支付机构必须取得银行业执照方可提供支付服务业务。美国大多数州都规定第三方支付机构只有取得“货币转账营业许可证”才能提供支付服务。我国借鉴了域外国家的合理立法经验，在《非金融机构支付服务管理办法》中规定申请人申请支付业务许可证需要具备一系列条件。纵观当前我国第三方支付行业的发展，一方面，现阶段的我国第三方支付平台基本上对用户是提供的是免费服务，实现盈利的第三方支付机构凤毛麟角。另一方面，第三方支付机构众多，竞争十分激烈。因此设置严格的申请人条件不利于中小型第三方支付的发展壮大，有可能导致垄断型企业的出现，侵犯消费者的合法权利。在一定程度上限制第三方支付的发展壮大，有必要健全支付牌照的申请条件。但是，势必会进一步挤压中小型第三方支付机构的生存发展空间，导致垄断性的第三方支付企业的出现，侵害消费者的利益。连续盈利2年以上是目前发放牌照的基本要求，可以由第三方支付消费者权益保护的相关制度进行兜底性的保障。从2011年5月底签发首批第三方支付牌照算起，在过去8年多的时间，央行总计发出了271张支付牌照。而在2015年8月，央行注销3张支付牌照，结束了第三方支付牌照“只发不撤”的历史。而在过去两年多时间，央行合计注销了24张第三方支付牌照，其中有20张是在2017年注销的。其中，10家第三方支付公司是因为严重违规被央行注销牌照，另外10家则是由于业务合并。据支付圈统计截至2017年11月21日，市场上还有247家支付牌照。中国人民银行发放的首批第三方支付牌照共27家企业名称及其牌照类型如表2－1所示。

表2－1　中国人民银行发放第一批第三方支付牌照27家企业名称

第三方支付公司名称	牌照核发日期	牌照类型	业务覆盖范围
支付宝（中国）网络技术有限公司	2013年5月21日	互联网支付、移动电话支付、预付卡发行与受理（仅限于线上实名支付账户充值）、银行卡收单	全国
银联商务有限公司	2013年5月21日	银行卡收单、互联网支付、预付卡受理	全国
资和信电子支付有限公司	2012年6月27日	预付卡发行与受理、互联网支付	全国
深圳市财付通科技有限公司	2013年7月6日	互联网支付、移动电话支付、固定电话支付、银行卡收单	全国
通联支付网络服务股份有限公司	2012年6月27日	互联网支付、固定电话支付、银行卡收单、预付卡受理	全国
开联通网络技术服务有限公司	2011年5月3日	预付卡发行与受理、互联网支付	全国
北京通融通信息技术有限公司	2012年7月20日	互联网支付、移动电话支付、银行卡收单	全国
快钱支付清算信息有限公司	2012年7月20日	互联网支付、移动电话支付、固定电话支付、银行卡收单、预付卡受理	全国
上海汇付数据服务有限公司	2011年12月22日	互联网支付、银行卡收单、移动电话支付、固定电话支付	全国
上海盛付通电子商务有限公司	2012年6月27日	互联网支付、预付卡发行与受理（仅限于为本机构开立的个人网上实名支付账户充值使用）、移动电话支付、固定电话支付、银行卡收单	全国

续表

第三方支付公司名称	牌照核发日期	牌照类型	业务覆盖范围
钱袋网（北京）信息技术有限公司	2012 年 6 月 27 日	互联网支付（全国）、移动电话支付（全国）、银行卡收单（北京、上海、广东）	—
东方电子支付有限公司	2012 年 6 月 27 日	互联网支付	全国
深圳市快付通金融网络科技服务有限公司	2011 年 12 月 22 日	互联网支付（全国）、预付卡发行与受理（广东）	—
广州银联网络支付有限公司	2011 年 5 月 3 日	银行卡收单（广东）、互联网支付、预付卡受理	全国
北京数字王府井科技有限公司	2011 年 12 月 22 日	银行卡收单、预付卡受理	北京
北京银联商务有限公司	2013 年 7 月 6 日	银行卡收单（北京）、预付卡受理（北京）、互联网支付（全国）	—
杉德电子商务服务有限公司	2012 年 6 月 27 日	互联网支付、移动电话支付、银行卡收单	全国
裕福网络科技有限公司	2011 年 5 月 3 日	预付卡发行与受理、互联网支付	全国
渤海易生商务服务有限公司	2012 年 7 月 20 日	互联网支付、预付卡发行与受理	全国
深圳银盛电子支付科技有限公司	2013 年 5 月 21 日	互联网支付、移动电话支付、固定电话支付、银行卡收单	全国
迅付信息科技有限公司	2012 年 7 月 20 日	互联网支付、移动电话支付、固定电话支付、银行卡收单	全国
网银在线（北京）科技有限公司	2013 年 5 月 21 日	互联网支付（全国）、移动电话支付（全国）、固定电话支付（全国）、银行卡收单（北京）	—
海南新生信息技术有限公司	2011 年 5 月 3 日	互联网支付、预付卡发行与受理	全国
上海捷银信息技术有限公司	2011 年 5 月 3 日	互联网支付、移动电话支付、银行卡收单、预付卡发行与受理（仅限于线上实名支付账户充值）	全国
拉卡拉支付有限公司	2013 年 5 月 21 日	银行卡收单、互联网支付、数字电视支付	全国
上海付费通信息服务有限公司	2013 年 5 月 21 日	互联网支付、移动电话支付、固定电话支付、银行卡收单	全国
深圳市壹卡会科技服务有限公司	2013 年 5 月 21 日	预付卡发行与受理、互联网支付	全国

第二节 第三方支付的运行模式

目前，国内第三方支付主要采取银行卡支付和账户支付两种方式进行。在银行卡支付方式下，付款人只需是某家开卡银行的网银用户，付款人通过第三方支付平台进入第三方支持的银行支付页面，在页面上面输入自己的银行账号和支付密码即可完成支付。采用银行卡支付方式的付款人无须在第三方支付平台开立账户并进行账户充值后进行付款操作。而在账户支付方式下，交易双方都需要在第三方支付平台开立虚拟账户并由付款人将相应预付资金充值到第三方支付平台账户中，而后交易双方都需要登录到第三方支付平台，使用虚拟资金进行网上款项的转移。

一、第三方支付款项结算基本工作流程

按照规定，国内第三方支付平台在关联结算银行都需要开设中间账户并存入一定的结算备付金。在国内通过第三方支付平台进行商品服务交易后的款项结算过程中，付款人的资金需要先划转到第三方支付平台在各家商业银行开立的收款账户中去，而后再由第三方支付平台与商户进行结算，最后由第三方支付平台与相应的关联商业银行进行二次结算。具体操作流程如下：

1. 网上消费者在线浏览商户的网站并搜索自己喜爱的商品或者服务，选中后下订单达成商品交易。

2. 消费者点击并在弹出的支付页面上面选择具体的第三方支付平台，直接链接其到安全的服务器上面；而后在第三方支付页面上面选择合适的支付方式，点击后进入开卡银行的支付界面并进行支付结算操作。

3. 第三方支付平台将网上消费者的支付信息，按照各家商业银行支付网关接口的具体技术要求，传递到付款人开卡银行。

4. 相关开卡银行或者银联检查网上消费者的银行账户支付能力，实行冻结、扣款或转账操作并将结果信息回传给第三方支付平台及其网上消费者。相关业务操作成功时，开卡银行将付款人账户上面的相应货款扣除并在平台上面的中间账户增加相应的结算金额。付款人银行账户支付能力有限时，开卡银行同样会将相关结算失败信息回传给第三方支付平台及其网上消费者，并告知具体原因。

5. 款项顺利结算到第三方支付平台中间账户后，第三方支付平台将款项支付信息通知网上商户。

6. 网上商户接到第三方支付平台转来消费者或者付款人款项支付成功的消息后，按照网上消费者提供的收件人姓名及收件地址发货或者提供相应服务。

7. 各家商业银行通过第三方支付平台与商户进行款项清算。第三方支付平台将通知商户的开卡银行扣除平台中间账户的结算金额并增加商家银行开卡账户里面的存款。

第三方支付款项结算流程见图 2－1。

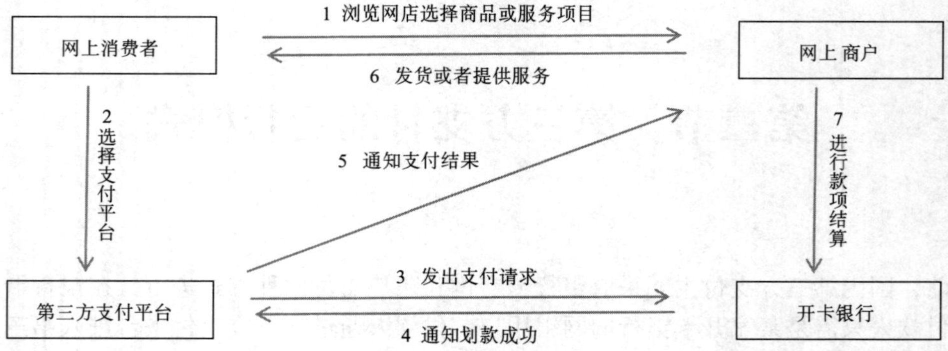

图 2－1　第三方支付款项结算流程图

二、第三方支付的运行模式

根据咨询公司艾瑞《2017 年第一季度第三方移动支付交易市场规模报告》显示，2017 第一季度，中国第三方移动支付交易规模为 22.7 万亿元，同比增长 113.4%，其中具有经济效益的交易规模为 16.8 万亿元。目前国内第三方支付公司的运行模式可以归为两大类：一类是以快钱为典型代表的独立第三方支付模式；一类是以支付宝、财付通为首的依托自有 B2C 和 C2C 电子商务网站、提供担保功能的第三方支付模式。

（一）独立第三方支付模式

独立第三方支付模式是指第三方支付平台完全独立于电子商务网站，不负有相关担保功能，仅仅为用户提供支付服务和支付系统解决方案。独立第三方支付模式下，第三方支付机构本身没有电子商务交易平台也不参与商品销售而只是专注于提供具体的支付服务。国内著名的独立的第三方支付机构有快钱、通联支付、汇付天下、拉卡拉为典型代表。独立第三方支付模式下，平台前端联系着各种支付方法供网上商户和消费者选择，同时，平台后端连着众多的银行，平台负责与各银行之间的账务清算。独立的第三方支付平台实质上充当了支付网关的角色，但不同于早期的纯网关型公司，它们开设了类似于支付宝的虚拟账户，从而可以收集其所服务的商家的信息，用来作为为客户提供支付结算功能之外的增值服务的依据。独立第三方支付运营平台主要面向 B2B、B2C 市场，为有结算需求的商户和政企单位提供支付解决方案。它们的直接客户是企业，通过企业间接吸引消费者。独立第三方支付企业与依托电商网站的支付宝相比更为灵活，能够积极地响应不同企业、不同行业的个性化要求，面向大客户推出个性化的定制支付方案，从而方便行业上下游的资金周转，也使其客户的消费者能够便捷付款。独立第三方支付平台的线上业务规模远比不上支付宝和财付通，但其线下业务规模不容小觑。独立第三方支付平台的收益来自和银行的手续费分成和为客户提供定制产品的收入。但是，该模式没有完善的信用评价体系，容易被同行复制，迅速提升在行业中的覆盖率以及用户黏性是其制胜关键。

快钱在 2011 年 5 月获得了央行支付业务许可证，其获批的业务类型涵盖货币兑换、互联网支付、固定及移动电话支付、预付卡受理、银行卡收单。在业务经营范围上只有支付宝可与之匹敌。但是，快钱并没有把自己定位在网上支付公司，而是定位在电子支付平台。原因是在电子商务网站的交易中，网上支付只是占到结算总量的 30%，其他的大量交易结算仍采取货到付款的方式。同时，经济交往中的大部分企业虽然采取线上交易的方式，但仍会选择线下结算。在挖掘企业线下支付的需求后，快钱迅速整合了线上线下支付方式，为企业客户提供综合解决方案。目前，快钱可在线上提供涵盖几乎所有银行卡并提供大额支付服务，线下则提供 POS 机以及信用卡无卡支付等丰富便捷的方式。快钱线下支付规模已经占据整体业务规模的五成以上。

财付通是腾讯集团旗下的国内著名的第三方支付平台。自 2005 年开始经历多年的发展，其服务的个人客户已经超过 2 亿户，服务的企业客户已经超过 40 万户，涵盖的行业包括游戏、航旅、电商、保险、电信、物流、钢铁及其基金诸多领域。结合所服务行业的特点，财付通提供了快捷支付、余额支付、分期支付、委托代扣、EPOS 支付、微支付等多款支付产品。若按交易量进行统计，财付通在第三方支付领域的位置仅次于支付宝产品。财付通依靠强大的腾讯集团，具备现有客户和潜在客户规模巨大、用户黏性高、产品价格竞争力强、受腾讯集团产品强力支持的优势，是目前第三方支付平台仅次于支付宝的著名产品。特别是微信版本更新过程中添加了微信支付后，手机话费充值、信用卡还款、理财通、滴滴打车、微信红包、机票火车票购买等诸多的功能，让其在与支付宝重叠的服务项目中，还是依靠微信自身的黏性特征而瓜分到相当的利益份额。2014 年，“滴滴”和“快的”在出租车领域的竞争又标志着腾讯集团与阿里巴巴的支付平台竞争开始步入移动支付领域。

拉卡拉是联想控股集团下属拉卡拉公司的著名产品，2018 年拉卡拉 POS 机具已经进入 400 多个城市，服务个人累计用户超过 1 个亿，手机刷卡器的出货量仅次于嘉联位居国内第二位置。收单业务是营业收入的主要来源，在商户规模上涵盖大中型商户和小微商户，2018 年公司收单业务的营业收入占比已达 89. 29%。截至 2018 年年末，拉卡拉 POS 机具及扫码受理产品累计覆盖商户超过 1900 万家，2018 年收单业务和个人支付业务交易总额超过 3. 9 万亿元，已经成为国内排名前列的综合性支付公司，在业务规模、合作伙伴数量、使用用户方面处于国内行业领先位置。拉卡拉提供的收款宝和开店宝等系列产品，基于社区金融及其电子商务平台，具备支付、生活、网购、金融多项功能于一身的智能多媒体云 POS，不仅能为商户提供收款服务，更融合了拉卡拉特有的便民支付业务，具有竞争潜力。

（二）担保交易支付模式

担保交易支付模式一般是第三方支付平台捆绑于大型电子商务网站，同时与各家商业银行建立合作关系，以公司的实力和信誉为交易双方的支付和信用中介，搭建安全、快捷、低成本的资金支付通道。担保交易支付模式下，不管是第三方支付平台本身还是交易的双方都需要先在平台开设虚拟账户，虚拟账户记录用户的资金变动和交易行为全部信息，以此形成客户大量的与消费和信誉有关联的数据信息，而这些信息是第三方支付平台与外部商户、外部机构能够进行互换的有价值信息，为第三方支付平台构建信用体系提供了重要依据。担保交易支付模式也可以称作三方支付担保，第三方支付服务，或者第三方托管，在国内深受客户欢迎且发展非常快。采用担保交易支付模式下，买方须将货款付给买卖双方之外的第三方平台；第三方支付平台收到款项后通知卖方商户平台已收到买方货款，并同时通知卖方发出货物；买方收到货物并验收无误后通知第三方支付平台收到满意的卖方货物，第三方便将货款付给卖方商户。担保交易支付模式是指针对电子商务实践中，卖家与买家的交易安全问题而提出的一种交易模式或者称作交易规则。它有效的解决了电子商务交易中的信用问题，即买家担心付款后，收不到货物，而同时卖家又担心发出货物后，收不到钱的信誉困扰。现实中国人在商品交易中，普遍习惯一手交钱一手交货的交易模式，而对于电子商务的付款和发货相分离并不十分习惯。因而推出这种针对个人商户和小微企业商户没有技术实力来解决网络购物中的支付问题，搭建众多买方客户与卖家商户之间的信任桥梁，解决由于缺乏信任而带来的结算困难有着积极的作用。担保交易支付模式极大促进了电子商务网站的交易量，为电子商务网站带来了庞大的客户群，电子商务网站的消费者自然也成了担保交易支付模式的使用者。担保交易目前支持的在线购物平台，买家选择好商品下单并且付款，买家收到订单信息则安排发货。买家下单后支付的货款暂由平台公司保管，待买家收到商品且满意确认收货后，货款才由平台转给卖家。如果买家不满意需要退回商品并申请退款，卖家收到退货后同意退款，该笔交易则算结案。遇上退款纠纷则需要买卖双方举证，由第三方支付平台客服仲裁判退款或者付款结果，此时的担保交易则起到制约买卖双方按规则交易的作用。

支付宝产品由淘宝网在 2003 年 10 月推出，2004 年 12 月支付宝（中国）网络技术有限公司成立，支付宝网站正式上线运营。依托淘宝网的巨大客户源，支付宝目前是国内市场份额排名第一的第三方支付平台，2017 年第三方支付市场份额占比达到了 64.2%。支付宝担保支付平台中的每一用户都需要有一个自己的虚拟账户，记录自己资金余额的增减变化，其实其背后对应的是第三方支付平台的银行账户。当达成付款意向后，由买方将款项划至第三方支付平台的虚拟账户中，其实是自己将银行账户中的资金划转到第三方支付平台在同一银行的账户，从而形成自己在虚拟账户中的资金。此时的卖家并不能拿到这笔钱。只有等到买家验收商品确认无误后，买方再次向第三方支付平台发出支付指令，第三方支付平台扣减买方虚拟账户中的资金，增加卖方虚拟账户中的资金。最后由第三方支付平台将自己银行账户中的资金划转到商户的银行账户之后，卖家才能拿到这笔钱。但通过虚拟账户对买卖双方的交易行为进行记录，支付宝得到了海量的数据。对于卖方，除了营业执照、经营许可证、商品授权等静态信息外，还会从平台账户产生大量动态信息，特别是交易和支付情况。事实上，建立在海量数据基础上的淘宝网卖家信誉记录是淘宝卖家最珍惜的资本和买家做出决定的重要参考。

（三）银联支付模式

中国银联（China UnionPay）成立于 2002 年 3 月，是经中国人民银行批准设立的中国银行卡联合组织，总部设于上海。下设银联商务有限公司、银联数据服务有限公司、银联电子支付有限公司、银行卡检测中心、中国金融认证中心等重要分支机构。随着国内第三方支付市场的快速发展，使得中国银联成为国内第三方支付模式的主流模式，其相关业务内容开始迅速转向负责处理与第三方支付有关的业务操作及其法律问题。

银联商务是中国银联控股的，专门从事线下收单、互联网以及移动支付的综合支付与信息服务机构，提供线下、互联网、移动支付服务、信息服务以及互联网金融服务，是目前国内最大的从事银行卡收单服务的全国性公司，一直活跃在第三方支付领域。银联商务服务 800 多万商户，覆盖全国 2000 多个区县、260 多个行业，每年消费交易笔数超过 70 亿笔。截至 2019 年 3 月底，银联商务已在全国除台湾以外的所有省级行政区设立机构，实体服务网络覆盖全国 337 个地级以上城市，覆盖率达 100%，服务特约商户 828.2 万家，维护 POS 终端 926.4 万台、服务自助终端 79.5 万台。覆盖百货商超、餐饮酒店、航空旅游、财税金融、电商物流、保健医疗等多个行业。2018 年受理综合交易 85.9 亿笔、20.4 万亿元，是国内规模最大的综合支付服务机构之一。银联商务旗下全资子公司银联电子支付（ChinaPay）作为银联商务体系内互联网业务专营公司，是国内首家自建统一支付网关的互联网企业，是第三方支付机构中最先尝试开展跨境业务的第三方互联网支付机构。银联商务推出“全民付”便民支付品牌，已经形成了遍布全国的 POS、ATM、自助终端以及“全民付”移动 APP 等电子支付终端和渠道，或者是通过电脑登录全民付在线支付平台甚至是智能电视平台进行支付操作，极大满足了公众的便利支付需求。银联商务还针对小微商户移动收付款的要求，推出了“全民收银台”手机客户端，通过蓝牙技术实现银行卡收付款、便民缴费及其其他增值服务。

银联在线支付是中国银联为满足各方网上支付需求而打造的银行卡网上交易转接清算平

台，也是中国首个具有金融级预授权担保交易功能、全面支持所有类型银联卡的综合性网上支付平台。银联在线支付是由中国银联联合各商业银行共同打造的银行卡网上交易转接清算平台。涵盖认证支付、快捷支付、小额支付、储值卡支付、网银支付等多种支付方式，可为用户境内外网上购物、水电气缴费、商旅预订、转账还款、基金申购、慈善捐款以及企业代收付的支付服务。银联在线支付业务支持消费类、预授权类、账户验证和转账等交易类型，并提供互联网支付通知功能，能够广泛应用于以下业务领域：网上购物、网上缴费、商旅服务、信用卡还款、网上转账、微支付、企业代收付业务。此外，还支持基金申购、理财产品销售、慈善捐款等业务。具有简单灵活的快捷支付模式，无需开通网银，交易进程快捷，提升用户体验，有助银行、商户吸引更多客户，促进网上交易。使用银联在线支付时无需在柜台开通即可支付，银行卡密码即交易密码。不需要网银的 U 盾，非常简洁快速。多重安全技术保障，实时风险监控，充分保证支付安全。与其他担保交易提前划款给第三方账户不同的是，银联在线支付的金融级预授权担保交易，是在持卡人自有银行账户内冻结交易资金，免除利息损失和资金挪用风险，最大化保证了银行、商户和持卡人权益。银联在线支付是中国银联重点创新业务。根据 2018 年 2 月，中国银联发布的春节消费数据显示，2018 年春节假日期间（除夕至初六），银联网络交易总金额达到 6790 亿元，交易总笔数 4.62 亿笔，较 2017 年同期（除夕至初六）分别增长 47% 和 35%。

三、第三方支付的主要方式

（一）国外第三方支付主要方式

欧美国家第三方支付起步较早，有非常完善的第三方支付运营监管，其推出的相关产品和服务都比较成熟与规范，其比较有影响的第三方支付方式有：

1. 国际卡支付（Moneybrace）。Moneybrace 在线支付是指专门用于接受全球国际信用卡支付的收款通道。Moneybrace 目前支持 Visa/Master Card/JCB 等主流国际信用卡，包括 3D/非 3D/延时通道等收款方式；目前免费支持英语、法语、德语、意大利语、西班牙语、葡萄牙语、日语等 7 种国际主流语种；可根据客户需求制作小语种支付页面；拥有强大的技术团队保障系统的可靠性；结合 PCI－DSS 1 级安全认证，NETSCREEN 防火墙，VeriSign EV SSL 加密证书，MD5 数字等各项技术，提供行业内领先的转化率和成功率；采用的国际上领先的 ReD 信用卡交易反欺诈系统进行多方位多角度风险甄别，为商户提供持卡人欺诈风险预防机制，商户权益保护措施；如遇突发情况（如争议、拒付，银行调查单等），Moneybrace 将通过专用渠道助您进行协调，降低您的资金与时间损失，帮助商户争取最大化的权益。

2. 在线网银转账。在欧美国家比较流行的在线转账产品有：（1）Astropay：Astropay 卡可以用于存取款，现在已被全球数以百计的在线网站所使用。由于其即时性，灵活性，机密性和安全性，许许多多的用户选择使用了该卡。Astropay 卡支持诸如欧元、美元、英镑、巴西雷亚尔、人民币、日圆、土耳其里拉、印度卢比、泰铢、阿根廷比索多个结算币种。（2）EPS：EPS 由奥地利几个主要银行在 2005 年建立，EPS 是一种简单而又安全的网上支付方式。目前在奥地利已有 300 万终端用户，EPS 已成为当地最受欢迎的网上支付方式。EPS 电子支付与奥地利银行的在线支付系统相连，可以提供便捷、安全的在线支付解决方案。网上购物者选择 EPS，购物者重定向至银行界面并直接登录开户银行。购物者使用交易密码向商家网站确认支付。成功付款后，购物者重定向到您的网站并收到支付确认。（3）Giropay：

Giropay 可提供德国境内 1500 多家银行的在线支付，安全可靠。使用 Giropay 付款时，系统会通过安全连接定向到您在银行开设的网上银行账户，然后您可使用 PIN 码登录并使用交易密码确认付款。Giropay 由 Postbank、Sparkassen – Finanzgruppe 和 Volksbanken – Raiffeisenbanken 联合成立。截至目前已有 2100 万网银用户，数据显示有 80% 的德国网银终端用户使用 Giropay。随着参与银行的数量和销售站点的增加，支付系统的市场接受度也在持续扩大，使用率每年翻倍增长。Giropa 安全性高，交易付款担保高达 10000 欧元。（4）iDEAL：在荷兰超过一半的电商交易是通过 iDEAL 支付方式完成的。2005 年，荷兰的几大标志性银行一起提出并开发这个支付系统，2010 年已有超过 7000 万用户。在荷兰，超过 1300 万银行的客户使用 iDEAL 且无需注册。用户只要拥有银行的账户便可以直接网上操作。除了网店，iDEAL 也为其他机构和个人提供服务，例如向慈善机构捐款，手机充值，缴纳地方税，交通罚款等，目前超过 100000 个网店和其他机构使用 iDEAL 在线支付服务。（5）Poli：是澳大利亚、新西兰除了信用卡、PayPal 以外的主要在线支付选择。2004 年进入市场。只要消费者在与 Poli 联网的银行中有银行账号就可完成付款操作。（6）PostFinance：1906 年成立，是瑞士邮政的金融服务部门。PostFinance 是瑞士第五大零售金融机构，主要业务领域是国家和国际支付和储蓄。（7）SafetyPay：于 2006 年在美国成立，总部位于美国迈阿密。SafetyPay 支付系统允许买家网购时使用自己国家的银行账号付款，目前可支持南美，北美和欧洲的主流银行。具体使用范围覆盖秘鲁，墨西哥，西班牙，巴西，哥伦比亚，哥斯达黎加，加拿大，奥地利，买家无需注册 SafetyPay 账号即可使用，是一种安全便捷即时的在线支付方式。（8）Sofortbanking：成立于 2005 年，总部位于德国慕尼黑，Sofortbanking，又被称作 sofortüberweisung，是欧洲一种在线银行转账支付方式，支持德国，奥地利，比利时，荷兰，瑞士，波兰，英国以及意大利等国家的银行转账支付。Sofortbanking 通过集成各个国家的银行支付系统，为电子商务提供了一个便捷、安全、创新的在线支付解决方案。目前已经有超过 3 万家商家集成了 Sofortbanking 支付，覆盖电商，航空，以及各种在线服务类行业。DELL，Skype，FaceBook，KLM Royal Dutch Airlines，Emirates 等都支持 Sofortbanking，中国航空在 2012 年也支持了 Sofortbanking 支付。在欧洲，使用 Sofortbanking 在线支付最多的国家是德国，其次是奥地利、比利时、瑞士、荷兰、英国、波兰、意大利、法国、西班牙、匈牙利等国家。（9）Trustpay：中欧和东欧最流行的网上实时支付方式，由于中欧和东欧信用卡的使用并不是很普遍，所以 Trustpay 的使用率很高。用户通过 Trustpay 给网上商城汇款，生成订单后，需登录自己的网上银行账户，输入指定的验证码便可完成付款，这个过程无需手续费。Trustpay 可以接收欧洲 14 个国家的 9 种不同的货币，TrustPay 在欧洲已经和 60 多家银行取得合作。（10）Multibanco：葡萄牙本地付款形式可以是在线银行转账，也可以是线下 ATM 机转账。Multibanco 连接了葡萄牙 27 家银行总共 12700 台 ATM 机器，同时，它还有完整的 EFTPOS 网络，可以通过 tele Multibanco 和 mbnet 为移动电话和在线银行提供服务。（11）MyBank：隶属于欧盟 EBA 清算公司，由 52 个欧洲或国际银行所共同建立，EBA 公司提供银行间进行泛欧支付的基础设施，并提供跨行电子支付的系统解决方案。在 2013 年 3 月，EBA 清算公司推出 MyBank 产品，用来促进跨境电子商务能在整个欧洲可以快速成长。（12）Verkkopankki：芬兰有超过 70% 的网银用户使用，用户可以简便安全地在互联网上进行交易。随着参与银行的数量和销售站点的增加，支付系统的市场接受度也在持续扩大，使用率每年翻倍增长，获得广大群众接受，促使 Verkkopankki 成为芬兰消费者日常生活中必不可少的一部分。

3. 预付卡。预付卡是指发卡机构以盈利为目的，通过特定载体和形式发行的，可以发行机构之外的企业或商户购买商品或服务用的一种预付凭证，可跨地区、跨行业、跨法人使用。Paysafecard 是一家网上领先的预付支付卡金融机构。4000 多家网站支持 Paysafecard，并且不用填写任何个人信息，或者是你的银行卡详细情况。Paysafecard 在欧洲应用非常广泛，包括游戏行业，音乐，电影，娱乐行业等。Paysafecard 作全球预付卡主要的支付方式之一，其影响目前已延伸到欧洲、北美、拉丁美洲的 27 个国家。Paysafecard 有面值不等的代金券，只需要输入一个 16 位的 PIN 便可完成交易。支付的款项从 Paysafecard 的账户里面扣除，终端客户可以随时查询账户的余额。

4. 电子钱包支付。电子钱包是电子商务购物活动中常用的支付工具。在电子钱包内存放的主要是电子现金、电子零钱、电子信用卡。使用电子钱包购物通常需要在电子钱包服务系统中进行。电子钱包的软件通常都是免费提供。全球有 VISA Cash 和 Mondex 两大在线电子钱包服务系统。用电子钱包的顾客通常要在有关银行开立账户。使用电子钱包时，将电子钱包通过有关的电子钱包应用软件安装到电子商务服务器上，利用电子钱包服务系统就可以把自己的各种电子货币或电子金融卡上的数据输入进去。在发生收付款时，如顾客需用电子信用卡付款，只要单击一下相应项目（或相应图标）即可完成，这种电子支付方式又称为单击式或点击式支付方式。俄罗斯的 Qiw 产品在俄罗斯也是备受欢迎的产品。俄罗斯互联网集团 Mail. ru 于 2007 年推出。Qiwi 在欧洲、亚洲、非洲和美洲的 22 个国家开展有业务。Qiwi 的成功之处在于结合了当地人偏爱使用现金消费的习惯和只有 5% 的消费者拥有银行账户的现状。用户可以通过 Qiwi Wallet 即刻支付购买产品，Qiwi wallet 拥有较完善的风险保障机制，不会产生买家撤款。因此买家使用 Qiwiwallet 付款的订单，没有 24 小时的审核期限制，支付成功后卖家可立刻发货。俄罗斯作为欧洲最大的网民国家，拥有 6000 万互联网使用者，占欧洲 4 亿网民的近 15%。俄罗斯及其周边国家，在线市场容量和增速都比较大。Qiwi 就像拉卡拉与支付宝的结合体，可以让用户在店铺里，或者在线上，或者手机上完成支付。Qiwi 每天超过 400000 笔的交易足以证明 Qiwi Wallet 的使用率及其强大的覆盖率。目前已有超过 20 个国家可以使用 Qiwi 支付服务。而基于 ISO 系统的 Skrill 支付平台则成立于 2001 年。主要用于国际转账、查询余额、充值或者提款。是目前网上采购或向家人和朋友转账，开发商务和娱乐支付解决方案，简单，安全和快捷的支付服务方式，涵盖近 200 个国家和 40 种货币，Skrill 的各种全球在线支付产品深受数百万用户的喜爱。

5. 直接借记支付。由欧盟执委会设置单一欧元支付区 SEPA，并指示所有电子付款均被视为国内行为，不论个人、企业或者组织和银行所在的国家/地区。国内和跨境付款之间不存在差异。SEPA 包含 27 个欧盟（EU）成员国，以及爱尔兰、列支敦士登、挪威、瑞士和摩纳哥。SEPA 帮助在欧洲经济区域 EEA 中形成付款交易记录的单一市场。

6. 银行卡支付。在支付方面，信用卡和借记卡是比利时的主流支付方式，占所有线上交易量的 64% 以上。其中最受欢迎的本地支付就是 Bancontact 借记卡支付。Bancontact 起源于 1989 年，是最受当地人信任的卡品牌。Bancontact 卡的持有量在当地是信用卡的 3 倍，900 万比利时人就拥有 1500 万张 Bancontact 卡。2016 年 Bancontact 线上处理交易笔数 3780 万，平均每天处理 73973 笔交易。超过 80% 的比利时线上商店接受 Bancontact 付款。Bancontact 不仅仅是银行卡，它还有自己的移动 APP 支付，这使其成为比利时境内唯一一个既可以在实体店，也可以在线上，还可以通过移动应用使用的付款方式。Bancontact APP 同时支持 20 家银行卡的绑定，单笔最高支付限额为 500 欧元，支持语言包括荷兰语、法语、英语。在移动端购物时，Bancontact 支付的操作流程十分简单，消费者在商家移动端网站的页面选择 Bancontact 支付，再选择打开 APP（也可以选择直接输入卡信息完成支付），选定银行卡，输入 PIN 码即可完成支付。

（二）国内第三方支付方式

国内第三方支付业务虽然起步较欧美国家晚，但经历了爆发式的增长阶段，相关监管还在不断完善之中。目前国内主要的第三方支付方式有：

1. 预付卡。预付卡是以盈利为目的、在发行机构之外购买商品或服务的预付价值，包括采取磁条、芯片等技术以卡片、密码等形式发行的预付卡。预付卡与银行卡不同，它不与持卡人的银行账户直接关联。目前国内市场上流通的预付卡主要可分成两大类，一类是单用途预付卡：企业通过购买、委托等方式获得制卡技术并发售预付卡，该卡只能在发卡机构内消费使用，主要由电信、商场、餐饮、健身、美容美发等领域的企业发行并受理；另一类是多用途预付卡，主要由第三方支付机构发行，该机构与众多商家签订协议，布放受理 POS 终端机，消费者可以凭该卡到众多的联盟商户刷卡进行跨行业消费，典型的多用途卡有斯玛特卡、得仕卡等。

2. 银行卡收单。银行卡收单是指收单机构通过银行卡受理终端为银行卡特约商户代收货币资金的结算行为，或者是指第三方支付机构作为收单机构，通过受理终端为签约商户代收货币资金的支付结算服务。其中，收单机构是指与特约商户签订银行卡受理协议并向该商户承诺付款以及承担核心业务主体责任的银行业金融机构和非金融机构。受理终端是指通过银行卡信息读入装置生成银行卡交易指令要素的各类支付终端，包括销售点 POS 终端、转账 POS、电话 POS、多用途金融 IC 卡支付终端、非接触式接受银行卡信息终端、有线电视刷卡终端、自助终端等类型。

3. 网络支付。网络支付是指依托公共网络或专用网络在收付款人之间转移货币资金的行为，包括货币汇兑、互联网支付、移动电话支付、固定电话支付、数字电视支付等。网络支付以第三方支付机构为支付服务提供主体，以开放网络为支付渠道，通过第三方支付机构与各商业银行之间的支付接口，在商户、消费者与银行之间形成一个完整的支付服务流程。网络支付又分为两种：一种是面向个人的支付平台，比如支付宝、财付通、银联在线等等；另一种是面向企业提供的支付解决方案，这类支付平台有快钱、汇付天下等等。早期被接受的互联网支付方式，由用户向网上银行发出申请，将银行里的金钱直接划到商家名下的账户，直接完成交易，可以说是将传统的“一手交钱一手交货”式的交易模式完全照搬到互联网上。随着电子商务市场的不断发展，在网络零售业中普通用户更加倾向邀请具有公信力的第三方参与交易从而起到监督的作用。但是在一些数额较大的 B2B 交易中，仍然普遍使用前述的支付模式，主要原因是随着交易金额的增大，对于第三方机构信誉的要求也越来越高，而且 B2B 支付要求有很高的资金收付速度。

4. 移动支付。移动支付通常是指利用手机终端对所消费的商品或服务进行账务支付的一种服务方式。目前移动支付业务主要是由移动运营商、移动应用服务提供商 MASP 和金融机构共同推出。手机支付分为近场支付和远程支付两种。近场支付是指将手机作为 IC 卡承载平台以及与POS机通信工具从而进行支付。远程支付仅仅把手机作为支付用的简单信息通道，通过Web、SMS、语音等方式进行支付，又可分为手机话费支付方式、绑定银行卡支付和银联快捷支付三种。目前，使用平板电脑、上网本等其他移动终端也可以进行移动支付。用户在绑卡认证时，须将银行卡信息提供给电商。这样在网上支付时，用户无需再输入这些信息，由电商在服务器侧保留用户的身份证号，银行卡号，手机号。在用户支付时，无需再输入这些内容，最多就提供个密码或者校验码，就可以完成支付。这基本不会打断用户的使用体验，所以也是电商喜欢的支付方式。但认证支付的安全性问题非常敏感。而采用快捷支付指用户购买商品时，不需开通网银，只需提供银行卡卡号、户名、手机号码等信息，银行验证手机号码正确性后，第三方支付发送手机动态口令到用户手机号上，用户输入正确的手机动态口令，即可完成支付。如果用户选择保存卡信息，则用户下次支付时，只需输入第三方支付的支付密码或者是支付密码及手机动态口令即可完成支付。

第三节　第三方在线支付

一、国内外第三方在线支付的不同发展特征

在线支付是电子支付的一种形式，它是通过第三方提供的与银行之间的支付接口进行的即时支付方式，这种方式的好处在于可以直接把资金从用户的银行卡中转账到网站账户中，汇款马上到账，不需要人工确认。客户和商家之间可采用信用卡、电子钱包、电子支票和电子现金等多种电子支付方式进行在线支付。美国Square移动支付公司的创始人Jack Dorsey曾表述对于一个硅谷公司来说，想在中国设计出符合中国用户习惯的产品，第一必须要找中国的合作伙伴，第二是必须和中国银联合作，符合监管规范。虽然在2012年初Jack Dorsey曾经到访上海银联，但是看看后来两年Square的发展，它几乎和中国就没有发生过任何实质关系，最主要的原因是金融体系和用户支付习惯不同。包括后来从PayPal及Kickstarter上迅速获得融资的Coin，这些支付领域的创业公司所作的事情几乎一脉相承那就是遵循美国人使用电子邮件沟通的日常习惯，把电子邮件变成支付方式的一部分并且将一切业务朝手机终端转移。在线支付方面，如果说PayPal还只是平台，那么Google让Gmail和Google Wallet合作，让用户在使用Gmail网页版时可以用添加附件的方式转账已经将支付方式非常简化。Square，Square Cash更是把两者结合在一个软件里用发邮件的方式直接转账。其实，PayPal最早的想法是做一种类似电子借据的东西，如果A欠了B的钱，A给B发一封邮件，把欠款数字写进去。等到A的账户有钱时就会自动付钱给B，后来被投资人改造成让双方都能转账支付才把PayPal变成了后来我们了解的样子。PayPal推出的产品PayPal Beacon也则直接走到"硬件+手机支付"这一步上来。在Kickstarter上迅速融资的Coin则是"多卡合一"的典型代表，它允许用户最多将把8张银行卡集中放在一张电子信用卡上来管理，省去用户每天出门携带多张的麻烦。Clinkle实现了用一个手机里的软件来取代用户在真实世界里的

钱包。

国内用户使用习惯则与欧美用户有着很大的不同。在线支付领域领导者支付宝，以及凭借微信杀入移动支付市场的腾讯，则主要是围绕着手机终端不断进行二维码、当面付、AA收款等各种符合中国国情的在线支付的尝试，并试图直接利用手机来改造和取代传统的围绕卡片的支付方式。阿里巴巴和腾讯还在利用业务布局来培养新的支付习惯，例如他们各自对滴滴打车和快的打车的扶持。纵观国内当前经营状况相对较好的第三方在线支付平台其主要基于以下两种经营模式进行运行：第一是充当支付网关模式，方法是在线平台将多种银行卡支付方式整合到一个界面上，充当了电子商务交易各方与银行的接口，负责交易结算中与银行的对接，消费者通过第三方支付平台付款给商家，第三方支付为商家提供一个可以兼容多银行支付方式的接口平台。第二种是充当信用中介模式。方法是在线平台充当信用中介，实行代收代付和“信用担保”。交易双方达成交易意向后，买方须先将支付款存入其在支付平台上的账户内，待买家收货通知支付平台后，由支付平台将买方先前存入的款项从买家的账户中划至卖家在支付平台上的账户。这种模式的实质是在线支付平台充当了信用中介，在买家确认收到商品前，代替买卖双方暂时保管货款。信用中介模式的第三方支付模式是目前国内利用第三方支付平台进行在线支付的主流模式，主要理由是：

1. 能够在交易过程中认证交易双方、防止支付欺诈。使用数字签名和数字证书等实现对网上商务各方的认证，防止支付欺诈，对参与网上贸易的各方身份的有效性进行认证，通过认证机构或注册机构向参与各方发放数字证书，以证实其身份的合法性。

2. 使用加密信息流，采用单密钥体制或双密钥体制进行信息的加密和解密。由于采用数字信封、数字签名等技术加强数据传输的保密性与完整性，防止未被授权的第三者获取信息的真正含义。同时，采用数字摘要算法确认支付电子信息的真伪。保护数据不被未授权者建立、嵌入、删除、篡改、重放，完整无缺地到达接收者一方，支付宝采用了数据杂凑技术。

3. 保证交易行为和业务的不可抵赖性。当网上交易双方出现纠纷，特别是有关支付结算的纠纷时，系统能够保证对相关行为或业务的不可否认性。网络支付系统必须在交易的过程中生成或提供足够充分的证据来迅速辨别纠纷中的是非，可以用数字签名等技术来实现。第三方支付平台本身依附于大型的门户网站，且以合作的银行信用作为依托，因此能够较好地突破网上交易中的信用问题。

4. 有效处理网络贸易业务的多边支付问题。支付结算牵涉客户、商家和银行等多方，传送的购货信息与支付指令信息还必须连接在一起，因为商家只有确认了某些支付信息后才会继续交易，银行也只有确认支付才会提供支付。为了保证安全，商家不能读取客户的支付指令，银行不能读取商家的购货信息，这种多边支付的关系能够借用系统提供的诸如双重数字签名等技术来实现。

5. 提高支付效率。支付宝将多种银行卡支付方式整合到一个界面上，负责交易结算中与银行的对接，使网上购物更加快捷、便利。消费者和商家不需要在不同的银行开设不同的账户，可以帮助消费者降低网上购物的成本，帮助商家降低运营成本；同时，还可以帮助银行节省网关开发费用，银行还可由此滋生潜在利润。从事技术手段实现来看，支付宝的网络支付手续和过程并不复杂，支付效率很高。较之 SSL、SET 等支付协议，利用第三方支付平台进行支付操作更加简单而易于接受。SSL 是应用比较广泛的安全协议，在 SSL 中只需要验证商家的身份。SET 协议是发展的基于信用卡支付系统的比较成熟的技术。但在 SET 中，各方的身份都需要通过 CA 进行认证，程序复杂，手续繁多，速度慢且实现成本高。有了第三方支付平台，商家和客户之间的交涉由第三方来完成，使网上交易变得更加简单。目前，在线支付是国内居民个人生活和经营支付结算的主流方式。

二、第三方在线支付的运作原理

在实际操作中，对于现货标的的面对面交易，同步交换容易实现，但许多情况下由于交易标的的流转验收需要过程，货物流和资金流的异步和分离的矛盾不可避免，同步交换往往难以实现。而异步交换，先收受对价的一方容易违背道德和协议，破坏等价交换原则，故先支付对价的一方往往会受制于人，自陷被动、弱势的境地，承担风险。异步交换必须附加信用保障或法律支持才能顺利完成。同步交换，可以规避不等价交换的风险，因此为确保等价交换要遵循同步交换的原则。这就要求支付方式应与交货方式相适配，对当面现货交易，适配即时性一步支付方式；对隔面或期货交易，适配过程化分步支付方式。过程化分步支付方式应合了交易标的流转验收的过程性特点，款项从启动支付到所有权转移至对方不是一步完成，而是在中间增加中介托管环节，由原来的直接付转改进到间接汇转，业务由一步完成变为分步操作，从而形成一个可监可控的过程，按步骤有条件进行支付。这样就可货走货路，款走款路，两相呼应，同步起落，使资金流适配货物流进程达到同步相应的效果，使支付结算方式更科学化，合理化的应合市场需求。

在现实的有形市场，异步交换权且可以附加信用保障或法律支持来进行，而在虚拟的无形市场，交易双方互不认识，不知根底，故此，支付问题曾经成为电子商务发展的瓶颈之一，卖家不愿先发货，怕货发出后不能收回货款；买家不愿先支付，担心支付后拿不到商品或商品质量得不到保证。博弈的结果是双方都不愿意先冒险，网上购物无法进行。为迎合同步交换的市场需求，第三方支付应运而生。第三方是买卖双方在缺乏信用保障或法律支持的情况下的资金支付“中间平台”，买方将货款付给买卖双方之外的第三方，第三方提供安全交易服务，其运作实质是在收付款人之间设立中间过渡账户，使汇转款项实现可控性停顿，只有双方意见达成一致才能决定资金去向。第三方担当中介保管及监督的职能，并不承担什么风险，所以确切的说，这是一种支付托管行为，通过支付托管实现支付保证。同样当第三方是除了银行以外的具有良好信誉和技术支持能力的某个机构时，支付也通过第三方在持卡人或者客户和银行之间进行。持卡人首先和第三方以替代银行账号的某种电子数据的形式（例如邮件）传递账户信息，避免了持卡人将银行信息直接透露给商家，另外也可以不必登录不同的网上银行界面，而取而代之的是每次登录时，都能看到相对熟悉和简单的第三方机构的界面。

第三方机构与各个主要银行之间又签订有关协议，使得第三方机构与银行可以进行某种形式的数据交换和相关信息确认。这样第三方机构就能实现在持卡人或消费者与各个银行，以及最终的收款人或者是商家之间建立一个支付的流程。从网上支付业务发展情况看，银行提供网上支付服务已经介入了 B2C，B2B 电子商务。在 B2C 电子商务中，银行通过与 B2C 电子商务平台供应商合作，为个人用户提供支付结算服务；在 B2B 电子商务中，银行对 B2B 结算业务的支持已从单纯的在网上为企业用户提供转账结算服务，发展到介入企业的采购和分销系统，支付结算的手段也从单纯的转账功能发展到结合企业综合授信额度的网上信用证服务。从 B2C 网上支付技术形式看，基于 SSL 的支付系统是网上支付的主流形式，而基于 SET 的网上支付发展则相对缓慢。

基于上述互联网平台在线支付原理的业务流程如下：客户接入互联网，通过浏览器在网上浏览商品，选择货物，填写网络订单，选择应用的网络支付结算工具，并且得到银行的授权使用，如银行卡、电子钱包、电子现金、电子支票或网络银行账号；客户核对相关订单信息，并在网上提交经过加密的订单；商家服务器对客户的订购信息进行检查、确认，并把相关的、经过加密的客户支付信息转发给支付网关，直到银行专用网络的银行后台业务服务器确认，以期从银行等电子货币发行机构验证得到支付资金的授权；银行验证确认后，通过建立起来的经由支付网关的加密通信通道，给商家服务器回送确认及支付结算信息；银行得到客户传来的进一步授权结算信息后，把资金从客户账号上转拨至商家银行账号上，借助金融专用网进行结算，并分别给商家、客户发送支付结算成功信息；商家服务器收到银行发来的结算成功信息后，给客户发送网络付款成功信息和发货通知。网络支付结算流程结束。商家和客户可以分别借助网络查询自己的资金余额信息，以进一步核对。

三、支付宝在线支付

（一）支付宝的发展历程

支付宝是阿里巴巴集团于2004 年底创办的独立第三方在线支付平台。支付宝的发展历程大体分为两个阶段，从最初的“植根淘宝网”到“独立支付平台”与同时期诞生的其他第三方支付平台不同，支付宝一开始只面向淘宝网，即与淘宝网购物的应用场景相结合，服务与淘宝网的交易。支付宝是目前国内最大的独立第三方支付平台，致力于为中国电子商务提供“简单、安全、快速”的在线支付解决方案。若从金融业务属性来来看，支付宝属于信用担保型平台。所谓信用担保就是在网上支付过程中起到信用担保和代收代付的作用，其运作的实质是以支付宝为信用中介，在买家确认收到合格货物前，由支付宝替买卖双方保存支付款的一种增值服务。使用支付宝结算时，买家在网上选中自己所需商品后与卖家取得联系并打成协议，这时买方需把货款汇到支付宝这个第三方账户上，支付宝作为中介方立即通知卖方钱已经收到，可以发货，待买方收到商品并确认无误后，支付宝才会把货款回到卖方的账户以完成整个交易。支付宝在这个流程中充当第三方的角色，同时为买卖双方提供信誉，确保交易安全进行。支付宝支付模式是针对我国信用体系不完善的情况下应运而生的，它有效解决了现在电子商务发展的支付瓶颈和信用瓶颈，有力地推动了我国电子商务的发展。而淘宝网的发展又为支付宝带来源源不断的用户，2004 年，阿里巴巴管理层认识到支付宝在初步解决淘宝信用瓶颈后，不应该只是淘宝网的一个应用工具，即“支付宝可以是个独立的产品，成为所有电子商务网站一个非常基础的服务”。同年 12 月支付宝从淘宝网分拆，支付宝网站上线，并通过浙江支付宝网络科技有限公司独立运营，宣告支付宝从淘宝网的第三方担保平台向独立支付平台发展。随着时间的发展，目前的支付宝已经成为电子商务的一项基础服务平台，担当着“电子钱包”的角色。目前除淘宝和阿里巴巴外，支持使用支付宝交易服务的商家已经超过 46 万家；涵盖了 B2C、网游、航空旅游酒店、教育缴费、公共事业缴费、传统行业（物流、保险、服务）、海外商户等领域。这些商家在享受支付宝服务的同时，更是拥有了一个极具潜力的消费市场。

蚂蚁金服旗下支付宝 2017 年 1 月 4 日发布了 2016 年支付宝相关交易额数据。2016 年，

4.5亿实名用户使用了支付宝。通过对海量用户行为进行计算和分析，移动互联网已经成为中国人生活方式的一部分，4.5亿消费者过去一年71%的支付笔数发生在移动端，超10亿人次使用“指尖上的公共服务”。80后、90后已经成为这一趋势中的主流人群，80后人均支付金额已超过12万元，90后使用移动支付更是高达91%。支付宝2016年全民账单显示，目前移动支付笔数占整体比例高达71%，2015年这一数据仅为65%，移动支付渗透率的攀升很大程度上是因为线下手机支付的习惯养成。而从省级地区的全年支付总金额来看，广东排名第一，占全国的16%，随后是浙江、江苏。而从人均支付金额来看，上海人均支付金额达到14.8万元，是2015年的近1.5倍，随后是浙江、北京、福建、江苏，这5个沿海省市的人均支付金额均迈入“10万”时代，而在2015年，只有上海达到了这个水平。从移动支付渗透率来看，内陆地区的西藏以90%的移动支付占比排名第一，随后是青海、甘肃，远远超过沿海省份。80后、90后已经成为移动支付的主流人群。2016年，全国的80后人均网上支付金额超过12万元，而90后移动支付占比近92%。截至2018年9月30日，支付宝的国内年度活跃用户超过7亿，其中70%的用户使用3项及以上支付宝的服务。

（二）支付宝主要产品特征

支付宝主要提供支付及理财服务。包括网购担保交易、网络支付、转账、信用卡还款、手机充值、水电煤缴费、个人理财等多个领域。在进入移动支付领域后，为零售百货、电影院线、连锁商超和出租车等多个行业提供服务，还推出了余额宝等理财服务。在目前，除了网上银行、电子信用卡等手段之外还有一种支付方式也可以相对降低网络支付的风险，那就是正在迅猛发展起来的利用第三方机构的支付模式及其支付流程，而这个第三方机构必须具有一定的诚信度。在实际的操作过程中这个第三方机构可以是发行信用卡的银行本身。在进行网络支付时代，信用卡号以及密码的披露只在持卡人和银行之间转移，降低了应通过商家转移而导致的风险。同样，当第三方是除了银行以外的具有良好信誉和技术支持能力的某个机构时，支付也通过第三方在持卡人或者客户和银行之间进行。持卡人首先和第三方以替代银行账号的某种电子数据的形式传递账户信息，避免了持卡人将银行信息直接透露给商家，另外也可以不必登录不同的网上银行界面，而取而代之的是每次登录时，都能看到相对熟悉和简单的第三方机构的界面。第三方机构与各个主要银行之间又签订有关协议，使得第三方机构与银行可以进行某种形式的数据交换和相关信息确认。这样第三方机构就能实现在持卡人或消费者与各个银行，以及最终的收款人或者是商家之间建立一个支付的流程。支付宝的主要特征如下：

1. 安全。支付宝提供担保交易，货到付款，最大限度确保买卖双方货款都安全无损。支付宝三大安全法宝是指：支付宝实名认证，数字证书，手机动态密码提升账户安全；128位SSL加密传输技术，确保交易信息的安全；风险控制系统24小时运作，做到事前防范，事中控制与事后处理相结合；订单管理与资金进出分权限管理，保障账户操作安全；全国唯一一家在银行进行资金托管的第三方支付公司，确保资金安全。

2. 简单。支付宝操作流程简单，交易、账单管理体系一目了然；提供全套在线资金结算服务，简化传统业务流程；7×24小时服务热线，及时解决客户的各种问题。即时到账业务加快资金的周转；绑定支付宝卡通业务，银行资金及时到账；支持全国95%以上的银行，其中包括15家全国范围银行以及众多的地方银行，外加移动与线下支付功能，为用户提供多种充值及支付渠道，极大方便用户。

3. 快捷。支付宝提供的即时到账业务能够加快资金的周转速度；绑定支付宝卡通业务，银行资金及时到账；支持全国95%以上的银行，其中包括15家全国范围银行以及众多的地方银行，外加移动与线下支付功能，为用户提供多种充值及支付渠道，极大拓展用户。支付宝属于信用担保型平台，所谓信用担保就是在网上支付过程中起到信用担保和代收代付的作用，其运作的实质是以支付宝为信用中介，在买家确认收到合格货物前，由支付宝替买卖双方保存支付款的一种增值服务。

（三）支付宝的盈利模式

1. 沉淀资金。消费者使用支付宝实现网上购物是实时付款，而支付宝支付给网店的货款则是按照周甚至月度在结算。假如平均结算周期为半个月计算，沉淀资金将高达60亿元以上，支付宝的账户上随时都会有超过60亿元的资金供支付宝使用，每年的利息收入也将超过2亿元，而且随着电子商务的发展，网购规模不断扩大，支付宝能够使用的资金也随之壮大。

2. 服务佣金。目前第三方支付企业首先和银行签协议，确定给银行缴纳的手续费率；然后，第三方支付平台根据这个费率，加上自己的毛利润即服务佣金，向客户收取费用。

3. 广告收入。支付宝主页上发布的广告针对性强，包括横幅广告、按钮广告、插页广告等。总体上看，广告布局所占空间较少，布局设计较为合理，体现出了内容简捷、可视性强的特点。而且主页上也还有若干公益广告，可以让用户了解更多的技术行业信息。

4. 金融增值性服务。支付宝提供的金融增值服务内容主要涉及的领域有：（1）转账，包括转账付款、AA收款、担保收款、担保付款、团队收款、交房租、我要收款等。（2）快速提现。（3）缴费，包括交通罚款代办、话费卡转让等。（4）安全产品，包括短信校验服务（单笔付款金额超过500元或每日累计付款超过1000元免费，除此之外额度费用为0.6元/31天）。（5）信用卡支付，包括信用卡分期、信用卡支付等。（6）国际支付，包括使用在非中国大陆地区发行的信用卡、借记卡、预付卡或在非中国大陆地区开立的银行账户等进行支付的，包括香港PPS、境外信用卡支付或境外信用卡快捷支付等。（7）支付宝推出的其他收费服务。

（四）支付宝业务的类型

1. 直接透支。支付宝推出信用支付，额度根据用户的工作性质、产品类型等综合评定，一个账户最高可透支5000元。用户使用支付宝付款不用再捆绑信用卡或者储蓄卡，能够直接透支消费，额度最高5000元。继推出余额宝后，支付宝继续推出信用支付服务，贷款资金全部由合作银行提供。当支付宝账户中有余额时，直接输入支付密码用余额支付。支付宝卡通让你的银行卡与支付宝账户合二而一，从此无需在付款时再登录网银，只需输入支付密码，即可轻松用银行卡上余额完成支付，同时避免网银密码外泄风险，就像刷卡一样安全、方便，支持全国37家银行。使用支付宝能够实现实时提现，自动帮用户完成支付宝认证。

2. 网上银行。使用支付宝付款时，可以自由选择任一家银行的网银进行支付。支付宝支持全国14家主流银行网银，并且支付宝还支持香港发行的带有VISA / MasterCard标志、开通3D认证的信用卡，只需在付款时登陆相应网银，即可享受购物乐趣！

3. 消费卡。无需开通网银，只要拥有一张百联 OK 卡就可以给支付宝充值进行网上购物。网点支付没有网银？担心网吧不安全？没关系，支付宝全国 3 万个线下网点突破互联网限制，在线下网点即可轻松充值、付款。可以在中国邮政、连锁便利店的拉卡拉终端、连连支付空中充值店使用现金或银行卡购买支付宝充值码，或为网上交易的订单直接付款。

4. 货到付款。不少客户会选择支付宝货到付款方式进行购物结算。买家只需在拍下商品后选择货到付款方式，即可等待物流公司送货上门，验货完毕后将款项当面交付，轻松完成交易。尽管货到付款服务仅限淘宝网指定店铺使用。

5. 邮政付款。中国邮政和支付宝共同推出的支付方式，无须开通网上银行，用户只需到邮政柜台办理“邮政网汇 e 业务”就可以给支付宝账户充值。或者办理“邮政代收业务”直接完成支付宝交易付款。

6. 转账服务。支付宝转账产品包括我要付款、我要收款、找人代付、代充、代扣、送礼金、交房租、AA 收款共 8 项产品，力求为用户提供一个安全快捷的转账平台。其中，“我要付款”是支付宝提供的付款产品，基于对交易对方的信任，自愿付款给对方，当用户点击我要付款，款项就马上到达对方支付宝账户。每个支付宝认证账户有 10000 元的免费转账额度、每日可转账 2000 元，同时，若安装了数字证书，可将每日转账额度免费提升至 20000 元。“我要收款”是通过支付宝向另一位用户发起的收款产品，只要对方有邮箱就可以向他（她）发起收款，对方付款后，款项将直接到用户的支付宝账户中。每个账户每日可发起 21 笔收款，每笔金额不超过 2000 元。

7. 找人代付。找人代付是指在网上购买商品后，可以找别人来完成网上付款业务。目前找人代付已支持 82 家商户，包括淘宝网、苹果官网等购物网站。

8. 代充代扣。“代充”是用户可以帮其他支付宝账号充值的产品。为保证用户的资金安全，每日只可以为同一个账户充值 3 次，每笔不超过 500 元；而“代扣”是指支付宝根据设置的付款理由、付款金额、付款时间等信息，自动进行付款的产品。开通代扣后，支付宝会自动扣款并进行及时通知。

9. 其他服务。“红包”是支付宝付款产品中的一种，只需有朋友的邮箱或手机号码，立刻就可以给自己的朋友送上礼金祝福。“生活缴费”也是支付宝付款产品的一种，只需使用手机扫描水费、电费、燃气费、物业费收费单据上面的二维码，就可以随时交纳相应已经产生的服务费用，方便快捷。而当朋友一起聚餐聚会后产生了费用后，可以用“AA 收款”向与会者发起收款，只需要朋友名字，就可以轻松创建收款，把链接用 QQ、微博、MSN 发出去，即可把款项收回。而“收款主页”是支付宝最近推出了一个针对个人收款的产品，收款时可以直接将主页链接发送过去，对方可以在收款主页上直接付款，同时收到款项后也会收到 Emal 和短信通知。收款主页上只显示姓名和注册时间，以及是否为实名认证用户，支付宝账户和手机都进行了省略处理。这对于需要长期收款的个人用户是相当方便的，链接后客户即可直接进入付款，方便很多。

四、微信在线支付

（一）微信支付的发展历程

微信支付是微信中的一项重要功能，而微信是腾讯控股有限公司在 2011 年 1 月 21 日推出的一款支持 S60v3、S60v5、Windows Phone、Android 及 iPhone 平台的聊天软件。微信用户不仅可以通过智能手机用户端与好友分享文字与图片，而且该聊天软件还支持分组聊天和语音、视频对讲功能。微信软件完全免费提供。微信支付是集成在微信客户端的支付功能，用户可以通过手机完成快速的支付流程。微信支付以绑定银行卡的快捷支付为基础，向用户提供安全、快捷、高效的支付服务。2013 年 8 月 5 日微信支付正式上线后，2014 年 1 月 4 日滴滴打车率先接入微信支付，仅用三天时间业绩就突破了 10 万单总量。2014 年 8 月 28 日智慧生活全行业解决方案正式公布。2015 年 5 月零钱用户突破 3 亿户。2016 年 1 月微信支付接入线下门店超过 30 万家。

2014 年 9 月 26 日，位于深圳的腾讯公司发布的腾讯手机管家 5.1 版本为微信支付打造了“手机管家软件锁”，在安全入口上独创了“微信支付加密”功能，为微信提供了立体式的保护，为用户“钱包”安全再上一把“锁”。用户只需在微信中关联一张银行卡，并完成身份认证，即可将装有微信 APP 的智能手机变成一个全能钱包，之后即可购买合作商户的商品及服务，用户在支付时只需在自己的智能手机上输入密码，无需任何刷卡步骤即可完成支付。微信支付已实现刷卡支付、扫码支付、公众号支付、APP 支付，并提供企业红包、代金券、立减优惠等营销新工具，满足用户及商户的不同支付场景。

目前，微信支付支持商业银行发行的贷记卡主要有：深圳发展银行、宁波银行。微信支付还支持招商银行、建设银行、光大银行、中信银行、农业银行、广发银行、平安银行、兴业银行、民生银行发行的借记卡及信用卡。2017 年 1 月 13 日，《中国人民银行办公厅关于实施支付机构客户备付金集中存管有关事项的通知》中规定了第三方支付机构在交易过程中，产生的客户备付金，今后将统一交存至指定账户，由央行监管，支付机构不得挪用、占用客户备付金。

微信支付最成功的解决方案莫过于微信智慧系统，它主要由微信智慧酒店、微信智慧餐厅、微信智慧超市及微信智慧影院构成。其中，智慧酒店利用微信服务，将住店流程微信化，减少面对面人力服务，优化服务体验同事节省酒店人力。并通过微信消息能力，进行会员长期运营，激活沉默会员，增加用户黏性。智慧餐厅提供包含订餐、点菜、支付、营销、会员管理系统在内的一站式服务，将线下店铺和线上营销无缝对接。帮助餐厅快速提升订单，有效沉淀会员，精准投放营销活动。微信与乐百汇联合打造的智慧剧场则推出了移动终端购票，在线选座，观影前信息提醒，无纸化入场，在线购买观影套餐，演出结束提醒及微信打车一条龙服务，让客户在观影过程中无需再花费更多的精力去寻找，去排队，去等待。而智慧超市则是以微信支付及微信服务号为核心，围绕超市售前、售中、售后等环节，提供了全流程智慧解决方案，帮助超市与顾客建立全方位连接微信支付刷卡的快速支付，配合微信支付优先通道，减少排队。同时与门店微信支付结合的微信优惠券制作、下发、传播、核销接近零成本。微信还采用虚拟会员卡零成本发展新会员；会员亦可随时了解商家活动，激发购买欲。通过微信支付低成本引导优质客户关注服务号，可识别用户来源精确营销，免费推送营销信息提升销量。顾客可与服务号互动，享受电商、客服等在线增值服务。2014 年 3 月 8 日，王府井百货接入微信支付。2014 年国庆长假期间，丽江、大理、西塘、鼓浪屿、凤凰等热门旅游景区内近 3000 家客栈和民宿已全面上线微信支付。2014 年 11 月，继微信智慧酒店、智慧餐厅、智慧剧院之后，顺丰速运宣布在全国范围内支持微信支付，尝得“微信智慧生活”全行业解决方案在快递业的第一支“螃蟹”。2015 年 5 月 5 日，家乐福在广州、深圳的 13 家门店首批接入微信支付。用户在家乐福购物买单时，只需使用手机出示微信的刷卡条形码或二维码，扫码成功后便可完成支付，购物体验更为高效便捷。家乐福全国237家门店将陆续接入微信支付，正式启动“智慧超市”模式。2015年9月25日，麦当劳中国和微信支付联合宣布，双方将在数字化用餐体验方面进行全面合作。目前，麦当劳全上海的172家餐厅已率先接入微信支付。2016年4月11日，中石化北京加油站上线了微信支付，覆盖500多家石化直营易捷便利店。2016年4月22日，微信支付绑卡用户数超过3亿个，线下门店接入微信支付总数超过30万家，5个月产生超过5000个注册服务商。2016年5月，中国石油在全国31个省市范围内近1500座直营油站同步上线微信支付。2016年6月，国民时尚品牌美特斯邦威宣布接入微信支付。目前，用户在美特斯邦威旗下500家直营门店买单时，已经可以使用微信支付。2016年12月8日，星巴克咖啡公司与腾讯控股有限公司宣布达成战略合作，微信支付自即日起接入星巴克中国大陆近2500家门店。2017年1月11日，必胜客全国1700余家门店接入微信支付。截至2018年6月，微信支付月活跃账户超过10.8亿个。

（二）微信支付的主要特征

1. 微信支付与支付宝钱包有着业务内容的高度重合。如果说支付宝是通过线上连接隔海相望的买家和卖家交易的连通桥梁，那微信支付就是交易公路上架起的高架。在银联和支付宝已然做大，即便没有微信支付工具，并不会对当前线上支付基础造成本质的影响，但是微信支付会分流一部分流量，甚至因为这条便捷快速支付通道的行车，激活更多潜在买家的支付欲望，增加客户支付意愿，同时巩固夯实已有买家的支付行为，为客户增加多一种支付工具的可能。其实，大家对支付宝的定位始终局限在“钱包”，看重的是其工具属性：存钱、购物付费方便。从开始推出余额宝产品后，支付宝就不仅仅是个“支付工具，钱包”，为用户提供了理财服务。当支付宝开通交水电费、煤气、信用卡还款等功能时，它的目标就和“钱包”无关，它期望为广大用户提供另一种生活方式：不再去超时交电费，用支付宝；不再用老旧还款方式，用支付宝还信用卡。当支付宝链接商户和用户时，它又在影响人们的日常生活中的“购物”。支付宝链接用户和商家、链接用户和服务并没有引起大家的反感，归根结底是因为“利用支付宝还信用卡、交水电费比以往更方便”，为用户带来便利。“改善人们日常生活”“提供小额理财服务”这不应该是“工具属性”的支付宝该做，只能理解是其提供的一系列服务内容。当支付宝构建人与人的链接，期望更好满足人们之间互相转账、支付时就遇到棘手的问题：社交关系相对敏感并且腾讯实在太过强大。微信借助社交优势完美满足了人与人之间的支付场景。业内人士普遍认为，如果做为通讯工具的微信没做微信支付，支付宝切入社交中的支付场景不会有现在这么大的阻力，可能还会成为创举。微信支付是由微信社交关系链延伸的功能，它最开始起于“用户之间相互转账的社交需求”。微信支付也不满足于工具属性，其提供的理财通、链接用户与服务、用户与商户也在走支付宝的路线。大家都不满足于工具，而期望为用户提供一系列生活服务。而且微信支付如果想要完善更多的支付场景、生活服务，就不会一直依托于微信，而应该独立出来。如果一味依托社交关系，后续一系列的金融服务会受到局限。单就金融服务而言，支付宝品牌优势还是要强于微信支付。工具不仅仅满足于解决某个固定的需求，转而期望提供一系列服务来拓宽产品边界。

2. 微信支付是微信的增值服务。微信支付通常是在联系人之间进行，客户在玩微信的同时就可顺带进行支付消费，提升消费支付体验感，带来使用微信的价值增值。因而微信会带来一定程度上线上支付的分流。同时，微信支付直接跟占银行发卡 90% 市场份额的前十家银行谈判，将其数据接口直接与银行连接，其在支付比例分成方面会减少银联的份额，从而为降低支付费率创造了可能，受益的自然是卖家。因为卖家渠道费用的降低，也为线上商品价格降低提供了一种可能。微信支付当属目前最快最简单的移动支付方式之一，付款的时候避免了顾客忘记带钱包，特别是不方便找零钱的麻烦。而且现在基本上每个到店消费顾客都有微信，都能使用微信支付，都是可以直接通过微信号进行消费。支付宝的出现是因为淘宝网和天猫的背后支撑。目前，淘宝网和天猫分别已经占领 C2C 和 B2C 的八成和五成份额，用户流量的巨大无可替代。虽然腾讯的流量大且质量高，但其流量的来源并非电商，并不能将流量瞬间转化为潜在买家和支付行为。微信用户更多是把“微信”当成一种消遣和社交工具，是作为社交网络移动端的延伸应用，并非为了购买和支付而来，就目前来看，更多的是新增了一个可以移动支付的工具，将微信上可交易的商品和服务进行支付购买。微信并不能指望支付工具来吸引流量，但可以在用户玩微信的时候顺带着将自己喜欢的东西转化为交易行为。

3. 微信支付自含线上营销系统。从短期来看，微信支付不会撼动支付宝的位置，而且对于支付宝和微信来说，消费者的使用习惯是不一样的，微信可以完全凭借其优势培养自己的使用和消费习惯，进而让用户成为微信支付的坚定使用者。微信支付从 2014 年 8 月正式上线以来，“微信支付 + 微信公众平台”组成的全套商业解决方案为众多行业提供了快速拥抱移动互联网的机会。买家在门店消费时用微信支付结账，过程只需数秒即可完成，并且还可获赠各种各样的奖励。商家通过电子货币收款可以有效避免假币和收银员作弊。而且使用微信支付收款，资金实时到商户自己的账户，随时归集，让商户现金流得到解放，做到最大利用率。消费者进店消费使用微信支付结账，当支付完成时消费者的微信自动关注商家微信公众号。商家长此以往便可以积累庞大的粉丝群体。微信支付平台内含线上自营销系统，商家可开通在线微商城，自行在平台内做营销活动，推送活动促销、产品更新等信息。而且由于有粉丝间互动平台，商家可在平台内推送裂变红包、问卷调查、抽奖券及其抵月券等赢得回头客，做到二次营销引流作用，增加商家和用户间黏性。微信支付有强大的数据统计功能，商家相关人员可以在后台查看当天或当月历史销售数据。为商家制定下一阶段发展战略提供精准的数据分析。目前，接入微信支付的商户，当满足官方活动要求时可以向官方申请最低 10 万元人民币的微信支付日活动补贴。活动内容有满立减，随机减，非常吸引客户群体。

（三）微信支付的主要类型

1. 公众号支付。公众号支付是指在微信内的商家页面上完成支付。如果商家有被认证的公众号（并且是服务号），再开通公众号支付，就可以在自己的微信公众号上接受客户的订单并结账付款了。换句话讲，若商家在微信上面开通了自己的公众号，则只需注册“微信支付”即可完成支付功能的开通。

2. APP 支付。APP 支付是指在 APP 中，调起微信，完成支付结算。商家如果开通了自己的 APP，商家通过 APP 微信支付接入自己的 APP，即可实现在自己开发的 APP 下接受客户的微信支付。APP 微信支付是为移动应用量身打造的支付系统，开发者不需要编写冗长的代码，应付复杂的入网申请流程，简单几步就可以使你的移动应用获得支付功能，从而更专注于开发应用本身。简单的说，如果商家开发了自己的 APP，想让客户可以在自己的 APP 中使用微信支付，需要开通“APP 微信支付”。

3. 扫码支付。扫码支付是指使用微信扫描二维码，完成支付结算。扫码支付是一种基于账户体系搭起来的无线支付方案。在该支付方案下，商家可把账号、商品价格等交易信息汇编成一个二维码并在相关载体上发布。用户通过手机客户端扫拍二维码，便可实现与商家微信账户的支付结算。最后，商家根据支付交易信息中的用户收货、联系资料，就可以进行商品配送，完成交易。

4. 刷卡支付。刷卡支付是指用户展示条码，商户扫描后，完成支付。通常情况下，收银员在商户系统操作生成支付订单后须经用户确认支付金额；商户收银员用扫码设备扫描用户的条码或二维码，商户收银系统提交支付申请；微信支付后台系统收到支付请求，根据验证密码规则判断是否验证用户的支付密码，不需要验证密码的交易直接发起扣款，需要验证密码的交易会弹出密码输入框。支付成功后微信端会弹出成功页面，支付失败会弹出错误提示。

第四节 第三方移动支付

一、国内移动支付发展的主要历程

2018 年 3 月，苹果 CEO 蒂姆·库克来中国参加一个高峰论坛，当得知在清华校园卖西瓜的老太太都在用扫码移动支付后，不禁感叹中国在移动支付领域很有远见，走得更靠前。这位全球市值最高的科技巨头的掌舵人，直观感受到了为什么自家的移动支付平台 Apple Pay 在中国始终有着水土不服的征兆。在很多硅谷科技公司看来，中国的科技创新不过是复制硅谷模式，依靠中国的环境才得以成功的。但这种观点也正在遭到创新工场董事长李开复的新观点的挑战，最有力的证据就是过去 10 年间中国互联网在快速成长中诞生了不少原创商业模式，有些则走在了硅谷乃至全球科技发展的前头。短短 5 年，中国已经成为在全球移动支付领先的国家，而以微信支付为代表的移动支付平台服务和体验的升级，孕育出的中国新商业生态，反而让国外大量科技公司回过头来借鉴。在微信出现前的 2008 年—2010 年，中国的第三方支付交易额已经连续 3 年增长率超过 100%，但此时的第三方支付还主要是以 PC 端为依托。其实早在 2012 年的时候，马化腾开始意识到二维码或是连接线上和线下的钥匙。2014 年春节刚刚过不久，以二维码技术为核心技术的微信支付向商户全面开放；8 月，推出智慧生活全行业解决方案；9 月，微信支付面向服务商全面开放，为商家和开发商助力解决在线支付方案。

不过中国在智能手机和移动网络方面的发展，对比欧美国等发达国家并没有太多领先优势，那究竟是什么让中国在全球移动支付领域取得领先呢？纵观欧美国家，一方面是根深蒂固的信用卡体系，让信用卡成为民众主流的支付方式，抑制了移动支付的发展，2015 年美国移动支付的交易额仅占传统零售消费的 0.2%，到了 2016 年中国移动支付的市场规模已经接近于美国的 50 倍。2014 年的时候，Snapchat 的创始人埃文·斯皮尔格来了一次中国，根据《连线》杂志的报道，他对微信这款中国应用非常着迷，以至于需要通过亲自造访它的本土市场去体验用户的真实表现。在这趟旅程里，埃文·斯皮尔格看到最多的场景，就是微信的用户不断的使用手机扫描各种二维码，那时正值微信支付视二维码为移动互联网入口的激进阶段，从张小龙到马化腾，都坚信这种方式能够成为继网站链接和关键词搜索之后的又一代连接器。所以埃文·斯皮尔格在回到美国后不久，就以 5400 万美元报价，把当时 App Store 里下载量最大的二维码解析产品 Scan 的技术应用到自己的产品中。但在传统支付依然牢牢占据主流的情况下，美国用户并未形成以二维码为支付交互手段的习惯，甚至包括发明二维码技术的日本，也没有像是中国这样如此的依赖和发挥二维码作用。毫无疑问，纵使是在中文互联网的历史轴上，微信红包也可以跻身最为天才的产品创意，而这款产品成本低到它从来就不曾有过一份“使用说明”，几乎每个用户都能在最自然的逻辑里接受、理解和收发红包产品。甚至是微信支付在将原本为了风控而被强制复杂化的支付密码也简化成六位数字之后，支付宝只能把产品向微信支付看齐，也改为了同样的六位密码设计。连 Facebook 都在去年年底的时候，传出它在内测一个和微信红包如出一辙的功能，支持用户散发现金给他的好友。说是 Facebook 抄袭微信红包不能说是碰瓷，因为 Facebook 甚至非常诚实的把这项功能的名字就定为 Red Envelope。

中国消费者没有形成信用卡根深蒂固的消费习惯，当然更容易接受移动支付，但这还不足以成为颠覆旧有观念的充分理由。《南方周末》曾分析，移动支付要有两个必要条件——标准的信息终端和输入输出设备。除了支付要便捷，还要求输出设备要足够便携，而手机是最适合不过的设备了。第三方机构要进军移动支付领域时，主要的策略就是通过身份绑定与 APP 开发，但微信支付的出现改变了第三方支付的格局，微信支付这个入口也自然成为了移动支付的入口。微信红包的社交属性给微信支付带来了第一次爆发式增长，2017 年除夕一天的微信红包收发量就达到 142 亿次。其实微信红包的钱其实还是在微信平台上流转，只有拓展线下场景才能让移动支付彻底普及。而真正让移动支付全面覆盖线下消费场景，推动我们迈向数字化交易生活的，是那个小小的二维码。扫码支付逐渐成为下至路边摊贩上至星级酒店最常见的支付方式。更为重要的是，微信支付让不具开发能力的小微商户也能体验收款和对账服务，帮助商家更好地经营店铺。正是这些随街可见的二维码，让我们逐渐可以抛弃钱包，从吃饭、购物、看电影、菜市场买菜到搭公交地铁，你能想到的消费场景，基本都可以用微信支付解决。微信支付仅用了 3 年，市场份额就到达到了 40%，与支付宝成为移动支付领域的“双巨头”。微信的社交一直推动微信支付的发展，目前国内微信月活用户已经超过 10 亿，其中已有 8 亿微信用户开通了微信支付功能。应该讲，微信的普及带动了微信支付的增长，微信支付的普及又推动了移动支付的发展。

数据研究公司 IDC 的报告显示，2017 年全球移动支付的金额将突破万亿美元大关。强大的数据意味着，今后几年全球移动支付业务将呈现持续走强趋势。2019 年 1 月 24 日，中国交通运输部表示，2019 年实现高速公路人工收费车道手机移动支付全覆盖。其实，最早在 1999 年，中国移动与工商银行、招商银行金融部门合作，在广东开始进行移动支付业务试点工作；2002 年，中国移动在广州开始小额移动支付试点；2004 年中国银联也开始尝试银行卡绑定手机的移动支付合作；2006 年中国移动在厦门启动近场支付的商用试验，2008

年近场支付试点扩大到长沙、广州、上海、重庆。2010 年中国银联联合工商银行、农业银行、建设银行、交通银行共 18 家商业银行，以及中国联通、中国电信两家电信运营商，部分手机制造商共同成立“移动支付产业联盟”。2011 年 6 月，央行下发第三方支付牌照，但由于支付标准不统一的原因，国内移动支付一直没有大规模推广。中国移动于 2011 年 7 月成立中国移动电子商务有限公司，中国联通于 2011 年 4 月组建了联通沃易付网络技术有限公司，中国电信 2012 年 3 月成立天翼电子商务有限公司。2011 年中国移动电子商务市场交易规模 156.7 亿元，同比增长 609%。2011 年中国移动支付市场全年交易额规模达到 742 亿元，同比增长 67.8%；移动支付用户数同比增长 26.4% 至 1.87 亿户。2011 年之后移动互联网和移动电子商务的普及率提高，不仅为移动支付提供广阔的商用平台，更培养了用户网上支付的消费习惯。2012 年 6 月 21 日，中国移动与中国银联签署移动支付业务合作协议，移动支付标准确定 13.56MHz 标准。2014 年第三季度数据显示，第三方支付的移动支付市场是支付宝钱包份额达到 79.26%。但微信手机支付、百度钱包、苹果支付也在随后快速增长。2017 年，中国智能手机出货量排名前 5 的手机品牌分别是华为、OPPO、vivo、小米和苹果，五家智能手机的出货量占到 2017 年全部智能手机出货量的 75.7%，NFC 手机的占比 2017 年则增长到了 31.3%。2017 年我国移动 NFC 支付规模达到了 48.9 亿元，移动 NFC 支付使用场景以商超为主，还有便利店、餐厅等生活场景。

二、国内移动支付的主要方式及其特征

（一）国内移动支付的主要方式

移动支付，也称之为手机支付，是指交易双方为了某种货物或者服务，使用移动终端设备为载体，通过移动通信网络实现的商业交易。移动支付所使用的移动终端可以是普通手机或智能手机、PDA、移动 PC，而不是用现金、支票或银行卡支付。单位或个人通过移动设备、互联网或者近距离传感直接或间接向银行金融机构发送支付指令产生货币支付与资金转移行为，从而实现移动支付结算。移动支付将终端设备、互联网、应用提供商以及金融机构相融合，为用户提供货币支付、缴费等金融服务。

若按照移动支付技术来观察则其主要分为近场支付和远程支付两种，所谓近场支付，是指通过具有近距离无线通讯技术的移动终端实现本地化通讯进行货币资金转移的支付方式。通俗来讲，就是用手机刷卡的方式坐车或者买东西。远程支付是指通过移动网络，利用短信或者 GPRS 空中接口和后台支付系统建立连接，实现各种转账、消费等支付功能，也就是通过发送支付指令（如网银、电话银行、手机支付等）或借助支付工具（如通过邮寄、汇款）进行的支付方式，如掌中付推出的掌中电商，掌中充值，掌中视频就属于远程支付。

若按照移动支付使用方法主要有短信支付、扫码支付、指纹支付及声波支付。其中，短信支付是手机支付的最早应用，是将用户手机 SIM 卡与用户本人的银行卡账号建立一种一一对应的关系，用户通过发送短信的方式在系统短信指令的引导下完成交易支付请求，操作简单，可以随时随地进行交易。手机短信支付服务强调了移动缴费和消费。扫码支付则是一种基于账户体系搭起来的新一代无线支付方案。在该支付方案下，商家可把账号、商品价格等交易信息汇编成一个二维码，并印刷在各种报纸、杂志、广告、图书等载体上发布。扫码支付可以分成两种：一种是主动扫码，就是拿出手机主动扫商家的收款码；另外一种是被动扫码，出示付款码给商家的扫码仪器扫码就是属于被动扫码。用户通过手机客户端扫拍二维

码，便可实现与商家支付宝账户的支付结算。最后，商家根据支付交易信息中的用户收货、联系资料，就可以进行商品配送，完成交易。指纹支付即指纹消费，是采用目前已成熟的指纹系统进行消费认证，即顾客使用指纹注册成为指纹消费折扣联盟平台会员，通过指纹识别即可完成消费支付。声波支付则是利用声波的传输，完成两个设备的近场识别。其具体过程是，在第三方支付产品的手机客户端里，内置有“声波支付”功能，用户打开此功能后，用手机麦克风对准收款方的麦克风，手机会播放一段“咻咻咻”的声音。

若分析移动支付性质有银行卡支付、第三方支付账户支付、通信代收费账户支付。其中，银行卡支付就是直接采用银行的借记卡或贷记卡账户进行支付的形式。第三方账户支付是指为用户提供与银行或金融机构支付结算系统接口的通道服务，实现资金转移和支付结算功能的一种支付服务。第三方支付机构作为双方交易的支付结算服务的中间商，需要提供支付服务通道，并通过第三方支付平台实现交易和资金转移结算安排的功能。通信代收费账户是移动运营商为其用户提供的一种小额支付账户，用户在互联网上购买电子书、歌曲、视频、软件、游戏等虚拟产品时，铜鼓偶手机发送短信等方式进行后台认证，并将账单记录在用户的通信费账单中，月底进行合单收取。

移动支付的结算模式有现场支付和担保支付两种。其中的现场支付是指支付服务提供商将交易资金从买家的账户即使划拨到卖家账户。一般应用于一手交钱一手交货的业务场景，或应用于信誉度很高的 B2C 以及 B2B 电子商务，如首信、yeepal、云网。担保支付是指支付服务提供商先接收买家的货款，但并不马上就支付给卖家，而是通知卖家货款已冻结，卖家发货；买家收到货物并确认后，支付服务提供商将货款划拨到卖家账户。支付服务商不仅负责资本的划拨，同时还要为不信任的买卖双方提供信用担保。担保支付业务为开展基于互联网的电子商务提供了基础，特别是对于没有信誉度的 C2C 交易以及信誉度不高的 B2C 交易。做得比较成功的是支付宝。

（二）移动支付的主要特征

1. 支付方便快捷。目前的微信支付宝可以直接绑定银行卡，一键支付方便快捷，不要提现，钱包多位合一，只需扫一扫，刷一刷或者碰一碰就能立即到账。付款收银几秒钟内搞定。

2. 杜绝假钞、无需找零。假钞是日常经济交往中人们非常厌恶的一个问题，而移动支付刚刚可以完美杜绝假钞的使用，而且收银过程中还无需找零，避免携带大量现金的风险，对出门在外的朋友尤其有用。采用移动支付大大节省了买卖双方的结算时间。

3. 高度融合性。移动支付能与各个行业高度融合发展，完美解决行业结算问题，不管是线上线下，还是娱乐、医疗、出行、餐饮、酒店具体的运用场景，移动支付都能很好的融入。滴滴、饿了吗、共享单车都是融合发展的很好实例。

4. 突出环保理念。移动支付的发展，减少了大量纸币使用，纸币原料的使用就能大大减少，而且还能杜绝纸币上细菌的传递。此外现在支付宝的蚂蚁森林获得能量还能种树，而用多少人指标则是由蚂蚁森林选择用支付宝来支付结账。

5. 消费与理财。移动支付有为了避免使用者的过度消费，目前都使用一些省钱软件来帮助客户规划理财。有大量的应用程序可以用来追踪支出，可以容易地看到如何购买将更适合您的预算，避免过度消费的出现。

6. 大数据与营销。移动支付可以更好利用大数据，客户一旦用移动支付来消费，商户就可以通过移动支付系统软件，追踪客户信息，商家在获得关于客户的购买模式等数据之后，可以将其充分利用，以改进自身产品；或者可以通过移动支付系统的会员和营销功能，发放会员福利，卡券优惠等活动，来促进客户再次消费。

三、移动支付的技术特征

移动支付属于电子支付方式的一种，因而具有电子支付的特征，但因其与移动通信技术、无线射频技术、互联网技术相互融合，又具有自己的特征。

（一）移动性

移动支付终端设备可以随身携带，消除了距离和地域的限制。结合了先进的移动通信技术的移动性，随时随地获取所需要的服务、应用、信息和娱乐。移动支付技术的产业链由标准的制定者、设备制造商、银行、移动运营商、移动支付服务提供商或移动支付平台运营商、商业机构、用户等多个主体组成。政府、国际组织和行业协会负责制定标准和协调各个方面的利益。移动设备厂商在向运营商提供移动通信系统设备的同时，推出移动支付数据平台和业务解决方案，为运营商提供移动支付的技术基础。从终端的角度来看，支持各种移动数据业务的手机不断推向市场，为移动支付业务的不断发展创造了条件。移动运营商的主要任务是搭建移动支付平台，为移动支付提供安全的通信渠道，它们是连接用户、银行和服务提供商的重要桥梁，在推动移动支付业务的发展中起着关键性的作用。目前，移动运营商能提供语音、SMS、WAP 等多种通信手段，并能为不同级别的支付业务提供不同等级的安全服务。银行则需要为移动支付平台建立一套完整、灵活的安全体系，从而保证用户支付过程的安全通畅。银行不仅拥有以现金、信用卡及支票为基础的支付系统，还拥有个人及商家资源。而作为银行和运营商之间的衔接，第三方移动支付服务提供商或移动支付平台运营商具有整合移动运营商和银行等各方面资源并协调各方面关系的能力，向手机用户提供丰富的移动支付业务。

（二）及时性

移动支付技术的采用具有缴费准确、无需兑付零钱、全天候服务、网点无人职守的优势，其结算速度非常快且高效。使用移动支付终端设备不受时间地点的限制，信息获取更为及时，用户可随时对账户进行查询、转账或进行购物消费。而且用户可以定制自己的消费方式和个性服务，账户交易更加简单方便。而从技术的角度来看，移动支付所采用的短信、红外线、射频识辨、蓝牙、自动语音服务、非接触式芯片、J2ME 技术都具有传输成本低、传输数据快速的优势，只需几秒就可以完成支付认证和支付交易。

（三）集成性

移动支付技术以手机作为终端载体，通过与终端读写器近距离识别进行的信息交互，运营商可以将移动通信卡、公交卡、地铁卡、银行卡等各类信息整合到以手机为平台的载体中进行集成管理，并搭建与之配套的网络体系，从而为用户提供十分方便的支付以及身份认证渠道。移动支付业务是由移动运营商、移动应用服务提供商（MASP）和银行机构共同推出的、构建在移动运营支撑系统上的一个移动数据增值业务应用。移动支付系统将为每个移动用户建立一个与其手机号码关联的支付账户，其功能相当于电子钱包，为移动用户提供了一个通过手机进行交易支付和身份认证的途径。用户通过拨打电话、发送短信或者使用 WAP 功能接入移动支付系统，移动支付系统将此次交易的要求传送给 MASP，由 MASP 确定此次交易的金额，并通过移动支付系统通知用户，在用户确认后，付费方式可通过多种途径实现，如直接转入银行、用户电话账单或者实时在专用预付账户上借记，这些都将由移动支付系统（或与用户和 MASP 开户银行的主机系统协作）来完成。

四、移动支付的通信技术

（一）蓝牙技术

蓝牙技术简单来说就是一种短距离的无线电技术，它能够通过拓宽无线通信通道的方式，对各种移动通信设备与因特网之间，或者不同移动通信设备间的通信进行简化，从而使数据传输的效率得到大大提升。具体来讲，蓝牙技术采用了分散式网络结构，并对快跳频技术和短包技术进行了利用，无线电工作频段为 2.4GHz ISM，数据速率可达 1M/s，相对于其他无线通信技术而言有着非常明显的优势。蓝牙技术还能够实现全双工传输与单点对多点通信。

（二）NFC 技术

NFC 技术也被称为近场通信，主要是通过单一芯片上的结合感应式读卡器、感应式卡片以及点对点功能，在短距离内实现对兼容设备的识别以及二者间的数据交换。这种技术属于短距离、高频的无线电技术，但必须通过特制的手机才能够完成手机支付方案。NFC 技术分为主动读取与被动读取两种模式，能够在 10 厘米的距离内以 13.56MHz 的频率运行，传输速度最高可达 424K/s，但必须通过具备 NFC 技术的手机才能够完成手机支付方案。但从目前来看，ISO/IEC IS18092 国际标准、ECMA－340 标准与 ETSI TS 102190 标准都已经通过 NFC 技术验证，应用领域非常广泛。目前在机场登机验证、大厦门禁钥匙、信用卡、支付卡等领域具有较好的应用效果。

（三）二维码技术

正是因为 NFC 技术在移动支付中有着很大的局限性，二维码技术渐渐用于移动支付。二维码技术以计算机内部逻辑基础中的 0 和 1 为原理，通过平面图形上黑白单位的不同规律排列来工程不同的特殊几何图形，从而对文字数值信息进行准确表示，可表达各种不同的信息（数字、文字、声音、图像等）。通过图像输入设备或光电扫描设备自动识读以实现信息自动处理，从而完成支付验证。这种技术的容量大，能够携带大量的信息，甚至还具有纠错的功能，应用起来十分方便。由于二维码具有高信息含量、高可靠性、单向性、低成本的优势，二维码技术发明至今仍是最热门的支付方式。

（四）红外线技术

红外线是目前比较成熟的一种非接触式移动支付技术，这种技术主要是通过红外线通信将信用卡中的用户信息下载到手机中并进行有效存储，当用户进行支付时，再通过红外线通信将手机中存储的用户信用卡信息传输到指定的验证设备中，从而完成支付认证。但需要注意的是，由于手机与验证设备间的通信需要借助红外信号来传输，因而具有 IrDA 端口的设备间一旦存在阻挡物，那么红外线信号就会被阻挡，从而导致数据传输的失败。信号被阻的情况在两个设备间往往不容易出现，然而一旦需要进行多个设备间的数据传输，设备间的位置、角度的条件将是非常麻烦的。

（五）RFID 技术

RFID 是英文 Radio Frequency Identification 的简写，因而 RFID 技术又被称为射频识辨技术，这种技术与蓝牙技术比较一样，都是以射频技术为基础的通信标准，能够实现射频技术与非接触式移动支付服务的完美结合。从原理上来看，RFID 主要是在手机中安装非接触式芯片和射频电路，并以编码的形式将用户账户支付信息储存在非接触式芯片之中，从而使手机能够符合银行信用商的认证规则。这样一旦手机与 POS 机处于一定距离之内，芯片内的用户账户支付信息就会通过射频电路传输到 POS 机终端中来，从而顺利完成支付认证。但与蓝牙技术不同的是，RFID 技术具有独立的存储功能与标签功能，耐用性、稳定性、保密性都比较好，同时还具有对终端依赖性低、操作简单便捷耗电量小等特点。

（六）自动语音服务技术

相比其他无线通信技术，自动语音服务技术显得十分特殊，它并不需要利用局域网络、红外线、特殊芯片等方式与设备进行通信，而是与当前的短信验证形式相类似。当用户需要进行支付时，需要拨打某个已知的特殊服务号码，之后按照电话中的提示语音来逐步完成移动支付的操作。支付成功后，移动支付平台则则会向商家拨出自动语音电话，告知商家用户支付成功，本次交易已经完成。

五、中国银联移动支付业务的发展

2002 年，中国银联成立，国内支付进入银行卡支付时代。而且随着互联网技术的逐渐成熟，非银行支付快速崛起。而近些年来在智能手机的推动下，移动支付迅速发展起来。2014 年，支付宝通过“双 11”，在拓展线上场景的同时，开始进入线下支付场景；而微信支付通过“微信红包”一夜走红，与支付宝形成非银行支付“双寡头”格局。2017 年以后，我国经济已由高速增长阶段转向高质量发展阶段，经济运行转型升级新的动能在不断发挥作用，老百姓消费能力、消费意愿、消费需求正持续提高。从数据来看，2017 年，我国消费贡献率已经达到了 58.8%，银行卡渗透率已经达到 48.7%。经济增长及由此带来的消费的增长，为支付产业发展带来长期机遇。支付产业竞争趋于激烈，作为银行业联手打造的全新移动端统一入口，中国银联云闪付 APP 汇聚全面的移动支付功能与权益优惠，自 2017 年 12 月 11 日上线运行开始，不到一年时间用户已经突破 1 亿。中国银联还为云闪付 APP 量身打造了“双 12 买单，银联替你付一半”活动，涵盖 40 万品牌商户。活动推出后，反响不俗：12 月 12 日单日新增用户数超过 100 万，新增用户同比增长 537%，平均日活跃用户数是去年活动同期的 7 倍。这一连串的数据表明，在为老百姓带来实惠的同时，云闪付 APP 已经形成了自己的发展优势。云闪付 APP 目前涵盖二维码支付、线上支付、手机闪付等主流移动互联网支付，支持借记卡余额查询、信用卡账单查询、三类银行账户申请。目前已支持国内所有银行卡的绑定，230 多家银行的持卡人可通过云闪付 APP 使用银联二维码支付。云闪付 APP 不论是交通、医疗、校园，或是商超便利、公共缴费等，用户都只需一部手机，便可享受“一扫即付”的便捷，与老百姓日常生活息息相关，对用户来说更具“亲和力”。云闪付 APP 作为统一入口及开放平台，汇聚了银联及各大银行的支付工具、支付场景及特色服务，银行与产业各方都在宣传推广，并开展多类优惠活动吸引新用户。同时，银联还推出云闪付合作伙伴计划，打造“共建共享共赢”的开放平台，意在促使生态圈更加稳固健康。四是积极服务境外消费者，境外发展迅速。港澳居民可通过云闪付 APP 享受银行卡一站式管理等各项服务。当地受理环境建设也在不断完善，港澳地区已有数千家店铺支持云闪付 APP 扫码支付，境外 23 个国家和地区超过 5 万家商户支持银联二维码支付。

中国银联联合各商业银行共同推出小微企业卡，为小微企业打造综合支付解决方案、构建小微企业服务体系，助力民营企业、服务实体经济。中国银联积极响应国家“一带一路”倡议，支持沿线 60 余个国家和地区使用银联卡，双向支持中国与“一带一路”经贸和人员往来，银联卡境外发行已突破 1 亿张，并为越来越多的境外银联卡持卡人提供日益便利的本地化服务。2019 年月 22 日，中国银联发布最新交易数据表明，2018 年银联网络转接交易金额 120.4 万亿元，同比增长 28.1%。云闪付 APP、银联手机闪付、银联二维码支付等移动支付方式快速普及，成为新的业务亮点。2018 年，中国银联加速了支付向移动端迁移的脚步。其中，云闪付 APP 累计注册用户现已达到 1.2 亿。云闪付 APP 已支持 275 家银行的借记卡余额查询功能，支持 116 家银行的信用卡账单查询。中国银联已经成为名副其实的银行业移动支付统一入口。

思考题

1. 第三方支付的主要特征是什么？
2. 第三方支付款项结算基本工作流程原理怎样理解？
3. 第三方支付的运行模式有哪些种类？
4. 第三方支付的主要方式有几种？
5. 第三方在线支付基本运作原理是什么？
6. 移动支付的主要特征是什么？

第三章
大数据金融

第一节 大数据金融的主要特征及其类型

一、大数据的由来及其主要特征

（一）大数据的由来

早在1980年，著名未来学家阿尔文·托夫勒在其风行一时的畅销书《第三次浪潮》中描绘了未来信息社会的前景并强调了数据在未来信息社会中的重要作用。2008年9月，英国著名的《自然》杂志推出了大数据特刊，并在封面中特别突出了“大数据专题”。进入2009年，“大数据”开始成为互联网领域的热门词汇，但这个时候的大数据概念仍旧局限于计算机行业领域。2010年，美国数据学家维克多·迈尔·舍恩伯格和肯尼斯·库克耶在《经济学人》杂志上发表长达14页的大数据专题文章，成为最早洞悉大数据时代发展的数据科学家，他们所提的“大数据”，是指在数据分析过程中不使用随机抽样分析技术的所谓“捷径”，而是采取对所有数据进行整体观察与分析的技术。总部设在美国康涅狄克州斯坦福的大数据研究机构Gartner给出的大数据解释则是这样的：大数据是需要新处理模式才能具有更强的决策力、洞察发现力和流程优化能力来适应海量、高增长率和多样化的信息资产。全球著名的管理咨询机构麦肯锡公司将大数据解释成一种规模大到在获取、存储、管理、分析方面大大超出了传统数据库软件工具能力范围的数据集合。

大数据技术的战略意义不在于掌握庞大的数据信息，而在于对这些含有意义的数据进行专业化处理。如果把大数据比作一种产业的话，那么实现产业盈利的关键则在于提高对数据的“加工”能力，也就是通过加工实现数据的“增值”。从技术上看，大数据与云计算的关系就像一枚硬币的正反面一样密不可分。且由于数据的海量，大数据根本无法用单台的计算机进行处理，而必须采用将应用程序及其数据库通过分布式架构在不同计算机上来共同完成同一个任务。大数据的特征在于对海量数据进行分布式数据挖掘，且必须依托云计算的分布式处理、分布式数据库、云存储及其虚拟技术。在云时代，大数据吸引了越来越多的关注，大数据分析常和云计算联系到一起。因为实时的大型数据分析需要像 MapReduce 一样的框架来向数十、数百或甚至数千的电脑分配工作。

大数据的技术，包括大规模并行处理（MPP）数据库、数据挖掘、分布式文件系统、分布式数据库、云计算平台、互联网和可扩展的存储系统。将大数据概念应用到 IT 操作工具产生的数据信息中，大数据可以使 IT 管理软件供应商解决更加广泛的业务决策问题，且每时每刻都在产生着海量的数据信息。非结构化或者结构化的数据其实都代表了几乎所有用户的行为、服务级别、安全、风险、欺诈行为等更多操作的绝对记录。大数据分析的产生旨在有效进行 IT 管理，企业可以将现有的实时数据流分析和历史相关数据进行对比观察，或者通过这种数据分析来发现数据之间的联系并在此基础上产生日后分析所需的模型，帮助预测消费客户的未来消费可能，或者预防未来企业运行资金中断或经营困境问题。进一步讲，利用大数据分析模型能够加深对重要用户的洞察能力，通过追踪和记录其网络行为而轻松识别业务影响。

2015 年 9 月，国务院印发《促进大数据发展行动纲要》，系统部署我国大数据发展三方面主要任务：一要加快政府数据开放共享，推动资源整合，提升治理能力。大力推动政府部门数据共享，稳步推动公共数据资源开放，统筹规划大数据基础设施建设，支持宏观调控科学化，推动政府治理精准化，推进商事服务便捷化，促进安全保障高效化，加快民生服务普惠化。二要推动产业创新发展，培育新兴业态，助力经济转型。发展大数据在工业、新兴产业、农业农村等行业领域应用，推动大数据发展与科研创新有机结合，推进基础研究和核心技术攻关，形成大数据产品体系，完善大数据产业链。三要强化安全保障，提高管理水平，促进健康发展。健全大数据安全保障体系，强化安全支撑。2015 年 9 月 18 日，贵州省启动我国首个大数据综合试验区的建设工作。2016 年 3 月 17 日，《国民经济和社会发展第十三个五年规划纲要》中对实施国家大数据战略提出了把大数据作为基础性战略资源，全面实施促进大数据发展行动，加快推动数据资源共享开放和开发应用，助力产业转型升级和社会治理创新的战略规划，包括加快政府数据开放共享、促进大数据产业健康发展。

尽管国内外学者对大数据发表的看法并不一致，但大体可以从狭义和广义两个方面对大数据做出解释。其中，狭义的大数据是指大数据技术及其在相关领域中的应用，是指从各种类型的数据中快速获取有价值的信息。由于数据的海量规模，因而在一定的时间内使用常规软件工具及其技术无法对其内容进行抓取、管理和处理的数据集合。大数据应是对海量数据的获取、存储、管理、计算分析、挖掘应用的全新技术体系。广义的大数据，包括大数据技术、大数据工程、大数据科学和大数据应用等相关领域，即除了狭义的大数据之外，还包括有大数据工程和大数据科学。大数据工程是指大数据规划建设运营管理的系统工程，而大数据科学主要是关注大数据网络发展和运用过程中发现与验证大数据规律及其与自然社会活动之间的关系。

（二）大数据的主要特征

2001 年，全球最具权威的 IT 研究与顾问咨询机构美国高德纳咨询公司分析员道格·莱尼在一次相关研究的演讲中指出，数据的增长有三个方面的挑战和机遇：量，即数据的多少；速，资料输入输出的速度；类，数据的多样性。后来有人提出，“价值”或者“真实”应当作数据的第四个特征。

1. 数量巨大。大数据给人最深刻的印象就是数据规模巨大，所以称作“海量”。有学者曾在2014年比喻说，现在一天之内在Twitter上发表的微博就达2亿条，7个TB的容量，50亿个单词量，相当于纽约时报出版60年的单词量。阿里巴巴通过交易平台处理的数据截至2014年3月就已经高达100PB，相当于104857600个GB的数据量。而腾讯在2014年拥有8亿用户、4亿移动用户，数据仓库存储单机群数量已达4400台，数据存储总量压缩处理后在100PB左右，而这一数据量每日还在新增200TB到300TB。大数据时代的数据呈爆炸式增长，这从人均互联网流量的变化可以窥见一斑。2012年平均一个月一个网民的流量才175MB，而到了2015年达到388MB，到2016年则是778MB，到2017年是10000MB。若根据摩尔定律计算，大概18个月或者两年，世界的数据就要翻一番。2000年，全世界的数据存储总量是800000PB，预计到2020年世界的数据存储量将达到35ZB。

2. 多样性。即使是最简单的分类，现实中的全部数据信息也将分为结构化数据和非结构化数据两大类别。其中，结构化数据是指存储在数据库中，可以通过二维表结构来逻辑表达实现的数据。简单来讲，结构化数据就是表格里具有相同结构的数据。非结构化数据很难用数据库二维逻辑表表达，早期的非结构化数据在企业的数据语境里主要是电子邮件、文档、健康、医疗记录等文本，而随着互联网和物联网的发展，非结构化数据还有网页、社交媒体、感知数据，涵盖音频、图片、视频、模拟信号等更多的模式供人门选用。数据的多样性还体现在数据的来源和用途上，如在卫生保健领域，有药理科研数据、临床数据、个人行为和情感数据，就诊、索赔记录和开销数据。

3. 速度快。速度快是指数据的采集、存储、处理及其传输具有速度快和时效高的特点。在以前的人工采集数据时代，由于天文观测数据、科学实验数据、抽样调查数据、日常观测数据都需要人工测量来完成，因而测量速度、测量频次、数据拥有数量都要受到一定客观条件的限制，而且大规模的数据调查是一件耗费时间、耗费人力、耗费资财的事情，其所收集的数据可能需要很长的时间来进行技术分析，因而产生分析结果的时候可能客观实际已经发生了很大的改变，数据的现实作用会在很大程度上面缩水或降低。在大数据时代，数据的采集、存储、处理及其传输完全实现了智能化和网络化，特别是智能芯片的广泛采用，使得数据的采集完全实现了智能处理和自动生成，像上网浏览会自动产生各种浏览内容的数据、进行网上社交联系会自动产生聊天视频记录、摄像头拍摄所自动产生的各种影像记录、网上交易平台自动产生的交易记录、天文望远观测自动产生的各种观测数据。由于自动和智能的原因，自然界和人类社会活动各种现象、思想及其行为都被记录下来，形成了所谓的“全数据模式”，这是大数据形成的重要原因。但数据的海量性还需要虽数据的存储实现云存储、对数据的处理实现云计算，对数据的传输实现网络覆盖，所有的数据属性都从原有的静态数据变成了动态数据，从离线数据变成了在线数据。数据的采集、存储、处理及其传输实现了真正的及时响应。

4. 真实性。在人工采集数据时代，由于数据的生产都是通过人工观察、进行实验或者调研而来，因而人的主观性会自然渗透到数据生产的过程之中。在进行数据采集之前，人们通常首先需要解决的就是进行数据采集的目的是什么，而后依据数据采集的目的进行数据观察和数据分析的手段设计，或者是依据调查目的来设计调查问卷和选择调查对象。这之中的几乎所有工作内容无不渗透着人们主观意识表现，因而数据被污染是普遍存在的问题且很难被根除，况且这种数据采集是先有目的后有数据的程序。大数据时代不同，其程序是先有数据后有目的。除了智能设备设计和制造外，人们并没有主动全程参与到数据的采集过程，所有的数据都是由智能终端自动采集和记录下来的，记录之时并无目的，因而数据的采集与记录并不受主观意识左右。换句话说，大数据背景下的数据是真实多样的，反映了事物的客观生存状态。

二、金融对大数据的需求

2013 年 9 月 30 日，百度董事长李彦宏在给中央政治局常委集体调研活动现场解释大数据时，提到全球所有的信息数据中 90% 产生于过去两年，大数据在两个方面表现出了重要价值，一是促进信息消费，加快经济转型升级；二是关注民生，带动社会管理创新。大数据金融是未来金融发展的必然。进入互联网金融时代后，金融业对大数据的需求主要产生于三个方面的原因：

（一）进行风险管理，监督金融欺诈的需要

安全性是金融业务管控须遵循的首要原则。正因为金融业发展速度飞快，因此更需要对推出的新型金融业务有足够的能力甄别风险的存在并及时降解危机，营建稳定安全的金融环境。传统的数据分析只抽取数据样本进行分析，而数据样本容量与数据总体容量存在差异，必然造成样本的统计特性与总体的统计特性存在一定的差异，通过样本分析出来的结果未必完全符合总体的特征。但是，而金融行业对分析结果的准确度要求极高。相关研究表明，即使数据分析错误率在 8% 以下，对于投资决策、监管分析而言，该错误率仍不可接受。大数据的一个典型特点是样本即总体，分析基础即为总体数据，这将大大提高数据分析结果的准确性，提高了依靠数据分析作为投资分析、监督管理的可靠性。在传统的数据时代，银行领域的监管部门只掌握被监管主体在银行体系中的活动数据，证券领域的监管部门只掌握其在证券体系中的活动数据。因而受制于数据资源有限、信息不对称因素，监管措施存在片面性。而大数据提供的高效分析手段及数据整合理念，使跨领域的数据共享成为可能，使金融监管部门能够刻画出一个完整的金融行为活动图，进而能够准确地定位风险。风险管控其实还有时效问题。金融市场的相关数据无论是产生还是变化都很快，必须能够在短时间内完成监测和预判，有些领域甚至要求实行动态监管。而受制于监管成本高昂、监管技术有限的因素，传统的金融监管获得数据存在一定的滞后，金融监管效果大打折扣。而借助于大数据，金融监管部门将实现监管渠道网络化，随时获取金融数据，动态监测金融经营活动，实时快速分析金融数据，大幅提高金融监管的时效性。

（二）推动业务创新的需要

随着第三方支付平台业务的迅速发展，借助互联网技术新型金融业态已被人们所熟悉和习惯。而随着宏观经济结构加快调整，银行传统的存贷款利率差盈利模式已经发生改变，金融机构和非金融机构都在开展相应的金融业务和金融服务竞争并进行着自我变革，而业务竞争的关键则在于业务的不断创新。业务创新需要金融机构能够基于挖掘客户内在需求的基础上，不断推出面向不同客户群的更有价值的服务品种。而大数据技术正是金融机构和非金融机构挖掘既有数据，找准市场定位，明确资源配置方向，推动业务创新的重要工具。通过大

数据处理技术、大数据科学、大数据工程结合业务场景，改造传统金融服务体系。由于借助了互联网技术和智能终端硬件与软件，使得企业在获得内外部数据、结构化与半结构化数据的成本在不断下降，数据维度也在不断扩充。金融完全具备将大数据、区块链技术运用于产品设计、用户体验、风险管理等领域的基础条件。

（三）改善用户体验，推行普惠金融的需要

普惠金融的概念最初是由联合国在 2005 年提出，是指以可负担的成本为有金融服务需求的社会各阶层和群体提供适当、有效的金融服务，而小微企业、农民、城镇低收入人群等弱势群体是其重点服务对象。但普惠金融需要降低普惠金融融资成本，减费让利。大数据由于是在互联网平台上面自动产生的数据，相关分析人员并没有主动全程参与到数据的采集过程，所有的数据都是由智能终端自动采集和记录下来的，记录之时并无目的，因而数据的生成成本非常之低。这为国家推行普惠金融战略提供了坚实基础。2017 年，大中型商业银行共对普惠金融客户取消收费项目 335 个、对 387 个项目实行收费减免，全年减费让利总金额约 36674 亿元。普惠金融还远不止这些实惠，大数据技术推动了扶贫小额信贷作为银行业实施精准扶贫的重要抓手，保证信贷资金精准到户。截至 2017 年年末，银行业金融机构对建档立卡贫困户发放的扶贫小额信贷余额 249696 亿元，支持建档立卡贫困户 60744 万户，占全国建档立卡贫困户的 25. 81%。大数据技术促使我国银行业小额、分散融资服务的成本得到有效控制，价格保持在合理区间。大数据技术已经发挥出带动小微企业整体融资成本降低的“头雁”作用。大数据还关照着百姓的生活起居，互联网金融的发展使人们的生活和购物、出行越来越方便，人们对互联网金融的依赖程度也越来越高，不论是手机支付业务还是网上购物业务，都将人类与大数据紧密连接在一起。依托于客户进行网络浏览而产生的大量各种各样的信息，特别是人们的综合消费信息都可以作为大数据信息而被使用，成为综合测评信息。海量低成本的数据基础，使得经营金融业务的企业可以制定针对性的计划进行客户群体规划。

三、大数据金融的特征

大数据金融是指互联网金融企业通过整合结构化和非结构化的海量数据，实时精确分析和深入挖掘客户的金融类交易和消费信息，掌握客户的金融消费习惯，并准确预测客户金融消费行为，使互联网金融机构和金融服务平台在营销和风险控制方面更加具有目的性和有效性。大数据金融是基于大数据的金融服务平台，主要是指拥有海量数据的电子商务企业开展的金融服务，大数据金融的关键是指从海量相关数据中快速获取有用金融信息的能力，或者是从拥有的大数据资产中快速变现的能力。大数据金融下的信息处理必须以云计算为基础。大数据金融模式广泛应用于电商平台。大数据金融的主要特征如下：

（一）基于客户画像的用户感知

感知客户是“智慧”的必要条件，只有感知了客户，才能为客户提供高效便捷的金融服务及其恰当合理的金融产品。大数据金融从客户自身属性、信用记录、消费特征、兴趣爱好以及社交信息五个维度构建用户的金融画像，在业务场景下实时推送经过精准设计的相关金融产品。在客户线上“临柜”之时，实时理解客户需求，确定其金融产品和服务目标，让“懂你”成为基于业务场景下的客户定制产品体验。同时，使用大数据金融对线下渠道进行运营重新规划，对网点的客户群需求，按照线下渠道的地理信息、人群特征、消费类型、同业竞争等运营能效数据为依据进行网点选址，明晰网点发展潜力和服务周边客户的偏好；另一方面，通过对柜面和各种智能设备的业务数据分析，精确推送适合本地区网点服务对象金融消费特征的产品，增强客户黏性。当然，线上线下多渠道整合客户金融信息，为客户提供更加匹配的服务；或者多渠道的接入整合平台，屏蔽渠道的技术差异，统一转换语义，导入一致的业务流程，确保为最终用户提供一致的业务体验。在基础设施方面，大数据金融利用云存储技术，实现了用户交易数据、行为数据及外部导入数据的统一管理，基于客户金融行为分析更加精准。大数据应用在目前智慧银行的营销中发挥精准制导的作用：一方面智慧银行可以更好判断影响目标客户群选择的因素，从而制定更有效率的产品方案；另一方面使得智慧银行能对客户进行分类和遴选，提供更具个性的服务和产品。

（二）数据真实有效

真实有效的数据是企业实现自身商业价值的前提。为此，经营金融业务的企业需要高效、及时、快速收集海量、多类型的关联数据资源，实现海量数据的有效提炼和科学整合。现实中众多的金融机构中，客户与银行间的互动是最频繁的，这给银行收集客户的基本信息、管理类信息、系统操作记录类信息和交易类信息等结构化数据提供了巨大方便，还能够通过多种服务手段获取到客户的身份证明文件和电话录音记录等非结构化数据，以及用户属性数据、电子商务交易数据，特别是在网银客户端、手机客户端、社交网络等终端上搜集到的客户身份信息、个人偏好数据、交易类数据、消费趋势数据、浏览商品历史记录、搜索记录等。银行业利用收集的各种内外部数据创新出了以下这种发展模式：基于收集到的各种内部数据和外部数据，进行客户划分与识别、差异行为分析、客户需求预测。基于大数据金融服务系统，更加关注客户的兴趣爱好、消费趋势和生活习惯等生活数据，并对客户交易产生的影响。而随着传感器技术的日益普及和移动通信技术的快速发展，金融机构从多渠道多角度收集客户信息，杜绝生活数据与金融业务数据的分离，将收集的内外部数据资源进行有效整合，成功构建客户的多维度自画像，从而更有针对性的提供个性化服务方案。

（三）精细客户需求和市场细分定位

进入大数据金融时代，金融业的管理观念发生了根本性的转变，客户至上，精准营销成为现实。经营金融业务的企业在精细的客户需求分析和精确的市场细分与定位基础上，依托精密的大数据金融技术，尤其是现代信息技术的应用，建立个性化客户沟通服务体系，将定制打造的产品在适当的时间通过适当渠道销售给合适的消费者。精准营销建立在客户管理全息图谱的基础上，将大数据分析与营销活动有机结合起来，通过分析客户银行卡消费历史记录、大额消费趋向等，利用恰当的微博营销、微信营销、团群营销等，进行定向信息推送和营销，提升营销的针对性和有效性。经营金融业务的企业建立全渠道、多触点、场景化和智能化的营销体系，会带给客户更多的美好体验。团队或者个性定制营销、跨界合力营销、大数据自动营销、社交平台营销。强大的互联网数据、实时监测设备上传的数据、电子商务数据、交易数据，移动支付技术，通过全面收集并分析市场经济数据、客户基本自然信息和行为数据、产品价格和交易数据等，利用大数据方法就有可能提前预测风险事件的发生。大数据技术为实现有效的风险管理策略提供了更多的思路和可能，正不断创新和丰富着人们的思维。基于多类型、海量数据，根据机器学习、聚类分析算法而建立的创新客户自画像，可以实时监测判定客户的异常转账、全款等行为，有助于扩大风险控制覆盖范围和拦截半径，提高风险交易识别准确率，实现网络金融欺诈风险精准识别和智能控制，进而综合各方面流程建立更完善的风险防范体系。

第二节 金融数据的主要类型及其运用

一、金融数据的主要类型

现有的金融数据主要包括有结构化数据、半结构化数据和非结构化数据三类。

（一）结构化数据

如果工作中的你有一堆零散的便条，上面记载的都是有关会议日期、时间、人员及其电话、电子邮箱方面的诸多信息，则你可以把它们组织成一张表格，每种类型的信息都标有行和列，这样你就构建了一种带有“结构”的数据。结构化数据是指任何有组织的数据，或者解释成给定“结构”的数据。结构化数据简单来说就是数据库。结合到典型场景中更容易理解，比如财务 ERP 系统、医疗 HIS 数据库、政府行政审批系统，等等。结构化数据基本满足了高速存储应用需求、数据备份需求、数据共享需求以及数据容灾需求。结构化数据也称作行数据，是由二维表结构来逻辑表达和实现的数据，严格地遵循数据格式与长度规范，主要通过关系型数据库进行存储和管理。

金融数据信息在使用中需要进行标记。其中，结构化数据标记是一种能让网站以更好的姿态展示在搜索结果当中的方式。标记后的信息可形成信息组织结构，增加了信息维度；标记后的信息可用于通信、存储或展示；标记的结构与信息一样具有重要价值；标记后的信息更利于程序理解和运用。标记方式主要有：（1）使用 HTML 代码标记。HTML 代码标记的方式主要有微数据、微格式和 RDFa 三种。标记是以微数据为主，少许时候也会用到微格式，视不用的页面类型而定。（2）使用微数据标记。使用微数据标记的话，有两种代码格式：http：//data - vocabulary. org/ 和 http：//schema. org/。由于 data - vocabulary 标记只支持谷歌搜索，而 schema 同时支持谷歌、雅虎、Bing 等搜索。通常称 data - vocabulary 为旧版标记，schema 为新版标记。目前的主流是使用 schema 进行标记。但由于页面上有些项目（面包屑导航），schema 并没推出相应的标记代码，从而也得使用 data - vocabulary 来标记。这样的话页面代码上就会出现新旧代码并存的问题。不过这并不妨碍搜索引擎抓取页面内容。

使用数据标注工具的话，可以进行简单的内容标记。目前支持 9 种标记类型：文章、图书评论、事件、本地商家、电影、产品、餐馆、软件应用和电视续集。操作时你可以自己创建个网页集，针对那个类型页面进行标记，然后谷歌会抓取该类型相关网页的内容。若你进行审核修改，修改后没问题的话，点击确认就可以了。

做了结构化数据标记，便能使网站在搜索结果中良好地展示丰富网页摘要。搜索引擎都支持标准的结构化数据标记，以便为用户提供更好的上网体验。网页内微数据标记可以帮助搜索引擎理解网页上的信息，能更方便搜索引擎识别分类，判断相关性。同时结构化微数据可以让搜索引擎提供更丰富的搜索结果摘要展现，也就是为用户的具体查询提供帮助的详细信息，让用户直接在搜索结果中看见你商品的重要信息。像商品的价格、名称、库存数量、消费者评分和消费感受等都可以在搜索结果摘要直接看到。而丰富网页摘要可以帮助用户了解网站与他们的搜索内容是否相关，可以让网页获得更多点击量。特别是目前搜索结果中的商品及服务星级评分、消费评论条数以及价格优惠等信息，无疑增加了网站的专业程度，且提高了客户对网站的信任度与黏性。

（二）半结构化数据

半结构化数据指带有自描述信息的数据，即数据的结构信息和数据内容混在一起，常见的有 XML、JSON、HTML 和 CSV 文件等等。

经营金融业务的企业在做一个信息系统设计时肯定会涉及到数据的存储问题，即都会将系统信息保存在某个指定的关系数据库中，同时会将数据按金融业务属性进行分类，并设计成相应的表格，然后将对应的信息保存到相应的表中。即使在实践中需要构建一个最简单的客户业务系统档案，需要保存客户的身份证号码、姓名、性别、出生日期等基本信息，我们也会建立一个对应的 staff 表。但现实中不是系统中所有信息都可以这样简单的用一个表中的字段就能对应的。换句话说，半结构化数据是结构化的数据，但结构变化很大。若要了解数据的细节就不能将数据简单的组织成一个文件按照非结构化数据处理。由于结构变化很大也不能够简单的建立一个表和他对应。半结构化数据的例子非常多。即使经营金融业务的企业需要工作中存储消费者的基本属性数据，但消费者的信息也会大不相同。有的消费者属性信息很简单，只有非常简单的生活消费、教育和工作经历信息；有的消费者属性信息则很复杂，牵扯到工作变更、婚姻变更、出入境、户口迁移、技术职称、投资领域等多种信息。还有一些我们没法在表格中的展示的信息。要完整的保存这些信息并不是很容易的，何况我们并不希望系统中的表格结构在系统运行期间进行变更。半结构化数据中结构模式附着或相融与数据本身，数据自身就描述了其相应结构模式。半结构化数据具有下述特征：

1. 数据结构自描述性。在半结构化数据系统中，结构与数据相交融，在研究和应用中不需要区分“元数据”和“一般数据”。换句话说，半结构化数据是将元数据和一般数据合二为一进行处理。

2. 数据结构描述的复杂性。半结构化数据虽然是结构化数据，但结构变化很大。若要了解数据的细节就不得不将大量数据简单的组织成一个文件并按照非结构化数据处理。在实际工作中，半结构化数据难以纳入现有的各种描述框架，实际应用中不易进行清晰的理解与把握。

3. 数据结构描述的动态性。与结构化数据模型 E－R 模型、关系模型和对象模型有所不同的是，半结构化数据得变化通常会导致结构模式变化，整体上具有动态结构模式特征。半结构化数据的构成更为复杂和不确定，从而也具有更高的灵活性，能够适应更为广泛的应用需求。

半结构化数据的数据库是节点的集合，每个节点都是一个叶子节点或者一个内部节点。叶子节点没有由其出发的弧段，其语义表示与实际数据相关。数据的类型可以是任意原子类型，如数字和字符串。每个内部节点至少有一条外向的弧。每条弧都有一个标签，该标签指明弧开始处的节点与弧末端的节点之间的关系。内部节点既有由其出发又有由其终止的弧段。一个名为根的内部节点没有进入的弧，它代表整个数据库。每个节点都从根可达，尽管这个图结构未必是一棵树。根节点唯一，其特征是只作为一个或多个弧段的始点，其语义是整个数据文件。半结构化数据通常是由一个由节点集合和弧段集合组成的具根有向图结构。半结构化数据模型允许那些相同类型的数据项有不同的属性集的数据规格说明。

化解半结构化数据的方法通常是对现有的金融客户属性信息进行粗略的统计整理，总结出属性信息所有的类别，同时考虑系统真正关心的信息，并对每一类别建立一个子表，比如上例中我们可以建立客户教育情况子表、工作情况子表、工资情况子表、理财情况子表等等，并在主表中加入一个备注字段，将其他系统不关心的信息和一开始没有考虑到的信息保存在备注中。这种方法的优点是查询统计比较方便，缺点是不能适应数据的扩展，不能对扩展的信息进行检索，对工作项目设计阶段未考虑到的主表中但同时又是系统关心的信息的存储不能有效处理。

对半结构化数据模型感兴趣的真正动机主要还是在于它的灵活性。换句话说，半结构化数据也可以是“无模式”的，因为其模式可以随时间在单一数据库内任意改变。其实在实践中人们会很自然的想道无模式创建数据库，可以随意的输入数据，并且访问该数据时你感觉到的模式信息都是适合它的。目前 Lotos Notes 之类的小规模信息系统就采用了自描述数据的方法。这种灵活性给广大用户带来了极大的方便，甚至可以在半结构化模型中维护一个电影数据库，并且能如愿添加“我喜欢看此部电影吗？”这样的新属性。这些属性不需要所有电影都有值，甚至不需要多于一个电影有值。同样的，还可以添加类似“homage to”这样的联系而不需要改变模式，甚至表示不止一对的电影间的联系。

（三）非结构化数据

非结构化数据是数据结构不规则或不完整，没有预定义的数据模型，不方便用数据库二维逻辑表来表现的数据。包括所有格式的办公文档、文本、图片、XML、HTML、各类报表、图像和音频/视频信息等等。非结构化数据一般以二进制的形式进行整体存储，其格式和标准多种多样性。技术上非结构化信息更难标准化和理解，其相关的存储、检索、发布以及利用需要更加智能化的 IT 技术，比如海量存储、智能检索、知识挖掘、内容保护、信息的增值开发利用等。

在很多知识库系统中，为了查询大量积累下来的文档，需要从 PDF、Word、Rtf、Excel 和 PowerPoint 等格式的文档中提取可以描述文档的文字，这些描述性的信息包括文档标题、作者、主要内容，等等。这样一个过程就是非结构化数据的采集过程。非结构化数据的采集是信息进一步处理的基础，但针对不同格式的文档所用的开源库不尽相同。Apache POI 是 Apache软件基金会的开放源码函式库，POI 提供 API 给 Java 程序对 Microsoft Office 格式档案读和写的功能。其结构包括：HSSF 提供读写 Microsoft Excel XLS 格式档案的功能；XSSF 提供读写 Microsoft Excel OOXML XLSX 格式档案的功能；HWPF 提供读写 MicrosoftWord DOC 格式档案的功能；HSLF 提供读 Microsoft PowerPoint 格式档案的功能；HDGF 提供读写 Microsoft

Visio 格式档案的功能。PDFBox 是 Java 实现的 PDF 文档协作类库，主要功能包括：从 PDF 提取文本；合并 PDF 文档；PDF 文档加密与解密；与 Lucene 搜索引擎的集成；填充 PD-FIXFDF 表单数据；从文本文件创建 PDF 文档；从 PDF 页面创建图片；打印 PDF 文档。PDFBox 还提供和 Lucene 的集成，它提供了一套简单的方法把 PDFDocuments 加入到 Lucene 的索引中去。另外还有 parse - rtf 可以对 RTF 文件处理，SearchWord 可对 Word 和 Excel，PPT 文件进行处理，等等。

据 IDC 的一项调查报告中指出：企业中 80% 的数据都是非结构化数据，这些数据每年都按指数增长 60%。平均只有 1%~5% 的数据是结构化的数据。迅猛增长的数据信息已经使从不使用的数据在企业里消耗着复杂而昂贵的一级存储的存储容量。如何更好保留那些海量的具有潜在价值的不同类型的文件，越来越多的 IT 公司选择的则是云存储。云存储下，非结构化数据在任何地方都可以得到。这些数据可以在你公司内部的邮件信息、聊天记录以及搜集到的调查结果中得到，也可以是你在相关网站上的评论、对客户关系管理系统中的评论或者是从你使用的个人应用程序中得到的文本字段。而且也可以在社会媒体、微博论坛以及来自于你很感兴趣的话题评论。非结构化数据蕴藏着大量的有用的信息，利用数据可视化工具分析非结构化数据能够帮助企业快速地了解现状、显示趋势并且识别新出现的问题。分析数据不需要一个专业性很强的数学家或数据科学团队，公司也不需要专门聘请 IT 精英去做。正确的分析需要机器进行大量的信息处理，而终端客户则是利用他们的商业头脑，在已发生的事实基础上决策出最好的实施方案。

在非结构化数据管理系统中，查询处理模块是其中一个重要的组成部分。设计合理的查询处理框架和查询优化策略对于非结构数据的快速、有效访问极为重要。查询优化包括基于代价估算的优化和基于启发式规则的优化。非结构化查询处理过程中除了结构化数据查询处理所包含的操作外，还有两个重要的操作相似性检索和相似性连接。相似性检索是指给定一个元素，在由该种类元素组成的集合中寻找与之相似的元素。例如文章查重系统用到文本的相似性检索，谷歌的以图搜图的功能用到图像的相似性检索，手机上根据哼唱匹配音乐是音频的相似性检索等。相似性连接是数据库连接操作在非结构化数据上的一种扩展，它寻找两个元素种类相同的集合之间满足相似性约束的元素对，在数据清洗、数据查重、抄袭检测等领域有着重要的作用。非结构化查询处理框架要针对这两种非结构化数据特有的查询操作对结构化查询处理框架进行改进。非结构化查询优化，在代价估算上除了要考虑结构化数据的代价估算模型外，还要设法建立相似性查询和相似性连接的代价估算模型，对于针对非结构化数据的全文索引和空间索引，也应该有不同与 B 树索引的代价估算模型。代价估算模型除了要考虑 CPU 时间、IO 时间外，由于非结构化数据一般都存储在分布式系统之上，还需要考虑到中间结果网络传输所用的时间，所以中间结果的大小估算对于非结构化数据的查询优化比结构化数据的查询优化更为重要。非结构化数据的查询优化中的启发式规则和结构化数据也有所不同。

二、金融数据的作用

金融领域数据发挥作用最具有幽默感的案例之一，就是 21 世纪初几名美国 CNN 财经记者，对时任美联储主席格林斯潘的公文包厚度和联储加息相关性研究的分析报道。他们发现只要格林斯潘的公文包鼓得很厚，美联储当日或者当季的加息决定可能性就很大，从而会影响一系列市场金融产品的价格和大盘走势。这一指标，后来也被学界称作“格林斯潘公文包”指标。它突破了当时研究美国股票溢价因子和利率期限结构对传统数据源的依赖思维，而且研究成果也具备相当的说服力和显著性。大数据金融塑造出了全新的互联网金融服务系统，并衍生出了众多创新的金融产品或服务。真实有效的数据是经营金融业务的企业实现商业价值的前提。换句话说，经营金融业务的企业需要高效收集海量、多类型内外部生产系统数据资源，并且实现海量数据的有效提炼和整合。金融数据的作用体现在以下几个方面：

（一）客户管理

客户管理，即基于收集到的各种内部数据和外部数据，对客户进行精准有效的分类与识别、差异化行为分析、客户需求预测。以往的金融服务系统往往仅关注客户交易行为本身的数据，而忽略了客户个人的兴趣爱好、消费趋势和生活习惯等生活数据对客户交易产生的影响。随着传感器技术的日益普及和移动通信技术的快速发展，金融机构从多渠道多角度收集客户信息，杜绝了生活数据与金融业务数据的分隔，将收集的内外部数据资源进行有效整合，并成功构建客户的多维度自画像，开创客户全新的管理模式，从而有针对性地提供个性化服务方案。美国 ZestCash 运用大数据全面分析了客户数据信息，实现客户的有效分类与识别，建立了高效的信用评价体系。大数据金融的运用除了可以为经营机构提升客户管理、产品管理、营销管理、系统管理、风险管理和内部管理的效率服务之外，还可以对金融市场上投资标的风险性、流动性、复杂性、收益性进行综合判断，并为投资者快速匹配投资产品，分散投资风险，实现个性投资策略。

（二）精准营销

精准营销是在精细的客户需求分析和精确的市场细分与定位基础上，依托精密的市场营销手段，尤其是现代信息技术的应用，采取营销控制方法，建立个性化客户沟通服务体系，将量身打造的产品在适当的时间通过适当渠道销售给合适的消费者的过程。精准营销建立在客户管理全息图谱的基础上，将大数据金融分析与金融营销活动有机结合起来，通过分析客户银行卡消费记录、特别是消费趋向数据，利用微博营销、微信营销、团群营销等手段，进行定向信息推送，提升营销市场推广渠道的针对性和有效性。经营金融业务的企业要建立全渠道、多触点、场景化和智能化的营销方式，带给客户更具价值的体验。同时，程序化交易的运用也是大数据金融运用的重要体现。程序化交易是一种将交易策略交给计算机进行处理、判断和执行的交易方式。淘宝平台的“阿里小贷”就是得益于大数据金融的专门针对淘宝商户进行金融支持的贷款产品。阿里会通过商户最近 100 天的数据分析，迅速知道那些商户存在资金问题，并主动与卖家进行联系沟通。由于卖家在淘宝网上的网络行为数据会形成一个综合授信评分，卖家纯凭信用拿贷款而无需抵押和担保。

（三）风险管理

风险是指企业经营过程中需要承担的种种不确定因素。即使是大数据时代，经营金融业务的企业也需要实时监测设备终端上传的客户身份数据、电子商务数据、交易数据，等等。移动支付的快速发展和普及，解决了传统现金携带被盗、丢失等问题，但是由于技术漏洞、恶意诈骗等引起了广大网民对移动支付安全的担忧。通过全面收集并分析市场经济数据、客户基本自然信息和行为数据、产品价格和交易数据等，利用大数据方法就有可能提前预测风险事件的发生。大数据技术为实现有效的风险管理策略提供了更多的思路和可能，正不断创新和丰富着人们的思维。基于多类型、海量数据，根据机器学习、聚类分析算法而建立的创新客户自画像，可以实时监测判定客户的异常转账及其骗款行为，有助于扩大风险控制覆盖范围和拦截半径，提高风险交易识别准确率，实现网络金融欺诈风险精准识别和智能控制，进而综合各方面流程建立更完善的风险防范体系。汇丰银行与 SAS 在防范银行卡欺诈的基础上，共同扩展 SAS 防欺诈管理解决方案，为多种业务和渠道提供完善的欺诈防范系统。这些增强功能有助于全面监控客户、账户和渠道业务活动，进一步提高银行交易、转账和在线付款欺诈以及内部欺诈的发生。通过监控客户行为，汇丰银行可以优质高效利用监测数据。

（四）服务创新

通过对大数据的应用，改善与客户之间的交互，增加用户黏性，为个人与政府提供增值服务，不断增强金融企业业务核心竞争力。通过高端数据分析和综合化数据分享，有效对接银行、保险、信托、基金等各类金融产品，使金融企业能够从其他领域借鉴并创造出全新的金融产品或服务。大数据金融应用平台目前还提供中小微企业金融治理和金融服务、企业融资业务应用以及大数据技术支撑，包括数据采集、数据加工分析、大数据服务、大数据金融业务应用和用户服务，系统之间采用应用接口、服务接口、数据调用接口等服务模式实现系统松耦合对接，保证平台高稳定、高扩展、灵活敏捷的架构特性。

（五）征信管理

大数据征信技术就是当前在金融监管领域属于前瞻性的课题。传统的征信模型往往依赖的数据源比较单一，除了个人在不同商业银行过往的贷款信用记录，就是一些生活缴费或者手机的欠费记录。这些数据不能完整地表现出企业或者个人的信用曲线，依据这些数据所做的征信结果，往往偏向事后风险管理，对事前、事中的风控指导意义并不是很大。但是如果可以引进能从不同角度反应企业或者个人的大数据，则能给整个征信工作带来全新的改变。很多征信模型开始引入社交软件的通讯数据，模型将根据用户平时社交聊天的关键词，来判断一个人对于诚信问题的态度，同时结合各种媒体过往的文本信息，去系统性追溯被征信人过去是否在不同城市和地点有过信用污点的报道和司法纠纷。人脸数据和识别技术可以帮助金融机构科学地判断拟授信人和被征信人是否一致等。这样大数据征信，不仅可以帮助金融监管机构动态地掌握被征信人实时信用状况，同时也把征信工作从事后风险管理，推向了事前、事中的风险预防，从而大幅度降低整体社会的金融风险。

三、大数据金融面临的问题

由于大数据金融目前还未建立起成熟的发展体系架构，因而大数据金融为经营金融业务企业的发展带来了不少的先机，但不意味着无限的机遇或者商业上的无穷潜力，同时还面临着巨大的挑战。

（一）数据侵犯客户隐私

大数据金融的发展为金融业带来了重大的机遇，同时由于提炼海量数据价值的提升，对客户信息保护形成了严峻的考验。个人数据信息的安全是目前社会上高度关注的话题，大数据技术与金融业务的相结合，使得客户金融信息数量巨大、数据价值高，并且一旦泄露会带来极大的损失。从多渠道多角度收集来的用户信息数据，例如性别、年龄、爱好、生活习惯等，都要经过传输、存储、处理和分析。造成信息泄露的原因主要包括：互联网本身的技术风险、管理客户信息系统不慎、内部监管不到位、硬件设备管理不严格、内部问责机制缺失等等，小小的一个技术漏洞，稍稍的一次失察，都会给客户隐私和个人财产安全带来杠杆级的损害。同时，金融大数据的挖掘程度和客户隐私之间本就是两个相互矛盾的对立面，大数据技术应用的广泛深入，数据挖掘、分析和整合程度的逐渐加深，势必会暴露出过多的个人隐私数据，容易造成对客户隐私的侵犯。构建安全的大数据金融客户信息系统难点就在于在相互矛盾的这两点之间找到一个最佳的平衡点。

（二）数据被监听

2013 年的“棱镜门”事件，曾经引起了全球范围内的强烈震骇。如果我们每天浏览的网页、搜索的信息、观看的电影、购买的订单、存储的数据都要受到某一网站或公司的监听，那么就像是被赤裸裸地展示在众人面前，毫无个人隐私可言。“棱镜门”“监听门”事件表明，大数据与挖掘技术的强强联合的数据监听可以在现实中是可以做到进行有针对性地监听的。欧盟正因此而停止与美国共享金融数据。在中国，大数据金融发展时间不长，大数据与金融业的融合在技术、硬件和软件上都算不够成熟的条件下如果依赖外国厂商提供的软硬件技术支持，使得以在大数据为根基而创新的金融产品、金融服务都潜藏着数据监听和泄密的威胁，严重的会危害着国家金融安全。

（三）坏数据引发金融异常

经营金融业务的企业在应用大数据时应思考三个问题：一是数据够不够；二是数据好不好；三是数据怎么用。而数据好不好明确道出了数据真实有效的至关重要。金融行业数据来源广泛，信息体量非常大，数据种类繁多，其中不乏噪声信息，甚至是虚假信息。在进行金融大数据分析、聚类、挖掘的过程当中，关键数据信息的不实将会导致错误的判断、决策的失误，使得经营金融业务的企业声誉大打折扣，不利于大数据金融的可持续性发展，甚至可能引发国家金融震荡。2013 年 4 月 23 日，“白宫遭袭”的假新闻事件导致众多基金公司的交易程序自动抛售股票，美国股市也随即暴跌。

（四）监管法律不明

金融安全是国家安全的重要内容，金融监管是金融安全的重要保障。目前，国内有关大数据金融的法律法规监管体制并不完备，还无法做到有效归责，出现问题后各部门之间容易出现相互掣肘的现象。由于实际工作中负责监管大数据安全的部门涉及很多，并非单一的部门能够管控到全部，且单方面的监管并不能从根本上确保大数据金融的安全。大数据金融需要众多相关负责的监管机构共同努力营造大数据金融安全环境。随着金融大数据价值的挖掘，会为企业金融业务的开展带来更多的创新机遇。大数据安全问题日益受到重视的条件下，需要从多层面夯实大数据安全监管法律基础。同时，结合云计算、区块链技术的使用，助力经营金融业务企业的可持续发展。

第三节　大数据金融的技术实现及其运营模式

一、大数据金融的技术实现

金融数据一般具有“流数据”的特征，需要在短时间内快速处理。与其他行业相比，金融具有逻辑关系紧密、处理实时性要求高、可展示性需求强等特征，通常需要以下几类关键技术。

（一）数据分析技术

数据分析技术是在已经获取的数据流或信息流中，寻找匹配关键词或关键短语的技术。

数据分析技术包括文件属性分析技术；文件数字摘要分析技术；日志分析技术；根据已获得的文件或数据的用词，语法和写作（编程）风格，进而推断其可能的作者的技术；发掘同一事件的不同证据间的联系的分析技术；数据解密技术；密码破译技术；对电子介质中被保护的信息强行访问的技术。数据分析技术主要应用在用户信用分析、用户聚类分析、用户特征分析、产品关联分析、营销分析等方面。金融系统安全性、稳定性和实时性要求比较高，对大数据计算处理能力也要求非常高。

（二）数据管理技术。

数据管理技术具体是指人们对数据进行收集、组织、存储、加工、传播和利用的一系列活动的总和，经历了人工管理、文件管理、数据库管理三个阶段。每一阶段的发展以数据存储冗余不断减小、数据独立性不断增强、数据操作更加方便和简单为标志，各有各的特点。数据管理技术包括关系型和非关系型数据管理技术、数据融合和集成技术、数据抽取技术、数据清洗和转换等技术。金融行业对数据的实时处理能力要求非常高，需要灵活地进行数据转换配置和任务配置。如果说从人工管理到文件系统，是计算机开始应用于数据的实质进步，那么从文件系统到数据库系统，标志着数据管理技术质的飞跃。20 世纪 80 年代后不仅在大中型计算机上实现并应用了数据管理的数据库技术，如 Oracle、Sybase、Informix 等，在微型计算机上也可使用数据库管理软件，如常见的 Access、FoxPro 等软件，使数据库技术得到广泛应用和普及。

（三）数据处理技术

数据处理技术包括分布式计算、内存计算技术、流处理技术等。通过新型数据处理技术会更有效地利用软硬件资源，在降低投入、维护成本和物理能耗的同时，提供更为稳定、强大的数据处理能力。数据处理采用计算机收集并记录数据，经加工产生新的信息形式的技术。数据指数字、符号、字母和各种文字的集合。数据处理涉及的加工处理比一般的算术运算要广泛得多。根据处理设备的结构方式、工作方式，以及数据的时间空间分布方式的不同，数据处理有不同的方式。不同的处理方式要求不同的硬件和软件支持。每种处理方式都有自己的特点，应当根据应用问题的实际环境选择合适的处理方式。数据处理主要有四种分类方式：根据处理设备的结构方式区分，有联机处理方式和脱机处理方式；根据数据处理时间的分配方式区分，有批处理方式、分时处理方式和实时处理方式；根据数据处理空间的分布方式区分，有集中式处理方式和分布处理方式；根据计算机中央处理器的工作方式区分，有单道作业处理方式、多道作业处理方式和交互式处理方式。

数据处理是指对数据（包括数值的和非数值的）进行分析和加工的技术过程。包括对各种原始数据的分析、整理、计算、编辑等的加工和处理。它比数据分析的含义更广。随着计算机的日益普及，在计算机应用领域中，数值计算所占比重很小，通过计算机数据处理进行信息管理已成为主要的应用。如测绘制图管理、仓库管理、财会管理、交通运输管理，技术情报管理、办公室自动化等。在地理数据方面既有大量自然环境数据（土地、水、气候、生物等各类资源数据），也有大量社会经济数据（人口、交通、工农业等），常要求进行综合性数据处理。故需建立地理数据库，系统地整理和存储地理数据减少冗余，发展数据处理软件，充分利用数据库技术进行数据管理和处理。

（四）数据展现技术

数据展现技术包括可视化技术、历史流展示技术、空间信息流展示技术等。主要用于金融产品健康度监视、产品发展趋势监视、客户价值监视、反洗钱反欺预警等方面。展示形式主要是图化展示（散点图、折线图、柱状图、地图、饼图、雷达图、K 线图、箱线图、热力图、关系图、矩形树图、平行坐标、桑基图、漏斗图、仪表盘）和文字展示。各行各业需要大数据技术支撑指数级的数据增量服务，越来越多的企业逐渐转型于大数据，大数据方面市场需求呈爆发式增长。

二、大数据金融的运行模式

根据企业处于大数据金融服务中的环节及价值的差异，可以将大数据金融分为平台金融和供应链金融两大模式。其中，建立在 B2B、B2C 或 C2C 基础上的现代产业通过在平台上凝聚的资金流、物流、信息流组成了以大数据为基础的平台金融模式；而建立在传统产业链上下游的企业通过资金流、物流、信息流组成了以大数据为基础的供应链金融模式。

（一）平台金融模式

平台金融模式是基于电商平台基础上形成的网上交易信息与网上支付形成的大数据金融，通过云计算和模型数据处理能力而形成信用或订单融资模式。采用平台模式的企业平台上聚集了大大小小众多商户，企业凭借平台多年的交易数据积累，利用互联网技术、云计算等信息化方式对其数据进行专业化的挖掘和分析，借助平台向企业或个人客户提供快速便捷的金融服务。平台模式的优势在于，它建立在庞大的数据流量系统的基础之上，对申请金融服务的企业或个人情况十分熟悉，相当于拥有一个详尽的征信系统数据库，能够很大程度解决风险控制的问题，降低企业的坏账率；依托于企业的交易系统，具有稳定、持续的客户源；平台模式有效解决了信息不对称的问题，在高效的 IT 系统之上，将贷款流程流水线化。

平台模式的特点在于企业以交易数据为基础对客户的资金状况进行分析，贷款客户多为个人以及难以从银行得到贷款支持的小微企业，贷款无需抵押和担保，能够快速发放贷款，且多为短期贷款。平台模式中的企业必须在前期进行长时间交易数据的积累，在交易数据的积累过程中完善交易设备和电子设备，以及进行数据分析所需的基础设施积累和人才积累。

国内平台金融模式的代表，首当其冲的应该是围绕数据海洋耕耘数载并衍生出金融借贷业务的阿里系。阿里系的基础一方面是所谓信息流、资金流以及物流“三流”的相互积极作用。其中，信息流、资金流在这三者中起到一个夯实基础的作用，物流则是阿里系持续壮大的必要保证和壁垒。信息流是依托于阿里集团15年来平台业务的积累发展而来。资金流，一方面是大家最为熟悉的小额信贷公司，小微贷款能在商家资金、资源运转上助一臂之力，帮助他们扩大规模，促进买家增加消费，而这种金融创新将带动线上线下商业的蓬勃发展，而商业的旺盛也会刺激互联网金融的发展；阿里系的基础的另一方面则是黏住客户的余额宝产品。余额宝的推出可以说是阿里系力求解决客户支付宝账户滞留资金留在阿里生态圈内部的生益问题，是支付宝功能的有利拓展。但从物流层面来说，同京东的强大物流体系相比，阿里在物流上的弱势限制了阿里的交易量的增长空间，也直接影响了阿里在信息流、资金流上的积累，因而阿里菜鸟物流的建立将使大幅提高阿里的竞争壁垒，实现阿里生态圈的闭环，在未来将有望对大企业进行融资。当然，随着信息流、资金流、物流整合出来的一个完整的阿里生态圈，以信息流支撑资金流、物流，以物流、资金流反哺信息流也将会助推阿里系的快速发展。

2003年5月，看到C2C业务潜在需求和商业价值的马云推出了淘宝网，并于当年10月宣布支付宝成立。2004年12月8日，浙江支付宝网络科技有限公司成立。12月30日，支付宝网站正式上线并运营。经过几年的努力阿里巴巴围绕淘宝搭建了完备的商家信用评价体系。随着阿里巴巴和淘宝业务的发展，阿里集团建设的商家信用数据库涉及的企业越来越多，评价体系也不断的完善。事实上，在某种程度上这和人民银行一直花大力气推广的征信系统并无二致，甚至更加的精准和实用。正因为具备了这样的基础，阿里巴巴也开始有意识的在数据层面和银行进行合作，探索以数据为基础的金融体系。2007年5月起，阿里集团联合建行和工行向企业共同推出贷款产品。阿里巴巴接受会员贷款的申请，并将申请和企业在阿里商业信用数据库中积累的信用记录交由银行，由银行进行审核并决定是否发放贷款。2009年，为推进与银行合作而设立的网络银行部从B2B业务中拆分出来纳入阿里巴巴集团，负责集团旗下所有子公司平台的融资业务，并更名为“阿里巴巴金融”，完成了组织架构的独立。

目前，围绕阿里巴巴和淘宝商家建立的信用数据库已经成为阿里金融的经营基础，面向消费者的支付宝和与银行合作的贷款产品则是阿里巴巴在消费端和企业端金融探索的开端。2010年6月，浙江省阿里巴巴小额贷款公司宣告成立，阿里金融信贷业务正式开张。随后2011年6月，重庆市阿里巴巴小额贷款公司也宣告成立，阿里小贷进入扩张期。阿里小贷面向小微企业，以商家信用数据库和信用评价体系为支撑，具备无需抵押，网商凭借自己的信用网上申请贷款，办理流程快捷，支取、停用都很方便。在这一阶段，支付宝也于2011年5月顺利拿到人民银行颁发的第一张支付业务许可证，并且用户数量突破7亿。支付宝还拓展了商家服务平台、国际航空支付，并进军保险和担保业务领域。2012年9月，阿里巴巴联手腾讯、平安集团成立众安在线财产保险公司，涉足互联网保险。差不多相同的时间，阿里巴巴、淘宝以及浙江融信网络技术有限公司联合在重庆注册成立商诚融资担保有限公司。经历了多年发展历程的阿里金融如今已经涵盖支付、信贷、担保、保险、外贸五大板块。

1. 支付宝。在阿里的金融体系里，支付宝是起步较早、发展得最好的一个板块。阿里巴巴2018年度财报显示，2018支付宝活跃用户数量约8.7亿，是全球最大移动支付服务商。阿里巴巴2018年业绩显示，阿里巴巴集团收入2502.66亿元，同比增长58%；净利润为832.14亿元，同比增长44%。营收同比是其自IPO以来最高增速。支付宝目前拥有庞大的用户基数，涉及的业务几乎覆盖了消费者生活办公的所有领域，支付宝是阿里最重要的金融工具。

2. 阿里小贷。小额贷款和微型贷款是阿里金融的重要组成部分。借助“诚信通”“诚信通指数”数据服务系统建立起的商家“网上征信系统”是阿里小贷得以顺利运行的基础和根本。阿里巴巴的信贷业务主要是通过浙江和重庆两家小贷公司进行的。阿里小贷提供淘宝贷款和阿里巴巴贷款两种服务。其中，淘宝贷款主要面向天猫、淘宝以及聚划算的卖家，分为订单贷款和信用贷款；阿里巴巴贷款主要面向阿里巴巴的会员。淘宝、天猫、聚划算商户由于业务经营全过程均在淘宝平台上完成，其经营状况、信用历史记录等十分详尽，且系统能够进行商户自动评价，故放贷审核、发放全程在网上完成。B2B业务放贷的流程中由于有实地勘察环节，由阿里金融委托第三方机构于线下执行。淘宝贷款没有地域的限制，面向全国的淘宝、天猫以及聚划算的卖家。阿里巴巴贷款虽有严格的地域限制和要求，但也是逐步对国内小微企业密集区域进行覆盖。阿里小贷主要基于对电商平台的交易数据、社交网络的用户交易与交互信息和购物行为习惯等的大数据进行云计算来实时计算得分和分析处理，形成网络商户在电商平台中的累积信用数据，通过电商所构建的网络信用评级体系和金融风险计算模型及风险控制体系，来实时向网络商户发放订单贷款或者信用贷款，批量快速高效，阿里小贷可实现数分钟之内发放贷款。

3. 众安在线。众安在线财产保险股份有限公司是国内首家互联网保险公司。由蚂蚁金服、腾讯、中国平安发起设立，并于2013年9月获中国保监会同意开业批复。众安保险业务流程全程在线，国内不设任何分支机构，完全通过互联网进行承保和理赔服务。截至2017年，众安在线销售保单54亿份，服务4.32亿被保用户，年末承保余额395.7亿元。众安在线披露的2017年财报显示，众安在线保费收入59.5亿元，同比增长75%（2016年同比增幅为49%）。具备大数据金融血统的众安在线成立后，同样依托大数据、人工智能、云计算等科技建立了强大的数据处理系统，为线上运营提供技术支撑。利用这种高效、便捷、人性化的新模式，众安实时积累并更新市场数据，设计符合用户需求的保险产品，同时提供精准的投保、理赔、咨询等服务。除电脑端服务渠道外，众安在APP、公众号、场景合作方平台等移动互联网服务基础上与时俱进推出了小程序服务，作为新生代保民互联网保险产品的重要入口。众安研发的机场延误险、碎屏险、尊享e生等产品均可以通过小程序直接购买，为亿量级移动互联网用户带来便利。众安借助科技手段快速分析各类用户的需求，针对互联网用户的各种场景化需求，为不同的目标客群量身设计小额、高频、碎片化的保险产品，力求以简单的条款、明确的保障内容、有“温度”的服务，为用户带来优质的保险体验。特别是基于健身族健康保障需求，将保费与运动步数相挂钩的“步步保”。投保时用户可以根据自身情况定制每天的运动目标，续保时还可以调整下个月的运动目标，并以低费率甚至零费率换取一份保额的产品还是颇具创意和吸引力的。

4. 商诚融资担保。2012 年 9 月，阿里巴巴、淘宝以及浙江融信网络技术有限公司联合在重庆注册成立商诚融资担保有限公司，主要经营贷款担保、票据承兑担保、贸易融资担保、项目融资担保、信用证担保等融资性担保，兼营诉讼保全担保、履约担保，以及与担保业务有关的融资咨询、财务顾问等中介服务。由于小额贷款的地域限制以及审批监督非常严格，消耗的时间和资源成本巨大；另一方面相比小额贷款不得高于 1.5 倍的杠杆率而言，担保的杠杆率可以达到 3 倍，这无异于放大了公司的贷款额度，可以服务于更多或者具有更大资金需求的商家，因而担保自然是阿里金融平台战略的一个重要组成，而并非仅仅为了放大小贷的规模。支付宝根据用户交易数据进行授信，授信额度则由银行参与并执行，信用额度可用于在淘宝购物支付。在这一过程中，银行的每笔信用支付都将由阿里巴巴旗下的担保公司全额担保。放大信贷规模的工作通过引入更多银行合作伙伴来实现，而担保公司则在消费金融创新和小微信贷中打造交易的链条。

5. 一达通。深圳市一达通企业服务有限公司是阿里巴巴在 2010 年 11 月收购的国内首家 B2B 外贸出口服务商，主要业务是借助互联网平台为中小企业进出口外贸提供通关、运输、保险、码头、外汇、退税、融资、认证的全程服务。并购前其主要是通过与中国银行合作开发面对中小微企业的信用证融资、备货融资、货款买断、远期外汇保值等多项金融服务产品，全面解决中小微企业贸易资金和风险控制需求。而通过并购，阿里巴巴一是打通小额外贸业务的产业链；二是掌握中小企业的第一手真实外贸数据，有助于阿里的信用体系建设和金融内控；三是进一步切入中小企业的线下运营，提升用户黏性。而一达通依托阿里巴巴带来了强大的社会数据资源、客户数据资源和金融数据资源，由此走向发展的快车道。2015 年 12 月 22 日，“阿里巴巴国际站”推出供应商打造信用体系，供应商在国际站上的行为以及真实贸易数据等相关信息将作为其信用保障额度的累积依据，阿里巴巴在特定条件下帮助供应商向买家提供跨境贸易安全保障。

（二）供应链金融模式

目前不少电商平台的上下游连接着许多商家和供应商，他们当中绝大多数都属于中小微企业，这些企业在运营过程中很多又都会面临资金短缺的问题，而电商平台为了保证自己业务能够顺利进行，往往会主动选择开展供应链金融服务。供应链金融模式是经营金融业务的平台企业或者合作银行利用自身所处的产业链上下游位置，通过其对上下游中小企业现金流、进销存、合同订单等信息的掌控，依托自己资金平台或者合作金融机构对上下游中小企业提供金融服务的模式。在这里，经营金融业务的平台企业或者合作银行依据供应链的组成，在向供应链上中小企业提供融资和其他结算、理财等金融服务的同时，向客户的供应商提供贷款及时收达的便利，或者向其分销商提供预付款代付及存货融资的互联网金融服务。理论上讲，虽然经营金融业务的平台企业或合作银行有各自客户支付流水数据，但是以往各部门不交叉，供应链上下游中小企业数据无法整合，大数据金融的模式促使经营金融业务的平台企业或者合作银行开始对沉积的数据进行有效利用，并渗透到整个供应链方方面面。大数据能够做到金融服务环节定位精准并且定制，利用数据开发的预测和分析模型，实现对供应链上下游中小企业客户消费模式的分析。供应链金融由平安银行于 2009 年率先推出之后，众多金融机构利用自身在供应链金融领域的优势纷纷试水，并随着互联网金融的井喷引发了众多物流公司、供应链服务公司、电商企业、民间金融众多实体的抢滩入驻。其中，以互联网企业借助大数据和云计算技术，通过挖掘海量交易数据为平台商户提供金融服务更具竞争实力。供应链金融的具体产品，包括第三方金融机构对供应商的信贷产品和购买商的信贷产品，一方面可以满足企业的短期资金需求，促进整条产业链的协调发展，另一方面，通过引入核心企业能够对资金需求企业以及产业链进行风险评估，扩大市场服务范围，有效解决传统供应链金融发展过程中的一系列问题，增加对中小企业的关注度及实际服务效果。

京东商城是供应链金融模式的典型代表，但作为电商企业的京东商城并不直接开展贷款的发放工作，而是与其他金融机构合作，通过京东商城所累积和掌握的供应链上下游的大数据金融库，来为其他金融机构提供融资信息与技术服务，把京东商城的供应链业务模式与其他金融机构实现无缝连接，共同服务于京东商城的电商平台客户。京东商城作为信息中介在提供海量交易数据的基础上，并不承担融资风险及防范风险义务，而是通过和银行机构合作，对产业链条中的上下游供货商和分销商进行融资。在此合作模式中，京东起到对信息进行确认审核、担保或提供信息的作用，并没有实质上对用户提供资金的融通，这一职责仍旧由银行或别的资金供给方担任。

京东供应链金融模式分为四大板块。主要包括有京宝贝、京小贷、动产融资、京东快银模式。

1. 京宝贝。“京宝贝”模式是指中小企业拿账单和应收账款等作为质押担保物在京东供应链平台上面获取银行授信贷款的一种产品。2013 年 12 月京东“京保贝”上线，供应商可凭借电商平台上面的海量采购、销售数据信息作为信誉度依据快速获得融资支持，且无需任何担保和抵押。京东可以在采购、入库、结算前、扩大融资四个方面为供应链上其他商家提供相应的融资产品，具体包括应收账款融资、订单融资、委托贷款融资、应收账款资产包计划、协同投资、信托计划等等。“京保贝”由京东金融提供资金并负责运营，其融资产品由银行代为发放、监督使用并协助收回。获得“京保贝”供应链金融服务的条件非常低，只要与京东商城发生 3 个月以上的贸易关系就可以申请融资。

2. 京小贷。京小贷是由京东金融针对京东平台商户推出的贷款模式，目前其提供的贷款产品有订单贷款、信用贷款，提前收款三种类型，贷款额度最高为 500 万元，期限最长 12 个月，贷款利率最低只有 0.75%，通常京小贷系统会根据店铺的评级、当前贷款金额、期限、还款方式等条件综合计算出贷款利率。有需求的用户可以在京东金融官方网站申请办理贷款。京东金融平台会根据商家店铺的累积的信誉、资质等综合数据信息的分析向用户发放用于店铺经营周转的资金。已获得京小贷开通资格的商家，在完成京东钱包账户的验证和绑定后，可开始申请京小贷贷款服务。暂时未获开通资格的商家，可以通过担保增信的形式获得贷款资格，如果也未有担保增信的申请资格，则需要继续保持良好运营，提升综合资质，并关注产品页面。京小贷提供的贷款是信用贷款产品，有资金需求的用户可以在京东金融的官方网站申请办理贷款。用户按照提示进行填写贷款好贷款资料提交平台后，系统会进行审核，审核通过后商家将获得贷款，贷款资金是直接发到用户的京东钱包里的，借款人可以将资金提现到企业的对公账户。目前京小贷里的订单贷款是以在京东平台上已发生且未被买家确认收货的交易订单金额为依据，给客户核定额度的贷款，额度最高 500 万元，贷款期限一般 2 个月，日利率最低 0.033%，具体的利率以实际为准。信用贷款是针对京东商家的综合信用情况核定额度的贷款，额度最高为 200 万元，但额度可以循环使用，贷款期限为 1

至 12 个月，用户可以根据情况选择时候自己的贷款周期，该产品随借随还，支持提前还款。提前收款贷款是指商家已发货，但买家还未确认收货的订单款项可以提前收回，这样商家就可以用于经营周转了，贷款期限 30 天。有资金需求的用户可以通过线上操作选择适合自己的贷款产品，用户在获得贷款资金后，保持良好的还款记录，不要有逾期记录。京小贷账户或者京东钱包充值通道系统异常时，京东钱包账户由于商城原因被止出，京小贷无法正常扣款时，或者店铺已经关闭还有贷款余额（包含逾期）或者关联责任人代替还款，可通过线下还款账户进行还款。

3. 动产融资。京东动产融资是企业客户以自有动产通常为企业具有所有权的货物作为质押，向京东金融申请贷款的业务。“动产”是指经营金融业务的企业认可的生产或流通领域有较强变现能力、价格相对稳定的通用商品；“所有权”是指以仓单、提货单等权利凭证形式表现的动产之所有权。京东动产融资品种包括有预付款融资、现货融资、采购融资三类。申请京东动产融资需要客户提供企业及法人的基础信息资料、销售产品的授权证明。审批时可能根据审批力度的不同要求补充提供部分资料。客户提交申请之后，京东金融的整个审批流程是 6 个工作日，客户完成签约之后，即可实时进行贷款。企业注册一年以上、法人年龄 18 岁 ~65 岁；经营品类在京东动产融资的品类范围内；无严重违规记录、信用记录良好；能够移仓至京东合作仓储；以上条件满足后，由客户经理做进一步详细沟通并评估合作资格。动产融资的具体额度需要结合您提供的资料以及信用及经营情况而定。当前借款期限最短 1 天，最长 90 天。

其实在动产融资业务中，京东金融实际上只干了一件事，那就是整合商品信息及物流数据到京东的平台上，还原企业所有的、真实的经营信息，并利用京东价金融的风险评估体系进行分析评估。然后，京东金融再与金融机构去谈合作，其实就是帮银行整合数据，这也是为什么定位于金融科技公司的原因。动产融资是京东金融 2015 年 9 月推出的一款金融产品。在京东供应链金融几条业务线里面，算是最传统的。

预付款融资是指客户通过银行融资向上游支付预付款，上游收妥后即出具提货单，客户再将提货单质押给银行。之后客户以分次向银行打款方式分次提货。对一些销售状况非常好的企业，库存物资往往很少，因此融资的主要需求产生于等待上游排产及货物的在途周期。这种情况下，如果买方承运，银行一般会指定中立的物流公司控制物流环节，并形成在途库存质押；如果卖方承运，则仍是提货权质押。货物到达买方后，客户可向银行申请续做在库的存货融资。现货融资是中小企业以原材料、半成品和产成品等存货作为质押向金融机构融资的业务。存货质押融资是利用企业与上下游真实的贸易行为中的动产为质押从银行等金融机构获得贷款。采购过程的原材料、生产阶段的半成品、销售阶段的产成品都可以当作存货质押的担保物。在操作过程中，第三方物流企业则充当监管的角色，银行、借款企业和物流企业签订三方合同，银行为中小企业提供短期贷款。应收账款融资是指企业以自己的应收账款作抵押向银行申请贷款，银行的贷款额一般为应收账款面值的 50%~90%，企业将应收账款抵押给银行后一般不通知相关的客户。应收账款融资是中小企业融资的重要来源形式。

4. 京东快银。京东快银是京东金融为中小微企业提供的线上缴税融资、流动资金贷款服务，是结合大数据分析及互联网技术的一款金融产品。申请京东快银的客户须是 18 岁 ~ 65 岁中国大陆居民个人，或者工商注册满 1 年、信用记录良好的企业。京东快银申请需要企业基本证照及法定代表人身份证。京东金融利用大数据风控技术对企业涉税数据结合其他数据进行深入分析并建立相应的风险定价模型，企业涉税数据来源于税务缴纳平台客户端的大量记录信息。企业在申请京东快银产品时须签订企业信息采集使用授权书，授权京东金融使用上述数据的同时授权京东金融指定的金融公司在人民银行查询企业征信记录。京东快银从申请到批准授信，申请及提款都是通过实时短信通知方式，或者在贷款页面查询。京东快银申请最低可贷额度为100元；缴税服务期限为1个月，信用贷期限分为1个月、3个月和6个月。京东快银贷款金额的日利率最低0.3‰，实际利率以京东快银贷款页显示的利率为准。按照京东快银用户选择使用产品不同还款方式，贷款本息偿还分为到期一次性还本付息、等额本金和等额本息三种方式，还款成功会通过短信方式告知，或者在还款页面进行查询。京东快银工作日9：00至17：00间无限额实时到账，工作日17：00至次日9：00间5万元以内实时到账，非工作日50万元以内实时到账。京东快银不支持线下还款。

第四节　大数据金融应用场景和大数据金融平台

一、大数据金融应用场景

大数据金融应用场景实际是指目前大数据金融所服务的经济领域。大数据金融技术目前仍在不断快速发展，因而其应用场景也在不断扩大。

（一）征信

大数据征信是指利用大数据分析技术和模型，围绕授信者周围与授信者高相关的用户行为数据，对授信者的还款能力、还款意愿和欺诈风险等进行的全面详细的风险评估，利用数据实施科学的风险防控。基于大数据和人工智能技术，完全可以实现对个人及其小微企业的智能征信。通过多渠道获取个人及其小微企业客户多维度的通话记录、短信信息、购买历史、电商数据，以及社交网络上的留存信息，提取出上百种数据，进入到大数据模型，对个人及其小微企业信用进行评估。对于缺少抵押和担保的中小企业来说，可以通过大数据征信解决他们的融资信用评价困难问题。美国有完善的个人信用评分体系FICO和三大征信机构的数据模型。国内目前信用体系覆盖三个来源：（1）金融机构产生的信用数据。产生信用数据的金融机构可以涵盖银行、证券、保险的金融机构，以及经营小额贷款、融资租赁金融派生机构组成的类金融机构和随着互联网金融的发展正在占有重要位置的互联网金融机构。以商业银行为代表的金融机构在开展业务的过程中积累了包括客户个人信息、资产负债情况、资金交易记录等多年的信用数据，形成了比较完善的信用信息数据库。数据规范性强、特征明显、可利用价值高，是判断授信者信用情况的主要数据来源。（2）公共部门产生的信用数据。这部分信用数据主要包括各级政府部门、公共事业单位掌握的工商注册信息、执法纳税情况、公积金缴纳信息、车辆违章信息。这些数据同样具有挖掘分析价值，但数据来源分散且私密性较强，数据不能大量被征信体系获取，其使用价值未能被充分利用。

(3) 第三方服务机构的信用数据。主要是以水电、物业、电信运营、医院诸多第三方服务机构提供服务的同时，利用自身的网络系统和数据平台积累的大量的客户收缴费记录和行为信息，这一类机构之间伴有竞争关系，因而对这类信息数据具有较强的垄断性，仅能提供自身服务。(4) 互联网平台的信用数据。主要是网上理财、网上购物、网上交友行为产生的大量用户信用信息。互联网平台的数据主要包括系统内部产生的用户信息数据，以及外部合作平台共享数据。互联网平台还通过用户的行为及社交圈获得其 IP 地址、终端设备信息、地理位置、亲友信息等，部分互联网公司利用自身拥有的大量信息数据开始涉足征信领域。

(二) 风控

大数据风控是指通过运用大数据构建模型的方法对借款人进行风险控制和风险提示。大数据的核心是数据，包括数据流通的合规性、数据加密等问题。利用一些数据监控贷款人或者贷款公司的行为，以减小风险。在金融行业中，每个公司都掌握着海量的数据信息，但这些信息又是相对零散的。在进行风险评估的时候，会有一些信息纰漏致使企业造成损失。行业之间应该设置一个用来资源共享的链接。在这个链接里，用户的信息只有在用户登录账号之后，用户本人才能看到。在互联网时代，大部分人都通过数据进行交易消费，这也方便了数据的记载。政府很容易通过数据的分析判断出异常的用户，然后把这些行为异常的用户排除掉，保证了交易的安全。风控还需要保证数据的质量。人民银行的征信数据应该属于质量较高的数据。目前很多的企业都掌握了征集数据的技术，政府、国有企业的数据，包括公安、运营商等等，但是数据利用起来不是很方便。征信企业的数据比较商业化，但是目前并没有开始收费。如果能够很好的运用这些数据，也是不错的资源。但数据资源的真假需要有专门的机构来测试数据的可靠性，确保是可靠的数据来源。应使用大数据技术开发人脸识别、指纹识别以及企业原始数据，同时关注借款人还款来源，银行卡里所剩的现金余额。利用技术实现用户还款能力的再现。

(三) 反欺诈

金融安全是维护金融秩序稳固的基石。有别于虚拟的社交网络，对于一个注册的金融用户，首先要验证他身份的真实性，这里面用到的技术包括人脸识别、声纹识别、指纹识别、虹膜识别、光学识别（OCR）等等。支付宝所研发的 OCR 系统用于身份证校验，同时内嵌了 face ++ 的人脸识别和活体检测技术提供刷脸验证服务。识别时间短不说，而且识别错误率大幅降低。大数据金融技术在防止垃圾注册、盗卡盗刷、虚假交易、恶意刷单、恶意套现、营销作弊等方面，植入了大量的智能数据分析和机器学习技术，通过专家系统把网络安全管理员掌握的知识和规则程序化，交给机器去执行识别欺诈。由于有了机器学习技术，设备可以自主地从海量实时交易数据中进行学习，进化的周期更短，发现异常的速度更快。目前，身份盗用事件不断增长，随之而来的是欺诈行为的不断增长。金融机构对上亿条的交易数据进行分析，以识别欺诈行为模式。这样的分析模型还可以在潜在欺诈交易可能发生时，向用户发送警示。

(四) 定价

有了大数据和人工智能以后，可以根据每个用户的情况实现差别定价。国内很多做车联网产品的创业公司，通过收集车主的驾驶行为数据和保险公司合作推出有针对性的差异化车险，对驾驶习惯良好的车主给予一定保费上的优惠。天猫的运费险就是一个典型的案例。再有就是贷款利率和授信额度的个性化。用户在信贷平台每正常完成一次借还款的闭环，贷款利率都会相应地调低。当每个人的征信画像越来越全面和完善以后，可以实现个性化的贷款利率和授信额度操作。

（五）营销服务

金融平台和互联网平台最大的不同之处在于互联网平台有网络效应，用户规模越大，获客成本非常低，但是金融有效客户的甄别和获取成本不会降低。采用大数据技术可以通过用户画像和大数据模型筛选出更加符合条件的用户，实现精准营销。大数据技术的使用还有一个方面就是金融客服领域。有数据表明，金融咨询服务中有 80% 的问题都是常见且高度重复，成为自然语言理解和对话机器人最快落地的场景。通过对话可以发掘用户的需求，解释和推荐产品，还能带来销售转化。目前，蚂蚁金服的智能客服系统可以解决用户的大部分问题，当它非常确定答案的时候它会直接作答，当它不确定时它会把可能的选项给人工客服，人工客服只需要快速判断，点击选择后就可以发过去了。这样极大地提升了客服效率和问题解决率，降低了人力成本。

（六）投资决策支持

金融行业的人都知道，投资机构和投行部门中有大量实习生的岗位，举个最典型的例子，一个券商的投研部分，一位首席分析师下面带四五个研究员，每个研究员要两到三个实习生去支持他，包括大量的资料收集、数据分析、报告撰写的工作，出一份研究报告 80% 以上的时间都要花在这上面。其实大数据金融技术的使用会在证券和投资研究上可以给予我们很多帮助，第一，收集和处理数据，第二，分析和预测结果。面对信息爆炸和过载，人要想从海量数据中找出相关数据是很难的，但机器可以让这件事情变得更容易。机器学习算法可以通过自主学习寻找信息和资产价格的相关性，自然语言处理技术可以理解新闻、政策文件、社交媒体中的文本信息，寻找市场变化的内在规律。同时通过知识图谱的建模方式，人们可以把行业规则、投资关系等常识赋予计算机，帮助机器排除干扰，更好地结构化信息。具体来讲，(1) 自动报告生成。投资和投行行业中有大量固定格式文档的撰写工作，如果把收集到的资料直接输入给机器，机器就会自动帮我们生成图表和报告，我们只需要做组织、修改、复核的工作就可以了。(2) 金融搜索引擎。大数据金融技术可以应用在金融搜索引擎中帮我们分析不同事件间的相关性，像华为 P30 手机上市会影响哪些竞争对手产品的售价；也可以帮我们聚合信息进行对比纵览，比如想知道某只基金的平均退出收益率。数据挖掘领域有一个经典案例，就是美国沃尔玛超市发现尿布和啤酒放在一起卖会增加销量。大数据可以帮助我们发现看似毫不相关的事件间的关联性，应用在投资领域也可以有同样的效果。根据现在的市场数据进行预测，分析判断企业的成长性，能够辅助投资决策。目前，大数据技术可以帮助我们解决一部分信息获取和整理的问题，但是逻辑判断和复杂决策还是要交给人来完成。但 5 到 8 年后就难说了，底层员工很可能会大量减少，但高级职位如基金管理人、合伙人这样的角色确实还替代不了。

（七）量化投资

量化投资是以数学和统计模型为依据，发现市场上的价格偏差，获取超额收益的投资方法。现在有一些创业公司提供策略超市，供普通投资者选购，不过这里面存在几个明显的悖论：首先很多量化策略是寻找价值错配博取短期收益的，时间一长策略就会失效，再有就是在一个“零和博弈”中，池子里的钱是有限的，你赚的钱就是别人赔的钱，一个策略用的人越多，利润空间就会被摊得越薄。量化投资最著名的案例就是美国量化基金之王詹姆斯·西蒙斯的所谓“壁虎式投资法”，在投资时进行短线方向性预测，同时交易很多品种，依靠短期内完成的大量交易来获利。他的文艺复兴科技公司管理的基金取得了年化35%的收益率，远超巴菲特和索罗斯。在2007年“华尔街最会赚钱的基金经理”排行榜中，这位70岁的数学大师以年收入13亿美元，位列第五。截至2010年9月，詹姆斯·西蒙斯的个人净资产达85亿美元。

（八）投资顾问

投资顾问是在各市场和各大资产类别之间构建投资组合，分散风险，追求长期收益。使用大数据金融技术进行投资顾问服务，实际上就是把私人银行的服务在线，以很低的费率服务更广泛的受众体，惠及普通百姓。国内投资顾问主要包括资配易、弥财、财鲸、理财魔方、蓝海财富、投米、灵玑等等平台。通过分析用户填写提交的问卷数据，评估其风险和收益偏好，然后推荐投资组合，下单完成交易，后期不断检测资产表现情况，必要时进行风险提示或调仓推荐。美国有非常多的结构化ETF产品，都获得了不错的收益。中国没有那么多ETF产品，没有那么多投资标的可以选择。更重要的是中国投户的理财观念和投资心理非常不成熟，那么就把钱放在银行里“保本”，那么就在股市里“追涨杀跌”，根本没有资产配置的概念。投资顾问瞄准的是长期投资，短期内业绩表现平平，完全没有办法吸引流量。于是很多ToC的平台纷纷转型去做ToB业务了，专心研究技术，不再碰销售。金融机构拥有C端的流量，同时也有提升自己服务能力的迫切需求，做ToB可以获取到用户数据，同时完善和提升自己的算法模型。无论是一级市场VC、PE基金，还是二级市场的股票基金，都会面临基金规模变大收益率下降的魔咒，很多优秀的基金一旦扩大管理规模，便不可避免地沦为平庸的基金，巴菲特几十年来一直严格控制着基金规模。投资行业都是一九法则，10%的人赚钱90%的人不赚钱。赚取的收益来自于两部分，一是随着经济增长市场的整体上涨，二是超越市场平均收益的超额收益。当用的人数增多时，第二部分收益将被摊薄。如果投资顾问要普惠大众的话，那么所有人都只能获取市场的平均收益。也就是说，当平台的用户量超过一定规模的时候，它的成长性就遇到了天花板。利用大数据计算技术为客户推荐产品方案，利用客户行为数据设计满足客户需求的金融产品。

二、大数据金融平台

（一）大数据平台的整体架构

大数据平台是为了计算目前经济社会所产生的越来越大的数据量，以存储、运算、展现作为目的的平台。它允许开发者们或是将写好的程序放在“云”里运行，或是使用“云”里提供的服务，或二者皆是。大数据平台是一个集数据接入、数据处理、数据存储、查询检索、分析挖掘、应用接口为一体的平台。具体解释如下：

1. 业务应用。业务应用其实指的是数据采集，你通过什么样的方式收集到数据。互联网金融收集数据相对简单，通过网页、App 就可以收集到数据。当然最大的收获莫过于收集到海量的用户行为数据，并且可以切分出来很多维度，进行很细的分析。

2. 数据集成。数据集成指的其实是 ETL，指的是用户从数据源抽取出所需的数据，经过数据清洗，最终按照预先定义好的数据仓库模型，将数据加载到数据仓库中去。而这里的 Kettle 只是 ETL 的其中一种。

3. 数据存储。数据存储指的就是数据仓库的建设了，简单来说可以分为业务数据层（DW）、指标层、维度层、汇总层（DWA）。

4. 数据共享层。数据共享层表示在数据仓库与业务系统间提供数据共享服务。Web Service 和 Web API，代表的是一种数据间的连接方式，还有一些其他连接方式，可以按照自己的情况来确定。

5. 数据分析层。数据分析层实际就是分析函数，就是各种数学函数，比如 K 均值分析、聚类、RMF 模型等等。列存储让磁盘中的各个 Page 仅存储单列的值，并非整行的值。这样压缩算法会更加高效。进一步说，这样能够减少磁盘的 I/O、提升缓存利用率，因此，磁盘存储会被更加高效的利用。分布式计算能够把一个需要非常大的算力才能解决的问题分成很多小部分，接着把这些部分给到许多计算机同时处理，然后把这些计算结果综合起来，得到最终的结果。综合这两种技术，就能够大幅度提高分析环节的效率。Yonghong MPP 可以说是目前在这两方面做的最出色的了。

6. 数据展现。数据展现是指结果以什么样的形式呈现，其实就是数据可视化。这里建议用敏捷 BI，和传统 BI 不同的是，它能通过简单的拖拽就生成报表，学习成本较低。国内的敏捷 BI 中，个人用户推荐 Tableau，而像金融机构这样的企业级需求推荐 Yonghong BI。

7. 数据访问。数据访问是指你是通过什么样的方式去查看这些数据，B/S 架构下最终的可视化结果是通过浏览器访问的。

（二）国内大数据金融平台

1. 京东数字科技。京东数字科技的前身是京东金融。2013 年 10 月，京东金融集团独立运营，定位在服务金融机构的科技公司。目前已建立起企业金融、消费金融、财富管理、支付、众筹众创、保险、证券、农村金融、金融科技、海外事业、城市计算十一大业务板块。在数据获取能力方面，京东金融背靠京东集团超过 2.4 亿的活跃用户，拥有几十万供应商和合作伙伴数据，以及交易数据。京东数字科技通过投资和合作的形式，丰富了自己的数据资源。在数据技术能力方面，京东科技以大数据为基础，进行学习、人工智能、图像识别、图谱网络、区块链等技术应用。在数据模型产品能力方面，开发出风险量化模型、营销模型以及用户洞察模型等。京东金融集团通过领先的大数据应用技术，建立起风控体系、支付体系、投研体系、投顾体系以及 DaaS（数据即服务）平台、SaaS（软件即服务）平台等一整套金融底层基础设施。2018 年 9 月 17 日，“京东金融”官微更名为“京东数科”。2018 年 11 月 20 日，京东金融品牌升级为京东数字科技。京东数字科技成为整个公司的母品牌，京东金融是京东数字科技集团旗下子品牌。此外，京东数字科技旗下还包括京东城市、京东农牧、京东钼媒、京东少东家等子品牌。

2. 蚂蚁金服。“蚂蚁金服”的全称是“蚂蚁金融服务集团”，起步于阿里巴巴2004年成立的支付宝。2013年3月，阿里巴巴以其子公司支付宝为主体筹建蚂蚁金服的前身小微金融服务集团。2014年10月，蚂蚁金服正式营业，通过“互联网推进器计划”助力金融机构和合作伙伴为小微企业和个人消费者提供普惠金融服务。蚂蚁金服旗主要有支付宝、余额宝、招财宝、蚂蚁聚宝、网商银行、蚂蚁花呗、芝麻信用等业务板块，服务范围包括商业银行在内的国内著名金融机构及其企业。2015年10月15日，蚂蚁金融服务集团战略投资以科技博客起家的创业者服务平台“36氪”，并向36氪全面开放在线支付、私募股权融资、技术、云计算等多个领域模块，并以此服务整个小微企业生态。2015年10月16日，在蚂蚁金服2015年分享日上宣称推出专门面向金融行业的云计算服务“蚂蚁金融云”，正式向金融机构开放云计算能力和技术组件。2016年3月，蚂蚁金服发起成立网商银行，推出其APP，为小微企业及部分个人用户提供贷款、理财、转账等金融服务。2016年3月，蚂蚁金服在全国1000个县助推和完善“互联网+”商业、公共服务和创业金融的平台，通过蚂蚁金服的大数据技术和基层政府大数据相结合，撬动万亿社会信贷资源共同参升级，助推城乡均衡发展。

3. 度小满金融。度小满金融原称作“百度金融”。百度互联网金融业务始于2013年，在2015年将既有金融业务整合组成了金融事业群组，并将金融业务上升至百度战略级位置。2018年4月，百度宣布旗下金融服务事业群组正式完成拆分融资协议签署，拆分后百度金融启用全新品牌“度小满金融”，实现独立运营。2018年10月，度小满金融与北京大学光华管理学院达成合作成立“北大光华·度小满金融科技联合实验室”，围绕数字化资产配置、超大规模关联网络、在线机器人、监管科技、区块链技术等五大领域深入研究，积极探索前沿技术在金融场景中的应用。从2018年10月开始，度小满金融与开始南京银行展开深度业务合作，将合作成果推向南京银行“鑫合金融家俱乐部”的100多家商业银行会员单位。双方宣布基于过去良好的合作基础，未来将围绕支付结算、普惠金融、零售金融、公司金融、存管托管、同业金融、金融科技、跨境服务以及联合营销等九大领域展开合作，建立长期、稳定的战略合作伙伴关系。2018年11月，度小满金融已与50多家银行、消金公司展开合作，累计放款2500亿元，服务超过700万小微企业，为合作伙伴创造的利息收入累计超50亿元，不良率低于业界平均值。度小满金融主要包括有钱花、度小满理财、度小满金融主要板块。其中，有钱花，定位是提供面向大众的个人消费信贷服务，打造创新消费信贷模式。利用百度人工智能和大数据风控技术，为用户带来互联网信贷服务，多条产品线包括有：“满易贷”“尊享贷”“小期贷”。场景已覆盖日常消费、医美、教育、租房、房抵等，可根据用户的借款需求进行精准匹配，为用户提供值得信赖的信贷服务。度小满理财的原名称“百度理财”，是度小满金融旗下的专业化理财平台，提供银行存款、公募基金、券商集合资管计划、保险等多元化产品。度小满金融竹制是帮助人们去实现对美好生活的梦想，让更多的人能够平等便捷获取金融服务。2017年6月20日，中国农业银行与百度达成战略合作，共建金融大脑以及客户画像、精准营销、客户信用评价、风险监控、智能投顾、智能客服等方向的具体应用。

4. 腾讯金融科技。腾讯金融科技简称“腾讯FiT”，系腾讯集团旗下为用户提供移动支付与金融服务的综合业务平台。腾讯金融科技前身是于2005年成立的“财付通”，2015年9月正式升级为“FiT”业务线。英文“Financial Technology”，简称“FiT”。腾讯金融科技以微信支付和QQ钱包两大平台为基础，连接用户、商户和金融机构，共同打造互联网金融生态。腾讯金融科技包括有支付基础平台、理财业务平台及其其他金融应用三个业务板块。其中“支付基础平台”板块主要包括2005年9月正式推出的向网上交易的双方完成支付和收款的网络个人用户和企业用户提供安全便捷在线支付服务的产品“财付通”；财付通支持微信支付和QQ钱包成长为行业移动支付产品“微信支付和QQ钱包”；支持用户绑定中国银行（香港）、中国工商银行（亚洲）、大新银行和中信银行（国际）的储蓄账户及香港任何银行的Visa和Mastercard信用卡，且能够实现“双向跨境支付”功能的产品“微信香港钱包”。“理财业务平台”板块主要是“腾讯理财通”。腾讯理财通是腾讯理财平台，自2014年1月份在微信钱包上线以来配套理财投资产品。腾讯理财通支持PC网站、微信、手机QQ三大平台，用户可以随时随地进行理财投资。“其他金融应用”板块主要包括财付通与工商银行合作，以工商银行黄金积存产品为基础，结合互联网用户需求服务的实物黄金咨询服务“腾讯微黄金”；为广大微信用户及商户提供7×4小时通讯充值服务甚至账户被盗被骗第一时间赔付服务“腾讯手机充值”；由腾讯财付通联合各大信用卡中心联合推出的第三方还款平台且目前支持51家银行信用卡还款的“微信信用卡还款”；腾讯联合多家银行推出的联名信用卡网络服务平台，并结合腾讯互联网业务的“腾讯微加信用卡”；应用于微信钱包的腾讯互联网证券平台，腾讯微证券与证券公司合作，为用户提供刷脸开户、股价查询、便捷交易的“腾讯微证券”；运用云技术，实现QQ账户一次登录，就可以手机、QQ、网页三端同步查看自选股功能的“腾讯自选股”。已经相继落实的区块链电子发票、供应链金融、智慧医疗、物流信息、法务存证、游戏场景应用的“腾讯区块链”；已覆盖国内上百个城市，支持BRT、公交、地铁、索道、轮渡等智慧交通移动支付场景的“腾讯乘车码”；基于生物识别技术的，虚拟集合了身份证、回乡证、电子港澳通行证，结合eID等多种认证技术，在出行、住宿、消费、开户等多种线上线下场景中能够快速认证用户身份，实现扫码通关、线上身份认证、防止个人信息泄露的“腾讯E证通”。但客观讲，腾讯虽然有庞大的社交数据，但其社交媒体平台的属性决定了其大数据不可能是完善的，其大数据不能支撑对客户金融行为及其金融业务发生状况的挖掘与分析。腾讯网上累积的实体企业和消费者个人属性的客户信息资料并不多且不完整。

思考题

1. 大数据的主要特征是什么？
2. 大数据金融主要特征是什么？
3. 金融大数据的主要类型是哪些？
4. 金融数据的作用体现在哪几个方面？
5. 大数据金融的运行模式有哪几种？
6. 大数据金融应用场景在哪些领域？

第四章
网上银行

第一节　网上银行的主要特征及其类型

网上银行又称网络银行、在线银行，是指利用互联网技术，通过互联网向用户提供开户、销户、查询、对账、信贷、网上证券、投资理财等传统服务项目，使用户可以足不出户就能安全便捷地管理存款、支票及个人投资等，还可以为用户提供跨国的支付与清算等其他贸易、非贸易的银行业务服务。网上银行包含两个层次的含义：一个是机构概念，指通过信息网络开办业务的银行；另一个是业务概念，指银行通过信息网络提供的金融服务，包括传统银行业务和因信息技术应用带来的新兴业务。在日常生活和工作中，我们提及网上银行，更多是第二层次的概念，即网上银行服务的概念。网上银行业务不仅仅是传统银行产品简单向网上的转移，其服务方式和内涵也发生了很大的变化，而且由于信息技术的应用，又产生了全新的业务品种。网上银行是在互联网上的虚拟银行柜台。网上银行是信息革命带给金融电子化领域的最新创意，网上银行是随着互联网的发展而出现的重要电子商务模式。

一、网上银行业务的发展历程

现实互联网经济生活中，电子商务这种买卖双方并不见面的特殊交易方式决定了买卖双方都需要寻找一个可靠的信用中介，来完成交易的支付过程，网上银行便应用而生。无论是对于传统的交易，还是新兴的电子商务，资金的支付和结算都是完成交易的重要环节。电子商务强调的是支付手段电子化，而银行作为电子化支付的终端结算者，起着连接交易双方的纽带作用。网上银行所提供的电子支付是电子商务中最关键的要素和层次。由此可见，网上银行在电子商务整体框架中是必不可少的重要组成部分，是开展电子商务的必要条件，也是电子商务成败的关键。

从世界范围内看，开展网上银行业务的银行都是大的、成功的传统银行。美国和欧洲是网上银行发展最为迅速的国家和地区，其网上银行数量之和约占世界市场的90%以上。目前，国内网上银行业务不仅涵盖传统银行业务，而且突破了银行经营的行业界限，深入到证券、保险甚至是商业流通等领域。

1995 年 10 月，美国成立第一家网上银行—安全第一网络银行（Security First Network Bank，SFNB）并打开了它的“虚拟之门”。到 1997 年末，美国可进行交易的金融网站有 103 个，这其中包括银行和存款机构，到 1998 年末跃升至 1300 个。网络银行凭借着自己存款利息高和实时、方便、快捷、成本低、功能丰富的 24 小时服务获得越来越多客户的喜爱，其自身数目也迅速增长，成为未来银行业非常重要的一个组成部分。网上银行业务在世界各国获得迅猛发展。据 2002 年 12 月统计数字显示，全球能提供网上银行服务的金融机构已达 6000 家，全球能提供银行网页的金融机构已达 14000 家。

中国网上银行的发展历程主要经历了四个发展阶段。第一个阶段是 2000 年以前，银行网上服务单一，仅通过开通银行网站，提供账户查询等简单信息类服务，而且主要操作集中在单一账户上。网银更多地被作为银行的一个宣传窗口。这是网银发展的第一阶段，被称之为“银行网站”阶段。第二阶段是“银行上网”阶段，银行致力于将传统的柜面业务迁移到网上银行，增加了转账支付、缴费、网上支付、金融产品购买等交易类功能，这个阶段的主要特征是多账户的关联操作。第三阶段是网银高速发展阶段，银行的最大转变是真正以用户为中心，因需而变。这一特征在银行新推出的网银产品中得到体现。新推出的网上银行产品可以让用户在办理付款业务时，像群发短信一样，同时完成向多个收款人支付款项的结算业务，从而大大提高工作效率，降低企业成本。第四阶段是网上银行的未来发展阶段。网上银行将成为银行业务的主渠道，传统银行将全面融入网上银行，甚至不再单独区分网上银行。其实，20 世纪 90 年代已经诞生了“直销银行”的经营理念及其模式，是传统银行互联网化的一种积极探索。因其业务拓展不以实体网点和物理柜台为基础，具有机构少、人员精、成本低等显著特点，能够为顾客提供比更加便捷、更加优惠的金融服务。由于成功不再依赖网点及其规模，使这种新型的银行能够有机会实现弯道超车。

2015 年 11 月 17 日，中信银行发布公告称，根据业务需要，进一步推进互联网金融领域的业务，发展普惠金融，支持实体经济，拟与百度公司合作共同设立直销银行，该直销银行拟定名称为“百信银行股份有限公司”，注册资金 20 亿元，由中信银行控股。2017 年 11 月 18 日，百信银行正式开业，这也是中国首家独立法人形式的直销银行，具有试点意义。直销银行“去实体化”特征明显，开户、转账、理财等业务均在线办理，不受空间和时间制约，是银行业进行互联网化创新的方向。依托互联网，直销银行的获客方式已经转化为互联网渠道，且以年轻人为主。

在 2018 年上半年中国网上银行用户规模及使用情况数据显示，2018 年上半年中国网上银行用户规模为 4. 17 亿，与 2017 年末相比增长 1804 万，在整体网民数量中网上银行用户数比例达到 52%。而在手机网上银行方面，数据显示，2018 年上半年中国手机网上银行用户规模为 3. 82 亿，与 2017 年末相比增长 1203 万，占手机网民数量的 48. 5%。近年来，随着智能手机技术的快速完善，人们对手机依赖度的提高，越来越多的工作娱乐交际等都可以在手机上完成。2018 上半年使用手机网上银行的用户数量达 3. 82 亿，而全国网上银行用户规模为 4. 17 亿，占比高达 91. 6%。

虽然电子商务的发展推动和促进了网上银行的发展，但网上银行在发展的同时也面临各种安全问题，而且网上银行对安全性的要求比网络机机构更高。网上银行既面临着黑客和网络技术发展的考验和挑战，同时还面对着银行内部操作人员的操作性风险等多种风险。网上银行的安全问题是一个典型的人与机器关系问题，所有的各种安全保密功能都是由人设计和实现的，而破坏和干扰各种安全和保密功能的也是人。只有从技术、管理和法律三方面入手并协调好技术、管理和法律三方面的关系，才能有效防范和化解风险，维护网上银行的安全性不完全在于技术，而在于使用网银的信心；只有当网银用户具有足够的信心，才能够真正在使用频率和支付金额方面具有较大的突破。总体而言，服务推广和用户教育应当是未来一段时间各银行最重要的工作。

目前中国网络银行存在的主要矛盾是安全性和易用性的“平衡”。虽然网上银行越来越普及，但人们在享受网上银行便利的同时，对网上银行的安全性也感到担忧。网上银行在如今存在锁与钥匙的博弈：锁就是银行设置的各类安全措施，钥匙则是通过便捷方式让用户享受网络的“易用性”。媒体新闻不断曝光的网上银行账户被盗事件不禁让人心惊肉跳，更是把网银安全问题推到了风口浪尖。近六成潜在用户因网上银行被盗事件的曝光决定推迟使用网银。不法分子通过窃取用户的卡号和密码，大量盗窃资金和冒用消费，使得银行推广网银面临非常巨大的风险。中国网上银行调查报告结果显示，受访者拒绝开通网银最重要的原因仍是对于网银安全性的担忧。数据显示，在拒绝开通网银的受访者中间，近70%的受访者都对网银的安全性表示担忧，另有43.2%的网银用户则认为使用网银可能导致个人信息的泄露。虽然网银功能越来越丰富，价格呈现下降趋势，但网银安全仍然还是用户最关心的话题。但是另一方面，网银措施越安全必然容易导致易用性下降。金融产品的专业性较强，加上网络这一高科技载体，对于一般用户群体来讲有较大的理解和接受难度，从而一定程度上影响了网上银行的推广，也是目前使用网银服务的人群大多为23岁~35岁、高学历的白领人群这一现象原因之一。目前常用网上银行个人认证介质（安全工具）的认证介质密码、文件数字证书、动态口令卡、动态手机口令、移动口令牌、移动数字证书。

中国网上银行的市场发展并不均衡。从网银的经营主体来看，国有银行和股份制商业银行网上业务占比较高，而小型银行及金融机构的网上业务占比普遍低于10%。招商银行、中国工商银行、中国建设银行和中国银行等为首的佼佼者已经走在了网络银行业务发展的第一梯队，在用户群、业务发展上形成了一定的业务规模。原因主要是由于一方面，大中型银行资金实力强，投入多，更注重信息化国际化发展，因而网上业务发展起步早，逐渐替代传统业务渠道。另一方面，大中型银行的用户相对更为高端，对网上银行等较为现代化的服务接受程度高，普及推广相对容易。从地区分布来看，经济发达的沿海地区及大型城市网银普及率更高，而欠发达地区网银发展也较为落后。目前，中国网上银行的发展主要集中在沿海地区、长江沿岸的大城市，比如上海、北京、广州、武汉、南京等城市，主要依靠当地的科学技术和发达的经济实力。

中国有关网上银行的法律法规不完善，虽然中国在网上银行的监管方面有所创新，但与网上银行的发展相比，还是相对滞后。主要表现在：（1）网络银行电子支付采用的规则都是协议，与用户在明确权利义务的基础上签订合同，出现问题可通过仲裁解决，但是由于缺乏相关的法律法规的介入，造成问题出现后涉及的责任确定、承担，仲裁结果的执行等复杂的法律关系难以解决。（2）网络银行模糊了国与国之间的自然疆界，其业务和用户随互联网的延伸可达世界的任何角落。因此，出现了新的法律问题，如跨境网上金融服务的交易的管辖权、法律适用性、服务和交易合约的合法性、品牌与知识产权问题、境外信息的有效性与法律认定、网络银行的用户为非本国居民时所存在的语言选择的合法性等问题，都很模糊。这些无形中加大了银行和用户在网上进行电子支付活动的风险。(3) 新《合同法》虽承认了电子合同的法律效用，却没有解决数字签名的问题。(4) 对网络犯罪分子的犯罪事实的认定以及事后如何判定损失程度等法律问题还没有界定，这无形中增加了银行与用户在网上进行金融交易的风险。网上银行需要加强金融创新，提升硬件技术和设施，提升软件服务的人性化。不能以网银安全性为借口牺牲操作的便利性。电子银行业务资深专家指出，只有同时满足安全、功能、操作、服务和技术等5个要素的才是最好的网银产品。光大银行"E路阳光"将"易用"作为自己的特色吸引用户，中国工商银行则提出"口令卡使电子银行大众化"，中国建设银行把"防不专业的用户却不防小人"作为自己的口号，兴业银行则提出"最安全的不是手机"，而最早设立电子银行之一的招商银行则称网上银行是"安全性和易用性的博弈"。

二、网上银行业务的主要特征

与普通业务相比，网上银行业务主要具有申办手续简单，内控风险低，业务处理快等特点和优势。与传统银行业务相比，网上银行业务的主要特征如下：

(一) 成本低廉

网上银行办理结算全面实现无纸化交易后，以前商业银行使用的纸质票据和单据大部分被电子支票、电子汇票和电子收据所代替；原有的纸币被电子货币，诸如电子现金、电子钱包、电子信用卡所代替；原有纸质结算单据的邮寄变为通过数据通信网络进行传送审核。开办网上银行业务，主要利用公共网络资源，不需设置物理的分支机构或营业网点，减少了人员费用，提高了银行后台系统的效率。

(二) 用户群体增长迅速

网上银行业务打破了传统银行业务的地域、时间限制，具有"3A"特征，金融机构能在任何时候（Anytime）、任何地方（Anywhere）、以任何方式（Anyhow）为用户提供金融服务，这既有利于吸引和保留优质用户，又能主动扩大有效用户群，开辟新的利润来源。服务方便、快捷、高效、可靠。

(三) 服务多样

网络银行采用了虚拟现实信息处理技术，网络银行可以在保证原有的业务量不降低的前提下，减少物理营业点的数量。通过银行营业网点销售保险、证券和基金等金融产品，往往受到很大限制，主要是由于一般的营业网点难以为用户提供详细的、低成本的信息咨询服务。利用互联网和银行支付系统，容易满足用户咨询、购买和交易多种金融产品的需求，用户除办理银行业务外，还可以很方便地进行网上买卖股票债券等，网上银行能够为用户提供更加合适的个性化金融服务。应该讲，网上银行带给所有用户最大的实惠莫过于随时随地办理个人信贷业务并进行理财活动，让用户共享普惠的利益。网上银行对空间、地域限制的突破，解决了长久以来电子商务发展的瓶颈问题。但是，不管网上银行服务功能有多么多，涉及的领域有多么广，它都仍包括了传统的银行业务项目。网上银行突破了银行传统的业务操作模式，摒弃了店堂前台接柜开始的现场服务流程，把银行的业务直接在互联网上推出并实现。

（四）高安全性

由于网上银行大多数诞生于经营实力较强的商业银行，其对互联网支付结算的安全性规划更加具有专业性和系统性。目前。网上银行是互联网金融系统安全性最高的业务板块。网上银行的高安全性主要体现在以下五个方面：第一是网络安全。由于银行系统的 internet 内网，与社会 internet 公网完全隔离运行，因而从技术层面提高了网络安全性基础保证，同时系统采用一级防火墙，将外部网与银行内部网隔离；系统采用二级防火墙，将银行内部网与账务主机之间进行网络隔离；系统还采用硬件防火墙进行实时入侵检测，对检测到的入侵，可报警或直接与路由器联动，阻挡入侵者。第二是通信安全。目前国内商业银行普遍使用的信雅达 SSL 安全代理，是利用通过公安部认证的系信雅达 SSL 安全代理作为 Web 服务器和客户端浏览器之间的安全保障。SSL 在客户端主要起 HTTP 协议代理和安全加密的作用，查看 Server 端证书，并保证 Web 内容的验证。信雅达 SSL 安全网关运行于 WebServer 的前端，只识别企业电子银行系统 CA 签发的证书，而且安全网关还提供审计功能，对每次连接进行记录，以备事后查询。第三是数据安全。系统中的操作员密码、客户密钥等关键数据都需要加密存放；因而数据库设置了口令和用户权限。第四是支付安全。信雅达通过国家密码管理委员会在认证的支付密码器系统一方面以电子印鉴的方式保证客户的资金安全，另一方面，由于支付密码器产生的支付密码具有不可抵赖性，能够保证银行的正当权益。第五是业务安全。具体来讲，通过控制系统的开通或者关闭，启动或者切断各种不安全的连接；还可以通过参数控制系统办理业务时间，可实现 24 小时连续开通；可实现银行强制签退企业交易子系统。当然，银行和企业分别设置多级操作权限，利用 IC 卡系统保障操作员的操作权限控制，避免因有意、无意原因对系统造成破坏。不仅如此，开办网上银行业务的商业银行还可以对网上企业银行交易账号进行控制，规定企业在电子银行系统中允许做交易的账号，账号业务范围控制，账户限额控制，交易账号的当天转账最大限额，操作员权限控制，对操作员可操作的账号、单笔转账的最大金额、每天转账的最大金额进行控制。

（五）高扩展性

网上银行系统具有强大的网络扩展性和业务扩展性，支持多种软硬件平台，能有效地适应不同商业银行的不同需要。同时，网上银行还为企业提供多种财务数据文件格式。网上银行采用模板化配置，针对不同银行的需要，提供一整套的银行交易和服务的应用模块，并支持多种支付密码系统接口。

三、网上银行的类型

1. 按网上银行的主要服务对象来划分，网上银行业务可以分为企业网上银行业务和个人网上银行业务两类。其中，企业网上银行业务是指针对企业与政府部门等企事业组织客户而开设的基于互联网的银行业务处理。企事业组织可以通过企业网上银行服务实时了解企业财务运作情况，及时在组织内部调配资金，轻松处理大批量的网上支付和工资发放业务，并可进行理财相关业务。个人网上银行主要是指适用于个人与家庭的日常消费支付与转账办理的基于互联网的银行业务处理。用户可以通过个人网上银行服务，完成实时查询、转账、网络支付和汇款功能。

2. 按网上银行的组成架构来划分，网上银行可以分为纯网上银行和以传统银行拓展网上业务为基础的网上银行两种形式。其中，纯网上银行是完全依赖于 Internet 发展起来的全新电子银行，这类银行所有的业务交易全部依靠 Internet 来进行。这是一种纯粹的网上银行，利用 Internet 技术建立虚拟空间，没有分支银行或自动柜员机（ATM）。例如，世界上第一网上银行—安全第一网上银行 SFNB（SecurityFirstNetworkBank）1995 年 10 月在美国成立。该银行的成立得到了美国 OTS（OfficeOfThriftSupervision）的承保。SFNB 不同于以往的银行，它没有经营网点，整个银行的员工也大大少于通常概念的银行，客户完全通过 Internet 与银行建立服务联系，实现了 24 小时全天候服务，迅速，方便，可靠。而以传统银行拓展网上业务为基础的网上银行是指在传统银行的基础上，运用公共互联网来开展传统的银行业务交易处理及增值服务，主要是发展家庭银行、企业银行等服务。客户足不出户就能进行业务操作，享受银行服务。目前我国开办的网上银行业务都属于这种。由于整个系统是以传统银行系统为基础，利用互联网络开展相关的业务，其服务也称网上银行服务。

3. 按照是否依托实体网点进行经营来划分，网上银行可以分为两类：一类是完全依赖于互联网的无实物形态的电子银行，也叫“虚拟银行”。换句话说，虚拟银行就是没有实际的物理柜台作为办理业务支持的网上银行。这种网上银行一般只有一个办公地址，没有分支机构，也没有营业网点，采用国际互联网等高科技服务手段与客户建立密切的联系，提供全方位的金融服务。另一类是在现有的传统银行的基础上，利用互联网开展传统的银行业务交易服务，即传统银行利用互联网作为新的服务手段为客户提供在线服务，实际上是传统银行服务在互联网上的延伸。这是网上银行存在的主要形式，也是绝大多数商业银行采取的网上银行发展模式。

第二节　网上银行技术要求和系统架构设计原理

网上银行业务相比于传统银行业务在客户连接、技术方法上具有更多优势。现代商业银行面临的是资本、技术和管理水平等全方位的竞争。电话银行、自助银行、自动柜员机 ATM、客户终端等新的服务手段不断被银行推出。据美国权威机构调查和预测，由于利用了互联网络，减少了服务人员，网上银行的服务费用仅为普通营业费用的十分之一左右。有了网上银行，人们就可以在任何时间、任何地方享受到支付、转账等银行服务。而且，网上银行能够提供比电话银行、ATM 和早期的企业终端服务更生动、灵活、多种多样的服务。同时，与营业点相比，网上银行提供的服务更加标准化和规范化，避免了由于个人情绪及业务水平不同而带来的服务质量的差别，可以更好的提高银行的服务质量。网上银行的客户端采用的是公共浏览器软件，不需要银行维护、升级，这样可以大大节省银行的客户维护费用，从而使银行专心于服务产品的开发和服务手段的挖掘。网上银行降低了客户使用成本，客户操作更加生动和友好。客户只要接入 Internet 便可方便快捷的享受银行提供的各种网上金融服务，真正实现了跨越空间和时间限制的银行服务。异地的客户通过网上银行服务还可以节省国际、国内长途电话费用。客户使用现有的公共浏览器就可以享受到图文并茂的客户服务。另外，网上银行可以随时插进商业银行的广告、宣传材料及公共信息。商业银行的业务种类、处理流程、最新通知和年报等信息都可以在网上进行发布，这是网上银行最基本、最简单的功能。网上银行还可以实现客户在银行各类账户信息的查询，及时反馈客户的财务状况，实现客户安全交易，包括转账、信贷及其股票买卖活动。

一、网上银行运营的技术要求

从线上交易的角度看，网上交易至少需要四个方面的条件，即商户系统、电子钱包系统、支付网关和安全认证。其中，商户系统是一个基于物理位置、供线下门店实现资源共享的商对商交易平台。该系统实现了传统门店业态和互联网技术手段完美结合，通过系统平台和整体营销方案的结合，解决独立门店无法独立解决的客源、促销效果优化、客情维护、成本压缩、增收等难题。商户系统支持线下商户业务整体数字化，将服务项目转换为消费权限，供商户与商户、商户与消费者任意转移交割和结算。通过商品所有权和使用权的转移，实现商品流通模式的改变。该系统还支持线下商户和其他商户结成联盟，互相撬动消费需求和互相导入消费者。该系统支持线下商户业务整体数字化，使之具备空中交易，延时交割的特点，可以将服务项目转换为消费权限，供商户和消费者任意转移和交割。

从技术的角度看，商户系统并非网上交易必备的条件属性，而电子钱包系统、支付网关和安全认证后三者则是网上支付的必需，也就是网上银行运行的技术要求：

（一）电子钱包系统

电子钱包是电子商务购物（尤其是小额购物）活动中常用的一种支付工具。电子钱包有两种概念：一是纯粹的软件，主要用于网上消费、账户管理，这类软件通常与银行账户或银行卡账户是关联在一起的。二是发卡银行在芯片卡中专门分区设置小额支付的智能储值芯片，持卡人预先在卡中存入一定的金额，交易时直接从储值账户中扣除交易金额而无须使用支付密码。电子钱包系统，从某种意义上讲，属于安全电子交易（SET）中的计算机软件系统，用以让消费者进行电子交易与储存交易记录。消费者要在网络上进行电子交易前，必需先安装符合安全标准之电子钱包软件。持卡人在使用银行卡进行网上购物时，卡户账号、到期日期及支付指令可以通过电子钱包软件进行加密传送并进行有效验证。电子钱包能够在IE、GoogleChrome等浏览器软件上运行。持卡人要在Internet上进行符合SET标准的安全电子交易，必须安装符合SET标准的电子钱包软件。

电子钱包的使用者通常在银行里是有存款账户的。电子钱包里面只能存储电子现金、电子零钱、安全零钱、电子信用卡、在线货币、数字货币之类的诸多电子货币。在使用电子钱包时，用户先安装相应的应用软件，在该软件系统中设有电子货币和电子钱包的功能管理模块，称为电子钱包管理器，用户可以用它来改变口令或保密方式，或者用它来查看自己银行账号上电子货币收付往来的账目、清单和其他数据。该系统中还提供了一个电子交易记录器，顾客通过查询记录器，可以了解自己的购物记录。网上购物使用电子钱包，需要在电子钱包服务系统中进行。电子商务活动中的电子钱包软件通常都是免费提供的。用户可以直接使用与自己银行账号相连接的电子商务系统服务器上的电子钱包软件，也可以通过各种保密方式利用因特网上的电子钱包软件。目前全球影响最大的有 VisaCash 和 Mondex 两大电子钱包服务系统。其他较流行的电子钱包服务系统还有 MasterCardCash、EuroPay 的 Clip 和比利时 Proton 等。利用电子钱包服务系统就可以把客户的各种电子货币或电子金融卡上的数据输入进去。发生客户需电子信用卡收付款时，则客户只要单击一下相应项目（或相应信用卡图标）即可完成电子支付。

（二）支付网关

支付网关是银行网络系统和 Internet 网络之间的接口，是由银行操作的将 Internet 上传输的数据转换为银行机构内部数据的一组服务器设备，或由指派的第三方处理商家支付信息和顾客的支付指令的服务器设备。支付网关可确保交易在 Internet 用户和交易处理商之间安全无缝的传递，并且无需对原有主机系统进行修改。它可以处理所有 Internet 支付协议，Internet 安全协议，交易交换，信息及协议的转换以及本地授权和结算处理。支付网关还可以通过设置来满足特定交易处理系统的要求。离开了支付网关技术，网络银行的电子支付功能也就无法实现。支付网关将 Internet 传来的数据包解密，并按照银行系统内部的通信协议将数据重新打包并传输给银行内部各相关业务部门。同时，接收银行系统内部的传回来的响应消息，将数据转换为 Internet 传送的数据格式，并对其进行加密在 Internet 上面安全传送。支付网关主要完成两者之间通信、协议转换和数据加解密，确保银行内部网络的安全运行。具体来讲，银行使用支付网关技术可以实现以下功能：配置和安装 Internet 支付能力；避免对现有主机系统的修改；采用直观的用户图形接口进行系统管理；适应诸如扣账卡、电子支票、电子现金以及微电子支付等电子支付手段；提供完整的商户支付处理功能，包括授权、数据捕获和结算及对账；通过对 Internet 上交易的报告和跟踪，对网上活动进行监视；通过采用 RSA 公共密钥加密和 SET 协议，可以确保网络交易的安全性；使 Internet 的支付处理过程与当前支付处理商的业务模式相符，确保商户信息管理上的一致性，并为支付处理商进入 Internet 交易处理提供机会；可以进行冲正引擎设置。

随着网络市场的不断增长，网络交易的支付结算处理成为每一个互联网金融系统的必备功能。手工操作下商户在数据传输方面常常是低效率的，有了支付网关，这个问题便可得到有效的解决，它使银行或交易商在网络市场高速发展和网络交易量不断增长的情况下，仍可保持其应有的效率。

（三）安全认证

目前国内网上银行的安全认证方式呈现多样化发展，从之前更多依赖简单的账号密码方式，逐渐新增了数字证书、动态密码、一次性密码等新的认证方式。网上银行安全运行的关键是保障网络节点及其商务安全。

所谓“节点”是指在电信网络中的一个连接点，表示一个再分发点或一个通信端点（一些终端设备）。节点的定义依赖于所提及的网络和协议层。一个物理网络节点是一个连接到网络的有源电子设备，能够通过通信通道发送、接收或转发信息。网络银行节点安全的内容包括计算机网络设备安全、计算机网络系统安全、数据库安全，目前主要靠防火墙技术实现。就目前技术水平来看，防火墙是在连接 Internet 和 Intranet 保证安全最为有效的方法，防火墙能够有效地监视网络的通信信息，并记忆通信状态，从而做出允许或者拒绝的正确判断。银行机构通过灵活有效运用防火墙技术，制定正确的安全策略，将能提供一个安全高效的网银系统。防火墙的安全策略应包括：规定的网络访问、服务访问、本地和远地的用户认证、拨入和拨出、磁盘和数据加密、病毒防护措施，以及管理制度等。所有可能受到网络攻击的地方都必须以同样安全级别加以保护。但是，毕竟防火墙是基于操作系统的。如果信息通过操作系统后门绕过防火墙进入银行内部网络，则防火墙的作用会完全失效。所以，必须保证操作系统的安全。只有在安全操作系统的基础上，才能充分发挥防火墙的功能。在条件许可的情况下，防火墙应该单独安装在硬件设备上。

构建银行网络安全的另一个重要方面是商务安全。商务安全主要包括通信和链路安全、应用程序的安全、用户的认证管理。电子商务系统的数据通信安全主要存在于：客户浏览器端与电子商务 WEB 服务器端的通讯；电子商务 WEB 服务器与电子商务数据库服务器的通讯；银行内部网与业务网之间的数据通讯。另外，在客户端浏览器和电子商务 WEB 服务器之间采用 SSL 协议建立安全链接，所传递的重要信息都是经过加密的，这在一定程度上保证了数据在传输过程中的安全。需要注意的是，即使正确地配置了访问控制规则，要满足计算机系统的安全性也是不充分的，因为编程错误也可能引致攻击。用户的认证管理身份认证和 CA 证书认证。其中，电子商务企业用户身份认证可以通过服务器 CA 证书与 IC 卡相结合实现的。CA 证书用来认证服务器的身份，IC 卡用来认证企业用户的身份。个人用户由于没有提供交易功能，所以只采用 ID 号和密码口令的身份确认机制。要在网上确认交易各方的身份以及保证交易的不可否认性，需要一份数字证书进行验证，这份数字证书就是 CA 证书，它由电子商务认证机构发行，为了解决电子商务活动中交易参与各方身份、资信的认定，维护交易活动的安全，从根本上保障电子商务交易活动顺利进行而设立的。数字证书分为服务器证书和个人证书。建立 SSL 安全链接不需要一定有个人证书，实际上不验证客户的个人证书情况是很多的。验证个人证书是为了验证来访者的合法身份。而单纯的想建立 SSL 链接时客户只需用户下载该站点的服务器证书前或访问时进行。任何人都可以得到 CA 含有公钥的证书，用以验证它所签发的证书。如果用户想得到一份属于自己的证书，他应先向 CA 提出申请。在 CA 判明申请者的身份后，为他分配一个公钥，并且 CA 将该公钥与申请者的身份信息绑在一起，并为之签字后，便形成证书发给申请者。如果一个用户想鉴别另一个证书的真伪，他就用 CA 的公钥对那个证书上的签字进行验证，一旦验证通过，该证书就被认为是有效的。证书实际是由证书签证机关（CA）签发的对用户的公钥的认证。证书的内容包括：电子签证机关的信息、公钥用户信息、公钥、权威机构的签字和有效期等等。就目前来看，黑客和病毒尚且无法进行证书的伪造，所以网上交易双方只要拥有数字证书并采用数字签名技术，就可以确保证书内容不被篡改，从而证实对方的信息。对于网上银行来讲，采用该技术进行支付业务办理，还可以避免用户进行行为抵赖，因此能够为网上银行支付数据信息使用提供安全保障。CFCA（中国金融认证中心）是由中国人民银行和国家信息安全管理机构批准成立的国家级权威安全认证机构，是目前国内最具权威性的金融认证机构。CFCA 的“第三方”属性和法定地位，使得 CFCA 数字证书在保障用户资金安全上具有法律效力，当网上交易发生争议时，CFCA 作为第三方，可以为交易双方提供具有公信力的证明文件，以便厘清责任，充分保障用户权益。但采取数据证书难以确保用户客户端不被植入病毒或木马程序，因而网上银行还须采用人脸识别、虹膜识别的支付介质进行用户身份交叉验证，从而进一步保证网上支付数据信息安全。

二、网上银行系统架构设计

网上银行系统在实践中会有两个类别的解释：一个是机构系统的解释，指通过信息网络开办业务的银行系统；另一个则是业务系统的解释，指银行通过信息网络提供的金融服务系统，包括传统银行业务和因信息技术应用带来的新兴业务。日常生活和工作中提及网上银行系统，更多是第二种的解释，即网上银行业务系统。网上银行业务系统不仅仅是传统银行产品简单从网上的转移而形成的业务集群，其服务方式和内涵发生了很大的改变，而且由于信息技术的应用，又产生了全新的业务品种。网上银行系统建设须遵循以下四个方面的原则：

1. 系统的可扩展性。随着业务的发展，网上银行系统应具有调整和扩充系统功能的能力，同时保持应用和数据的一致性，适应不同应用环境和不同应用水平的需要。

2. 系统的可管理性。网上银行服务体系的建设，要能对结构复杂、分布广泛、计算机应用水平各异的所有用户和所有系统进行统一、安全的管理，确保业务的正常运行和系统的安全稳定。

3. 系统的安全性。网上银行系统的安全性主要涉及加密和解密、安全和认证，防止非法侵入和病毒干扰。系统安全主要包括：业务数据的安全管理，结算处理的安全控制，数据传输的加密解密和数据完整性控制，交易过程中的安全认证等。

4. 系统的集成性。网上银行系统应确保与现有电子银行业务信息系统实现有机的集成，以便为客户提供全天候、全方位和个性化的银行综合服务。集成性原则还应体现在业务服务、经营管理和客户服务三者的集成方面。

目前国内网上银行系统的架构的设计必须包含有系统功能模块设计、系统数据库设计、系统安全设计三个基本层面：

1. 系统功能模块设计主要是解决网上银行登录及其主要业务的数据传输及其监控问题。网上银行系统由用户登录访问、数据密码管理、存款业务管理、贷款业务管理、结算业务管理、同城业务管理等六个功能模块组成。六个功能模块之间具有整体性、耦合性和重用性的重要特征。其中：

用户登录访问模块使用截断器技术实现系统控制器的挂钩处理，判断用户是否具有登录权限。该模块主要包含有用户登录、链接访问、退出系统三个基本的功能设计。

数据密码管理模块包括数据导入导出设置和用户管理设置，使用 XML 导入导出的方式实现同城各个银行间的数据传输；用户管理设置采用从“用户”到“用户组”再到“权限”的方法将用户划分到不同的用户组中并赋予不同的权限，并实现对用户密码的控制。

存款业务模块对不同的业务使用不同的结算策略，并设计存款利息对照表匹配相应的数据并生成不同的数据内容和策略。存款业务模块包含有存款业务查询、单位存款业务、个人存款业务三个基本的功能设计。

贷款业务模块采用标志位的方式进行审核处理，首先提交客户审核材料，并交由领导进行审批；然后在审核通过后，需要在客户归还贷款时进行结清销户。贷款业务模块包含有贷款业务查询、贷款发放业务、贷款收回业务三个基本的功能设计。

结算业务模块主要根据不同的业务额度办理相应的转账业务。主要包含有大额支付业务、小额支付业务、待处理来账支付业务三个基本的功能设计。

同城业务模块便于办理同城金融机构间的账户资金往来。主要包含有同城提入业务、同城提出业务、票据交换业务三个基本的功能设计。

2. 系统数据库设计需要根据客户、审核者和柜员三者账户交易间的关系，构建网上银行存款、贷款、结算、同城账户交易间的数据关系。同时，该系统还构建了基础人员信息表、客户信息表、存款数据信息表、贷款数据信息表、结算数据信息表和同城数据信息表6个数据库表。

3. 系统安全设计主要是解决网上银行系统的安全防护及其漏洞修补问题。系统安全包括数据库安全、网络安全和代码安全三个方面。在数据库安全方面将 Web 服务器和数据库服务器放置于不同的服务器中，使用 MD5 算法加密较为敏感的数据库字段，使用密文加密页面并存储，并使用 Hooks 技术存储用户操作。在网络安全方面，仅支持公司内网访问系统。在代码安全方面使用 post 方法提交登录信息，并过滤和判断用户的身份，使用 Js 的 disable 属性控制用户输入的金额。

三、人民银行支付系统

中国人民银行支付系统作为我国重要的金融基础设施，通过十几年的建设发展，已形成完善的体系，服务能力不断提升。近年来，支付清算市场发展迅速，创新活跃，新型支付工具层出不穷，对我国央行支付基础设施的技术升级起到了助推作用。人民银行支付系统是国家级的重要金融市场基础设施，是国民经济的“大动脉”和经济金融运行的基础，是国家金融安全的重要方面，是央行履行宏观调控、金融监管职能的重要平台。其中，央行支付系统承担跨行资金的清算，是资金的最终结算者；银行行内支付系统负责本行行内分支机构间资金的清算和最终结算；第三方支付机构负责银行外资金流动的支付清算。作为跨行支付业务的处理平台，截至 2018 年 2 月 14 日，央行大小支付系统接入直接参与机构 314 家，间接参与机构 144123 家；网上支付跨行清算系统直接参与机构 190 家；境内外币支付系统直接参与机构 57 家，间接参与机构 749 家。

自 2002 年起，人民银行先后建设并投入运行了大额支付系统（HVPS）、小额批量支付系统（BEPS）、网上支付跨行清算系统（IBPS）、全国支票影像交换系统（CIS）、境内外币支付系统（CFXPS）、电子商业汇票系统（ECDS）。在服务地域范围、支付工具覆盖、支付业务种类、用户支付需求等方面，为金融银行机构和第三方支付机构提供了全面的跨行支付清算服务。根据人民银行发布的支付体系运行总体情况统计数据，2010 年—2017 年央行支付系统业务笔数和金额在绝对值上均保持持续增长态势。业务笔数由 2010 年的 11.28 亿笔增长至 2017 年的 122.89 亿笔；金额增长由 2010 年的 1194.72 万亿元增长至 2017 年的 3964.57 万亿元。2010 年—2012 年，小额支付系统、境内外币支付系统是支付系统业务快速发展的重要支撑，但在 2013 年以后，网上支付跨行清算系统支持的网上支付、电话支付、移动支付业务发展迅速，成为央行支付系统业务增长的重要引擎。2011 年—2017 年跨行支付清算市场中，央行支付系统清算的业务笔数在整个市场中的占比在 16.44%～27.3%之间。其中，占比最高的是 2017 年的 27.3%，最低为 2011 年的 16.44%，平均占比 22.04%，不到跨行支付业务市场的 1/4，但清算金额占比保持在 97%以上的高位水平。

（一）大额实时支付系统

大额实时支付系统（简称大额支付系统）是中国人民银行按照国内支付清算需要，利用现代计算机技术和通信网络开发建设，处理同城和异地跨行之间和行内的大额贷记及紧急小额贷记支付业务，人民银行系统的贷记支付业务以及即时转账业务等的应用系统。大额实时支付系统在我国支付系统中占有主干道的重要位置。采用逐笔实时方式处理支付业务，全额清算资金。其建设的目的，就是为了给各银行和广大企业单位以及金融市场提供快速、高效、安全、可靠的支付清算服务，防范支付风险。同时对中央银行更加灵活、有效地实施货币政策和实施货币市场交易的及时清算具有重要作用。人民银行大额实时支付系统的建设，既立足中国的实际，又借鉴了发达国家支付系统建设的经验，其功能主要体现如下：

1. 高效资金清算。大额支付系统采取与直接参与者直接连接的方式，实现了贷记支付业务从付款银行到收款银行全过程的自动化处理，实行逐笔发送，实时清算，一笔支付业务不到 1 分钟即可到账；与中央债券综合业务系统、中国银联信息处理系统、银行间外汇交易系统等连接，实现了债券交易的“券款对付（DVP）”清算、银联卡跨行业务和行间外汇交易业务的资金清算。

2. 全面流动性管理。大额支付系统对直接参与者提供联机头寸查询、日间透支限额、自动质押融资机制、设置清算窗口等系统功能，商业银行可随时查询和预测其头寸的变化情况，并根据需要及时筹措资金，完成支付业务的最终清算。

3. 健全风险防范。按照国际清算银行的重要支付系统核心原则的要求，针对大额支付系统运行可能出现的流动性风险、信用风险、法律风险和运行风险等，制定了一系列防范和处置措施。系统实行全额实时清算资金，不足支付的交易作排队处理，并采取债券质押与资金融通相结合的自动质押融资机制；建成了大额支付系统应急灾难备份系统，建立了运行维护机制。系统禁止隔夜透支，日终仍不足支付的交易，可由中国人民银行提供高额罚息贷款，切实防范支付风险。

4. 适度集中清算账户管理。大额支付系统对商业银行的清算账户采取“物理上集中摆放，逻辑上分散管理”的方式，即各商业银行在人民银行当地分支行开设的清算账户物理上在 NPC 集中存储，日间处理跨行的资金清算；逻辑上由人民银行当地分支行进行管理，日终 ABS 下载清算账户数据，进行账务平衡。这有利于提高支付清算效率，防范支付风险发生。

5. 灵活系统管理。大额支付系统设置了接入管理功能，可以满足各银行灵活接入系统的需要；设置了业务控制功能，可对不同参与者发起和接收的支付业务进行控制；设置了队列管理功能，参与者可对排队业务进行次序调整；设置了清算账户控制管理功能，人民银行可对严重违规或发生信用风险的直接参与者的清算账户实施部分金额控制、借记控制直至关闭。

大额实时支付系统的业务范围主要是：规定金额起点以上的跨行贷记支付业务；规定金额起点以下的紧急跨行贷记支付业务；农村信用社系统内跨同一清算行的需要通过大额支付系统处理的贷记支付业务；接收特许参与者（如银联等）发起的即时转账业务；代理兑付城市商业银行银行汇票业务；接收中国人民银行会计营业部门、国库部门发起的贷记支付业务及内部转账业务通知；中国人民银行规定的其他支付清算业务。

大额支付系统按照国家法定工作日运行，根据公历时间确定其工作日。系统工作日分为日间业务处理时间、清算窗口时间、日终业务处理时间和营业准备时间四个时间段。除了日间业务处理时间 8：30 至 17：15 外。大额支付系统在法定工作日开始受理业务的时间为前一自然日20：30，每日清算窗口时间为17：15至17：30。每个法定工作日8：30之前，各直接参与者可自愿登录系统办理业务，接收清算行对于每个法定工作日8：30之前通过大额支付系统接收的业务，具备入账条件的应及时入账；需要人工干预的，应于当日12：00前完成处理。大额支付系统在每个周末或法定节假日期间（以下统称假日）的首日运行，并执行特殊业务规则：业务受理时间为前一自然日20：30至当日8：30。中央银行会计核算数据集中系统对每日20：30至24：00期间大额支付系统处理的业务均记载为次日账务，不影响当日的存款准备金考核。17：15为业务截止时间，如存在清算排队业务，将开启清算窗口，用于各参与者筹措资金，以弥补清算账户余额的不足。清算窗口期间，系统仅处理贷记缺款行清算账户的资金调拨类业务，不再受理其他一般大额业务。17：30为预定清算窗口关闭时间，待所有净额业务清算后，将关闭清算窗口，大额支付系统进行日终业务处理。日终业务处理完成后进入营业准备，停止受理各种大额支付业务。在系统正常运行情况下，一笔支付业务从支付系统发起到支付系统接收行的时间为实时到达。如收款客户的开户行应用大额支付系统，付款客户在营业日当日下午17：15前办理的大额支付业务都可实现实时到达收款行。

大额支付系统采用支付指令实时传输，逐笔实时处理，全额清算资金的处理方式。付款人在其开户银行柜面填制汇款凭证交银行经办人员，经办人员审核无误后，根据汇款凭证处理付款人有关账务，发起大额支付业务，经大额支付系统转发至收款人开户银行，收款人开户银行收到后，审核确认，并将款项入收款人银行账户。

（二）小额批量支付系统

小额批量支付系统（简称小额支付系统）是人民银行支付系统的主要业务子系统。主要处理同城和异地纸凭证截留的借记支付业务和小额贷记支付业务，支付指令批量发送，轧差净额清算资金，旨在为社会提供低成本、大业务量的支付清算服务。小额支付系统实行7×24小时连续运行，能支撑多种支付工具的使用，满足社会多样化的支付清算需求，是目前银行金融机构跨行支付清算的安全高效的运行平台。小额批量支付系统是继大额实时支付系统之后人民银行建设运行的又一重要应用系统，旨在提供低成本且大业务量的支付清算服务。

小额批量支付系统采用以国家处理中心为核心，以城市处理中心为接入节点的两层星型结构模型，并与大额支付系统在同一支付平台上运行。中央银行会计核算数据集中系统、国家金库会计核算系统、同城清算系统通过城市处理中心接入小额支付系统。商业银行、清算组织等机构通过前置机系统与小额支付系统连接。目前，国债、银联、外汇、城市商业银行汇票处理系统并不接入小额支付系统。小额批量支付系统的功能体现如下：

1. 支撑各种支付工具。小额批量支付系统除传统的款项汇划业务外，还能办理财税库横向联网业务、跨行通存通兑业务、支票圈存和截留业务、公用事业收费、工资、养老金和保险金的发放等业务。

2. 实行7×24小时连续运行。小额批量支付系统为对网上支付及其电话纳税等诸多服务提供结算支持，同时为满足法定节假日的支付活动需要，实行的是“全时”服务，也就是所谓的7×24小时连续运行。

目前，小额批量支付系统支持五种类型支付业务。主要是普通贷记业务、普通借记业务、定期贷记业务、定期借记业务、信息服务业务。

1. 普通贷记业务。普通贷记业务指付款人通过其开户银行办理的主动付款业务，主要包括规定金额以下的汇兑、委托收款划回、托收承付划回、网上银行支付业务。目前，小额支付系统处理贷记业务的金额上限为5万元，即只有金额≤5万元的贷记支付业务可以通过小额支付系统处理，对金额>5万元的业务应通过大额实时支付系统处理。

2. 定期贷记业务。定期贷记业务指付款人开户银行依据当事各方事先签订的合同或者协议，定期向指定的收款人开户银行发起的批量代付工资、养老金、保险金、国库各类款项的付款划拨等，其特点是单个付款人同时向多个收款人发起付款指令。定期贷记业务与普通贷记业务一样也受金额上限规定的控制。

3. 普通借记业务。普通借记业务指收款人通过其开户银行向付款人开户银行主动发起的收款业务，包括人民银行机构间的借记业务、国库借记汇划业务和支票截留业务。

4. 定期借记业务。定期借记业务指收款人开户银行依据当事各方事先签订的合同或者协议，定期向指定的付款人开户银行发起的批量收款业务，如收款人委托其开户银行收取水、电、煤气等公用事业费用，其特点是单个收款人向多个付款人同时发起收款指令。

5. 实时贷记业务。实时贷记业务指付款人委托其开户银行发起的，将确定款项实时划拨到指定收款人账户的业务，主要包括国库实时缴税、跨行个人储蓄通存业务。

6. 实时借记业务。实时借记业务指收款人委托其开户银行发起的，从指定付款人账户实时扣收确定款项的业务，主要包括国库实时扣税、跨行个人储蓄通兑业务。

7. 信息查询服务。信息服务业务指支付系统参与者间相互发起和接收的，不需要支付系统提供资金清算服务的数据信息查询服务，诸如清算组织提交给商业银行的代收付信息的查询和支票圈存相关信息的查询。

小额批量支付系统的业务流程采取“24小时连续运行，逐笔发起，组包发送，实时传输，双边轧差，定时清算”的做法。小额系统实行7×24小时连续运行，系统每一工作日运行时间为前一自然日16：00至本自然日16：00；发起行逐笔发起小额业务，组包后经城市处理中心或国家处理中心实时传输至接收行；同行业务在城市处理中心、异地业务在国家处理中心逐包按收款清算行或付款清算行双边轧差，并在规定时点提交支付清算系统清算。城市处理中心、国家处理中心每日16：00小额系统日切后进行当日最后一场轧差清算，日切后的业务则纳入次日每一场轧差清算处理。小额系统轧差净额的清算日为国家法定工作日，清算时间为8：30—17：00，如遇节假日，小额系统仍可继续轧差和转发业务但所有轧差净额暂不进行资金清算，统一在节假日后的第一个法定工作日进行清算。

（三）支票影像交换系统

支票影像交换系统是指运用影像技术将实物支票转换为支票影像信息，通过计算机及其网络技术将影像信息传递至出票人开户银行提示付款的业务处理系统。支票影像业务的处理分为影像信息交换和业务回执处理两个阶段，支票提出银行通过影像交换系统将支票影像信息发送至提入行提示付款；提入行通过小额支付系统向提出行发送回执完成付款。它是中国人民银行继大小额支付系统建成后的又一重要金融基础设施。影像交换系统定位于处理银行机构跨行和行内的支票影像信息交换，其资金清算通过中国人民银行覆盖全国的小额支付系统处理。

全国支票影像交换系统采用三层结构设计模型来完成支票信息采集传递及其资金的清算：第一层是由影像交换总中心负责接收、转发跨分中心的支票影像信息；第二层是由影像交换分中心负责接收、转发同一区域内的支票影像信息，并向总中心发送和接收跨分中心的支票影像信息；第三层是由票据交换所负责采集支票影像信息和录入电子清算信息，按规定格式生成支票业务报文。影像交换系统主要处理异地的跨行和行内支票影像交换业务，同时还支持银行汇票、商业汇票和银行本票托收类型业务的影像传递处理。

影像交换系统实行 7×24 小时连续运行，每个系统工作日的运行时间为上一个工作日 16：00 至当前工作日 16：00。影像交换系统日切时间和小额支付系统日切时间保持一致，系统在每一工作日 16：00 日切后进入下一工作日。中国人民银行根据需要可以调整日切时点。影像交换系统的处理流程包括三个阶段：第一阶段是纸质票据流的形成，也就是收款行完成纸质支票的截留和影像采集；第二阶段是影像信息流的形成，也就是影像交换系统将影像业务信息传递给出票人开户行审核付款；第三阶段是资金清算流的形成，也就是出票人开户行通过小额支付系统返回业务回执并完成资金清算。

支票影像交换系统采用基于模式识别和图像处理技术的电子验印技术，并利用计算机来实现印鉴的自动识别。其基本原理是：通过数码相机或扫描仪等图像采集设备，将客户预留印鉴的图像采集到计算机系统，并经过图像处理算法形成电子标准印鉴数据。核验印鉴时，待测印鉴通过图像采集设备被采集入计算机系统，同时，计算机系统调出相应的电子标准印鉴。经过预处理、定位、分割、配准和比对系列的图像处理算法，计算机系统会自动给出待测印鉴真伪的结论。票据缩微系统可以从全国支票影像交换系统和提入行自身的电子验印系统获取票据图像。对于批量采集或者速度要求高的场合，可以选用符合国际标准的数码相机和高速扫描仪，这样使得驱动开发更加通用。同时，用模式识别技术自动识别票据要素。根据纹理、笔画和前后关系等信息，智能判断票据是否被涂改。同时完成手写签字的存储、网络传递、显示和关键笔画的特征提取。提入行可以采用印鉴核验方式或支付密码核验方式对支票影像信息进行付款确认。人民银行规定，支票影像及其捆绑信息，必须经过数字签名，以确保信息的完整、安全和不可抵赖性。

（四）电子商业汇票系统

电子商业汇票系统是由中国人民银行批准建立的，依托网络和计算机技术，接收、登记、转发电子商业汇票数据电文，提供与电子商业汇票货币给付、资金清算行为相关服务并提供纸质商业汇票登记查询和商业汇票公开报价服务的综合性业务处理平台。电子商业汇票系统由电子商业汇票业务处理模块、纸质商业汇票登记查询系统模块和商业汇票转贴现公开报价模块组成。2017 年 10 月 9 日，电子商业汇票系统移交切换至上海票据交易所，国内 310 家电子商业汇票系统接入点全部切换至上海票据交易所，电子商业汇票相关的出票、承兑、贴现、转贴现所有业务开展顺利。电子商业汇票系移交至上海票据交易所是人民银行从建立全国统一的票据市场工作全局出发做出的重要决策部署，是整合票据市场基础设施资源的顶层设计。有利于实现商业汇票的签发、流转、交易和结算的统一服务，形成国内统一的、规范的、效率更高的票据市场。目前，电子商业汇票系统的运行时间与大额实时支付系统的运行时间相同。

电子商业汇票系统的建成将从根本上解决纸质商业汇票交易方式效率低下、信息不对称、风险较大等问题。其次，电子商业汇票系统的建成对企业、商业银行、中央银行和票据市场的发展意义重大。对企业来说，电子商业汇票不仅提供了纸质票据的所有功能，更重要的是企业在使用过程中不受时间和空间的限制，交易资金在途时间大大缩短，资金周转效率明显提高。对商业银行来说，电子商业汇票系统的建成不但使电子票据能够实现实时、跨地区流通使用，而且节省了纸基票据业务的人工成本，节约票据印制成本，降低票据保管成本，规避票据遗失风险，增强了业务的安全性，加快了结算速度，从而有效提高银行的金融服务效率。对中央银行来说，电子商业汇票系统的建成将使中央银行成为电子商业汇票市场的一个经常性交易主体，未来可能成为中央银行公开市场操作的一个主要手段，增加中央银行货币政策操作的弹性和力度，提高中央银行调控货币市场的能力，畅通货币政策传导机制。通过电子商业汇票系统，中央银行能够全面监测商业汇票各种票据行为，准确了解资金流量流向，为宏观经济决策提供重要参考依据。

电子商业汇票业务处理功能模块是电子商业汇票系统最重要业务模块，通过该模块可为各行客户签发的电子商业汇票实行集中登记存储，并提供互联互通的流通转让平台，实现电子商业汇票出票、承兑、背书、保证、提示付款、追索等业务流程的电子化。同时，与银行、财务公司行内系统及人民银行的现代化支付系统连接，可实现电子商业汇票贴现、转贴现、再贴现等融资交易和提示付款的即时转账结算，同步完成票据融资交易的交割，实现票款对付。

纸质商业汇票登记查询功能模块是系统参与者必须参加的模块，它能够为纸质商业汇票承兑、贴现、转贴现、再贴现、质押、质押解除、挂失止付等票据行为提供登记查询服务，实现纸质商业汇票票面信息的集中登记存储，便利纸质商业汇票的贴现、质押业务查询。

商业汇票转贴现公开报价模块是指电子商业汇票系统为系统参与者提供电子商业汇票和纸质商业汇票转贴现公开报价服务的业务。

第三节 网上银行业务范围

网上银行的业务品种主要包括基本业务、网上投资、网上购物、个人理财、企业银行及其他金融服务。其中，商业银行提供的基本网上银行服务包括在线查询账户余额、交易记录，下载数据，转账和网上支付。网上投资的金融产品包括股票、期权、共同基金投资等多种金融产品。而网上银行设立的网上购物协助服务，大大方便了客户网上购物，为客户在相同的服务品种上提供了优质的金融服务或相关的信息服务. 也加强了商业银行在传统竞争领域的竞争优势。目前，各大银行将传统银行业务中的理财助理转移到网上进行，通过网络为客户提供理财的各种解决方案，提供咨询建议，或者提供金融服务技术的援助，从而极大地扩大了商业银行的服务范围. 并降低了相关的服务成本。而企业银行服务则是网上银行服务中最重要的部分。其服务品种比个人客户的服务品种更多，相关技术的要求也更高，能够为企业提供网上银行服务是商业银行经营实力的重要象征。除了银行服务外，大部分的网上银行还会通过自身或与其他金融服务网站联合的方式，为客户提供多种金融服务产品，如保险、抵押和按揭，以扩大网上银行的服务范围。

一、个人网上银行业务范围

（一）网上银行账户管理

各家商业银行个人网上银行账户的管理，往往会包括在“我的账户”和“我的网银”两个功能模块中。目前，各个商业银行的个人网上银行业务丰富且功能强大。其主要的业务模块或相关网页组成主要有：我的账户、转账汇款、自助缴费、投资理财、结售汇、在线贷款、网上保险、资金归集、我的网银、我的报告。而对于目前网上银行的热点业务，网上银行还会提供我的账户、转账汇款、自助缴费、投资理财、贷款融资、网上商城、我的网银等快捷方式。

个人网上银行“我的账户”功能向用户提供各类注册银行卡和存折的管理，可以通过此功能，查询银行卡或存折的交易明细、银行卡消费积分、电子工资单，办理银行卡或存折的临时挂失、银行卡或存折关联设置等业务。通过个人网上银行可以实时查询银行卡或存折的余额和交易明细，为账户管理提供便捷；银行卡或存折的网上临时挂失，快速方便，保障账户的资金安全；账户信息全面、详尽，提供 7×24 小时全天候服务，是真正的账户管家。需要说明的是，用户在网上进行银行卡或存折挂失仅为临时挂失，需持本人身份证原件到本行营业网点办理正式挂失手续。点击查询账户信息，可以看到账户的信息，如想更为详细的看自己的账户，还可以点击查看更详细的信息。

“我的网银”由“网银证书管理”“密码管理”“功能申请”“动态密码版网银管理”“快捷菜单定制”和“网银背景选择”等具体功能模块组成。用户点击“我的网银”分项功能可以进行相关账户的不同管理工作。点击密码管理，进入修改电子银行密码页，用户输入原电子银行密码和新的电子银行密码后，完成密码的整个修改工作。

（二）网上银行转账汇款

网上银行转账汇款包括银行内部互转业务、跨行汇款业务、普通汇款、信用卡还款、预约行内转账、批量转账多个功能模块。用户在进行转账汇款业务前，需进行网银转账功能申请，根据需要开通电子支付功能、支付宝卡通功能或者银联无卡支付功能。若用户开通网银账户在线缴费和网上商城购物功能，则选择电子支付功能的开通，用户还需要输入单笔支付限额和日累计支付限额，完成开通电子支付功能的开通。

银行内部互转业务提供向开立在本行同城或异地的个人或企业账户进行资金划转，资金实时到账的服务，可以大大提高资金效率，目前大多数银行都是免手续费办理。商业银行提供转账汇款，实际是提供向关联银行卡或存折账户以外的其他银行账户进行转账汇款的业务。具体操作步骤如下：选择转出账户，并填写付款人、账号及其转账金额，收款人姓名、账号，当然，用户还可以填写手机号和用途。

跨行汇款业务是指向开立在其他银行同城或异地的个人或企业账户进行汇款，资金到账时间取决于对方银行。跨行汇款网上受理时间为工作日 8：40 至 17：00；若在银行工作日受理时间内办理跨行汇款，银行将在当天将用户的款项汇出；若在受理时间之外通过此交易办理汇款，银行将转入下一工作日（遇节假日顺延）处理。跨行汇款分为普通汇款和快速汇款。通过个人网上银行转账是非常方便快捷的，个人网上银行转账汇款突破了传统转账汇款只能在工作时间到银行网点办理的限制，5 万元以下汇款用户可以 7×24 小时操作，免去在网点的排队等候之忧，节约了宝贵时间。

用户进行普通汇款，须在相关页面上面填写收款人信息、收款银行信息、转账金额、收款人手机号、用途、付款人手机号。若用户想要进行快速汇款，则选择汇出账户、填写收款人信息、收款银行信息、转账金额、收款人手机号、用途、付款人手机号。

用户选择信用卡还款，是通过网上银行归还本行的信用卡钱款。同时，用户还享受网上银行提供 7×24 小时服务，并免支付手续费。选择付款账号，填写收款人信息，也就是信用卡的卡号和还款金额。现在大多数的银行提供跨行还信用卡业务。

预约行内转账是指用户设定预约转账日期、金额等转账条件，由开户银行按照用户事先设定的转账条件自动从转出账户向个人或企业转入账户进行资金划转。使用该项业务时，用户须填写转出账户信息、收款人信息、预约转账条件。

批量转账是指用户通过一次性提交多笔转账指令，可以同时向多个本行或他行个人账户的划转资金，一次操作可以完成多笔转账汇款业。节约时间，流程简便。批量转账功能包括新建批量转账文件和修改批量转账文件两项功能供使用。若用户选择新建批量转账文件，则还需要选择行内转账或跨行转账后，在系统弹出的新建批量转账收款账户信息页面，填写收款人信息和收款人手机号码、款项用途和选择加入收款人名册。如果添加后的信息有需要修改的地方，可以对选定的批量转账文件进行修改。若用户进行批量转账时，须以在线指令提交方式选择所有需要转账的用户，完成批量转账业务操作。若用户进行转账汇款记录查询的操作，可在单笔转账汇款查询或批量转账汇款查询两种查询方式中进行选择。若用户选择了单笔转账汇款查询方式，则在相关页面上面选择转出账号或卡号和选择起止日期。若用户选择了批量转账汇款查询方式，则在相关页面上面选择转账方式和选择起止日期后就可以进行查看。若用户需要进行转账汇款手续费的计算，则在相关界面上面填写汇款类型、收款人性质、转账金额后，系统则会将手续费计算结果显示在下面的页面中。目前，大部分商业银行行内转账暂时是不收取手续费的，跨行汇款根据金额的不同收取的手续费是不一样的。

（三）网上自助缴费业务

个人网上银行自助缴费业务是本行为个人用户在电子商务平台购物过程中提供在线资金结算服务的业务。通过网上支付业务，对电子商务平台生成的订单进行支付操作。目前主要有卡密支付和信用卡、支付证书支付方式供选择。其中，卡密支付和信用卡支付方便快捷，支付时直接输入卡号、支付密码或交易密码即可完成支付。但卡密支付和信用卡支付有一定的限额限制。证书支付的支付限额高、安全，支付时需要插入 USB KEY 进行数字证书签名。证书支付限额以用户转账限额为限。

用户使用在线缴费功能可以实现通信费、水费、供暖费、电费、学费、二手房款以及抄单燃气费等缴费项目。用户通过浏览器在网上浏览商品，选择货物，填写网络订单，选择应用的网络支付结算工具，并且得到银行的授权使用。用户机对相关订单信息，如支付信息进行加密，在网上提交订单。商家服务器对用户的订购信息进行检查、确认，并把相关的、经过加密的用户支付信息转发给支付网关，直到银行专用网络的银行后台业务服务器确认，以期从银行等电子货币发行机构验证得到支付资金的授权。用户通过网银付款，输入用户 ID，点击确认，即支付成功。银行验证确认后，通过建立起来的经由支付网关的加密通信通道，给商家服务器回送确认及支付结算信息，为进一步的安全，给用户回送支付授权请求。银行得到用户传来的进一步授权结算信息后，把资金从用户账号上转拨至开展电子商务的商家银行账号上，借助金融专用网进行结算，并分别给商家、用户发送支付结算成功信息。商家服务器收到银行发来的结算成功信息后，给用户发送发货通知。一次典型的网上支付结算流程结束。

（四）网上银行贷款业务

网上贷款，是各大商业银行个人网上银行系统一项重要功能。既可使用户减少定期存款提前使用的利息损失，同时用户也无需再到银行网点，轻松操作鼠标，几分钟即可获得银行贷款。网上贷款的主要有抵押贷款、信用贷款、担保贷款、贴现贷款。个人网上银行贷款业务为用户提供线上额度申请、个人授信项下在线提款、贷款信息查询及部分产品的提前还款服务。个人用户填写好各项资料后提交线上申请，系统审核后自动放款，无需人工审查。用户选择还款方式，一般银行会提供多种还款方式，在选择时，用户根据需要自由选择。其中，等额本息还款方式是指借款人采用分期还款时，借款人按期以相等的金额偿还贷款本息而利息分期结清的还款方式；等额本金还款方式是指借款人采用分期还款时，借款人按期以相等的金额偿还贷款本金而利息分期结清的还款方式。按季结息是指借款人每季度末月 20 日结清当期贷款利息，于贷款到期日结清全部贷款本金及未偿还贷款利息的还款方式。采用该还款法的贷款总期限不得超过 3 年（助学贷款除外）。利随本清是指全部贷款本金及利息于贷款到期日一次性全部结清的还款方式。采用该还款法的贷款总期限不得超过 1 年。为了向广大个人用户提供便利的网上贷款申请服务，网上申请可 24 小时提交，银行接到申请后，会安排距离用户最近网点的用户经理主动与用户联系，提供有关的咨询并安排贷款事宜。同样的额度、同样的三步申请，一分钟就可迅速匹配信贷经理。门槛更低、费率更低、品种更丰富。在网上贷款成功后，也可以做到足不出户，进行贷款情况的查询。

（五）网上银行理财服务

用户通过个人网上银行，可以开通使用网上银行进行理财产品交易的功能。如果在柜面已签约网银渠道，则可以直接在网上银行进行交易，网上银行不需要再次签约。如果用户在柜面开通了其他渠道（未开通网银渠道），在个人网银进行交易时，需要先进行网上银行投资理财渠道签约。个人存款业务理财包括有卡内储蓄理财和通知存款理财。卡内储蓄理财业务包括整存整取、零存整取、定活通和大额存单。个人网上基金为用户提供了基金签约管理、基金买入、基金赎回、基金转换、变更分红方式、查询基金相关信息和查询基金交易记录等功能。用户通过网上银行进行基金理财时，应在基金页面阅读代销基金业务风险提示书。基金签约时可以进行修改和解约。基金购买前，用户先完成风险评估。银行提供的基金产品有很多款，风险程度和资金需求都有所不同。用户可以通过历史委托查询、当日委托查询和我的基金和基金账户管理等功能模块进行基金日常管理。

不同开卡行下的借记卡可能显示不同的理财产品，查询或购买理财产品时进入到理财界面，可以查询商业银行发行的网银渠道销售的理财产品信息，并对处于募集期内或开放期内的理财产品进行购买。首次购买理财产品网上银行会出现风险提示页面，首次购买成功后再次购买同一只产品，不出现风险提示页面。若投资者风险评测等级与产品风险等级不匹配（低于产品风险等级），会出现弹出框提示用户购买的理财产品风险等级高于用户风险承受能力评测的结果，是否继续？若产品风险等级等于或低于投资者风险评测等级，将不进行提示。认购金额需大于等于起点金额、并小于等于单笔最高金额，同时应为递增金额的整数倍。认购委托成功提交后，认购资金被冻结。认购资金在扣款之前按活期存款计息，清算后扣款。账户可用余额显示的是账户余额扣除被冻结资金之后的余额。申购金额需大于等于起点金额、并小于等于单笔最高金额，同时应为递增金额的整数倍。申购产生的手续费采用内扣方式。申购委托成功提交后，申购资金被冻结。申购资金在扣款之前按活期存款计息，清算后扣款。账户可用余额显示的是账户余额扣除被冻结资金之后的余额。每只理财产品交易时间不同，非交易时间内不能完成申购交易，交易时间段可通过点击产品名称弹出的单只产品信息页面中查询。并通过网上银行完成理财产品的申购。产品存续期内对其通过网银渠道和柜面渠道成功购买的理财产品提交赎回委托，理财产品的赎回采取份额赎回方式。封闭式理财产品不支持赎回交易，开放式产品支持全部或部分赎回。对于同一笔交易每个清算日只可通过网上银行提交一次赎回申请，若需对同笔交易再次提交赎回委托，需先对原赎回委托进行撤销。

二、个人手机银行业务范围

手机银行是利用移动通信网络及终端办理相关银行业务的简称。移动银行业务不仅可以使人们在任何时间、任何地点处理多种金融业务，而且极大地丰富了银行服务的内涵，使银行能以便利、高效而又较为安全的方式为其用户提供传统和创新的服务。

（一）手机银行账户管理

个人手机银行账户管理功能主要包括有余额查询、当日明细查询、历史明细查询、查询工资明细、注册卡维护、账户挂失、默认账户设置、我的住房公积金、账户追加、账户撤销、别名设置、默认账户设置、账户挂失、停用/启用副卡、设置副卡额度等功能模块。其中，账户追加功能可以通过此功能追加本人名下的账户，追加成功的账户为非签约账户，拥有非签约账户相应的服务功能。用户打开账户查询菜单，可以看到包括账户查询、历史明细查询、工资明细查询和银行卡优惠升级服务等具体功能显示。在银行卡管理界面会显示账号数字，包括有挂失、限额管理、修改电子银行密码和添加银行卡等具体使用功能。若用户办理挂失账户，则应该知道账户挂失功能主要是对对签约和非签约账户办理紧急挂失。紧急挂失有效期为 5 天，如需正式挂失，用户需在紧急挂失有效期内前往银行网点办理正式挂失手续。信用卡账户不能通过此功能办理账户挂失。

（二）手机银行转账汇款业务

用户进行手机银行转账汇款，须进入跨行快速汇款页面，核对转出卡号、输入收款账号、收款银行名称、收款人姓名、转账金额、用途、电子银行密码信息后，用户核对并确认信息，输入动态密码，完成跨行快速汇款业务。个人手机银行转账汇款功能包括：签约账户转账、手机号转账、行内转账、跨行汇款、定活互转、按址汇款、密码汇款、汇款查询、收款人名册、汇兑业务状态查询。其中，签约选择账户转账，用户可以通过实现本人名下两个签约账户之间的转账。选择手机号转账，本行手机银行非自助注册用户通过输入收款方手机号码，收款人姓名的方式，将本人手机银行签约账户资金转入对方手机银行的默认账户。选择行内转账，则行内转账的收款方可为同城或异地的行内个人用户、行内公司用户和信用卡用户。选择跨行汇款，则跨行汇款的收款方可为同城或异地的他行个人用户或他行公司用户，包括普通入账与实时入账两种方式。选择定活互转，可以通过手机银行将卡内活期人民币、外币主账户与定期人民币、外币子账户之间的资金转换，包括活期转定期、定期转活期两种形式。选择按址汇款，则可以通过此功能实现指按汇款人提供的收款人名址等信息，通过手机银行可以实现汇款办理、申请退汇/改汇等业务。选择密码汇款，则可以实现向全国任一地址进行凭密码取款的汇款。若用户为密码汇款收款人，可以直接通过我行手机银行的密码汇款申请兑付功能将款项结转到用户已开通手机银行的本币结算账户中。选择收款人名册，则可以对行内转账、跨行普通汇款、跨行实时汇款、手机号转账、按址汇款的历史收款方记录，进行增加、查询、修改和删除操作。选择汇兑业务状态查询，则能够办理按址汇款、密码汇款业务后凭汇票号码查询手机银行渠道汇出的汇款兑付状态信息。

（三）手机银行支付业务

个人手机银行支付业务是指允许移动用户使用其手机对所消费的商品或服务进行账务支付的一种服务方式。用户只需开设一个手机支付账户，用户可通过该账户可以进行远程购物（如互联网购物、缴话费、水费、电费、燃气费及有线电视费等）。开通手机支付业务后，可以使用手机银行进行现场刷卡消费。目前，个人手机支付主要有三种方式：（1）费用通过手机账单收取。用户在支付其手机账单的同时支付了这一费用，在这种方式中，移动运营商为用户提供了信用，但这种代收费的方式使得电信运营商有超范围经营金融业务之嫌，因此其范围仅限于下载手机铃声等有限业务，交易额度受限。（2）费用从用户的开通手机银行账户（即借记账户）或信用卡账户中扣除，在该方式中，手机只是一个简单的信息通道，将用户的银行账号或信用卡号与其手机号联接起来，如果更换手机号则需要到开户行做变更。（3）无绑定手机支付，个人用户无需在银行开通手机支付功能，即可实现各种带有银联标识的借记卡进行支付，采用双信道通讯方式进行通讯，非同步传输，更加安全快捷，相对而言此种方式最为简单，方便，快捷。

（四）手机银行理财服务

目前，个人手机银行能提供基金、理财、储蓄理财、贵金属、手机保险、第三方存管、理财工具等丰富的投资理财功能。对于基金理财，用户可办理开放式基金交易账户开户、基金认购、申购、赎回、定投、转换、基金分红方式变更、指定日期交易、定期定额赎回、基金定投申请修改、浮动盈亏试算、基金信息及交易查询等业务。支持 7×24 小时挂单撤单（定期定额申购除外），以及 7×24 小时基金持仓信息、交易和分红记录查询。用户可以全天候完成认购、申购、赎回、转换、变更分红方式、查询、登记 TA 账号、基金交易账户开户、撤单等全部基金交易委托。用户在交易时间（每周一至周五 9：00—15：00，认购截至时间为 16：00）以外时点所做交易系统将会视为下一日交易。定期定投交易需在交易时间内完成。对于贵金属理财，可选择人民币、美元两种结算货币进行黄金、白银买卖，并可进行账户贵金属交易账户设定、交易信息查询等操作。查询并撤销个人手机银行发起的委托交易，查询当日及12个月内的账户贵金属买卖成交状况。贵金属的服务时间是：周一早上7点至周六凌晨5：00（纽约夏令时），周一早上7点至周六凌晨6：00（纽约冬令时）。对于手机保险，可通过个人手机银行查询在售保险产品、在线投保、缴纳保费，还可查询已持有的保单和历史交易记录，并对满足条件的保单进行续保、撤保、退保。对于第三方存管，可通过该服务实现资金在银行结算账户与证券保证金账户之间的划转，以及查询证券保证金账户信息、交易历史信息等。转账服务时间为证券公司工作时间，台账查询服务时间为证券交易日8：30至16：40。

三、企业网上银行业务范围

目前企业网上银行可实现账户管理、收付款管理、跨行收款、批量转账、预约转账、同名账户互转、代发工资、集团服务、企业管理台、用户服务等多种功能服务。而且通过网上银行，企业用户可以强化自身的财务管理，缩短日常业务办理时间，提高企业资金营运效率，节约企业运营成本，实现企业财富的不断增值。

（一）企业网上银行账户管理

企业可通过网上银行对已注册账户进行余额查询、明细查询等操作，并可查询已注册账户在网上银行进行的所有金融性交易的当前状态，实时掌控企业账户资金动向。账户管理功能可以为企业用户提供7×24小时服务。账户管理中的电子回单功能主要为企业用户提供网银付款交易电子回单的查询、下载、打印和补打，以及验证功能。主要服务于需要了解网银交易明细、验证网银交易真伪以及获取交易凭证的企业用户。而银企对账业务是指用户通过企业网上银行获取账户余额对账单，对账户余额进行确认，并提交对账结果，即可在线完成银企对账。由于通过企业网银进行银企对账省去了对账单打印及其在银行与用户之间传递的环节，用户只需要登录企业网银即可完成对账，方便高效。企业网银采用PKI公钥体系结构、128位SSL安全通信协议、动态密码键盘等国际先进技术，用户使用无法复制的电子证书办理业务，从根本上保证对账信息和账户资金安全。

（二）企业网上银行汇款业务

企业网上银行汇款业务功能主要包含单笔委托、批量委托、修改、复核、授权、撤销、查询、新增收款人、查询/维护收款人等子功能，用于在线提交转账汇款指令，实现资金从一个账户向另一个账户（包含同行系统内账户或其他银行账户）的汇款。

（三）企业网上银行代收代付业务

企业网上银行代收代付一般包括实时纳税、快捷代收、快捷代发和代发工资等。省时省力，随时查询入账情况，方便快捷。选择实时纳税，可以实现在网上进行7×24小时的实时纳税。用户可通过该功能进行纳税申请、授权、操作记录查询。选择代发工资业务，则可为企业提供员工工资、报销款项及其他各类人民银行相关规定许可的代发资金的批量委托代发服务；还可为有相应需求的企业提供主动收取个人各类应缴费用的服务，加快企业资金回笼。选择快捷代收，可协助企业实现主动从个人账户向企业账户扣划资金的操作，资金扣收范围包括同行个人结算账户及同业他行账户。只要在银行开立人民币账户的单一或集团企业用户，均可通过企业网上银行实现 7×24 小时全天候受理网上银行快捷代收交易指令，办理该项业务。选择快捷代发，则实现企业用户在线完成工资代发、其他款项代发等操作，处理时效性高、实现混合卡提交、大批量上传等功能，操作更便捷。只要在银行开立人民币账户的单一或集团企业用户，均可通过企业网上银行实现 7×24 小时全天候受理网上银行快捷代发交易指令，办理该项业务。

（四）企业网上银行贷款业务

各大银行借助方便、快捷的互联网技术，一站式解决小企业融资申请难题。融资资金按需调动、自由归还，满足小企业随时随地的融资需要。任何企业通过网上简单注册，即可申请企业网上贷款。无抵押、无担保也有机会获得一定的贷款融资。银行授信受理进度全程透明，专人全流程跟进，最快 15 个工作日获得融资。网上自助贷款做到了随借随还，融资资金根据企业需要循环使用。融资期限最短可 1 天以内，最长 2 年，企业自主选择、灵活使用。网上自主无纸化提款、付款，最快 1 个工作日内贷款资金到账，贷款使用情况网上及时查询。网上随时归还贷款资金，还款操作实时生效，企业省息更省心。网上支付账户资金不足时，系统自动补足差额，无缝使用企业授信。无需提款申请，无需漫长等待，贷款资金随用随到。

（五）企业网上银行付款业务

企业网上银行付款包括有网上银行付款、付款信息维护、付款复核、付款授权、复核/授权信息维护。

网上银行付款业务包括单笔付款和批量付款。用户进行单笔的付款，在线产生付款数据文件，然后通过本交易将批量付款数据文件导入网银的在线交易系统。批量付款是企业操作员首先通过离线用户端系统，录入、产生批量付款数据文件，然后通过本交易将批量付款数据文件导入网银的在线交易系统，经授权后提交银行进行处理。

付款信息维护包括单笔维护和批量维护两种。企业录入员可使用该功能模块维护自己录入的交易信息。企业复核员、授权员可使用单笔维护交易，查询一段时间内交易的复核或授权情况。单笔维护时，企业录入员可通过此交易操作，查询自己在某一时间区间内提交的单笔付款交易信息，并可对其进行维护。批量维护是企业录入员通过此交易操作，查询维护某一时间区间内的批量付款交易信息。

付款复核是面向企业复核员的功能模块，复核员通过此交易对录入员提交的转账业务进行复核授权操作，包括单笔复核和批量复核。其中，单笔复核时，复核员通过此交易对录入员提交的单笔转账业务进行复核授权操作；而批量复核是指复核人员通过此交易对录入员的批次转账业务进行复核授权操作。

付款授权是面向企业授权员的功能模块，授权员通过此交易对录入员的转账业务进行授权交易操作，包括单笔授权和批量授权两种操作模式。单笔授权时，企业授权员对于在线单笔录入的转账交易进行授权操作。批量授权时，企业授权员对提交的批量转账交易进行授权。

复核/授权信息维护，是供企业复核员和授权员，对一定时间区间内的复核和授权交易信息进行查询的功能模块。包括批量维护和预约取消两项功能。批量维护时，企业复核员、授权员通过批量维护操作，可以查询一定时间内的批量复核授权交易信息。进行预约取消操作，则是使企业授权员在预约日期到来之前，可取消其所做的预约交易。

思考题

1. 网上银行业务的主要特征是什么？
2. 网上银行的类型是哪些？
3. 网上银行运营的技术要求是什么？
4. 网上银行系统建设须遵循的原则是什么？
5. 人民银行支付系统具体由哪几个系统组成？
6. 网上银行业务范围主要是哪几个方面？

第五章
P2P 网贷

第一节　P2P 网贷业务的主要特征及其作用

P2P 是英文 peer - to - peer 的缩写，peer 在英语里有"同等者""同事"或"伙伴"的多重涵义。P2P 网贷是互联网金融业务的一种。P2P 网贷指民间个人与个人之间的小额借贷交易，一般需要借助电子商务专业网络平台帮助借贷双方确立借贷关系并完成相关交易手续。借款者可自行发布借款信息，包括金额、利息、还款方式和时间，自行决定借出金额实现借款。

一、P2P 网贷业务在国内外的发展历程

孟加拉国经济学家穆罕默德·尤努斯博士这位 2006 年度诺贝尔和平奖获得主，长期以来一直坚持认为现代经济理论在解释和解决贫困方面存在着严重的缺陷，为此他于 1983 年创建了格莱珉银行，开创和发展了"微额贷款"的服务，专门提供给因贫穷而无法获得传统银行贷款的创业者。格莱珉银行通过开展无抵押的小额信贷业务和一系列的金融创新机制，不仅创造了利润，而且还使成千上万的穷人尤其是妇女摆脱了贫困，使扶贫者与被扶贫者达到双赢。格莱珉银行目前已经成为 100 多个国家的效仿对象和赢利兼顾公益的标杆。这一模式就是最初的 P2P 网贷雏形。

P2P 网贷的雏形，起源于英国人理查德·杜瓦、詹姆斯·亚历山大、萨拉·马休斯和大卫·尼克尔森四位年轻人。2005 年 3 月，他们创办的全球第一家 P2P 网贷平台 zopa 在伦敦上线运营。如今 zopa 的业务已扩至意大利、美国和日本，平均每天线上的投资额达 200 多万英镑。在 zopa 网站上，投资者可列出金额、利率和想要借出款项的时间，而借款者则根据用途、金额搜索适合的贷款产品，zopa 则向借贷双方收取一定的手续费，而非赚取利息。而后逐步扩大到美国、德国及其他国家。其典型的模式为：网络信贷公司提供平台，由借贷双方自由竞价，撮合成交。资金借出人获取利息收益，并承担风险；资金借入人到期偿还本金，网络信贷公司收取中介服务费。

中国于2007年开始出现P2P网贷平台，经过三四年的发展低潮，到2011年，中国网贷平台进入快速发展期，大量网贷平台纷纷上线。进入2013年，网贷平台更是以每天1至2家新平台上线的速度发展。截至2018年12月，国内P2P网贷行业累计成交量突破8万亿元大关，国内P2P网络借贷平台的发展历程，自2007年开始至今大约经历了四个主要的发展阶段：

第一阶段，P2P网贷业务起步期和探索期（2007年—2012年）。鉴于国外P2P借贷发展的成功，P2P被迅速引入国内。2007年国内首家网络借贷平台拍拍贷在上海成立，让很多敢于尝试互联网投资的投资者认识了P2P网络借贷模式，标志着中国P2P网贷业务开端，其后一部分具有创业冒险精神的投资人随之尝试开办了P2P网络借贷平台。这一阶段，全国的网络借贷平台发展到20家左右，活跃的平台只有不到10家，主要分布在上海、深圳等地区，其中较著名的活跃平台主要有拍拍贷、宜信、红岭创投等。截至2011年年底，月成交额大约5亿元，有效投资人数1万人左右。中小企业的融资难问题一直是中国各级政府想要极力解决的难题，可是国内商业银行的工作重点一直放在大企业上面。高门槛、繁琐的流程使大批急需资金的中小企业望而却步，而P2P网络借贷平台的出现恰好能够及时有效破解这一难题。相比传统商业银行的高门槛，P2P网贷平台为广大中小微企业提供了一个便利，快捷的融资渠道，解决了大部分中小微企业的资金需求，很好地填补了传统银行无法覆盖的市场，在小额贷款领域贡献明显，受到民间市场的广泛认可。另外一方面，P2P网贷平台投资收益比其他理财产品偏高，并且投资门槛很低，普通民众即可参与其中，盘活了民间的闲散资金，增加了资金在市场上的流动性，为广大民众提供了继贵金属、房地产、股票之后的又一大投资理财方式。

网络借贷平台初始发展期，绝大部分创业人员都是互联网创业人员，没有民间借贷经验和相关金融操控经验，因此他们借鉴拍拍贷模式以信用借款为主，只要借款人在平台上提供个人资料，平台进行审核后就给予一定授信额度，借款人基于授信额度在平台发布借款标。但由于中国的公民信用体系并不健全，平台与平台之间缺乏联系和沟通，随之出现了一名借款人在多家网络借贷平台同时进行信用借贷的问题，最为著名的是天津一个网名叫坦克的借款人，在多家平台借款总额高达达到500多万元，这笔借款最终因逾期成为各个平台的坏账。基于以上问题的重复叠加出现，各个网络借贷平台于2011年底开始收缩借款人和授信额度，很多平台借款人因此不能及时还款，造成了借款人集中违约。以信用借款为主的网络借贷平台于2011年11月至2012年2月遭遇了第一波违约风险，此时网络借贷平台最高逾期额达2500万元，诸多网络借贷平台逾期额超过1000多万元，有超过千万的坏账无法收回。

第二阶段，P2P网贷业务扩张期（2012年—2013年）。这一阶段，网络借贷平台开始发生变化，一些具有民间线下放贷经验同时又关注网络的创业者开始尝试开设P2P网络借贷平台。同时，一些软件开发公司开始开发相对成熟的网络平台模板每套模板售价在3万元到8万元，弥补了这些具有民间线下放贷经验的创业者开办网络借贷平台技术上的欠缺。基于以上条件，此时开办一个平台成本在20万元左右，国内网络借贷平台从20家左右迅速增加到240家左右。截至2012年12月底，月成交金额达到30亿元，有效投资人在2.5万人到4万人之间。由于这一阶段开办平台的创业者具备民间借贷经验并了解民间借贷风险，因而他们吸取了前期平台的教训，采取线上融资线下放贷的模式，以寻找本地借款为主，对借款人实地进行有关资金用途，还款来源以及抵押物等方面的全面考察，有效降低了借款风险，这个阶段的 P2P 网络借贷平台业务基本真实。但由于个别平台管理者不能控制欲望，在经营上管理粗放、欠缺风险控制意识，导致平台出现挤兑倒闭情况大面积出现。据相关资料显示，2013 年投资人不能提现的平台只有四五个左右。

第三阶段，P2P 网贷业务风险期（2013 年—2014 年）。这一阶段，网络借贷系统模板的开发更加成熟，甚至在淘宝店花几百元就可以买到前期的网络借贷平台模板。据统计，截至 2013 年一季度，国内已经有 210 多家 P2P 网络借贷公司，其中活跃的 P2P 公司约有 30 余家，P2P 的客户已达数百万个，实现的贷款从区域分布上来看，由于东部地区经济基础好，创业者多，借贷人文化程度较高，信用基础较好，中国 P2P 活动多集中在该地区。按照第一财经新金融研究中心对注册的 132 家 P2P 网贷平台公司的统计分析，广东、浙江、上海、北京等地区合计占总数的 60% 以上。由于 2013 年国内各大银行开始收缩贷款，很多不能从银行贷款的企业或者在民间有高额高利贷借款的投机者从 P2P 网络借贷平台上看到了商机，他们花 10 万元左右购买网络借贷系统模板，然后租个办公室简单进行装修就开始上线圈钱。这阶段国内网络借贷平台从 240 家左右猛增至 600 家左右，2013 年年底月成交金额在 110 亿元左右，有效投资人 9 万到 13 万人之间。2013 年年底，中国范围内活跃的 P2P 网贷平台已经超过 350 家。根据调研数据显示，2013 年，中国 P2P 网贷平台的交易额突破 1000 亿元，同比 2012 年增长超过 60%，P2P 网贷平台的数量 800 余家，贷款存量 268 亿元。这阶段上线平台的共同特点是以月息 4% 左右的高利吸引追求高息的投资人，这些平台通过网络融资后偿还银行贷款、民间高利贷或者投资自营项目。由于自融高息加剧了平台本身的风险，2013 年 10 月份这些网络借贷平台集中爆发了提现危机。其具体原因分析如下：10 月份国庆 7 天小长假过后，很多平台的资金提现积累到了几百万元以上，由于这些平台本身没有准备或者无法筹集现金应对提现，造成追求高息的投资人集体心理恐慌，集体进行提现，使这些自融的平台立刻出现挤兑危机，从 2013 年 10 月—2013 年年末，大约 75 家平台出现倒闭、跑路或者不能提现的情况，涉及总资金在 20 亿元左右。

第四阶段，P2P 网贷业务调整期（2014 年—目前）。截至 2014 年上半年，中国 P2P 网贷平台数量已从 2009 年的 9 家、2010 年的 20 余家增加至目前的 1200 家，其中，80% 的 P2P 网贷平台成立于 2013 年，P2P 网贷平台数量呈现出井喷式增长。2014 年上半年，中国 P2P 网贷行业交易额接近 1000 亿元，P2P 网贷平台数量已超过 1200 家，整体累计借款人数 18.9 万，累计投资人数 44.36 万。这一阶段，国家表明了鼓励互联网金融创新的态度，并在政策上对 P2P 网络借贷平台给予了大力支持，是很多始终关注网络借贷平台而又害怕政策风险的企业家和金融巨头开始尝试进入互联网金融领域，组建自己的 P2P 网络借贷平台。2014 年 P2P 网络借贷平台集中上线期在 8 月份左右，统计数据截至到 4 月底全国 P2P 网络借贷平台每月资金成交量已经超过 160 亿元，2014 年年末月成交量达到 300 亿元左右，平台数量达到 1300 家左右，有效投资人会达到 50 万人左右。

2015 年后进入正规运作期。在这一时期，国内 P2P 网贷行业的发展将会更加稳定，P2P 网络贷款行业的信息将纳入央行的征信系统，实现信用系统的对接。同时 P2P 网贷的本土化进程基本完成，P2P 网贷市场将会形成三足鼎立的局面：首先是更多的金融机构将会以入股或成立子公司的形式参与 P2P 市场竞争；其次是原有正规的 P2P 网贷公司，经过行业的激烈竞争，合并、重组之后形成实力更加的雄厚的公司参与市场竞争；最后是在细分市场上，将会出现针对某一细分市场的P2P网贷平台。2015年10月，P2P行业整体成交规模站上新台阶，成交额达1196.49亿元，环比上升3.87%。同期历史累计成交额也突破万亿元大关，达到10329.71亿元。而在2016年受“监管年”影响，全国P2P理财平台数量是稳中下降走势，剔除不良平台搅局和弱小平台退场后，据“网贷之家”发布的7月报显示，截至2016年7月底，P2P网贷行业正常运营平台数量为2281家。进入2018年后，国内P2P网贷行业累计成交量突破8万亿元大关，并且资金进一步向头部平台聚集，行业集中度越发上升。截至2018年12月，国内P2P行业成交量前100名平台的成交量占同期全行业成交量的比例达91.69%；同比2017年12月的数值，上升了15.37个百分点。但2018年上千家平台从行业消失，全年停业及问题平台总计为1279家。2018年问题平台数虽并非历史最高峰，但2018年问题平台的影响却最广。据不完全统计，2018年问题平台涉及贷款余额超千亿元，达到1434.1亿元，远超此前问题平台累计涉及贷款余额总和。2018年行业总体综合收益率为9.81%，较2017年小幅回升。截至2018年12月底，行业平均借款期限已经上升至15.25个月，达到历史新高。2018年行业共发生25例融资事件，总融资金额约117.93亿元。截至2018年年底，共有9家P2P网贷平台的相关公司完成IPO上市。目前，个人信贷是P2P网贷行业的重要支柱。截至2018年12月底，从各业务类型贷款余额的占比来看，个人信用贷款当前贷款余额占比达到84.49%。是当前P2P网贷行业最主要的业务形态，而企业贷款余额占比为仅有10.14%，个人抵押贷占比最低，仅为5.37%。截至2018年6月末，仍有98家平台出现问题，涉及待还本金至少在439亿元以上。其中，立案、投案或经侦介入的平台占到20家，清盘46家，跑路或失联7家，27家平台出现部分项目逾期，或暂停发标，兑付压力增大。

目前P2P网络借贷平台在英美等发达国家发展已相对完善，这种新型的理财模式已逐渐被身处网络时代的大众所接受。目前较著名P2P网络借贷平台主要有美国的Prosper、LendingClub、英国的Zopa、德国的Auxmoney、日本的Aqush、韩国Popfunding、西班牙的Comunitae、冰岛的Uppspretta、巴西的Fairplace。由于这些网贷平台的存在，一方面出借人实现了资产的收益增值，另一方面借款人则可以用这种方便快捷地方式满足自己的资金需求。在欧美等国，P2P网贷机构很普遍，因为其个人信用体系透明度高。在美国，借款人在网站注册时，只需要提供美国合法公民身份证明、拥有超过520分的个人信用评分记录并填写个人情况，系统就会根据这些材料对借款人进行信用评级。2005年3月在伦敦成立的P2P网络借贷平台Zopa，目前已拥有超过24万注册会员；成立于2006年的P2P网络借贷平台Prosper，目前拥有超过154万会员，超过4亿美元的借贷发生额。直至2012年12月lendingclub借贷平台已经支付了9379万美元利息，如今已经获得超过4250万美元融资。

目前P2P网贷行业的资金供给规模要大于需求规模，投资者综合收益率逐渐降低，两级分化明显，投资者逐渐倾向于主流（头部）平台。2018年P2P网贷行业累计成交量8万亿元资金主要向头部平台聚集，行业集中度明显。行业成交量前100的平台成交量占同期全行业成交量的比例达91.69%；相比2017年，上升了15.37个百分点。经过综合实力对比，2018年被业内列为第一阵营的平台有：宜人贷、人人贷、陆金所、点融网、微贷网、爱钱进、积木盒子、团贷网、有利网、投哪网、搜易贷、翼龙贷、人人聚财、拍拍贷、开鑫贷、理财农场等。这些平台的特点为：成立时间较早，部分平台在2012年或者之前已经上线，积累了较多的数据资源；交易规模较大，拥有比较稳定的投资群体和融资群体；一些网贷平台已获得巨额投资支持，像人人贷、有利网、积木盒子、投哪网；而拥有金融集团背景（如陆金所）或国企背景（如开鑫贷）的运营平台，则在运营和风控方面比较成熟，其业务范围基本覆盖全国。除了第一阵营的平台外，绝大多数平台综合实力相对较弱。这些平台的特点是：注册资本金在500万元以内；风控和管理能力稍差；业务范围存在区域性，在当地地面推广能力较强并拥有较多的业务资源，具有一定的成交量。另外，还存在一定数量的为了自己融资而设立的P2P网贷平台，这类平台无互联网或金融相关的从业背景，不能很好的控制风控和成本，本身或带有欺诈投机性质嫌疑。

P2P网贷平台监管细则的出台，加速了这个行业的不断洗牌，那些注册资本金较低，风控能力较差、运营成本过高等原因而面临被收购、兼并、倒闭等局面，行业集中度将逐渐提高。据网贷之家数据显示，2018年P2P网贷行业正常运营平台数量呈现不断下滑态势。截至2018年12月，P2P网贷行业正常运营平台数量下降至1021家，环比减少49家，较1月底更是直接腰斩，大幅减少1155家。截至2018年底，P2P网贷行业正常运营平台数量排在前三的省份是广东、北京、上海，分别为236家、211家、114家；浙江紧随其后，正常运营平台数量为79家，前四大省份占全国总平台数量的62.68%。2018年全年，P2P网贷行业成交量达到了1.79万亿元，同比下滑36.01%，在成交量逐步下滑背景下，P2P网贷行业贷款余额也同步走低。截至2018年底，P2P网贷行业总体贷款余额下降至7889.65亿元，同比下降24.27%。其中，北京、上海、广东的贷款余额仍排在前三，合计比重达87.84%。

二、P2P网贷业务的主要特征

在中国，相对于传统的银行信贷业务放款模式，P2P网贷业务呈现出了以下一些重要特点。

（一）参与者的广泛性

P2P网贷的双方呈现的是散点网络状的多对多形式，且针对非特定主题，使其参与者极其分散和广泛。目前的用户主要是个体商和工薪阶层，短期周转需求占据很大部分。借贷者只要有良好信用，即使缺乏担保抵押，也能获得贷款；投资者即使拥有的资金量较少，对期限内有严格要求，同样能找到匹配的借款人。并且每一笔贷款中可以有多个投资者；每个投资者可以投资多笔贷款。这使得具体形式上更加分散，参与群体上也更加广泛。其实，通过发展经济，我国从改革开放到现在民间资本已经积淀了相当的规模，且一直就很活跃，社会闲散资金存量非常大。随着经济的发展、特别是基于互联网的普及和信息技术的快速发展基础之上的P2P网贷，已经让更多的民间资本方和民间融资方参与到了网络借贷活动中来，基本实现了“普惠金融”的初衷，民间资本更加适用于百姓生活和经营，普及会愈来愈广。

（二）交易过程的时效性强

P2P网贷的门槛低是其最大的特点，也是其最大优势。多数P2P网贷平台都是百元起投，在计算方式上有些甚至是以天为单位，进出均较方便。P2P网贷业务往往淡化繁琐的层层审批模式。在信用合格的情况下，手续简单直接，因而能够高效率满足借款者的资金需求。相对于传统金融理财投资来说，P2P网贷能够直接透明的地通过平台让投资理财方了解到借款融资方的身份信息、信用信息、生活经营、借款用途和还款进度等情况。这种网络借贷的过程中，P2P 网贷已经摆脱了传统的实体金融机构充当资金媒介的“信息不对称”，让投资理财方和借款融资方能够一对一的直接的透明的达成交易，基本上实现了“金融脱媒”。

（三）本息收回的高风险性

P2P 网贷平台的借款者普遍不是被传统金融机构接纳的，其往往缺乏有效担保和抵押，甚至可能是传统金融机构筛选后的“次级客户”，故愿意承受更高的利率获得贷款。另一方面，P2P 网贷平台和投资者也面临高成本的线下尽职调查的缺失或者不够细致的问题，仅靠网络信息的汇总分析，对客户进行信息真实性和还款能力的审核仍然是一个巨大挑战和风险来源。这既是监管层面最担忧的问题，也是监管技术上最难操作的方面。P2P 网贷的借款业务，大都是短期拆借业务，而 P2P 网贷平台对借款业务的专业分析、专业风险控制非常有限，从而导致风险系数会更高。更为主要的是 P2P 网贷无行业标准、监管弱，而且 P2P 网贷平台进入门槛非常低，可以说无进入门槛。所有这些导致了 P2P 网贷平台良莠不齐且很难控制，从而加剧了 P2P 网贷的风险。

（四）互联网技术的应用性

P2P 网络是一个分布式系统，它的可用资源和功能服务分布在网络的各个节点，各个节点之间能够直接联系通信、传输信息和进行功能服务，并且各有特色，每个节点既是服务的提供者，同时又享受服务，无须经过中间实体来做联系桥梁，不再需要中间节点和服务器的介入，消除了中心化和集中化的服务特征，集中环节在网络中不再存在，进而消除了可能产生的瓶颈，从而 P2P 网络在可扩展性、隐私保护、健壮性和负载均衡等方面体现了强大的优势特色。P2P 网络是一个自组织方式的系统，随着网络用户数量的不断递增，应用范围越来越广泛，网络需求和服务也随着不断扩大，从而 P2P 网络系统中的整体资源与功能服务的能力得到了扩充、提高和壮大，并且始终能够满足不断递增的用户的各种需求。由于没有中间环节和服务器的参与和介入，用户节点之间可以提供实时、方便、快捷的各类服务与资源。健壮性：P2P 网络是等同的、自治管理的实体组建而成的系统，以自组织的方式建立和允许节点自由地进出是 P2P 网络的自由组网方式，并且当部分节点连接通信失效时，P2P 网络通常能自动、动态调整网络拓扑结构，保证节点之间的连通性，促进节点之间通信的畅通性。网络中部分节点连接通信失效时，由于 P2P 网的可用资源、功能服务分布在各个节点上，因此，它对其他节点的影响是很小的。在 P2P 网络中，各个节点实质上分布着资源和功能服务，每个节点不仅提供资源、功能服务和内容，又享受各种服务。而出于负载均衡考虑，负载平均分配到节点的分配算法是大多数 P2P 系统采用的算法，目的是达到整个网络均衡负载。

三、P2P 网贷业务的经济价值体现

（一）P2P 网贷有效解决了社会资金供需之间利益与需求的平衡问题

融资难、融资贵、融资渠道窄曾是国内中小企业发展中普遍遇到的主要财务难题。众多的中小民营企业尚且困难重重，更不用说资金缺乏、信用水平低、贷款偿还能力低的普通个人了，资金短缺、贷款无门限制了我国经济的发展与人们生活水平的提高；与此同时，众多

拥有富裕资金的中小投资者不满足于较低储蓄存款及理财产品利息的回报，大量民间闲置资本未能得到更具自由度的释放，造成浪费。P2P 网贷的出现正好解决了这一难题。便捷、无门槛、信用抵押恰好符合众多普通贷款人的需要，且议价形成的收益较高的投资利率也正好符合了借款人的需求。P2P 网贷之所以能够快速发展，与其缓解民间融资难的问题与其有效解决供需双方的资金供求“障碍”有直接的关系。P2P 有助于借款人和出借人在互联网平台上直接成交、点对点借贷，节省了实体商业银行及其社会金融专业中介机构的运作成本，是互联网金融脱媒的典型代表。P2P 网贷服务平台主要针对的是那些信用良好但缺少资金的工薪阶层和微小企业主，帮助他们实现兼职创业、培训、购买等方面的愿望。对于这些借款人，无需他们给出贷款抵押物，而是通过了解他们的身份信息及其信用报告来确定给他们的贷款额度以及贷款利率，而后平台再将这些信息提供给资金出借人，由他们双方直接达成借款协议，资金出借人获取贷款利息回报。P2P 网贷平台将作为一种新的投资方式吸引着以下的客户群：不愿长期盯股市盘的办公室白领；有较大信用额度闲置未使用的持卡者；养老钱需要对抗通货膨胀保本增值需求的老年投资者；风险测评 3 级以下的保守型投资者；有闲置资金未做保值增值财务筹划的投资者。

（二）P2P 网贷主要通过提供交易平台及其手续费进行盈利

现实经济活动中，有投资需求的贷款人与有贷款需求的借款人还需要一个中介来帮助两者完成交易过程，这就需要 P2P 网贷平台来提供能够确保交易公平且安全有效的“中介”服务。在互联网时代，P2P 网贷平台取代了传统的商业银行，借款人通过 P2P 网贷平台依靠自身的信用向出借人借入资金并同时商定贷款利率、归还期限与归还方式。P2P 网贷平台的主要责任是审核借款人的信用条件、偿还能力、促成借贷交易、保证贷款人的合法权益，提前预防欺诈和欠款不还的违法事件发生。P2P 网贷平台的盈利模式虽然各不相同，但平台收入的主要渠道仍是向借贷双方收取的手续费，而手续费的高低主要取决于借款人的信用状况及借款条件。相对于借款人而言，P2P 网贷平台向出借人收取的费用则相对低得多，主要有平台会员费、充值提现费、账户余额管理费。目前，多数 P2P 网贷平台的盈利模式主要是靠收取服务费而不是像传统商业银行那样靠存储利差而获利，这就很好的规避了 P2P 网贷平台为了盈利而恶意推高利率现象的发生，使贷款利率维持在一个合理的范围，既维护贷款者的利益也能够有效吸引广大投资者。P2P 网贷平台的出现对于优化民间投资渠道具有引导作用。只要贷款人具有良好的信用记录，就能通过 P2P 网贷平台获得较低利率的贷款。信用这一无形“财富”被当作宝贵的抵押资产，在信息不对称的借贷双方发挥着至关重要的作用，特别是保障出借者的合法利益。

（三）P2P 网贷平台的发展速度快且获得大量资金支持

P2P 网贷不仅为需要资金的个人提供了新融资渠道，还为广大居民进行个人理财提供了新的投资方向。目前，国内网络支付技术可以满足 P2P 借贷平台的技术需求。由于对于 P2P 网贷行业前景的看好，吸引了大量投资资金的进来。仅 2014 年全国共有 30 余家 P2P 网贷平台获得风险投资资金。其中，以人人贷获得挚信 1.3 亿美元，积木盒子获得小米顺为 4000 万美元，联想 10 亿控股翼龙贷为标志性事件。在国外，作为 P2P 鼻祖的 LendingClub 更是顺利实现了上市，成功融资 8.7 亿美元，成为 2014 年美国最大规模的 IPO 科技公司。截至

2018 年 6 月，国内 801 家网贷平台持有 ICP 经营许可证、或 EDI 证、或同时持有两证。其中，有 786 家 P2P 网贷机构持有 ICP 经营许可证，123 家持有 EDI 证，108 家同时持有 ICP 许可证和 EDI 证。

目前，P2P 网贷步入完善行业体系阶段，众多平台积极争取纳入银行征信或其他第三方征信，或者自建信用系统，行业内部或与其他行业联合建立、彼此共享信用体系。由于这一新兴行业涉及到金融安全，行业整体走向必将较大程度受到政策法规影响，有较大政策风险。上海盈灿咨询与清华大学中国金融研究中心、网贷之家联合发布的《2015 年中国网络借贷行业年报》显示，2015 年上线的网贷平台超 2595 家，2015 年新上线平台的注册资金多数介于 1000 万元到 5000 万元之间，占比高达 61%。大量资本涌入 P2P 行业，大家都想在 P2P 领域分得一杯羹，行业内部竞争非常激烈，价格战、差别营销战略都会打响，更加考验平台风控能力、运营能力。而随着监管政策出台后，诈骗平台比例将会迅速下降，而由于竞争力不足退出的平台比例将会提高。缺乏核心竞争力和实力匮乏的平台将更加如履薄冰。P2P 行业两极分化加剧，不规范的平台将会被淘汰，具有一定竞争力的 P2P 网贷平台之间竞争会更加激烈。2018 年，P2P 网贷历史累计成交量虽然超过 8 万亿元，但从各月份来看，单月成交量呈现高开低走态势，1 月成交量最高，达 2081. 99 亿元，到 12 月成交量已下降至 1060. 16 亿元。但由于网贷产品借款期限不断延长，网贷行业综合收益率也有所回升，从 1 月的 9. 71% 上升至 12 月的 10. 24%。目前，网贷行业出借综合收益水平保持在 10% 以上，在所有高风险的金融投资产品中，网贷产品的收益仍处于行业领导位置。

第二节　P2P 网贷业务运作模式

一、P2P 网贷业务运作模式

（一）单纯线上模式

早期的 P2P 网贷平台只是起着单纯的中介作用，P2P 网贷平台仅仅为卖家（贷款人）和买家（借出人）提供了一个展示商品及获客的信息平台，P2P 网贷平台上所出售的商品是借款人的贷款额度、贷款利率、贷款期限以及借款人的信用记录。换句话说，P2P 网贷平台本身不参与借款，只是实施信息匹配、工具支持和服务等功能。贷款人与出借人通过平台就借款的额度、利率及时间进行协商。平台对贷款人的信用状况进行监督并向其收取贷款金额一定的手续费，而此时对借出人的本金及利息缺乏相应的保护。国内民间借贷搬到互联网上来运营的模式，是 P2P 网贷平台最原始的运作模式，是我国 P2P 网贷借贷的雏形。线上模式，意味着获得客户的渠道、信用风控、交易、放款等全部流程都须在互联网上完成。这一模式的“鼻祖”是美国的“Lendingclub”。

（二）线上线下融合模式

线下模式不是说 P2P 网贷平台在线下拥有实体店，而是平台不仅具有线上模式的功能外，还会拥有一批专门的人员去实地考察借款人相应的资信状况，实时关注借款人资金运用实际情况，有效帮助出借人进行相应的款项催收。早期的 P2P 网贷平台受制于资金与实力的限制，往往会选择线上模式，把更多的精力放在项目开发与风险控制上，现在随着竞争的加剧与 P2P 网贷平台实力的增强平台开始转向线上线下相融合模式。在运作模式上 P2P 网贷公司在线上主攻理财端，吸引出借人，并公开借款人的信息以及相关法律服务流程，线下强化风险控制、开发贷款端客户，P2P 网贷平台或者联合合作机构（小贷公司）审核借款人的资信及其偿还本息能力。或者 P2P 网贷公司线上完成筹资部分，在线下设立门店寻找需要借款的用户并进行现场考察，在创新信用审核方式的同时有效开发具有信用保障的借款人。

（三）担保模式

2014 年，互联网金融推行分工监管机制后，P2P 网贷行业归中国银监会监管。监管层的意见是去“担保”，因而平台自身担保的模式遭到监管层的质疑。P2P 网贷公司去除自身担保后，目前担保的方式主要有四种，一是引入第三方担保，二是风险准备金担保，三是抵押担保，四是保险公司担保。其中，引入第三方担保主要是担保公司担保，分为一般担保公司担保和融资性担保公司担保，而融资性担保不管在注册资金、可保规模上都比第三方担保会更加可靠。风险准备金模式是目前行业内的一种主流模式，指的是 P2P 网贷平台建立一个资金账户，当借贷出现逾期或违约时，网贷平台会用资金账户里的资金来归还投资人的资金，以此来保护投资人利益。但是由于一些 P2P 网贷平台资金与风险准备金没有实现根本上的分离，风险准备金极有可能被挪用而形同虚设，还有另外一个问题就是风险保障金的提取比例过低则不足以弥补 P2P 网贷投资人的亏损。目前国内 P2P 网贷平台抵押担保模式比较盛行。抵押担保模式指的是借款人以房产、汽车等作为抵押来借款，如果发生逾期或者坏账时，P2P 网贷平台和投资者有权处理抵押物来收回资金。从坏账数据上来看，抵押担保模式在 P2P 网贷行业坏账率是最低的。但是，这里可能会存在恶意抵押贷款的行为，抵押担保的 P2P 网贷平台须做好抵押物的风控。当然，目前不少 P2P 网贷公司也在积极寻求与保险公司的接触，通过投保让保险公司以第三方担保机构的身份帮助 P2P 网贷平台分担风险。P2P 网贷平台与保险合作的方式大致有四种：一是平台为投资者购买一个基于个人账户资金安全的保障保险，保障资金安全；二是基于平台的道德等购买保险产品；三是为担保标中的抵押物购买相关财产险；四是为信用标的购买信用保证保险。而保险有其适用范围，适合借款人多、利用大数法则来规避风险。但目前很多 P2P 网贷公司的借款人还很少，风控标准不统一，保险公司合作 P2P 网贷的愿望并不强烈。

（四）票据理财模式

票据理财模式是通过商业汇票的抵押放款而解决中小微企业客户短期融资困难。在互联网上进行票据理财应被视为对传统票据业务的有利补充，使得较难通过银行渠道贴现的小额票据得以流通。特别是银行承兑汇票到期由银行无条件兑付，安全性高，流动性强。但票据理财的前提在于票据的真实性必须得到保证。虚假票据、克隆票、延迟支付均是 P2P 票据理财"疑难杂症"的主要诱因。

（五）供应链金融模式

供应链金融模式是指将产业链上下游的中小微企业在核心企业的信用提升下，获得 P2P 网贷平台更多的金融服务。P2P 网贷平台围绕供应链核心企业，参与上下游中小微企业的资金流和物流，把单个企业的不可控风险转化为供应链企业整体的可控风险，通过获取各类信息和数据，将风险控制到最低。P2P 网贷平台在贸易融资领域加快创新发展，会将供应链模式的网贷"蛋糕"越做越大。由于契合产业链上下游企业的融资期限较短，且金额通常不会过大的特性，使得 P2P 网贷很容易渗透到到这个领域。

（六）融资租赁模式

国内融资租赁领域与 P2P 网贷平台合作的主要是内资租赁，尤其非厂商的第三方租赁公司，由于其资金是一大困难，与 P2P 公司合作的意愿也较强。融资租赁有两个模式：直接租赁和售后回租。其中，直接租赁是指企业客户有设备购置需求，会通过平台找到融资租赁公司，融资租赁公司设计整个购买设备和出租设备的流程，同时融资租赁公司拥有设备的所有权和出租后的收租权。售后回租是指企业客户有资金需求，可以通过平台将自有设备卖给融资租赁公司，融资租赁公司拥有设备所有权，但是将设备回租给企业客户，企业获得资金的同时，还可以使用原有设备。

（七）股票配资模式

股票配资嫁接在 P2P 网贷平台上是在 2014 年下半年出现。股票配资就是一个"借钱炒股"的过程，借款人用少量的自有资金做本金，向互联网理财平台借入本金几倍以上（按照一定的配资比例）的资金，这些资金全部注入平台指定的账户中。这种资金的比例一般从 1:1 到 1:5 不等，即如果投资者原有本金 10 万元，最大可以通过杠杆放大到 50 万元。交易者在办理配资前，应对配资的操作方式（使用出资方账户）、交易限制（不可操作 ST、*ST 股票）以及交易风险（杠杆比例）进行全面的了解。此后，交易者需要选择配资比例并决定配资额。配资比例并非越大越好，交易者应当根据实际需要选择配资比例，配资比例越高，行情向不利方向发展时对投资者自有资金的危害也越大。收到合作协议后，交易者应仔细阅读协议条款，尤其是关于账户风险监控细则的条款。正确理解风险监控细则对于配资交易者是至关重要的。账户查验无误后，交易者按合同约定金额及账号支付风险保证金。确认到款后，账户正式交付给交易者进行交易。

二、P2P 资金银行存管

P2P 银行存管是从证券的资金存管延伸而来，简单而言，就是通过银行管理投资者的资金，P2P 平台来管理交易，做到资金和交易分开，让 P2P 平台不能直接接触到资金，从而最大程度避免出借人资金被挪用的风险出现。在 P2P 网贷平台风险控制问题上，国内主要倾向于督促 P2P 网贷平台与符合条件的商业银行签订资金存管协议。2015 年，中国人民银行、工业和信息化部、公安部、财政部、国家工商总局、国务院法制办、中国银监会、中国证监会、中国保监会、国家网信办联合印发了《关于促进互联网金融健康发展的指导意见》，中国银监会同年出台了《网络借贷信息中介机构业务活动管理暂行办法》，从政策上明确提出P2P 网贷平台应尽快与合适的银行业金融机构开展合作，以保证出借人和借款人的资金安全。据不完全统计，截至 2018 年 12 月 18 日，已有 63 家商业银行渗透 P2P 网贷平台资金存管业务，共有 622 家正常运营平台宣布与银行签订直接存管协议，占同期 P2P 网贷行业正常运营平台总数量的 53.71%。但相关数据也表明了与商业银行对接资金存管业务，并不能保证签订资金存管协议的平台运营就一定很稳健，依然有出现暴雷的现象。截至 2018 年 7 月 18 日，国内共有 199 家平台在上线银行存管后停业或出现提现困难跑路等问题，仅 2018 上半年就有 39 家平台成为问题平台。现有的商业银行资金存管业务并没有在 P2P 网贷平台风险控制上起到关键性作用。《暂行办法》并没有具体规定 P2P 网贷平台与商业银行的合作模式，各家银行都有自己不同的准入标准和合作模式。目前，已经形成的资金存管模式主要有以下三种：

（一）联合存管

联合存管，是指商业银行与第三方支付平台合作，共同为网贷平台提供资金存管服务。具体来讲，商业银行为第三方支付公司开设平台存管账号，第三方支付公司负责用户账户审核和监督，并提供技术支持，而商业资金仅拥有资金存管功能。这种方式下，投资人、借款人的账户实际并没有在银行，而是在第三方支付公司下，银行无法监督平台用户账户内的资金流动状况，无法控制平台私自挪用投资人资金的操作。但是在平台资质审核上，商业银行会要求平台最好要有上市公司、国资、金融机构或者知名风投的股东背景，原则上要求合计股份占比应在 30% 以上，而且网贷平台要在监管机构完成备案并获得电信业务许可。同时，要求网贷平台要有完善的内部业务管理、运营操作、稽核监控和风险控制制度，交易量达到月交易额 1 亿元以上规模。在注册资本方面，联合存管模式要求合作 P2P 网贷平台的实际缴付的资本要超过 5000 万元规模，同时，平台最好能够引入第三方担保优先。联合存管模式对平台的日交易额、日均余额、活跃用户数等第三方公司的排名和评级也有一定的要求。联合存管模式，将银行方的风险几乎降到了最低点，但对平台基本上没有任何监督作用，平台出现风险后很难有所主动作为。目前，联合存管模式主要是由商业银行各省分行对接运作，总行并没有统一的系统来完成网贷平台的资金存管业务。

（二）直接存管

直接存管模式是指商业银行为 P2P 网贷平台开设存管账户一级账户，在一级账户下设二级账户，用于出借人和借款人之间的资金周转，部分商业银行还会要求设立风险备用金账户和担保公司账户。负责资金存管的商业银行会定期对二级账户之间的资金往来进行检查核对。实际运行中，部分监管严格的商业银行还会要求平台用户的资金从哪个账户流出必须还流回该账户，以确保资金的安全。这种模式因为资金并不流向平台，有效隔离了平台与投资人的资金接触的机会，能有效减少平台触碰资金的可能性。直接存管是目前 P2P 平台与银行资金存管合作的主要模式。在 P2P 平台资质审核上，商业银行要求 P2P 平台要求实缴资本达到 1000 万元规模以上，而且 P2P 平台高管有过金融行业从业经历，P2P 平台运营时间超过一年，注册用户超过 5000 人且月成交量超过 2000 万元的规模。直接存管模式的准入门槛相对较低，其资金存管模式在一定程度上对平台及其用户起到了监督的作用。但是这种监管模式同样不能有效降低 P2P 平台的经营风险，商业银行自身也会暴露在平台的违规经营风险中。

（三）银行直联

银行直联是指 P2P 平台在商业银行单独开立业务账户，严格与自有资金隔离开来，利用商业银行的支付结算通道，投资人不需要充值和提现，在交易过程中，投资人直接通过银行在线交易。本息偿还回款的时候，资金也是直接返还到投资者的投资账户，没有提现这一步骤。对于借款人来说同样的，也不需要在额外开立账户，P2P 平台会通过资金在存管银行的业务账户将资金拨付给借款人的银行账户。整个交易过程，资金都是直接在银行系统结算的，没有第三方介入，P2P 平台只是充当了一个信息中介而已，不会与资金产生任何接触的机会。同时，资金结算也非常高效。这跟目前证券公司和基金公司采取的资金托管方式非常类似。但类托管模式系统搭建成本高，很少有 P2P 平台选择它。在 P2P 平台资质审核上，商业银行要求 P2P 平台实缴注册资金不低于 5000 万元，且平台实际控股股东最好是政府、大型国有企业、主板或中小板上市公司、大型金融机构、知名互联网企业，或该平台已获得知名股权投资机构的投资。而且最近三年未发生重大风险事件。如有监管要求，P2P 平台应按照监管政策在监管部门或监管部门认可的自律性组织完成审计备案。类托管模式虽然在平台资质的要求上不如联合存管模式严格，但是对监管银行方的技术要求较严格，后续业务操作上确实能起到一定的风险防范作用。从目前实际数据上看，截至 2018 年 12 月，类托管模式的 P2P 网贷平台都还在正常经营之中。

三、P2P 网贷产品的选择及其基本操作流程

目前 P2P 投资理财公司众多，产品不同，收益率也不一样。投资者在选择产品时应该谨慎的、理性的选择适合自己的产品。同时，在选择 P2P 网贷公司的时候一定要选择正规资质、规模较大且信誉好的公司进行投资，这样资金的安全也能够得到保障。选择 P2P 网贷平台至少应该从以下三个方面加以认真思考：首先是产品的平台是否规范。平台是否有一套完善的风险管控技术，是否有抵押，是否有一套严格的信审流程，是否有一个成熟的风险控制团队，是否有还款风险金，是否每一笔的债权都是非常透明化，是否每个月都会在固定的时间给客户邮寄账单和债权列表等等，以上是非常重要的一些问题，所以客户在进行选择的时候一定要了解清楚。第二是所选平台的经营实力。一般来说，平台越大，其风险管控越严格，因为平台大，所以每一笔债权都是经过严格审核，才会转让给出借人。另外，公司的实力和规模也是衡量一个公司规范与否一个非常重要的指标。还有公司的注册资金，在全国的营业部的规模也都是一个非常重要的指标。第三是合同是否规范。认购产品时务必要把合同中的每一条认真的阅读清楚，摸清每一个条每一个字的具体含义，千万不要马马虎虎的就把合同给签署了，而对于其中的条条框框一无所知，若将来真的产生风险，后悔也来不及了。

大多数 P2P 网贷业务平台的操作流程基本是大同小异，都要包括用户注册、实名认证、登录平台，选标投标等重要环节，当然不同网贷平台流程会略有差异。

在线注册。用户需要在选择的 P2P 网贷平台上注册账号，并且大部分 P2P 网贷平台都

是供投资者免费注册。注册过程中，投资者有任何问题，可以直接联系网站客服，让其帮忙解决。此外，还需要提醒在设置密码的时候，一定要注意科学设置，不要以个人手机号码、生日或者身份证号码进行密码注册。

实名认证。投资者在成功注册账号之后，接下来需要进行实名认证了。具体来说，投资者需要如实填写用户真实姓名和身份证号码信息，然后将自己把自己的手机号、银行卡同注册账号进行绑定，以完成实名认证。需要特别注意的是，这几者之间的信息必须一致。实名认证的目的是为了确保日后用户的投资安全。

账户充值。首次充值用户，需确认个人银行账号信息无误，选择好充值银行渠道或支付渠道，直接跳转至银行或第三方充值页面，按照银行或第三方支付页面提示操作完成充值步骤即可。

挑选投资项目。投标前认真阅读该笔借款的详细信息，以确定所要投的标符合客户的风险承受能力和所要求的预期年收益率、计划进度。再核实将要投资的金额，确认无误后再进行操作。

确认投资。投资者将钱转到第三方支付平台的账户中之后，接下来就应该在 P2P 网贷平台上选择标的进行投资了，投资者千万不要仅仅投某个单一的大额标的，这样风险太大，应该尝试分散投资，将资金投到不同的项目标的上，这样能降低风险，赚取最大利益。

提现或撤资。用户进入提现账户设置界面，正确填写自己用于接收提现款的银行卡卡号及开户行支行名称。银行卡号的开户人姓名必须与网站账户的真实姓名一致，确定提交；提现账号设置后，就可以“账户提现”界面输入交易密码和提现金额，点击申请提现，一般会在一个工作日内到账。需要说明的是，提现被扣钱会有这几种情况：一是平台原本就设置了手续费，第二是支付平台扣除的手续费，第三是投资未到期发生了强制提现或是转让了标的所致。

第三节　P2P 网贷平台及其相关业务

P2P 网贷平台是 P2P 借贷与网络平台相结合的互联网金融服务网站。P2P 网贷业务主要包括有在融资理财平台形成的融资投资、在融资租赁平台形成的融资租赁及在债权转让平台进行的债权转让。其中，在融资理财平台形成的融资投资在目前网贷业务中占比最大。

一、P2P 融资理财平台

P2P 网贷可帮助小微企业快速安全融资，同时还为大众提供了一个投资理财平台。在原始 P2P 网贷模式中，为了帮助更多人解决实际借款需求，出台了借款人可以不需要抵押物直接通过个人诚信作为担保依据，而不是考虑对方的抵押物资实际上有多少。不过国内国现阶段，要想全面实行诚信担保比较困难，尚需要中国的个人征信系统加快建设并不断完善。因而在 P2P 网贷行业里，借款人往往是通过审核后在 P2P 网贷平台上发布借款需求，而平台理财者就可以通过筛选的方式寻找适合的放款目标，把钱出借给对方。随着百姓生活水平的提高，理财成为了大多人生活的一部分，市面上也不断涌现了各种新颖的网贷产品，被各种目光注视着。

（一）陆金服融资理财平台

上海陆家嘴国际金融资产交易市场股份有限公司（简称陆金所）是在上海市政府的支持下，于2011年9月在上海注册成立，注册资金8.37亿元，是中国平安旗下成员之一，总部位于上海陆家嘴。陆金所主要对有融资服务需求的个人、中小企业、非银行金融机构、包括但不限于担保公司、小额贷款公司、融资租赁公司等，通过架构规划及项目设计，提供有竞争力的融资成本及高效、便捷的融资服务。“慧盈－安e+”是陆金所旗下陆金服网贷平台推出的个人投融资服务产品。陆金所向投资方（投资人）和融资方（借款人）提供的网贷服务产品，帮助双方快捷方便地完成投资和借贷。通过平安集团旗下担保公司审核的借款方直接向投资方借贷，双方通过平台的电子借贷协议，明确双方的债务与债权关系。目前，“慧盈－安e+”仅向符合国内法律法规及本公司相关规定的合格投资人和借款人提供服务。截至2019年6月20日，在线注册用户超过4251万人的规模。2016年底，陆金所发布公告，陆金所提供的网贷业务服务由陆金服继续提供，陆金所则在2016年整合陆金所、中金所、前交所和普惠金融，将自身定位由“网络借贷平台”转变为“金融资产交易信息服务平台”。上海陆金所互联网金融信息服务有限公司（简称陆金服）在接手陆金所的网贷业务前，主要从事金融资产交易的服务，是陆金所在2014年10月设立的全资子公司。

陆金所风险控制的主要方法有：（1）投资安全。陆金所团队成员由全球专业金融机构、法律行业、经济研究和电子商务等领域的专业人士组成，确保国际专业化水准。陆金所采用三级管理体系：第一级是陆金所自身的风险管控体系，凝聚了平安多年来开展综合金融的行业经验，从制度、流程、系统等方面全面保护投资者的利益；第二级是平安集团作为金融集团公司完善的内控合规和稽核监察体系对下属子公司交易市场的严格监督；第三级是政府有关部门严格管理与指导。公司绝对控股股东为世界五百强企业的中国平安集团，具有雄厚实力，并且是国内首家具有金融全业务牌照的金融集团，积累了数十年综合金融行业经验，为陆金所业务开展奠定坚实基础。同时，陆金所发布的投资服务都会经过陆金所及专业机构严格的内部审核，同时寻找第三方担保公司或AA级以上的核心企业提供担保。对一些风险稍大的交易，陆金所还会对投资人和融资人设立更高的审核标准，确保只有合格的投资者才能参与。（2）资金安全。陆金所委托第三方机构对用户账户进行资金管理，网站采用国际领先的系统加密及保护技术24小时监控，资金只能转出到认证及绑定过的银行账户，用户可以实时查询到资金账户的详情。陆金所内部有严格的资金管理流程和完善安全的系统。（3）数据与信息安全。陆金所采用支持安全套接层协议和128位加密技术。这种加密技术是互联网上保护数据安全的行业标准，让客户在进行会员管理、个人账户管理、充值等涉及敏感信息的操作时，信息被自动加密，然后才被安全地通过互联网发送出去。采用集中的影像存储服务来保证合同等文件信息的存储，有效避免被篡改以及删除，并可以实现永久保存。采取各种合适的物理、电子和管理方面的措施来保护数据，以实现对数据安全的承诺。网站之间的页面跳转以及数据的发送采用数字签名技术来保证信息以及来源的不可否认性。（4）隐私保护。陆金所承诺收集信息的范围仅限于那些本公司认为对了解客户的财务需求和开展业务所必需的相关资料，因服务必要而委托的第三方在得到本公司许可获取客户的个人信息时都被要求严格遵守保密责任。陆金所尽力确保对客户的信息记录是准确和及时的。陆金所将对客户提供的信息严格保密除经过客户事先同意而披露、应法律法规的要求而披露、应政府部门或其他代理机构的要求而披露、应上级监管机构的要求而披露外，不会向任何外部机构披露。

"慧盈－安 e＋"产品的特点是有担保公司，有保障，每月等额本息。优点是借款人如满 80 天不还本金，担保公司会给予偿还，起投金额较少。其缺点是本款产品投资时间较长，需 36 个月。"慧盈－安 e"是低风险的个人投融资服务。由中国平安旗下担保公司承担担保责任，由借款人作为投保人与保险人（保险公司）约定，当投保人不能按时还款时，由保险人（保险公司）负责向被保险人赔偿未偿还的贷款本金及利息。如遇借款人逾期，陆金服会以短信的形式告知客户，客户也可以在陆金服平台的个人账户中查询到相关情况；由于借款人已投保个人借款保证保险，一旦借款人逾期还款，保险公司将会对其进行催收；若规定时间内经催收借款人还未还款，则保险公司将对出借人进行理赔。借款人可能会提前全额还款、逾期还款、不还款。这三种情况都会使投资人的收益有所变动。如果借款人提前全额还款，需要付给投资人违约金做补偿；如果借款人逾期还款，要支付给投资人逾期罚息；如果借款人不还款，保险公司会对投资人代偿借款人的全部剩余债务。

投资者投资"慧盈－安 e＋"产品需登陆陆金服（上海陆金所互联网金融信息服务有限公司）网贷平台网页。进行个人用户信息注册（设置用户名，密码，手机号及其验证码）。用户信息注册时须通过个人手机获得动态密码后进行输入确认并转至实名信息登记页面进行用户个人真实姓名，身份证号码信息实名制填写。出于交易信息安全的考虑，投资陆金服需要绑定的个人银行卡卡号信息。而后，操作投资资金转入（充值）并确认相应金额。若用户需要将投资账户内的钱款转账至银行卡，则进行提现操作。在陆金服提供的"慧盈－安 e＋"产品选择界面上看好产品的投资期限、年化收益率、收益方式、项目进度、项目安全程度等重要信息提示并确认后，进行投资金额输入，并确认借出资金数额。若账户金额不足，可进行账户充值。用户投资"慧盈－安 e＋"产品后，可以通过查询界面随时查询该种产品交易明细资料。

（二）人人贷融资理财平台

"人人贷"全称"人人贷商务顾问（北京）有限公司"，是"友信金融服务集团有限公司"旗下的互联网金融平台，成立于 2010 年，是网络借贷信息中介服务机构，也是中国早期成立的网络借贷信息中介服务平台之一，致力于为高成长人群提供线上信贷及出借撮合服务，交易资金交由中国民生银行进行存管。U 享服是人人贷平台为客户提供的本金自动循环出借及到期自动转让退出的投标工具，并由系统为客户实现分散投标，更好的满足多样化的理财需求。该计划所对应的借款均 100% 适用于人人贷理财用户利益保障机制，安全性高。出借所获得的利息收益可选择每月复投或自行支配。截至 2019 年 6 月 21 日，人人贷网贷平台累计成交额超过 855 亿元。

U 享服产品的特点是自动投标，不用复投，到期拿本金和利息。产品的优点是安全，借款人逾期不还金额，担保公司给垫付，时间越长，投资收益越大。U 享服产品到期退出时，系统将通过债权转让自动完成退出，借款人所持债权出售完成的具体时间，视债权转让市场交易情况而定。U享服产品自动投标服务的服务期限有6种，分别为1个月、3个月、6个月、12个月、24个月、36个月。不同服务期限长度的U享服务扣费后年利率不同，具体以当期U享服务公布的扣费后年利率为准。扣费后年利率并非实际获得利息，投资人实际获得利息可能与扣费后年利率不一致。目前U享服务单笔最低授权出借本金为1000元，且以千元整倍数递增。不同服务期限的U享服务最低出借本金不同。对于利息的计算，若循环出借，每笔借款利息和回款本金都进行循环出借，到期后一次性转让债权并实现退出后，用户可领取本金和利息；若提取至账户，每笔借款利息付至用户账户，回款本金再次进行循环出借。服务到期后一次性转让债权并实现退出后，用户可领取本金。投资U享服务，投资人所选择的某一期U享服务的服务期限届满后，根据用户选择，帮助用户选择新一期的U享服务进行出借。投资人可选择将当前U享服务全部或部分续期为指定服务期限的U享服务或优选服务，具体可续期的服务类型及服务期限请以确认续期页面展示信息为准。续期后的扣费后年利率，将以进入续期当天投资人所选择对应期限的具体服务的扣费后年利率为准。用户最高可续期本金为当期U享服务完成退出时所获得的本金及全部利息回款中满足1000元整数倍的部分。未续期的剩余金额，将在该期U享服务到期退出完成后回到投资人的人人贷账户余额中，投资人可自行支配。

人人贷风险控制的主要方法有：（1）用户利益保障机制。用户利益保障机制是人人贷商务顾问（北京）有限公司旗下通过网站运营的网络借贷信息中介服务平台设立的为保护投资人的共同利益而建立的信用风险承担机制。除另有说明外，投资人经过平台身份认证后，在平台进行的符合本机制规定的借款债权投资行为（含直接投资和受让已有债权资产，下同）均适用于“用户利益保障机制”项下对应的保障机制，投资人无需为此支付任何费用。人人贷有权根据市场和实际情况，对“用户利益保障机制”的保障机制和规则进行调整并通过平台公示的形式告知各投资人，无需再取得各投资人的同意。（2）严格贷前审核和贷后管理。在客户提出借款申请后，人人贷或人人贷的合作机构会对客户的基本资料进行分析。通过网络、电话及其他可以掌握的有效渠道进行详实、仔细的调查。避免不良客户的欺诈风险。在资料信息核实完成后，根据个人信用风险分析系统进行评估，由经验丰富的借款审核人员进行双重审核确认后最终决定批核结果。如果用户逾期未归还借款，人人贷或人人贷合作机构的贷后管理部门将第一时间通过短信、电话等方式提醒用户进行还款。如果用户在5天内还未归还当期借款，人人贷或人人贷的合作机构将会联系该用户的紧急联系人、直系亲属、单位等督促用户尽快还款。如果用户仍未还款，交由专业的高级催收团队与第三方专业机构合作进行包括上门等一系列的催收工作，直至采取法律手段。（3）引入民生银行作为存管银行。出借用户都将在民生银行开通独立的个人存管账户，在用户出借前增加了民生银行开户操作。在用户进行充值、出借、提现等涉及资金操作时，均需要跳转至民生银行页面校验交易密码，有效保障了用户的资金安全。

投资人投资U享服产品，须登录人人贷平台。用户信息注册时须通过个人手机获得动态密码后进行输入确认并转至实名信息登记页面。用户注册信息通过后需要绑定银行卡给投资账户进行资金充值，显示的账户资金总额等于购买的理财产品和剩余资金的总和。注册成功后，用户进入产品介绍界面，从预期年收益、投资期限、起投金额、进度等多个指标对比投资产品，并在仔细阅读各种理财产品的详细介绍和条款后，选择适合的理财产品，点击“立即加入”按钮进入相应界面。投资人选择看好产品进行投资，填写要投资的额度，点击

"加入"按钮确认。投资 U 享服产品，用户可以随时通过查询界面，查询所投资计划产品的名称、计划介绍、投资范围、收益处理方式、加入记录、计划进度、计划表现及其常见问题等交易信息资料。

（三）宜人贷融资理财平台

宜人贷平台创立于宜信互联网部，于 2012 年 3 月正式上线运营，经营目标是中国优质城市白领人群提供高效、便捷、个性化的信用借款咨询服务。通过"宜人惠民"为大众富裕人群提供安全、专业的在线财富管理服务。2014 年 9 月，宜信下属恒诚科技发展（北京）有限公司成立并独立运营宜人贷平台。全量业务资金存管上线时间 2015 年 8 月 24 日。2015 年 12 月 18 日，宜人贷在美国纽约证券交易所成功上市，成为中国金融科技第一股。截至 2018 年 6 月 30 日，宜人贷累计服务了超过 140 万借款用户和 150 万出借用户，累计促成借款总额达 976 亿元。宜信公司是一家集在支付、网贷、众筹、机器人投顾、智能保险、区块链等前沿领域积极布局，通过业务孵化和产业投资参与全球金融科技创新服务于一体的综合性现代服务业企业。目前宜信已经在 267 个城市（含香港）和广大农村地区建立起强大的全国协同服务网络，并在香港、新加坡、以色列、欧洲和北美建立办公室，为客户提供全方位、个性化的普惠金融与财富管理服务。宜信创建于 2006 年，总部位于北京。宜人贷是宜信公司提供的，主体由大学生、工薪阶层、贫困农户、微小企业主等高成长性人群构成的借款人在宜信 P2P 网贷服务平台上获得的无抵押、无担保的信用贷款。在这里，宜信作为中间服务平台，既不吸储也不放贷，而是通过居间的信用审核和风险控制服务，帮助借款人从有闲余资金的城市出借人处获取信用借款，帮助借款人获取资金的同时，满足出借人的理财需求。

宜人贷的风险控制办法主要有：（1）网络安全保障。宜信公司按照国家网络安全相关规定和国家信息安全等级保护制度的要求，开展信息系统定级备案和等级测试，目前已经取得《信息系统安全等级保护备案》（第三级）。宜信具有完善的防火墙、入侵检测、数据加密以及灾难恢复等网络安全设施和管理制度，建立信息科技管理、科技风险管理和科技审计有关制度，配置充足的资源，采取完善的管理控制措施和技术手段保障信息系统安全稳健运行，保护出借人与借款人的信息安全。（2）隐私保障。宜信公司对业务开展过程中收集的出借人与借款人信息保密，未经出借人与借款人同意，不会将出借人与借款人提供的信息用于所提供服务之外的目的。同时，公司内部制定了权限管理体系和客户信息管理规程，每一位内部员工都只能查看自己职责和权限之内的数据和信息，要求所有能够接触到客户信息的员工必须签署《客户信息保密协议》，将客户信息外泄的员工会面临公司规定和法律法规的双重制裁。（3）内控保障。宜信公司在严格的信用风险审核过程中，在出借人的出借资金分配上，引导出借人进行小额分散出借，让出借风险得到尽可能的分散。严格的信用风险管理，小额分散出借，形成了一个多层的风险过滤系统，在很大程度上防范了出借人的出借风险，有效降低了不良借款的比例。同时，公司拥有风险识别和评估体系，能够及时提示风险，采取有效的风险防范措施，以降低各类潜在的风险。（4）宜信公司实行自身资金与出借人和借款人资金的隔离管理，并选择广发银行作为出借人与借款人的资金存管机构。资金存管机构对出借人与借款人开立和使用资金账户进行管理和监督，并根据合同约定，对出借人与借款人的资金进行存管、划付、核算和监督。（5）风控保障。宜信公司对出借人与借款人的资格条件、信息的真实性、融资项目的真实性、合法性进行必要审核，采取措施防范欺诈行为，发现欺诈行为或其他损害出借人利益的情形，会及时公告并终止相关网络借贷活动。宜人贷平台持续开展网络借贷知识普及和风险教育活动，加强信息披露工作，引导出借人以小额分散的方式参与网络借贷，确保出借人充分知悉借贷风险。宜信依法履行客户身份识别、可疑交易报告、客户身份资料和交易记录保存等反洗钱和反恐怖融资义务。

目前，宜信宜人贷是宜信旗下专门经营信用贷款的主要服务平台。截至2019年3月31日，宜人贷累计用户超过8000万户。信用贷款月费率低至0.78%，额度高达50万元，该种网贷零抵押零担保，审批速度非常快，在线免费注册申请，未促成不收费。100元起投，到期一次性回款。进入“宜信宜人贷”平台界面后，用户会看到“我要借款”“我要出借”“安全保障”“出借人教育”“信息披露”主要功能模块。用户在完成相应注册登记并注入账户资金后就可进入相关模块进行网贷操作。需要强调的是，出借人需要向其账户注入资金后才能选择比较贷款投资产品，在考虑了贷款项目的预期收益率、还款方式、期限、计息方式、月还款额、信用资质等多种重要信息后，选定贷款项目进行投资。当然，借款人也可以在这个平台上如实填写申请借款金额、期限、信用资质、月还款额、总还款额等重要信息，并提交审核。审核通过后，平台会进行信息发布，以供投资人进行投资。

二、P2P融资租赁平台

随着大批量上市公司和风险投资“大鳄”的进入，P2P整个行业竞争的激烈程度远远高于当年的团购大战，但实际上行业机会要比我们看到的更多更灵活。目前大多数平台主要着眼于个人借贷业务的去中心过程。但实际上来看，银行介入的P2P网贷业务已经给传统网贷提供了一个思路，在资产证券化的可行通道前提下，对于投资端有更多选择，对于融资端也有更大的想象空间。这就是P2P网贷的另一种可行性模式P2P融资租赁。融资租赁是20世纪末在国内兴起的一种融资（担保）模式，融资方（承租人）向设备提供商（出租人）以设备使用报酬（或租金）作为持续偿还本息，获取设备一定期限使用权，在租期届满、租金支付完毕后，融资方（承租人）获得相应设备的所有权。而专业的融资租赁机构或保理银行则在其中担当融资服务。项目的实施过程中，实际上是物权从出租人—融资租赁机构—承租人的转移过程，与目前部分有抵押贷款模式类似，但有抵押贷款不存在物权的转让，而融资租赁则是物权与资金流的逆向转让过程。

P2P与融资租赁的结合，需要两者在项目考核和风控措施上深入严谨，融资租赁产品均为有雄厚实力的融资租赁公司，融资租赁公司承诺到期回购债券，另外，审查基础交易合同，核实融资租赁公司取得租赁所有权凭证，确保融资租赁业务真实合法。融资租赁公司取得租赁物所有权，发生终极风险时，融资租赁公司可直接处置该企业核心的生产资料，保证按时还款。与此同时，融资租赁公司设立应收账款监管专户，用以应收账款的归集和回款，该账户同样由平台根据协议一同监管。借款企业对融资租赁公司的租金偿还，设置其他担保措施，诸如资产、权利的抵/质押，关联企业的保证担保，实际控制人的连带责任担保等，不仅如此，融资租赁公司向平台提交一定比例的风险保证金，全方位保障投资用户本息安全。

（一）融资租赁模式

融资租赁主要包括回租融资租赁、杠杆融资租赁、委托融资租赁、项目融资租赁等。在互联网金融中，网贷平台所对接的融资租赁项目主要为回租融资租赁，回租租赁是指设备的所有者先将设备按市场价格卖给出租人，然后又以租赁的方式租回。目前，融资租赁与网贷平台的合作主要以收益权转让和债权转让模式。收益权转让模式为融资租赁公司与承租企业签订融资租赁协议后，把该笔融资租赁资产收益权通过 P2P 网贷平台转让给投资人，由融资租赁公司向承租企业收取租金再按照合约定期向投资人还本付息，融资租赁公司赚取二者差价。而债权转让模式相对简单，承租企业直接在平台上发起项目，平台根据对承租企业的承租合同、盈利能力和租赁物做尽职调查，并把信息在平台上向投资人披露；项目成立后，承租企业通过融资租赁公司签订融资租赁协议取得设备使用权，融资租赁公司则把该笔融资租赁债权转让给投资人，承租企业再定期向租赁公司支付租金。租金支付完毕、项目到期后，租赁公司再向承租企业转让设备所有权。

（二）融资租赁流程

1. 收益权转让模式流程：由融资租赁机构（或保理机构）作为 P2P 项目发起方，通过专门平台，面向特定承租人提供设备融资租赁服务，而资金来源以 P2P 的社会化募集形式向社会发布，而以承租方的租金在扣除佣金后作为投资人报酬，投资期限就是融资租赁期限，一旦承租人不能支付租金，则由租赁公司拥有该设备的处置权。这种形式适用于资金额较高的大型设备的融资租赁服务，一旦承租人不能支付租金，则由租赁公司拥有该设备的处置权。

2. 债权转让模式流程：由承租人直接在 P2P 网贷平台上发起项目（平台需要对承租人的承租合同，持续盈利能力做专门考察后，确定是否立项，根据有关法律条款，或需要引入保理银行），承租人在项目成立后，即可通过融资租赁的形式取得设备使用权（P2P 网贷平台暂时托管设备物权），承租人按期向 P2P 网贷平台投资人支付租金，在租约到期，租金支付完毕后，P2P 网贷平台再行转让设备所有权到承租人。一旦承租人不能支付租金，则由平台收回设备，并有权按照有关条例做出处置。在这个过程中，P2P 网贷平台将承担类似第三方的职能，改流程模式适用于小型设备的融资租赁，如农用机械或小型制造机械。但无论哪个流程，实际上都能解决物权和债权的对接，对投资人实际上有更实际的保护，而平台则发挥类似支付宝的功能，在债权未尽之前，投资人通过平台享有物权，而这种形式也许能够化解目前中国 P2P 网贷平台信用体系缺乏的问题，而且就其实际意义来说，新设物权要比债权人抵押更为有效与真实。

就融资租赁行业本身来看，行业需求大，盈利能力稳健，但资金缺口问题也一直比较严峻。如果能够通过 P2P 模式切入，或许会成为 P2P 服务实体经济的又一个典范窗口。同时，融资租赁业务行业门槛较高，这需要有综合金融管理能力，一些资本雄厚，金融从业经验丰富的平台机构或许在该领域能够有代表性优势。

投资人注册成功后，登录到融租赁投资平台网页，选择“我要投资”一栏进入。投资人根据项目的类型，状态，期限，收益对比投资项目后，在新标区选择自己想要投资的产品。而后选择好要投资的融资租赁项目后，填写相应的投资金额，并点击“立即投资”按钮。若投资人需要了解项目的各项信息和指标信息可在相应的查询页面查询到项目概述、信息认证、标的详情、相关资料、实物照片、投资记录系列的重要信息。

三、P2P 债权转让平台

债权转让是指在不改变合同性质的合同转让，债权人通过债权转让第三人订立合同将债权的全部或部分转移于第三人。债权全部让与第三人，第三人取代原债权人成为原合同关系的新的债权人，原合同债权人因合同转让而丧失合同债权人权利，债权部分让与第三人，第三人成为合同债权人加入到原合同关系之中，成为新的债权人，合同中的债权关系由一人变数人或由数人变更多人。这里特定的第三方个人称为专业放贷人。新加入合同的债权人与原债权人共同分享债权，并共享连带债权。债权转让模式也被业内人士称为“居间人”模式，或“专业放款人”模式，即 P2P 网贷平台在线下寻找借款人，对其资信及其还贷能力进行评估，通过后推荐给专业放款人，专业放款人向借款人放款，取得债权，然后把债权转让给投资人，投资人获得债权带来的利息收入。

目前，债权转让在线下及线上 P2P 网贷平台中已经开始活跃，并逐渐向市场化和规范化方向发展。目前国内知名的网贷平台都已经赋有债权转让功能，像陆金所、人人贷、房易贷等著名的网贷平台。目前不断有平台经过改版后，新增了债权转让功能。而从理论上讲，P2P 债权转让可以理解为 P2P 债权的二级市场或交易市场的主要内容。建议 P2P 保持纯粹平台模式即保持 P2P 行业本质属性。在这种模式下，平台不参与交易，只是作为信用审核、信息展示和招标以及资信评估的第三方，为借款人和出借人提供信息撮合服务，出借人自主选择借款人，平台通过信息中介的方式收取管理费或者服务费。通常资金运作都是由独立的第三方支付平台代为托管，投资人在完成平台注册后同时需要开通第三方支付平台的资金托管服务，这种方式下资金可以更好的与平台自身隔绝，避免了平台卷款跑路的情况。

（一）债权转让模式

当你持有的 P2P 债权处于可转让状态时，可以通过所投资的网贷 P2P 网贷平台中的债权页面进行债权转让操作，填写要转让的份数与转让系数，并确认相关信息后点击确认，即将债权挂出。如有其他人对此债权进行了购买后即完成转出。你也可以将未成交的债权撤销债权转让。如果你想买入 P2P 债权的话，可以通过网贷 P2P 网贷平台，在债权转让列表页面进行购买债权。你在登陆后，可以按照份数购买债权，在确认购买份数及金额等信息后点击确定按钮，即完成债权的购买，此笔债权的持有人即发生了变更。你可以在已转入的债权或者还款中的债权页面看到买入的债权。

（二）债权转让风险

应该说，投资人进行债权转让的原因是比较复杂的，既可能是由于投资人的资金周转出现了问题，也可能是贷款按期收回出现了困难。因而新的投资人接手贷款债权肯定是带有一定风险的。这种风险主要表现在：首先，债权转让模式中放贷的第三人通常都是公司实际的控制人或者有密切关系的他人，这就是为自融骗局提供运作的土壤。其次，借款人信息、债权信息不透明，假债权疑云始终不散。再次，资金使用极不规范，虽然过去是通过第三方支付平台来操作，但是通常情况下第三方支付只是资金通道而非托管平台，所以资金很有可能直接进入公司控制人账户，存在资金挪用的情况。最后，由于借款人都是长期债权，而理财端客户通常最多是两年期，那么就需要公司不断重新匹配债权，一旦新增业务大面积减少，就有出现资金链断裂的风险。除此以外，专业放贷人的个人健康问题，道德问题都是债权转让模式不可忽视的风险点。

（三）债权转让操作

目前国内大部分网贷平台都提供了债权转让的功能，以帮助债权人和债务人解决资金周转停滞的困难。投资人登录网贷平台，选择进入债权转让页面后，会显示能够进行债权转让的借款标题、年利率、剩余期限、转让系数、转出价格、剩余份额等重要信息，用户看好后，点击购买。而后进入相关债权转让项目页面。债权转让项目页面会显示所转让债权的转让单价、年利率、剩余期限、保障方式、下一还款日、提前还款费率、转让系数、逾期情况、还款方式等相关信息，用户阅读并决定购买后，可在输入框内输入购买债权的份数，并点击购买按钮完成购买操作。用户还可以通过标的详情、投标记录、还款表现、债权信息、转让记录等功能模块查阅借款人及其他债权人的相关信息。用户已经购买的债权还需要通过平台的审核后才能生效。投资人可以登录查询页面，随时查询所购买债权的审核进度。

思考题

1. P2P 网贷业务的主要特征是什么？
2. P2P 网贷业务运作模式有哪些？
3. P2P 资金银行存管的主要模式有几种？

第六章
网上理财

随着互联网金融兴起，理财产品类型及其理财方式也被不断延伸扩展。特别是跟随互联网应运而生的网上理财发展迅猛，并以其独特的互联网背景与其他理财方式相区别，改变着几乎所有投资人的理财习惯。几年前，投资者竞相把闲置的资金转到微信新开通的理财通平台上面，去享受从不敢奢望的近8%的无风险收益率。以至于很长一段时间理财通始终都在维持着年化收益率7.3%以上的水平，最高的时候曾经达到7.902%，逼近当期信托产品的收益水平。这几乎是网上可自由购买货币基金收益率的极限。当时坐拥2500亿元份额的余额宝的7日年化收益率也维持在6.4%~6.5%。网上理财，最大的特征便是较低的起投门槛。随着金融产业网络技术的不断渗透，网上投资理财方式开始受到广大投资者的青睐。随着越来越多的普通百姓开始明白理财的重要，网上理财也会愈来愈火爆。

网上理财其实就是金融理财与互联网的结合，就是利用互联网技术通过各种互联网平台，实现金融消费者的理财目的。自2013年6月余额宝上线开始，各种网上理财创新模式竞相发展，国内进入全民理财时期。目前，网上理财产品众多，涉足储蓄、基金、保险、股票和期货等多种领域，截至2018年12月，网上理财用户规模达到1.51亿，使用率为18.3%，较2017年的1.28亿用户规模增长17.5%。

第一节　网上理财的主要特征

一、网上理财的发展历程

网上理财出现于20世纪90年代中期，以美国1995年出现的安全第一网络银行为重要标志。网上理财诞生，开启了金融发展的新纪元，此后迅速在世界各地区发展起来。国内网上理财发展主要经历了三个阶段。国内网上理财萌芽出现在2005年以前，这一时期真正意义上的网上理财形态尚未出现，主要是传统的金融机构简单的把金融业务搬到互联网上，利用互联网开展业务。1993年，电子商务作为一种全新的商务运作模式应运而生，人们的商务活动被互联网带入全面的电子化时代。商业银行、证券公司、保险公司、基金公司等实体型金融机构为了在未来的竞争中全面胜出，开始探索金融创新，转变传统的经营观念、支付方式和运营模式以迎合金融业网络化的发展趋势。自此，网上转账、网上证券开户、网上买保险等网上理财业务相继出现，种种变革给传统金融模式带来了巨大冲击，也预示着网上理财时代的到来。

2005 年到 2012 年是我国网上理财发展的起步阶段，金融和互联网的结合从早期的技术层面逐步深入到业务领域，第三方支付、P2P 网贷、众筹等真正的网上理财业务形态相继出现。为了解决电子商务、货款支付不同步而导致的信用问题，作为买卖双方交易过程中的信用中介的第三方支付平台应运而生，并迅速发展。随着移动通讯的快速普及，第三方支付的应用范围逐步拓展到了生活服务领域。此时，网上理财另一个标志性的业务形态 P2P 网贷在这一时期也得到了快速发展。P2P 网贷于 2007 年在我国开始出现。由于利率市场化及金融脱媒的趋势加速，2010 年以后，P2P 网贷呈现快速增长态势。但由于监管步伐没能跟上，大量劣质的 P2P 网贷公司出现在市场中，导致各种违规、跑路的事件不断出现，严重损害了金融信誉和消费者利益。市场自发淘汰了一批不正规的和竞争力弱的劣质企业，网上理财行业得到一定程度的整合和发展。

2013 年被业界称作国内网上理财发展的元年。以“余额宝”上线为代表，我国网上理财开启了高速发展模式。P2P 网贷呈爆发式增长，众筹平台开始起步，互联网保险和互联网银行相继获批运营，同时，券商、基金、信托等也开始利用互联网开展业务，网络金融超市和金融搜索等应运而生，为客户提供整合式服务，我国网上理财进入高速发展期。网上理财日益得到国家重视，李克强总理多次发表谈话，鼓励和支持网上理财合理发展，行政部门和监管部门也纷纷出台政策，加强对网上理财行业及业务模式进行引导和规范，网上理财进入了高速发展阶段。

二、网上理财的主要特征

网上理财有如此规模是因为其具有传统金融理财所不具备的优势。当前网上银行正在成为理财产品销售的新兴渠道。以前只在商业银行营业网点里面销售的理财产品，越来越多的开始出现在网上银行页面。由于网上购买理财产品主要是通过网络实现的，因而交易的整个过程完全在网络上操作完成，交易过程阳光透明。网上理财的主要特征如下：

（一）操作方便投资灵活

凭借互联网的信息收集功能，投资者能够获得权威的理财研讨报告和现成的投资分析工具。同时，在网络平台上面理财手续非常简洁高效，用户只需在平台注册，完成实名认证即可进行理财产品选择并进行投资。与传统的商业银行营业网点理财模式相比，省去了更多繁琐流程和条条框框的束缚。目前大多数互联网金融平台的理财门槛都比较低，理财起步门槛从 1 元、10 元到 50 元、100 元不等。优于其他的高门槛理财方式，适合所有阶层的投资者。互联网理财产品的投资期限灵活，产品类型丰富，适合大众的理财选择。理财期限方面，不仅有年度、季度、月度周期产品，甚至还有以天作为计算周期的产品，适合投资者根据自己的需求灵活地科学配置理财期限。

（二）投资费用经济

网络理财服务与传统金融机构理财服务相比，不仅节省了建立实体运营网点的运营成本，而且还会大幅度节省通信费用开支，最重要的是运用大数据、云计算等先进技术建设了高效运作模型，优化了工作流程，使平台将精力放在提高服务质量方面，使众多的理财产品投资者受惠。相关数据表明，发展虚拟的网上理财网站的投资仅为商业银行实体经营部的$\frac{1}{3}$ ~ $\frac{1}{2}$，平常费用更是只是其$\frac{1}{5}$ ~ $\frac{1}{4}$水平。

（三）理财信息丰富及时

互联网理财信息来源广泛且高效。在线信息数量和传播速度方面是其他金融产品目前还无法超越的。投资者可以根据投资交易的即时信息，及时了解行情瞬间改变，掌握市场动态数据，随时随地了解自己的账户资金动向。从某种意义上讲，网络理财空间覆盖面广，业务范围能够遍及全球，具有无限扩大的全球市场范围。时间上能提供全天候经营服务，真正做到了每周 7 天、每天 24 小时经营，极大地方便了理财客户。而且收益当天结算，资金随用随取，对于用户来说，在手机上打开操作界面就可以随时关注账户收益情况。

（四）随时提现

理财产品的合理收益率预期是其竞争实力的最主要表现。2013 年，互联网理财产品当前年化收益率大多处于 6%～7%，4 月基本维持在 5.5% 左右，不但远高于当年银行存款利率水平，也高于货币市场基金整体收益水平。到 2014 年 1 月 2 日，余额宝的收益率达到历史最高点 6.763%，随后便缓慢下行。2015 年 5 月 11 口，余额宝 7 日产品年化收益率首次跌破 5% 水平，在 4%～5% 的区间盘植了一个多月，直到 6 月 16 日跌破 4%。进入 2018 年，京东金融理财金的 7 日年化收益率有 4.23% 的高位表现，比余额宝的 3.93% 还要高出不少。虽然理财产品的收益率受到宏观经济环境的影响存在一些波动，但是总体仍高于银行同期收益水平，使得银行存款特别是利率只有 35 个基点的活期存款失去了吸引力，储蓄资金不断从银行系统流出进入网上理财账户。目前互联网理财产品多挂钩可当日提现的货币市场基金产品。这种伴随互联网理财而产生的基金产品与传统货币基金产品的最大区别就是由赎回后最多 3 天到账变为赎回当日到账，甚至在节假日或者午夜也能做到实时取现。提现功能的创新使投资者几乎没有任何流动性损失的担忧。在支付和提取便利上实现了以往只有银行活期存款才具备的功能，因而在一定程度上实现了对活期存款的代替效应。

三、网上理财的基本原则

（一）理财目标设定原则

进行网上投资理财，需要设定一个合理的理财目标。投资者需要根据预期收益实现时间的长短，把理财目标分为短期、中期和长期三种分别进行规划，合理配置资金，选择合适的投资工具，实现不同的理财收益。

（二）自身财务清楚原则

在选择投资工具前，投资者应该对自己目前的资产、负债、净资产等基本财务状况有着清晰的了解，并以此作为制订理财投资计划的基础和重要参考。建立家庭的投资者还需要以一个家庭财务状况的好坏，来选择合适的投资工具。

（三）投资方式适宜原则

选择最适合自己的投资方式是个人及其家庭投资理财的关键所在。投资并非富人的专利，即使是一般收入的家庭通过精打细算或者适宜的理财产品投资也能让有限的财富发挥最大的增值效应。选择适合的投资方式，合理制订个人及其家庭的理财投资规划，肯定有助于今后收益的提升。

（四）树立风险意识原则

现实中只要是投资就必定会有风险伴随发生的可能，而且投资风险越大，其报酬也会越高。衡量理财过程中的主要风险和其可能产生的报酬并决定是否要进行投资对于网络投资理财者显得非常重要。特别是要求投资者能够正确认知和看待风险，有着平和的投资心态，能够采用积极措施防范和化解投资中预期可能出现的风险。

第二节　网上理财的主要类型及其方式

广义的互联网理财是指利用互联网销售基金、保险、股票、存款、贷款产品并供网上投资者进行选择，其投资的产品并非创新产品而只是借助了互联网平台新的渠道进行了传统金融产品的投资而已；狭义的互联网理财则是指结合互联网技术所进行的理财产品创新，阿里巴巴的余额宝产品和腾讯推出的理财通产品应该属于这种情形。不管是广义还是狭义的互联网理财，都是目前投资者乐于接受的理财模式，且都有着广泛的投资群体支撑。

一、网上理财的主要类型

（一）货币基金支付类

货币基金支付类理财产品是将支付、收益、资金周转集合于一身的理财产品，其中以阿里巴巴的余额宝为典型代表。余额宝是支付宝推出的余额增值服务。把钱转入余额宝即相当于购买了由天弘基金提供的余额宝货币基金，支持支付宝账户余额支付、储蓄卡快捷支付（含卡通）的资金转入。通过余额宝，用户存留在支付宝的资金不仅能拿到利息，而且和银行活期存款利息相比收益更高。余额宝内的资金还能随时用于网购支付。提取灵活，不收取任何手续费。2015 年 4 月，数据余额宝“全球第二”规模逆市增千亿元。天弘基金一季报数据显示，余额宝对接的天弘增利宝货币基金一季度规模再增 1327. 88 亿元，达 7117. 24 亿元。而随着余额宝的快速发展，产生了许多包括百度理财计划以及微信理财通在内的知名互联网理财产品。以腾讯理财通为例，其直接接入以华夏基金为代表的一线品牌基金公司，模式与余额宝相似。货币基金支付类的互联网金融理财产品比较适合对理财不熟悉，但对资金安全性要求非常高的人群。将少数量的闲置资金，投资于货币基金类互联网金融理财产品，每天都能获得一些高于银行活期的收益，对一些初步接触理财的客户来说，是个不错的理财方式。

（二）P2P 网贷平台类

P2P 网贷平台类理财产品是以人人贷、陆金所为典型代表的理财产品。该类产品是互联网 P2P 网贷平台的产物，即资金通过互联网平台直接流向资金需求方，投资人享受资金出让的收益。不少 P2P 网贷平台与小贷、保险或担保公司合作以保障投资人的本息安全无损。另一种保障方式，是投资人享有借款人提供的实物抵押权，最常见的有车辆、房产等。以人人贷为例，出借人可以自行将钱出借给在平台上的其他人，而平台通过制定交易规则来保障交易双方的利益，同时还会提供一系列服务，以帮助借贷双方更好地完成交易。信用贷款平台最大限度省去了传统信用贷款中冗杂多余的贷款审批核实步骤，迎合了现代人追求便利快捷的需求，简单便捷的同时又不失理财的高效。这是广大用户选择网贷平台类理财产品的关键原因。

（三）基金公司直销类

基金公司直销类理财产品的本质应该属于货币基金。是互联网金融平台与基金公司合作而进行直销推广的理财产品。它与传统的基金公司直销理财产品本质上是同一款产品，因而在收益率上并无差异。所不同的是，传统基金公司直销的理财产品虽然也承诺“T+0”方式赎回，但资金须等到当天收市清算后方能到账，遇节假日需往后顺延；而基金公司网上直销理财产品则没有这些方面的限制。以汇添富基金的现金宝为例，不但可以提供升值闲置资金收益，快速取现，自动攒钱，4 折购买基金等金融服务，还支持信用卡免费跨行还款，手机充值等生活服务。

（四）商业银行发行类

商业银行发行类理财产品相比于其他类别的互联网理财产品，银行信誉是该类产品最大的优势保障。很多投资人更青睐有金融机构作背景的平台投资是出于能够及时变现的考虑，这类平台以商业银行自身的产品为基础进行销售推荐。但是银行发行的理财产品门槛较高，一般有 1 万元、5 万元、10 万元、50 万元四个等级，有保证收益理财产品和非保证收益理财产品两种不同的理财方式，这两种方式是根据客户获取收益方式确定的。其中保证收益的理财产品分为两类，一类是固定收益产品，一类是最低收益的浮动收益产品。非保证收益理财产品也分为两种，一种是保本的，一种是不保本的，两者都是浮动收益理财产品。从准入门槛、收益水平和流动性这三方面来看，银行发行类的理财产品不如其他类型的互联网理财产品易于被投资者接受。

二、网上理财的主要目标

实现财务安全，追求财务自由同样是网上理财的主要目标。实现财务自由是需要一个过程，因此一般来说个人理财有三个目标。第一个是初级目标，是保证财务安全。这个阶段工资收入要高于支出，不能入不敷出。只要任务是积攒本金，为投资做准备。任何一个想通过投资理财实现财务自由，先要把本金这个雪球不断积累做大后，才有资本通过科学的方法把本金通过利滚利不断变大。第二目标是中级目标，让财富增长速度跑赢通货膨胀率。若通胀率是在 5% 水平，则理财收入至少要高于 5% 才行，才使你的资产不会不断贬值。这个阶段是在本金积累到一定程度后，学习投资理财，让财富不断增长。第三个目标是终极目标，就是实现财务自由。不同的家庭财务自由的标准是不一样的。若一个家庭一年消费 20 万元，有 400 万元本金，每年收益率 10%，扣除通货膨胀率 5%，基本能满足日常生活，那么这个家庭就实现财务自由了；而另一个家庭一年消费也是 20 万元，家庭有年租金收入 6 万元，剩余 14 万元，还差 280 万元本金，才能够达到财务自由程度。至于网上理财的目标特点，具体又有以下几个方面：

（一）调节收支平衡

个人及其家庭经常花费较多，有支出大于或者等于收入的情形，就会造成收支的不平衡性，不易有财富的储备。收支问题是我们离不开的问题，不管是教育、购房、买车，还是养老等，都涉及到资金开支，这在客观上就要求人们提早学会投资理财，做好个人理财规划。以免出现入不敷出的情况。从这个角度上讲，理财规划是调节收支平衡的一个利器，不仅仅是打理所挣到的钱财，更是调节好收支平衡的关键。由于网上理财的时间效率高、投资方式灵活、变现性好，因而网上理财方式更加方便投资者根据自己的收支状况来安排投资规模和投资节奏，同时根据自己的现金收支规划来安排投资什么理财产品和什么时间购买赎回理财产品。

（二）缓解经济压力

通货膨胀，物价上涨是现实中不容回避的问题。这些问题时时刻刻提醒我们广大投资者不仅只是会攒钱挣钱，更重要的是让钱生钱。面对经济生活物价攀升的压力，做好个人理财规划是非常必要的，它可以有效缓解生活压力，提高生活质量。尤其是对于上班族来说，不善于理财和没时间理财是他们普遍存在的问题。想要转变这种“财富保值升值滞后”的不利局面，必须增强投资理财意识，培养良好的网上理财习惯，并尽可能减少投资的期限滞后问题。目前投资者可以选择的网上理财平台和网上理财产品多种多样，但这些网上理财平台几乎都是周周 7 天 24 小时的全天候服务，投资者可以随时上网登录到理财产品页面选择自己喜欢的理财产品。起投时间和起投金额几乎是没有限制，极大方便了投资者的投资。

（三）有助于实现财富增长

在现代生活中，能否进行科学的理财规划在很大程度上决定了财富收益率的高与低，不同的理财规划，往往会产生两种截然不同的收益。我们要根据自己的财务状况和时间安排进行分析，制定理财目标，根据想要达到的理想状态进行理财规划，利用互联网手段，随时选择适合自己的理财产品。目前网上理财产品的多样性足以保证投资者能够选择到适合自己的投资产品，而且不少第三方支付平台都对使用者的余款设计了相关联的理财产品或者理财服务。应该讲，投资者的财富升值机会在互联网金融模式下比以往任何时候的机会都多，而且其获得的理财收益也是当下所有理财产品中最高的。

（四）有效规避经济风险

在现实生活中，每个人或多或少的会遇到财务风险，个人理财规划能够在一定程度上降低这种风险带来的损失。有些投资者投资过于盲目，所有资金投入理财产品后，后期又没有时间进行打理，结果导致大额亏损。还有不少人曾经看中房产的升值，贷款购房，负债累累。究其原因，是缺乏较好的理财规划和随时关注自己的理财产品的习惯。没有为规避经济风险设置一道防火墙。网上理财可以随时随地关注自己的理财产品，根据投资形式，随时进行经济风险的有效规避。大多数的网上理财平台都会对其理财产品进行购买前的风险提示，同时也会随着投资市场的变化随时进行风险提示，有助于对理财产品的投资者进行投资安全教育和适度的风险预警，规避掉不利的投资风险因素。

三、网上理财的主要方式

随着众多理财产品面世，越来越多的人开始关注各种理财方式问题。相比那些早期的柜台理财方式，现代的人们更多的会通过互联网手段进行理财。目前网上理财的主要方式有：

（一）P2P 网贷理财

P2P 网贷是指借款个体和出借个体之间通过互联网平台实现的直接借贷，它是需要借钱的人和有钱借的人通过网上中介实现的资金融通行为。由于处在发展初期，P2P 网贷风险较高，平台倒闭数量一直不减，但其收益也是所有理财产品中较高的。P2P 网贷是现在较流行的理财方式，投资前一定要好好看下网站的可信度。许多理财高手在 P2P 网贷收益还是很可观的。

（二）网上储蓄理财

网上储蓄理财主要是指定期储蓄存款。理财客户根据定存时间的长短，利率不同来选择存期 3 个月、半年期、1 年期、3 年期、5 年期的定期储蓄存款产品。在商业银行网上银行页面上面进行定期储蓄存款产品投资的特点就是风险低，当然收益少也是可以理解的。但是在网上选择定期储蓄存款产品非常方便，可以采取（1）存单四分的方法。把所存金额分成四份来做定期储蓄，而每张存单的金额由小到大不等，分别存为一年定期。避免原本只需要提取小额现金却不得不动用大额存单的弊端，减少不必要的利息损失。虽然也有银行定期存款可以提供部分提前支取服务，即到期前可以提前支取一部分本金，未支取的本金仍然可以享受定期存款利息。（2）约定转存的方法。客户可自行设定每月转为定期的金额及定期期限，银行则按月划走相应数额到定期账户，从而享受定期利率。（3）阶梯储蓄的方法。存款时采取平均三等份的做法，分别存为 1 年期、2 年期和 3 年期的定期储蓄，1 年后，用到期的 1 万元，再转存为 3 年期定期储蓄，以此类推。3 年后，3 张存单都变成 3 年期的定期存单，而且每年都会有一张存单到期。既可以获得 3 年期存款的较高利息，还能保证一定的灵活性，在应对储蓄存款利率调整的时候，这种存款方法具有一定的优势。（4）银行特色储蓄保值。目前，各家银行纷纷推出了特色保值储蓄产品。只要客户与银行签订业务协议，在支取存款时，只要满足约定金额和约定期限，就能享受分段组合计息的最优服务。

（三）银行产品理财

目前大多数商业银行都会不定期在其官网上推出理财产品，投资周期一般在3个月，半年左右。年收益率一般在4%左右，属于保本型理财产品；也有年利率在5%以上的，有风险，在金融环境较好的形式下，还是值得考虑的。

（四）证券投资理财

网上有价证券投资既有债券产品投资，也有股票产品投资。其中的债券投资产品是政府、金融机构、工商企业通过互联网金融平台向社会借债筹措资金而向投资者发行，同时承诺按一定利率支付利息并按约定条件偿还本金的债权债务电子凭证。国债相比其他债券风险最低，可以从大多数商业银行官网上购买，收益低，一般年利率在4%左右。企业或者金融机构通过互联网金融平台发行的债券主要是借助证券公司或者证券交易所的网上平台发售。股票是上市公司发行的所有权凭证。主要以公司经营情况分红盈利。风险高，收益也高。当然现在很多投资者还会通过互联网选择基金产品进行投资。网上基金产品非常多，目前收益较定期存款要高，提现方便快捷。投资门槛低，风险也低，收益较定期存款高一些。受到很多投资者的青睐。

（五）外汇理财

外汇是以外币表示的用于国际结算的支付凭证。包括外国货币、外币存款、外币有价证券、外币支付凭证。目前大多数商业银行都会提供炒汇平台供注册投资人进行炒汇操作，同时还有国内外著名的外汇经纪平台供投资者进行外汇投资操作。网上炒汇主要是通过各种货币的汇率间的时间差异和地区差异进行外汇交易而形成的获利。

（六）保险理财

网上保险理财是指投保人根据合同约定，通过互联网金融平台向保险人支付保险费，保险人对于合同约定的可能发生的事故及其因此所造成的财产损失承担赔偿保险金责任的商业保险行为，并为可能发生的突发情况做准备，避免因突发情况影响个人或者家庭的生活水平。近年来，专营的保险公司以及经营保险业务的其他金融机构陆续推出许多非常有吸引力的网络保险理财产品，以投资者获取分红和利息为主，并兼顾一些保障作用。这些网上保险产品购买方便且许多具备定制特征，因而逐步得到更多人士的青睐。

（七）黄金理财

黄金的投资通常可分为实物投资、现货交易、期货交易等。黄金是贵金属，具有抗通货膨胀的功能。在通货膨胀居高不下的今天，黄金的交易已经获得更多投资者的关注。随着互联网交易手段的到来，在网上买卖黄金理财产品既方便安全，还可以保护投资者的隐私最大限度不被泄露。

四、网上理财的基本步骤

（一）确定投资理财的目标

投资理财的目的不仅仅只是局限于赚很多很多的钱，而是在于使将来的生活更有保障或更有品质。理财目标有短期目标、中期目标、长期目标。不同的理财目标决定着不同的投资期限，而投资期限的不同又决定着不同的风险水平。投资者要审核自身愿望可以实现的程度大小，排除那些实现难度大或者是不切实际的指标，并将能够实现的愿望转化为现实的理财目标。理财目标要有时间观念、要有资金量的考虑、还要有投资优先级的安排。另外每一项投资理财活动，都应有明确的计划作为保证。同时还要有详尽的理财投资安排，包括每年需要投入的理财资金金额，每年需要得到的投资收益预期。

（二）控制好自己的支出

对于投资理财者来说，薪水是有限的，不必要花的钱能省则省。只要自己学会节流，控制好支出，就可以为自己省下很大一笔钱。理财开始规划时，投资者必须审视自己或者家庭的所有资产及其负债，估算自己或者家庭所有的收入及其支出数额，并在此基础上形成个人或者家庭的资产负债表和损益表。同时了解自己进行理财的目标设定，自己对风险的承受程度。个人或者家庭理财投资，需要在进行网上投资前进行个人或者家庭财产的优化配置，但最主要的还是控制好自己的支出。在选择投资理财品种之前，投资者最好可以通过第三方平台来掌握一些好的投资分析方法，包括基本分析方法和技术分析方法。尽可能避免盲目投资理财产品，做到胸有底数，心态平稳。

（三）选择适合的理财品种

有了储备资金并了解完投资分析方法之后，就需要选择适合自己的理财品种了。对于投资理财者来说，想要挑选出适合自己的理财品种，需根据自己的承受能力选择。承受能力大的投资者，可以选择一些类似于股票、期货等收益高、风险高的理财产品。如果承受能力较低，就选择银行理财产品、P2P 理财产品、货币基金进行投资理财。采用网上理财方式，需要进行互联网投资平台的注册及其资金注入后才能进行操作。在互联网理财产品投资后，必须及时了解个人及其家庭当前财务状况及其利息信息，了解各种现金活期账户的收支及其余额、实物资产账户的价值增减、投资账户的交易及其收益、个人及其家庭的负债变化。

（四）进行投资策略调整

投资活动后，投资者需要评估投资成果，特别是自己的理财投资是否科学。投资回报率的不同水平表现将左右投资者对自己的已有投资策略进行调整，或者是对自己的投资方向做出改变。需要注意的是，目前不少投资者认为互联网理财产品的收益非常高，因而会将所有的储备资金都投入到互联网理财产品之中，这种做法并不可取。投资者应该尽可能保证理财资金的安全，建议投资者投资到一种理财产品中的资金不宜太多。

第三节 网上理财产品

数据显示，2019 年最被看好的五款网上活期理财产品是：（1）工行理财 APP。它是很多投资者的首选，自成立以来不断对产品进升级和创新，在产品的质量上不断提升，不论你是否持有工行的卡，用户都可以享受超便捷转账、无卡客户注册等功能，完全就是给顾客一种全新的体验。（2）余额宝。余额宝是由第三方支付平台为个人用户打造的一款余额增值服务。通过余额宝能随时消费支付和转账，无任何手续费。用户在支付宝网站内就可以直接购买理财产品，同时余额宝内的资金还能随时用于网上购物、支付宝转账等支付功能。转入余额宝的资金在第二个工作日由基金公司进行份额确认，对已确认的份额会开始计算收益。在当今的市场上余额宝是首屈一指的理财平台。（3）京东金融。京东金融目前有零用钱和理财金两款活期理财产品。零用钱目前的 7 日年化收益率维持在 3.8% 的水平，理财金的 7 日年化收益率维持在 4.23% 的水平。理财金对接的是鹏华添利宝货币基金，转出 2 个小时内到账，日限额 50 万元，单日限 5 笔，单笔限 10 万元。京东金融主要是向用户提供京东小金库、京东钱包、京东白条等电子支付、资产增值服务。京东金融是国内规模最大的自营型电商企业，京东金融的业务范围相当的广泛，可以给消费者和企业提供最安全可靠的金融服务。（4）百度理财。百度理财目前有活期盈、百赚利滚利、百赚三款活期理财产品。后两款产品都是 1 元起投，但 7 日年化收益分别是 3.84% 和 3.23%。活期盈虽然是 1000 元起投，但日年化收益仍维持在 4.6% 的高位水平。（5）零钱通。微信下零钱通功能设计方面与余额宝非常类似，用户可将零钱通里的钱直接用于消费。同时，当资金放在零钱通里不被使用时，可以自动赚取收益。

一、网上储蓄理财

投资领域的储蓄，是指城乡居民将暂时不用结余的货币存入银行或其他金融机构的一种存款活动，又称储蓄理财。与国内储蓄的解释有所不同，西方经济学通常会将储蓄定义是货币收入中没有被用于消费的部分。储蓄存款是信用机构的一项重要资金资源，当然这不是储蓄的唯一作用，储蓄的主要作用集中体现在以下三个方面：一是作为一项信贷资金来源变消费为积累，促进国民经济比例和结构的调整。二是作为货币的信用回笼手段，可以推迟部分购买力的实现，有利于政府调节货币流通。三是能够引导消费，有利于城乡居民合理安排生产和生活。网上储蓄理财的原则基于宪法，法律规定保护个人合法存款所有权不受侵犯的前提下实行“存款自愿，取款自由，存款有息，为储户保密”的原则。根据存款的支取方式不同，国内网上储蓄理财主要是以下几种：

活期储蓄理财是一种没有存取日期约束，随时可取，随时可存，也没有存取金额限制的一种储蓄。

定期储蓄理财是商业银行与存款人双方在存款时事先约定期限，利率，到期后支取本息的存款。储蓄存款时银行约定定期期限，一次或分次存入，一次或多次取出本金或利息。定期存款利率视期限长短而定，存期越长利率越高。定期存款主要包括整存整取定期存款和存本取息定期存款两种。其中，整存整取定期存款是开户时约定存期，整笔存入，到期一次整笔支取本息的一种个人存款，这是目前最常见的定期存款品种。人民币 50 元起存，存期分为 3 个月、半年、1 年、2 年、3 年、5 年六个档次，可以办理部分提前支取，部分提前支取后剩余部分资金不低于 50 元。储蓄在整存整取开户时，可与银行约定转存服务。存本取息定期存款是指一次存入本金，分次支取利息，到期一次性支取本金的储蓄种类，5000 元起存，存期分 1 年、3 年、5 年，支取利息分 1 个月、3 个月、半年、1 年一次，由储户在开户时约定。存本取息定期存款就是每次支取利息金额，按所存本金，存期和规定利率先计算出应付利息总数后，再根据储蓄用户约定支取利息的次数，计算出平均每次支付利息的金额。逾期支取，提前支取利息计算与整存整取相同，若提前支取则会扣除已分次付给储蓄用户的利息，金额不足时将从本金扣除。

大额存单理财是指由银行业存款类金融机构面向个人、非金融企业、机关团体等发行的一种大额存款凭证。大额存单在到期之前可以转让，期限不低于 7 天，投资门槛高，存款金额是整数。我国大额存单于 2015 年 6 月 15 日正式推出，以人民币计价。大额存单比同期限定期存款有更高的利率，大多在基准利率基础上上浮 40%，少部分银行上浮 45%，而定期存款一般最高上浮在 30% 左右。

通知存款理财是储户在存入款项时不约定定期，支取时事先通知银行，约定支取存款日期和金额的一种个人存款方式。最低起存金额人民币 5 万元，储户在存入款项开户时即可提前通知取款日期或约定转存存款日期和金额。个人通知存款需一次性存入，可以一次或分次支取，但分次支取后账户余额不能低于最低起存金额，当低于最低起存金额时银行给予清户，转为活期存款。通知存款按存款人选择的提前通知的期限长短划分为 1 天通知存款和 7 天通知存款两种。1 天通知存款的利率是 0.55%，7 天通知存款的利率是 1.10%。个人通知存款中，1 天通知存款需要提前 1 天通知，按支取日 1 天通知存款的利率计算；7 天通知存款需要提前 7 天通知，再按支取日 7 天通知存款的利率计算；不按规定提前通知而要求支取存款的，则按活期利率计算，利率随本金进行清算。

从储蓄方面说，利息只是它给你的利润回报的一个附加值，储蓄最大的利润是帮助你管理好自己的财务，合理使用资金，给你未来的生活一个坚强后盾。很多人都在搜寻适合自己的理财方式，但对于承担风险能力弱又相对保守的人来说，储蓄是他们积累财富最稳妥的办法。

二、网上基金理财

通俗地说，证券投资基金是通过汇集众多投资者的资金，交给商业银行保管，由专业的基金管理公司负责投资于货币、债券、股票和期货等，以实现保值增值目的的一种投资工具。需要注意的是，基金成功募集足够资金宣告成立后，会有一段不接受投资者赎回基金单位申请的时间段，称之为基金的封闭期。封闭期是为了让基金经理将募集来的资金根据证券市场状况完成初步的投资安排。根据《开放式证券投资基金暂行办法》规定，基金封闭期不得超过 3 个月。所谓开放日指基金契约规定的投资者可以在网上办理基金申购、赎回交易业务日期。基金封闭期结束后，若投资者申请购买开放式基金，习惯上称作基金申购，以区分在发行期内的认购。若投资者申请将手中持有的基金单位按公布的价格卖出并收回现金，习惯上称之为基金赎回。而基金管理人是负责基金发起于经营管理的专业性机构。在我国，按照《证券投资基金管理暂行办法》的规定，基金管理人由基金管理公司担任。基金管理公司通常由证券公司、信托投资公司或其他机构能发起成立，具有独立法人地位。基金管理人作为受托人，必须履行“诚信义务”。基金管理人的目标函数是受益人利益的最大化，不得在处理业务时，考虑自己的利益或为第三者谋利。基金托管人是依据基金运行中“管理与保管分开”的原则对基金管理人进行监督和保管基金资产的机构，是基金持有人利益的代表，通常由有实力的商业银行或信托投资公司担任。基金托管人与基金管理人签订托管协议，在托管协议规定的范围内履行自己的职责并收取一定的报酬。基金托管人在基金的运行过程中起着不可或缺的作用。特别强调的是，基金注册登记机构是负责投资者账户的管理和服务、负责基金单位的注册登记以及红利发放等具体投资者服务内容的专门机构。这些登记机构通常由基金管理人或其委托的其他机构构成。基金代销机构则是接受基金管理公司委托，代理开放式基金认购、申购和赎回业务的机构。基金代销机构可以是商业银行或者证券公司。

基金的价格基础是基金单位资产净值，即基金资产净值除以基金单位数，资产净值就是总资产减去总负债，总资产包括基金按照市场价格计算股票、债券、银行存款和其他有价证券等。一般而言，基金的初始面值均是 1 元/份。举例来说，如果基金成立开始投资后即出现亏损，那么当日净值将跌破 1 元/份面值，如果盈利则高于 1 元/份面值。投资者购买基金一般要承担认购费或申购费、赎回费、管理费和托管费四大类费用。值得注意的是，基金管理费和托管费是每日从基金资产中扣除的，因此，这两项费用在基金公司每日公布基金净值时已扣除。

基金净值是指每个营业日根据基金所投资证券市场收盘价所计算出的基金总资产价值，扣除基金当日之各类成本及费用后，所得到的就是该基金当日的资产净值。除以基金当日所发生在外的单位总数，就是每单位基金净值。基金累计净值为单位净值与基金成立以来累计分红派息之和，它属于一个参照值。举例说明，2018 年 7 月 2 日某基金单位净值是 1.0486 元，2019 年 4 月份派发现金红利时的每份基金 0.025 元，则累计净值 = 1.0486 + 0.025 = 1.0736 元。

在网上选择基金进行投资，需要了解基金的分类，然后才谈得上选择适合自己的一只或多只基金，构建自己的投资组合。具体的基金分类如下：

1. 开放式基金和封闭式基金。对开放式基金而言，投资人可以随时依据基金净值，直接向基金公司买进、赎回或转换，而不需要通过集中市场撮合交易（LOF 和 EFT 除外）。开放式基金每天只有一个净值报价，买进和赎回都是按照净值进行，没有折溢价的情形。股市收盘后，基金公司即会计算出当日净值。基金规模随投资人的买卖而增减。而封闭式基金，则是发行份额数固定，发行期满、基金募集达到预计规模后，即不再接受投资人买进或卖出，故称作封闭式基金。基金成立后在证券交易所挂牌之后，投资人所有买卖交易皆需通过集中市场进行撮合，交易流程与买卖股票相同，须通过证券经纪商买卖。买卖的价格、成交的机率均由市场供需决定。封闭式基金每天有两种报价：一个是集中市场的市价，另一个则是基金公司每日计算的净值。

2. 成长型基金和价值型基金。成长型基金的投资风格旨在挑选盈利增长优于平均水平，并具备增值潜力的公司。成长型的重点并不着眼于基金的现价，而是预期未来价格表现会优于市场平均水平。而价值型基金的投资风格旨在买入价格相对内在价值显得较低的股票，预期股票价格会重返应有的合理水平。

3. 指数基金和增强指数基金。指数基金是一种以拟合目标指数、跟踪目标指数变化为原则，实现与市场同步成长的基金品种。增强指数基金是指通过指数化投资和积极投资的有机结合，实现投资风险和收益的优化平衡，力求使基金取得超过市场的投资收益，实现基金资产的长期稳定增值。

4. 收益型基金和平衡型基金。收益型基金是以追求基金当期收入为投资目标的基金，其投资对象主要是历史分红记录不错的绩优股、债券等有价证券。收益型基金一般把所得的利息、红利都分配给投资者。平衡型基金是既追求长期资本增值，又追求当期收入的基金，这类基金主要投资于债券、优先股和部分普通股，这些有价证券在投资组合中有比较稳定的组合比例，一般是把资产总额的25%~50%投资于债券，其余的投资于普通股。其风险和收益状况介于成长型基金和收益型基金之间。

5. 货币型基金、债券型基金和股票型基金。货币型基金是指投资者以国库券、大额银行可转让存单、商业票据、公司债券等货币市场短期；债券型基金是指以债券为投资对象的投资基金；股票型基金是指以股票为主要投资对象的投资基金。

6. 契约型基金和公司型基金。契约型投资基金也称信托型投资基金，是指基金发起人依据其与基金管理人、基金托管人订立的基金契约，发行基金单位而组建的投资基金；公司型投资基金是具有共同投资目标的投资者组成以盈利为目的的股份制投资公司，并将资产投资于特定对象的投资基金。目前国内已经发起成立的开放式基金都是契约型基金。

进行网上基金理财需要注意以下几个方面：

1. 网上基金产品基本资料的获取。网上基金产品的基本资料包括互联网平台、对接基金产品、基金经理、上线时间、支持银行卡、持有成本。由基本资料可以看出，大部分主流基金产品的竞争特征都很接近，对于在网上购买基金交易的普通老百姓来说，互联网平台的背景信誉是影响他们是否选购的因素之一。

2. 进行产品变现能力比较。目前，各类网络基金产品都会打出“T+0”即时赎回到账的旗号招揽客户，但网上基金产品中能够实现实时到账的仅有余额宝、现金宝、收益宝和零钱通不多的理财产品，且多有额度限制及银行卡限制，现金宝对接的除诺安货币基金外的其他产品流动性最差，为“T+2”。百赚利滚利的到账承诺是20分钟内，但其每天最多只能支取25万元；苏宁零钱宝则需要客户认证，非实名认证客户仅能单月赎回1000元，初级认证者单月赎回5万元，高级认证者单日限额也仅15万元。

3. 产品通过高年化收益率和额外补贴拉开收益差距。网上基金的收益率目前略高于普通基金行业平均水平，重要原因在于网上基金产品中，有相当一部分是各家基金公司为适应互联网理财平台的特性而专门设计发行的新产品。由于成立时间短，用户群体相对比较小众，能更好、更灵活的适应理财通平台基金流动性管理的复杂性，保证基金业绩的稳定性。并且很多网上基金还有额外补贴收益，这更拉大了与普通基金的收益差距。

4. 网络基金投资受到推崇。从目前的数据统计来看，即使是属于门槛最高的互联网基金投资平台，也仅有100元投资起底的规定，而有些基金理财平台更是低至1分钱。对于经历过传统银行投资的消费者来说动辄数万元的投资门槛让人望而生畏，繁琐的手续与复杂的收益报告让人无法对基金收益进行实时监控。而互联网平台支撑下的基金销售服务，让理财菜鸟也能轻松驾驭与投入，无疑是网售基金重要的增速催化剂。从理财市场表现看，电商平台支撑下的基金产品更会受到投资者追捧。从支付用途来看，余额宝优势明显，由于绑定了支付宝，因而其具备购买商品、转账、信用卡还款、支付公用事业费等多种功能，苏宁零钱宝凭借苏宁云商平台同样可实现了一定支付功能，可用于易购购物、生活缴费、信用卡还款，也可以转到易付宝余额或银行卡。汇添富现金宝可实现信用卡还款、同城跨行转账免费、手机充值。而其余产品无法直接用于网络购物的支付。

三、网上股票理财

股票是一种有价证券，是股份公司在筹集资本时向出资人公开或私下发行的、用以证明出资人的股本身份和权利，并根据持有人所持有的股份数享有权益和承担义务的凭证。股票代表着其持有人（股东）对股份公司的所有权，每一股同类型股票所代表的公司所有权是相等的，即“同股同权”。股票可以公开上市，也可以不上市。在股票市场上，股票也是投资的对象。股票的一级市场也称作发行市场，它是指公司直接或通过中介机构向投资者出售新发行的股票的市场。所谓新发行的股票包括初次发行和再发行的股票，前者是公司第一次向投资者出售的原始股，后者是在原始股的基础上增加新的份额。股票的二级市场也称作股票交易市场，是投资者之间买卖已发行股票的场所。这一市场为股票创造流动性，即能够迅速脱手换取现值。

国内网上股票交易时间是 4 小时，具体是周一至周五上午 9：30 至 11：30 和下午 13：00至 15：00。上午 9：15 开始，投资人就可以下单，委托价格限于前一个营业日收盘价的加减 10%，即在当日的涨跌停板之间。9：25 前委托的单子，在上午 9：25 时撮合，得出的价格便是该只股票的开盘价。9：25 至 9：30 之间委托的单子，在 9：30 才开始处理。如果你委托的价格无法在当个交易日成交的话，隔一个交易日则必须重新挂单。周六、周日和证券交易所公告的休市日不进行交易。

股票收益即股票投资收益，是指企业或个人以购买股票的形式对外投资取得的股利，转让、出售股票取得款项高于股票账面实际成本的差额，股权投资在被投资单位增加的净资产中所拥有的数额。投资者购买股票最关心的当然还是到底能够获得多少收益问题。具体来说，就是红利、股息和股票的升值金额。公司发放红利，大致有三种形式，现金红利、股份红利和财产红利。股息指股票持有人定期从股份公司中取得的一定利润。利润分配的标准以股票的票面资本为依据。上市公司发放股息的原则必须依法进行必要的扣除后才能将税后利润用于分配股息。其具体的扣除项目和数额比例要视法律和公司章程的规定。股票升值是股票市价的升值部分，他根据企业资产增加的程度和经营状况股票收益而定，具体体现为股票价格所带来的收益。

股票买进和卖出都会涉及一定费用，包括佣金（手续费）、印花税、过户费和其他费用。其中，佣金（手续费）是指投资者在委托买卖证券成交之后按成交金额的一定比例支付给券商的费用。此项费用一般由券商的经纪佣金、证券交易所交易经手费及管理机构的监管费等构成。不同的券商规定也不一样，而且资金量不同也不一样，国家规定不得超过交易金额的 3‰，但每次不低于 5 元。印花税则是根据税法规定，在股票成交后对买卖双方投资者按照规定的税率分别征收的税金。印花税的缴纳是由证券经营机构在同投资者交割中代为扣收，然后在证券经营机构同证券交易所或登记结算机构的清算交割中集中结算。其收费标准是按股票成交金额的1‰计收，现阶段只收取卖出股票一方，而买进股票一方是不收取的。过户费是指投资者委托买卖的股票、基金成交后买卖双方为变更股权登记所支付的费用。这笔收入属于证券登记清算机构的收入，由证券经营机构在同投资者清算交割时代为扣收。过户费的收费标准为：上海证券交易所A股、基金交易的过户费为成交票面金额的0.02‰，起点为1元，深圳证券交易所目前免收股票交易的过户费。其他费用是指投资者在委托买卖证券时，向证券营业部缴纳的委托费（通讯费）、撤单费、查询费、开户费、磁卡费以及电话委托、自助委托的刷卡费、超时费等。这些费用主要用于通讯、设备、单证制作等方面的开支，其中委托费在一般情况下，投资者在上海、深圳本地买卖沪、深证券交易所的证券时，向证券营业部缴纳1元委托费，异地缴纳5元委托费；其他费用由券商根据需要酌情收取，一般没有明确的收费标准，只要其收费得到当地物价部门批准即可，目前有相当多的证券经营机构出于竞争的考虑而减免部分或全部此类费用。

投资者在网上购买股票，需要要开立上海、深圳证券投资账户，同时开立资金账户。根据上海证券交易所的规定，投资者应办理指定交易，办理指定交易后投资者方可在网上进行上海证券市场的股票买卖。开立证券账户须通过网上平台上传本人身份证原件影像信息，开立资金账户还须上传证券账户卡原件信息。然后，下载证券公司指定的网上交易软件。投资者还需要开通网上银行账户，并开通银证转账业务，把钱存入网上银行账户，而后通过网上交易系统或电话交易系统把钱从银行转入证券公司资金账户。随后，投资者在网上交易系统里或电话交易系统进行股票买卖理财。

四、P2P网贷理财

随着互联网金融技术的发展，P2P网贷理财已经成为目前投资人最青睐或者说最受热捧的投资理财产品。P2P网贷理财是线上线下相结合的模式，通过网贷P2P平台把投资人手里的闲置资金借给需要用钱的借款人。P2P网贷平台本身既不吸储，也不放款，只为投融资双方牵线搭桥。P2P网贷实际是指个人与个人之间通过互联网平台而形成借贷关系，而P2P理财产品实际是当下互联网公司作为中介机构，把借贷双方对接起来实现各自的借贷需求。借款方可以是无抵押贷款融资或是有抵押贷款融资。目前主流的P2P理财模式主要有三种：第一种是债权转让模式，平台本身先行放贷，再将债权放到平台进行转让，很明显能让企业提高融资端的工作效率，但容易出现资金池效应问题，不能让资金充分应有的效益；第二种是提供本金甚至利用利息担保的P2P模式，这种模式是金融市场的主流模式，本金担保的P2P模式实质是间接接触资金的概念。第三种是纯线上撮合模式，是纯粹的P2P网贷，在这种平台模式上纯粹进行信息匹配，帮助资金借贷双方更好的进行资金匹配，但缺点明显，这种线上模式并不参与担保而显得风险非常大。从未来的发展来看，P2P网贷理财无疑是互联网金融行业的代表，也是投资人较为青睐的投资理财方式选择。

2015年，包括中国人民银行在内的十部委联合印发了《关于促进互联网金融健康发展的指导意见》，中国银监会同年也出台了《网络借贷信息中介机构业务活动管理暂行办法》，提出P2P网贷平台应尽快与合适的银行业金融机构开展合作，以保证出借人和借款人的资金安全。截至2018年12月18日，已有63家商业银行渗透P2P网贷平台资金存管业务，共有622家正常运营平台宣布与银行签订直接存管协议，占同期P2P网贷行业正常运营平台总数量的53.71%。从本质上看，与商业银行对接资金存管并不能保证签订资金存管协议的平台运营就一定很稳健。截至2018年7月18日，国内共有199家平台在上线银行存管后停业或出现提现困难跑路等问题，仅2018年上半年就有39家平台成为问题平台。P2P网贷目前仍是互联网金融的风险重灾区。目前，已经形成的资金存管模式主要有联合存管、直接存管和银行直联三种模式。

五、网上保险理财

保险是指投保人根据合同约定，向保险人支付保险费，保险人对于合同约定的可能发生的事故因其发生所造成的财产损失承担赔偿保险金责任，或者当被保险人死亡、伤残、疾病或者达到合同约定的年龄期限时，承担给付保险金责任的商业保险行为。随着互联网金融时代的到来，作为互联网时代的一个缩影，网上保险理财正在迅猛发展，以其全新的销售方式和运作理念，对传统保险理财进行着极大的变革。目前，市场上有超过120家保险公司开展了互联网保险理财业务，但是拥有互联网保险牌照的公司仅四家：众安在线、泰康在线、安心财险和易安财险。其中，众安保险成立于2013年10月，2017年9月在香港证券交易所成功上市。除众安保险外，其他三家互联网保险公司基本是在2015年底到2016年初成立的，成立时间均相对较晚一些。

其实，网上保险理财的本质仍然是保险投资，同样具备保险产品风险保障与管理的核心功能，但在渠道、场景、商业模式等方面有着自己的特点，并充分利用了互联网新技术，满足了投保人个性化、定制化需求。而网上保险理财最重要的就是在渠道方面将传统的线下销售改为线上销售，通过改造传统产品或者开发适合互联网渠道销售的新产品，是网上保险理财产品的一种创新。在此基础上，网上保险理财必须力求实现保险信息咨询、保险计划书设计、投保、缴费、核保、承保、保单信息查询、保单变更、续期缴费、理赔和给付等保险全过程的网络化，特别是售前、售中和售后服务的互联网操作。2015年7月22日中国保监会出台的《互联网保险业务监管暂行办法》主要从互联网销售渠道的角度，规范了网上保险理财。该办法规定了网上保险理财是指保险机构依托互联网和移动通信等技术，通过自营网络平台、第三方网络平台等订立保险合同、提供保险服务的业务。

互联网新的生态环境为保险公司产品设计提供了新颖的场景和丰富的标的。通过场景创新推出网上保险理财产品，特别适合电商网站模式。在该模式下，以B2C、O2O电商平台为主的场景嵌入式渠道，能够借用互联网交易场景关联销售各种保险产品，实现以场景化和定制化为主要特征的网上保险理财产品创新。电商网站平台潜在用户多元，而且除消费用户外也覆盖着平台商家。购物送保险目前基本成电商标配，对于电商平台而言是一种低成本营销方式，退货运费险已成为淘宝的标志性产品，该产品和淘宝电商交易牢牢绑定，以其高性价比、高使用率受到消费者喜爱。2018年“双11”购物节当日，淘宝及天猫平台上共计3亿多个包裹购买了退运险，较2017年同期增长70%。淘宝网还针对特定人群、特定场景等的不同需求，有针对性地推出诸如单身人群、春运高峰和中秋节庆等主题产品。此外，随着智能可穿戴设备应用场景的增加，保险公司与可穿戴设备商合作，在设备连接的APP端中嵌入保险服务，推出基于个体风险定量的健康险产品，采集用户健康运动数据，实现精准化定价和营销。互联网保险公司众安保险已在全国范围内推出一款重大疾病保险，通过各种穿戴设备记录天天慢跑数据再上传微信即可生成积分，积分则可转化成保费优惠。2019年第一季度，全国人身意外险网上销售渠道实现保费收入 100 多亿元。

未来网上保险的发展必然离不开新技术的使用，利用遥感技术测知区域与人群及其地理状况，利用红外线技术测知人体，至于续费、理赔则可以采用人工智能服务。而将自助移动带进理财者的生活后，理财者足不出户就可以完成一系列的保障程序，这种跨界技术将会是一种主流趋势，促进保险理财产品更好的发展。

思考题

1. 网上理财的主要特征是什么？
2. 网上理财的基本原则是什么？
3. 网上理财的主要类型有哪些？
4. 网上理财的主要目标是什么？
5. 网上理财的主要方式有哪些？

第七章
众筹与众投

第一节 众筹业务的基本特征

“众筹”一词译自英文词汇“crowdfunding”，即大众筹资或群众筹资的意思，是由发起人、跟投人、平台构成，向群众募资，以支持发起的个人或组织的行为。众筹融资相对于传统的融资而言其方式更为开放多样，能否获得资金也不再作为项目的唯一商业价值标准来进行评判。只要是网友喜欢的项目，都可以通过众筹方式获得项目的启动资金或者非资金性质支持。众筹融资通过网络平台连结起赞助者与提案者，并被用来支持包含灾害重建、民间集资、创业募资、艺术创作、软件设计、技术发明、科学研究以及公共专案等各种各样的有益活动。从某种意义而言，众筹是社交网络与多数人资助少数人的募资方式交叉相遇，通过众筹平台的协议机制来使不同个体之间融资筹款成为可能。构建众筹商业模式要由筹资人、出资人和众筹平台这三个因素有机组成。具体如下：

筹资人也就是项目发起人。众筹项目应该是具有明确目标的、可以完成的且具有具体完成时间的非公益活动，诸如制作专辑、出版图书或生产编辑某种电子产品；或者众筹项目是以股权、债权、分红、利息等资金形式作为回报。众筹项目发起人必须具备一定的条件（如国籍、年龄、银行账户、资质和学历等），拥有对项目100%的自主权，不受控制，完全自主。项目发起人要与众筹平台签订合约，明确双方的权利和义务。项目发起人通常是需要解决资金问题的创意者或小微企业的创业者，但也有个别企业为了加强用户的交流和体验，在实现筹资目标的同时，强化众筹模式的市场调研、产品预售和宣传推广等延伸功能，以项目发起人的身份号召公众或者潜在用户介入产品的研发、试制和推广，以期获得更好的市场响应。

众筹项目中的出资人往往是数量庞大的互联网用户，他们利用在线支付方式对自己感兴趣的创意项目进行小额投资，每个出资人自然都成为了“天使投资人”。公众所投资的项目成功实现后，对于出资人的回报可能是一种资金回报，也有可能是一个产品或者服务，诸如一块特殊功能特殊纪念意义的手表产品，也可能是一场演唱会的门票或是一张唱片。出资人资助创意者的过程就是其消费资金前移的过程，这既提高了生产和销售等环节的效率，生产出原本依靠传统投融资模式而无法推出的新产品，也满足了出资人作为用户的小众、细致和个性消费需求。

众筹平台本质上是充当中介机构的角色。众筹项目中的中介机构是众筹平台的搭建者，又是项目发起人的监督者和辅导者，还是出资人的利益维护者。上述多重身份的特征决定了众筹平台的功能复杂、责任重大。首先，众筹平台要拥有网络技术支持，根据相关法律法规，采用虚拟运作的方式，将项目发起人的创意和融资需求信息发布在虚拟空间里，实施这一步骤的前提是在项目上线之前进行细致的实名审核，并且确保项目内容完整、可执行和有价值，确定没有违反项目准则和要求。其次，在项目筹资成功后要监督、辅导和把控项目的顺利展开。最后，当项目无法执行时，众筹平台有责任和义务督促项目发起人退款给出资人。

简单而言，众筹项目的发起人往往是有创造能力但缺乏资金的筹资者；众筹项目的支持者应该是对筹资者本身的创业故事和回报感兴趣的且有能力支持的投资者；而众筹平台则是连接发起人（筹资者）和支持者（投资者）的互联网终端。

一、众筹业务的发展历程

真正现代意义上的众筹最早起源于美国，而在互联网与金融的融合推动下，众筹融资有了大规模的发展。美国至今仍是全球众筹规模最大、最活跃的国家，其平台数量占据全球的一半以上。现代众筹指通过互联网方式发布筹款项目并募集资金。相对于传统的融资方式，众筹更为开放，能否获得资金也不再是由项目的商业价值作为唯一标准。只要是网友喜欢的项目，都可以通过众筹方式获得项目启动的第一笔资金，为更多小本经营或创作的人提供了无限的可能。众筹最初是艰难奋斗的艺术家们为创作筹措资金的一种手段，现已演变为初创企业或者个人为其创业项目筹措资金的一个重要渠道。这一模式的创造者就是美国著名的众筹网站 Kickstarter，而它的创始人同时也是热爱艺术的交易员。Kickstarter 通过搭建网络平台面对公众筹资，让有创造力的人可以获得他们所需要的资金，以便使他们的梦想有可能实现。据悉，该网站在 2009 年一上线就受到了业界的极力追捧，在美国引起一轮跟风热潮。截至 2012 年，该平台共发布项目数 27086 个，其中成功项目是 11836 个，项目共融资 99344382 美元，参与投资支持项目的人数已经超过 300 万人，2012 年全年营业收入超过 500 万美元。对于一个处于创业初期的企业来讲，上述数据证明了众筹是一个值得肯定和推广的商业模式。到 2014 年，Kickstarter 已累计融资将近 6 亿美元。另一个成功的例子就是美国房地产投资众筹平台 Realty Mogul 运营一年后，其会员通过该平台投资的房地产项目总价值已超过 1 亿美元。

AngelList 是美国比较具有代表性的股权众筹平台，仅在 2014 年，其融资规模就已经超过 1 亿美元，扶植 243 家创业公司。事实上，美国对证券发行一直有着严格的监管机制，因而股权众筹在美国早期发展的速度非常缓慢。AngelList 在 2012 年以前一直是以融资中介平台的身份进行运行，而随着乔布斯法案以及美国证券交易委员会对众筹监管细则的出台，AngelList 才开始真正意义上的股权众筹平台模式。AngelList 当时引入一种被称作“联合投资”模式的领头人制度。在该种制度下，由专业投资者带领欲投资人形成一个针对某融资项目的团体，领投人负责调查项目风险并引领跟投者进行投资。AngelList 所采用的筹资模式并非直接的股权众筹，主要的目的还是规避美国的证券法律监管对相关众筹的限制。该种模式是目前股权众筹法律制度尚不完善国家的股权众筹网站的主要做法。

英国是全球仅次于美国的众筹活跃地区，其运营模式主要是股权众筹模式。由于英国现行的法律法规对股权众筹十分支持，且英国政府也出台了多项减税措施来鼓励股权众筹，因而股权众筹在英国的发展十分迅速。Crowdcube 和 Seedrs 是英国目前两个最大的股权众筹平台，且获得了英国金融行为监管会（FCA）的合法认定。英国还是全球第一个成立众筹协会的国家。良好的制度环境与成熟的行业发展，使得英国的股权众筹能够按照更加符合大家心愿的股权众筹模式运作，每个人都可以自由的在平台上面选择自己感兴趣的项目进行投资，省去了进入投资圈后再进行跟投的环节，而且其后期的股权转让也是全部在互联网平台上面进行。进入 2015 年，英国众筹行业发展更是步入高速通道，《国际金融报》记者发现这与其监管体制分不开。目前，英国剑桥大学互联网金融中心（Centre for Alternative Finance）和创新慈善机构 Nesta 最近共同发布了《2015 年英国互联网金融行业研究报告》。毕马威会计师事务所（KPMG）参与了研究合作。报告显示英国互联网金融 2015 年同比增长 84%，其中增长速度最快的是众筹行业，公益众筹增长率高达 507%。

相比于众筹在国外的大红大紫，众筹 2011 年才来到中国，时间稍稍有点迟缓。2011 年 7 月，国内第一家众筹网站“点名时间”正式上线，它是上线最早的众筹平台，也是国内最大发展最成熟的众筹网络平台之一。据其公开数据显示，上线不到两年就已经接到了 7000 多个项目提案，有近 700 个项目上线，项目成功率接近 50%。截至 2013 年 4 月，点名时间仍是国内众筹单个项目的最高筹资金额 50 万元人民币的保持者。

2012 年，美国研究机构 Massolution 在全球范围内对众筹领域展开了一次比较全面的调查。结果显示，该年度全球众筹平台筹资金额高达 28 亿美元，而在 2011 年只有 14.7 亿美元。2007 年，全球众筹平台的数量不足 100 个，截至 2012 年底已超过 700 个。2012 年 12 月 27 日，美国福布斯网站发布一项报告，该报告预测：2013 年，全球众筹平台的筹资总额将会达到 60 亿美元；到 2013 年第二季度，全球众筹平台将增至 1500 家。未来，众筹模式将会成为项目融资的主要方式。

互联网金融发展到了今天，已经形成了几大主流业务形态，包括第三方支付、网上银行、互联网理财、P2P 网贷，以及众筹等。在这几大业务之中，众筹虽然起步比较晚，但是发展速度却非常迅猛。在全民创业的浪潮下，众筹成为众多小微企业或者个人创业时期融资的最有效途径。而随着京东、阿里等巨头的涌入，国内的众筹市场也经历了连番洗牌，正在迈向新的时代。根据数据统计，2013 年底，中国所有的众筹平台数量不足 20 家，其中绝大部分是产品众筹平台，即投资人将资金投给筹款人用以开发某种产品或服务，该产品或服务开始对外销售或已经具备对外销售的条件的情况下，筹款人按照约定将开发的产品或服务无偿或低于成本的方式提供给投资人的一种众筹方式；依靠面向普通投资者出让一定比例的股份，投资者通过出资入股公司来获得未来收益的股权众筹平台只有寥寥数家。一方面是平台数量的快速增长，另一方面平台的交易额也在不断攀升，即使是股权众筹方面，情况同样如此。根据各个股权众筹平台公开发布的数据，从 2011 年 11 月到 2013 年底，股权众筹的筹资总额不超过 3 亿元。进入 2014 年，仅上半年的股权众筹事件就有 430 起，已募资金超过 1.5 亿元。按照此前的数据与发展趋势估计，2014 年全年中国所有产品众筹平台的成功筹资额将超过 3 亿元，股权众筹平台的成功筹资额有望达到 3 亿～5 亿元。二者合计起来，将达到2014年之前累计筹资额的两倍左右。上述数据无疑说明了两方面的问题，一个是说明中国的众筹行业发展迅猛，速度远超100%；另一个则是说明目前行业的规模还很小，6亿～8亿元的年度筹资额尚不足以对创业领域和投资行业产生实质性影响。与此同时，国内众筹平台的盈利模式还不清晰，每个项目5%～10%的手续费很难支撑平台顺畅运转，有的平台甚至取消了手续费，采用免费模式吸引人气、降低筹款人的负担，主要依赖外部资金进行运营。

进入2015年，各类众筹平台的生长近乎疯狂，数量增长到283家。遍布国内多个省市、涵盖各个领域，“众筹”毫无疑问成为重要年度热词。各种众筹形式层出不穷。其中，一种全新的众筹模式“物权众筹”应运而生。物权众筹，是指筹资者通过互联网的方式，向大众筹集资金，用以收购实物资产，通过资产升值变现获取利润，或通过经营实现经营收入，与投资人按比例利润分红。在目前的国内市场，物权众筹涉及汽车、房产以及农业化肥多个领域，以农业众筹最为普遍。物权众筹模式下，投资人的平均理财周期为一个月左右，最长不超过2个月。同时，投资人可以获得相对较高的收益回报。2015年国内大多数物权型众筹平台的年化收益率都在30%以上。而不同于P2P网贷的容易出现产权不清晰、重复抵押、资金用途不明确等问题，物权众筹是获得特定实物的所有权，产权清晰，手续简单，资金用途明确。而股权投资需要专业性较强，对于普通理财用户来说，鉴别公司商业模式、团队素质、运营状况、市场环境变化等因素，从而准确判断公司股权价值的大小有的时候非常困难。

相关数字显示，截至2016年12月底，全国拥有各种类型的众筹平台总共532家，达到众筹平台至今的峰值。其实，截至2016年3月底，全国各种类型的众筹平台已经达到328家，其中非公开股权融资平台最多，有131家；其次是奖励众筹平台，有112家；混合众筹平台为73家；公益众筹平台仍然为小众类型，仅有12家。截至2016年3月，全国众筹平台新增项目已筹资金在地区分布上面，北京、广东和浙江位列前三，已筹资金额分别达4.05亿元、3.67亿元和2.57亿元。上海地区排名第四，已筹资金额达1.38亿元；江苏位居第五，达1.32亿元。上述五个省市已筹资金额约占全国总筹资金额的92%，由于上述五省市经济发展处于全国的领先水平，并且获得地方政府政策的支持较多，因此，国内的众筹筹资规模主要由这些省市所决定。而其他20个有众筹平台的省市，仅已筹资1.1亿元，仅约占全国总筹资金额的8%，地区差异仍十分明显。但由于至2016年时众筹行业发展时间较短，国内还未出现诸如百度、阿里巴巴、腾讯那样众筹行业的寡头，暂时还是一种百家争鸣、百花齐放的状态，这也为发展众筹平台提供了难得的机遇。

2017年开始，由于互联网金融热度下降及其政策监管趋严，行业进入规范发展阶段。众筹平台增量呈断崖式下跌的趋势，2017年全年仅增加70家，2018年全年仅增加14家。从运营中的众筹平台走势来看，2017年各类平台数量急跌，在运营中的平台全年仅有294家。截至2018年12月底，在运营中的平台仅有147家。从分类看，物权型平台的跌幅最为严重，高达85.81%，综合型平台的跌幅为78.05%，仅次于物权型平台。2017年全国新增众筹平台仅有25家，同比2016年下降约83%；倒闭平台180家，同比2016年下降约13%；转型或下架平台20家，同比2016年下降约78%。相关统计显示，2017年全国众筹行业融资金额达到215.78亿元，同比2016年约下降5%。2017年全国股权众筹成功融资金额为142.2亿元，同比2016年减少14.4亿元，下降9%；北京地区股权众筹成功融资金额为

48.3 亿元，同比 2016 年减少 3 亿元，下降 5%。截至 2017 年 12 月底，全国众筹项目投资人次为 2639.55 万，同比下降约 52%。其中回报众筹投资人次为 2636 万，同比下降约 52%，互联网非公开股权融资投资人次为 3.55 万，同比下降约 39%。

人们对众筹行业青睐有加，原因在于众筹打开了初创企业的互联网资金获取渠道，使得很多普通人能够参与初创企业的成长过程，实现了“人人都是投资家”的梦想。另一方面，国外 KickStarter、Angellist 等平台的成功案例也激励着众筹行业的创业者，身体力行于开辟一片互联网金融的新天地，真正起到改善创业环境，为大量创业者/投资人服务的目标。

二、众筹业务的主要特征

就目前众筹业务的发展状况来看，其具备的主要特征有：第一是项目进入的低门槛。无论身份、地位、职业、年龄、性别，只要有想法有创造能力都可以发起项目。第二是项目品种的多样性。众筹的方向具有多样性，在国内的众筹网站上的项目类别包括设计、科技、音乐、影视、食品、漫画、出版、游戏、摄影等。第三是项目筹资依靠大众力量。其支持者通常是普通的草根民众，而非公司、企业或是风险投资人。第四是注重项目创意。发起人必须先将自己的创意（设计图、成品、策划等）达到可展示的程度，才能通过平台的审核，而不单单是一个概念或者一个点子，要有可操作性。第五是随时随地可赎回投资额。项目投资人突然急用钱想收回投资简单搞定，最快当天到账变现。从操作上来看，只要第一步点击赎回资金按钮，并在第二步点击提现按钮，就可轻松搞定退出。

三、国内外众筹的主要差异

众筹在欧美国发展较早且比较成熟规范，进入中国初期，并没有得到很好的发展，经历了一段时间后，才被大众所关注，并进入快速发展轨道。众筹目前在中国仍属于互联网金融范畴里的新生事物，很多方面并非很完善。对比国内外众筹的发展，还是存在着很大的差异。特别是在以下三个方面：

（一）众筹流程方面存在着差异

国内外的众筹流程虽然在本质上没有太大的区别，但细节方面还是要有一定的区别。国内的众筹流程可以概括如下：项目获取及筛选、项目推介及投资、项目投后管理以及项目退出四个步骤。在项目获取及筛选阶段，众筹平台需广泛搜集标的项目，并对标的项目进行系统性、科学性筛选，选出安全性高、投资回报稳定的优质项目；在项目推介及投资阶段，确定领投人和跟投人，协助项目完成融资；在项目投后管理阶段，企业可引入内部或外部基金管理公司作为投资管理顾问进入上述有限合伙企业，并代表有限合伙企业对融资企业提供咨询服务；项目退出阶段，投资人可以通过股权转让、融资企业回购、被投企业 IPO 或被兼并收购等方式进行退出。而国外众筹的流程大致概括如下：设计项目、项目审核、意见反馈、项目发布、项目宣传、项目筹资。其中，设计项目过程是在众筹平台工作人员的帮助下，项目发起人对融资项目所进行得设计。项目审核过程是众筹平台对项目是否符合项目发起规则所进行的审核。意见反馈过程是将设计和包装好的项目发送给身边的朋友，并在朋友那里得到有关项目的反馈意见；根据反馈意见发起人对项目进行修改，使项目更好的满足市场的需求。项目发布流程是在项目完成修改后，项目就可以通过众筹平台向投资者展示并募集所需的资金。项目筹资流程是项目发起人通过各种网络资源和自己的人脉关系对项目所进行的宣传，以期项目能够提前完成融资目标。

（二）盈利模式方面存在着差异

在盈利模式探索方面，国外众筹网站大都采用按照百分比收取佣金的方式，而国内的众筹网站目前大多数还是免费的，这是出于新平台需要建立信任机制，吸引更多的创业者和投资者的考虑。另一层次上符合了国内互联网不收费模式的大环境。

（三）市场环境方面存在着差异

欧美拥有全世界运营效率最高的金融市场，金融机构对资本运作已经相当纯熟，法律体系和监管体系也相对完善，为众筹提供了必要的法律保障。欧美民众的投资经验也要多于国内投资人。在国内，众筹尚属新生事物，法律和监管体系还不成熟，并不是很完善，没有形成完整的信用环境和价值体系，而且，投资人对与投资方面的经验并不是非常丰富，特别在甄别项目方面。从整体看来，欧美国家的市场环境要优于国内的众筹市场。但辨证的看，国内也有自身的优势，由于是新生事物，其发展空间是无限广阔。

第二节　众筹的主要运行模式及其运行规则

国内外的大环境不同，众筹发展的模式也各有不同，但是本质是相同的，都是为投资人和融资人谋得更多财富增值的机会。

一、国内众筹业务发展的原因分析

众筹业务的出现对传统的融资方式将会产生深远的影响，特别是对初创公司和立足未稳的小微企业或者个人创业者来说，众筹缓解了创业初期的融资难题。

（一）互联网应用普及是众筹模式迅速发展的前提条件

相关数据显示，2011 年 12 月全球网民达 22.5 亿人，互联网普及率为 33%。截至 2017 年 6 月，中国网民规模达 7.51 亿，占全球网民总数的 1/5。互联网普及率为 54.3%，超过全球平均水平 4.6 个百分点。据 eMarketer 预测，2019 年全球互联网普及率将达 50.8%，网民人数达 38.4 亿，届时全球超一半人一月至少上一次网，其中包含 PC 端和移动端设备。互联网传播信息具有传播范围广、方便快捷、低成本的特点，且操作交互性强，是高效的信息交换平台。传统融资环境下，金融中介作为控制交易成本与信息成本的专业化机构，起到了平衡借贷双方信息不对称的作用。而基于互联网的众筹模式中，借款方与投资者借助互联网可以高效地进行信息交换，有效地建立信任机制，相比之下融资成本更为低廉。人们对互联网的高使用率以及对于网上金融业务的逐步信任，为众筹发展提供了必备的市场环境；而互联网庞大的用户群体则是众筹项目的潜在投资者，也是众筹模式得以快速发展的保证。

（二）众筹模式是解决中国中小企业融资困难的有效借鉴

中小企业融资难是各国政府面临的普遍问题，也是比较头疼的问题。2012 年美国政府出台的《JOBS 法案》允许新兴成长型企业（EGC 企业）使用众筹平台进行 100 万美元以下的股权融资，将众筹模式合法化。该法案出台的目的正是通过扶持中小企业，为其开放新型融资方式和渠道，进而拉动就业，加快整体经济复苏。反观国内，金融市场长期以稳定为目标，未能建立起中小企业融资的有效通道，要解决中小企业融资难的问题，必须以融资需求为导向进行金融市场改革，创新思路，建立完善的融资机制，从根本上解决中小企业融资难的问题。

（三）中小企业融资与民间资本投资的双向需求推动了众筹模式的发展

中小企业融资难是世界性的问题，在严格的金融监管制度下，公开渠道的 IPO 信息披露义务繁重，少有企业能负担实施 IPO 的融资成本。另一方面，中小企业非公开融资渠道少，使得资本市场无法满足中小企业融资需求。金融危机之后，银行惜贷、投资者信息不足等更加剧了中小企业融资的艰难。但在中小企业无资可融的同时，民间资本却投资无门。有资料显示，中国居民储蓄存款已达 10 万亿元之巨。然而国家对于民间资本进入行业有诸多限制，民间资本缺少投资渠道，导致这些资金多用于非法集资和投机炒作，不仅浪费了庞大的资源，更扰乱了社会经济秩序。因此，如何正确引导民间资本注入实体经济，促进技术创新，提升就业能力，是社会各界需要共同面对的问题。众筹模式开拓了民间资本与实体经济的对接通道，利用众筹网站可以连结众多的民间投资者，互联网是高效、公开的信息传播平台，投资者可以根据偏好选择投资项目，有效地集中了人们手中的闲散资金。创业者可利用众筹网站获得创业资本，完成产品生产或技术创新等项目，顺利将民间资本投资到实体经济中，避免了资金滥用给实体经济带来的隐患，保障了实体经济的健康高速发展。从实际情况看，短短几年，众筹已经逐步从创意产业和慈善项目扩大到一个更为广泛的商业平台，将社交网络与种子基金、风险投资的投资方式巧妙地融合在一起，为资金需求方和供应方提供了一个新的桥梁，为小企业融资带来福音。众筹模式正是利用了互联网高效、便捷的信息传播特点，为民间资本与中小企业提供了直接对接通道。这种模式为民间资本流向优质企业和项目提供了渠道，同时满足了中小企业旺盛的资金需求，最终实现了资本资源的合理配置。

二、众筹的主要运行模式

（一）股权众筹

股权众筹是指公司出让一定比例的股份，面向普通投资者。投资者通过出资入股公司，获得未来收益。这种基于互联网渠道而进行融资的模式被称作股权众筹。另一种解释就是股权众筹是私募股权互联网化。股权众筹是可以帮助初创型的企业实现发展的最有利方式。普通的个人投资者也可以通过股权众筹的方式来分享企业成长的收益，同时解决了企业的资金供求问题。不过这种众筹方式对于投资者来说也是有一定风险的。股权众筹从是否担保来看，可分为两类：无担保股权众筹和有担保股权众筹。其中，无担保股权众筹是指投资人在进行众筹投资的过程中没有第三方的公司提供相关权益问题的担保责任。目前国内基本上都是无担保股权众筹，有担保股权众筹尚未被多数平台接受。现有的通行模式一般是投资者通过众筹平台投资后，平台或者平台选择的公司或者个人会作为“领投人”牵头设立一家合伙企业，而投资者作为有限合伙人，也就是对外无权代表合伙企业，但是可以分红，并只对合伙企业的债务承担有限责任。合伙企业成立后，再以合伙企业的名义投资融资的项目公司，以合伙企业作为公司股东。股权众筹其实并不是很新奇的事物，投资者在新股 IPO 的时候去申购股票其实就是股权众筹的一种表现方式。但在互联网金融领域，股权众筹主要特指通过网络的较早期的私募股权投资，股权众筹平台的崛起，将冲击以解决信息不对称为主要功能的投行机构。事实上，除了解决信息的不对称，股权众筹平台还希望打造“众创生态圈”，为创业者提供更多的资源和服务。比较乐于和股权众筹平台进行合作的，是被称作“老人新基金”的投资机构，即在大型和老牌投资机构做了较长一段时间后，个人新创的基金，这类新创基金的额度规模相对较小，因此对于寻找配资的需求更高。从过去一年来看，投资人试图通过各种方式来降低投资的风险。无论是寻找优秀的领投人，还是出台一系列的创业者扶持计划，都是为了将投资的风险降低。在此基础上，投资者的教育也必不可少。例如，京东的股权私募平台在投资者教育方面采取线上普及、举办线下活动等。与此同时，京东东家组建了一个 15 人左右的团队，从准入到投后等各个环节，均由该团队进行审查。京东东家还试图引导投资者来参与平台的监管。鉴于早期投资的风险较高，股权众筹平台一般建议投资者分散投资。

其实，目前中国的股权众筹网站并不多，主要有两个方面的原因：一是此类网站对人才要求比较高。股权众筹网站需要有广阔的人脉，可以把天使投资人/风险投资家聚集到其平台上；股权众筹网站还需要对项目做初步的尽职调查，这要求他们有自己的分析师团队；还需要有深谙风险投资相关法律的法务团队，协助投资者成立合伙企业及投后管理。其次此类网站的马太效应（两极分化现象，强者愈强弱者愈弱），即强者愈强弱者越弱之现象。投资者喜欢聚集到同一个地方去寻找适合的投资目标，当网站汇集了一批优秀的投资人后，融资者也自然趋之若鹜。于是原先就火的网站越来越火，流量平平的网站则举步维艰。

目前国内规模最大的股权众筹网站天使汇曾经在 2013 年 11 月中旬为 70 多家企业完成超过 7.5 亿元的投资（按投融资双方各收取 5% 的佣金，不算上管理费的话，天使汇已赚了 7500 万元）。而另一家网站大家投（原名众帮天使网）截至 2013 年年底，仅有寥寥可数的 4 家企业成功募集到 250 万元的资本。当然这其中也有网站的 UI（网络视觉设计）、运营团队等因素左右流量，但更多的是受到马太效应的影响。尽管如此，未来在股权众筹网站的创业机会还是有不少的。目前这个市场竞争者较少，如果创业者可以抓住某个垂直领域发展新的股权众筹平台，也可以分得一杯美羹。

股权众筹兼备一般众筹模式的主要特点，如投资者群体广泛、投资中介扁平、投资方式直接等。作为一种具有更强金融属性的众筹模式，股权众筹对传统融资最大的改变在于权利结构的变化：创业者拥有了比以往更强的融资权利和选择空间。在传统风险投资模式下，创业者的融资渠道有限，往往处于相对弱势的地位，大多只有被选择权而无选择权。而在众筹的模式中，投融双方的地位相对平等，创业者可以根据自身对资金的需求程度适当出让股权，比例一般在 5% 至 50% 之间。众筹模式下的创业公司通常采用较为松散的股权结构，在一定程度上避免强势股东的不当影响。除了在股权出让主动性方面的差别外，股权众筹的权力影响还会表现在创业者对股权拥有更大议价权方面。由于省略了传统 IPO 发行的路演、问价、确定发行区间等繁杂流程，创业者基于自身发展状况和对市场的考量来自行决定公开募资的金额，价格仅受市场规律的约束。在信息相对透明、竞争相对充分的情况下有利于合理价格的发现。

从投资者的角度，以股权众筹是否提供担保为依据，可将股权众筹分为无担保的股权众筹和有担保的股权众筹两大类。前者是指投资人在进行众筹投资的过程中没有第三方的公司提供相关权益问题的担保责任，目前国内基本上都是无担保股权众筹；后者是指股权众筹项目在进行众筹的同时，有第三方公司提供相关权益的担保，这种担保是固定期限的担保责任。这种模式国内目前只有贷帮的众筹项目提供担保服务，尚未被多数平台接受。

（二）产品众筹

产品众筹是指投资人将资金投给筹款人用以开发某种产品或服务，待该产品或服务开始对外销售或已经具备对外销售的条件的情况下，筹款人按照约定将开发的产品或服务无偿或低于成本的方式提供给投资人的一种众筹方式。这是一种个人与小型创业团队的众筹行为，克服了传统融资带来的困难与风险，促进了一批创意与创新的人群可以实现梦想。产品众筹的平台所进行的投资同时也可以有商品预购与自助、捐助性质。综合来看，商品众筹非常有利于整个社会的创新氛围。

（三）债权众筹

债权众筹是投资者和筹资者双方在众筹平台上面按照一定利率和必须归还本金等条件出借货币资金的一种信用活动形式。债权众筹可以为个人或者小微企业提供很好的融资通道。通过众筹平台的募资，获得改善生产经营的资金，成为融入现代金融服务体系的一部分。但债权众筹企业需要逐步建立起足够的信用保障机制，才能更好更有效的获得促进个人或者小微企业发展的最大资金支持。债权众筹模式是投资者对项目或公司进行投资，并获得其一定比例的债权，未来获取利息收益并收回本金。债权众筹其实就是 P2P 借贷平台由不计其数的众多位投资者对互联网金融网站上的众筹项目甄选后进行投资，按投资比例获得债权，未来获取利息收益并收回本金。这种模式有些类似于 P2P 的形式，它对投资者的回报是按照约定的比例给予的利息，届时投资者可以收回本金还可以得到承诺的收益。通常这样的收益率是要低于股权众筹的，但是风险也更低。另一方面，很多债权众筹网站包含某种形式的安全条款，在借款人无力还款的情况仍能给投资人以保障。P2P 一般也不包括在大众谈论的狭义众筹之中，当然其中也不乏另类。例如具有影视投资背景的聚米金融于 2014 年 6 月份，在其平台上以债券众筹的方式给《文军西征》电视剧项目众筹一百多万元资本。尽管债权众筹有一些安全措施，但专业人士仍建议广大投资者最后还是将其资金分散在不同的投资网站上面，以降低与分散风险系数，并使投资组合多样合理。“投资的鸡蛋最好不要都放在一个篮子中”。另外，通过设定固定的利率评级，投资者还可以使他们的众筹投资组合更加稳定和安全有序。最好的状况是在大多数情况下他们可以预计或比较准确地去判断项目未来回报率，而即使只有 3%~4% 的水平。也许这种稳定性是很多风险投资公司青睐债权众筹的原因。

（四）物权众筹

物权众筹是指通过互联网向大众筹集资金，用于收购实物资产，通过资产升值变现获取利润，其回报可分为经营分红、租金分红以及物权的未来增值收益。物权众筹作为互联网众筹行业的新星，安全性、收益性稳定，流动性大。加上在互联网金融规范化发展的环境下，物权众筹以产权清晰、手续简单、项目资金灵活、资金用途明确等特点成为了投资人追捧的对象。目前物权类众筹主要有房地产众筹、汽车众筹、农业众筹。

（五）回报众筹

回报众筹模式是指投资者对项目或公司进行投资，并获得产品或服务回报的一种众筹模式。2014 年 3 月开始，百度、阿里巴巴、京东等互联网大佬纷纷加入众筹行业，掀起了众筹投资热潮，同时也推动了这个行业的发展。它处于研发设计或生产阶段产品或服务的预售，主要为了募集运营资金、测试需求，回报式众筹回馈的是产品和服务，通过众筹模式，测试产品定位，看看大家是否需要；测试产品的包装，看看用户是否理解；测试产品定价，看看大家是否买单；测试产品使用，看看是否发现任何无法预期的问题。获得市场反馈与测试。

目前，国内的众筹模式中发展较快的就是回报众筹和股权众筹模式。众筹这一模式发展非常有前景，并且通过众筹的确能够快速大范围的聚集巨大的人气，各种民营资本试水众筹淡然不愿意袖手旁观。但回报类众筹唯一的缺点就是越来越偏离当初帮助有创意的年轻人圆梦众筹创立的目的，而是变成众筹包裹的团购，大家筹钱买东西。由于大量民营资本短期内大规模介入众筹资本市场，导致了众筹行业的同质化发展现象非常严重，各类电商性质的众筹平台上线的同时也有很多平台在相继倒闭关张。

（六）公益众筹

公益众筹是指通过互联网方式发布公益筹款项目并募集资金。相对于传统的公益融资方式，公益众筹更为开放。只要网友喜欢的项目，都可以通过公益众筹方式获得项目资金支持，为更多公益机构提供了无限的可能。无论基金会、注册机构、民间组织，只要是公益项目就可以利用众筹平台发起该公益项目。公益众筹的方向具有多样性，公益项目类别包括助学、助老、助残、关爱留守儿童等。和债券众筹、股权众筹不相同的是，公益众筹是一种不计回报的众筹。其实像是红十字会这类 NGO 的在线捐款平台可以算是公益众筹的雏形：有需要的人由本人或他人提出申请，NGO 做尽职调查、证实情况，NGO 在网上发起项目，从公众募捐。公益众筹主要用于公益事业领域，公益众筹模式下支持者对某个项目的出资支持更多表现的是重在参与的属性或精神层面的收获，支持者几乎不会在乎自己的出资最终能得到多少回报，他们的出资行为带有明显的捐赠和帮助的公益性质。在国内做得比较多的是募捐制和奖励制项目，不管是书籍、电影、演唱会，还是像课程、手表、服务，项目的支持者一般就是项目的推动者，参与感很强。

相关的数据显示，2015 年上半年中国众筹平台总数量已经达到 211 家，其中 53 家属于 2015 年上半年新诞生的平台，成功募集 46.66 亿元人民币。众筹平台主要集中于北京，广东和上海三个地区，其中北京平台数量处于绝对优势，占总平台数的 27.5%。奖励类众筹项目数量最多，约占总项目数的55.59%，第二位的股权类众筹项目占比27.6%；而就平台数量而言，股权众筹的平台数量达98家，为最多；而最少的是公益类众筹平台，不到10家。国内众筹产业目前的基本格局呈现了以奖励和股权众筹为主，混合众筹和公益众筹为辅的局面。不过，随着国内外大量资本开始纷纷进驻众筹行业，国内一大批众筹平台如天使客，众投邦，获得了资本的宠幸拿到了融资。

三、众筹项目的基本内容及其运行规则

（一）众筹项目的基本内容

众筹项目会因其具体的千差万别的研发内容而有所不同，而且其回报形式也是千差万别，无形与有形都有可能存在。从目前国内外众筹实践来看，虽然还受到政府政策法律的一定限制，其众筹的范围比较狭窄，但还是显现出了其在资本市场中的绝对强势位置，以及在筹资与投资方面的一些重要特征。而众筹项目的基本内容也应该包含有如下的这些重要项目：

1. 项目重要概述。重点描述该众筹项目的名称、项目发起人、目的所在、现实意义、项目资金的具体用途及其产生回报的主要产品或服务种类。

2. 项目类型说明。目前国内主要众筹项目类型有：债权众筹（如拍拍货和人人货平台提供的项目）、股权众筹（如天使汇项目）、回报众筹（如点名时间和追梦网提供的项目）、捐赠众筹（如微公益项目）。目前还有许多带有创新模式的项目类型，其项目类型的界限还比较模糊。主要有：凭证式众筹（如美微创投项目）、会籍式众筹（如3W咖啡项目）、天使式众筹（如大众投众筹项目）、捐赠式众筹（如罗振宇的自媒体《罗辑思维》项目）、营销式众筹（如阿里巴巴的娱乐宝项目）。

3. 所明确的筹资对象。一般来说，大多数众筹项目的筹资对象都会由领投人和跟投人组成。首先是领投人的确认，这是具有行业背景的投资人，起到了一个创造信任、吸引跟投的目的；而后跟投人则是对项目预期回报认可、对领投人信任的那部分理智型的粉丝。从两者关系的密切度来看，领投人与跟投人其实缺一不可。没有领投人则无法创造项目吸引力的信任源，没有跟投人则无法体现众筹融资中众人拾柴火焰高的实际效果。客观地讲，众筹项目有时所筹集的不仅仅是资金，还有人气的问题。而项目采取预购或团购甚至是营销，跟投人的作用会因此而不断变化。众筹项目的是否成功与跟投人的是否“给力”绝对有着重要的关系。

4. 项目筹资总额及其主要开支项目。主要就是项目运营及启动的资金预算，包括有：厂房租金开支、须要购置或租赁的设备、流动资金投入及其运转周期、运营成本支出等一些重要的财务数据。

5. 项目参与的时间期限。主要指筹资的起止时间和筹资天数。根据已有的经验并综合考虑而言，成功的众筹时间应以30天为宜。应该以30天为限倒推设计筹资金额、最低筹资金额，实现融资与筹集人气、营销等多方面的考虑。

6. 最低筹资金额。主要指出资支持人最低支持资金的额度，一般情况是给出一个区间供参与者选择。

7. 众筹项目的承诺与回报。目前众筹回报与众筹载体的形式有极大的关系，受中国法律限制，回报方式必须是实物、服务、媒体内容，不能许诺任何资金收益如现金、股票等金

融产品，而类似保本保息承诺更是严格限制。不过众筹的实际载体不同，则回报也是可以变通的，如果是众筹是以保险产品、证券基金、个人理财产品等方式出现的，其回报应以各自的法律设定的回报方式为约束。

8. 众筹流程规定。目前大多数众筹项目的基本流程是：创业者选择众筹平台并发布众筹项目；支持者发现项目并提供资金支持；众筹平台发放资金（成功众筹时）或退回支持者资金（众筹失败时）；成立运营项目的企业并注册资金。

9. 指定众筹平台。指定众筹项目运行的互联网金融平台名称。如指定点众筹网、名时间、追梦网、淘梦网、京东金融频道、阿里巴巴娱乐宝、大家投、拍拍贷、人人贷、天使汇、微公益等互联网金融平台。

10. 资金管理流程。资金流向大致如下：参与者出资并通过网上银行将出资款划到项目指定的第三方托管账户；众筹成功时由托管资金的第三方将资金转入注册验资账户；办理企业设立并申领工商企业营业执照；进入项目运营时的资金管理。

众筹项目的状态可以简单分成预热、进行中和结束三个阶段来表现。而成功率指成功的项目（包括已达到100%融资的项目）在结束的项目总数中的占比。目前在国内各种类型的众筹项目中，公益型众筹项目的成功率最高，为94.74%；紧随其后的是奖励型众筹项目，为77.61%；第三为股权型众筹项目，目前只有20.86%的水平。分析其中原因，公益型众筹与另外两类存在显著的差异，因为公益型众筹不求物质回报，即使设定目标融资金额，此类平台一般也不会以项目的实际融资额是否达到目标融资额的一定比例（100%或其他）来判定该项目是否成功，因为无论捐赠多少，都可以去帮助他人，都会把资金寄给需要帮助的人。从另一个方面讲，公益众筹项目中存在大量的长期捐赠项目，并不存在失败一说。所以，在所有结束的公益众筹项目中，没有筹集到资金的失败项目占比很少。奖励类众筹项目相对股权众筹项目的单项筹资金额少，而且回报较快，所以成功率会高出一大截，更重要的是，对于一些大型奖励众筹平台和混合众筹平台，奖励众筹项目可以依靠淘宝、京东等电商网站获得巨大的人气，项目很难失败。和奖励众筹相比，股权众筹项目就要小众许多，有些平台连查看项目都需要符合一定资格或者投资人可见。这当然有保护股权项目的知识产权的考虑，但客观上也使得一些感兴趣但又不那么热衷的潜在投资人流失。同时，股权项目回报期长，难以短时间内出现赚钱效应，人气增长不够快，造成了项目越多，越难以达到融资目标金额，成功率降低。

（二）众筹业务的基本运行规则

虽然众筹业务尚在其发展初期，许多模式还在探索和创新阶段，但就已有的成功经验来归纳，其基本的运行规则应该是：第一，筹资项目必须在发起人预设的时间内达到或超过目标金额才算成功。第二，在设定的筹资期限内，达到或者超过目标金额，项目即成功，发起人可获得资金；筹资项目完成后，支持者将得到发起人预先承诺的回报，回报方式可以是实物，也可以是服务，如果项目筹资失败，那么已获资金全部退还支持者。第三，众筹不是捐款，支持者的所有支持，包括物力还是人力方面的，基本还是要设有相应的回报机制。

四、众筹业务的相关法律要求

众筹引起的法律争议主要来自于股权众筹，为拓展中小微企业直接融资渠道，促进创新创业和互联网金融健康发展，提升资本市场服务实体经济的能力，保护投资者合法权益，防范金融风险，中国证券业协会（以下简称“证券业协会”）起草了《私募股权众筹融资管理办法（试行）（征求意见稿）》（以下简称《管理办法》），去年年底证监会公布了该《私募股权众筹融资管理办法（试行）（征求意见稿）》。该征求意见稿就股权众筹监管的一系列问题进行了初步的界定，包括股权众筹非公开发行的性质、股权众筹平台的定位、投资者的界定和保护、融资者的义务等。

在《管理办法》征求意见稿中，明确规定股权众筹应当采取非公开发行方式，并通过一系列自律管理要求以满足《证券法》第10条对非公开发行的相关规定：一是投资者必须为特定对象，即经股权众筹平台核实的符合《管理办法》中规定条件的实名注册用户；二是投资者累计不得超过200人；三是股权众筹平台只能向实名注册用户推荐项目信息，股权众筹平台和融资者均不得进行公开宣传、推介或劝诱。与此同时，在《管理办法》征求意见稿中还规定了众筹项目不限定投融资额度，充分体现了风险自担原则。从当前来看，《管理办法》征求意见稿中列示的平台准入条件还是较为宽松的，同时还规定了实行事后备案管理。该管里办法的主要要求如下：

（一）对股权众筹平台的规定

《管理办法》征求意见稿中对股权众筹平台定义是指通过互联网平台（互联网网站或其他类似电子媒介）为股权众筹投融资双方提供信息发布、需求对接、协助资金划转等相关服务的中介机构。同时规定股权众筹平台应当在证券业协会进行备案登记，并申请成为证券业协会会员。但是，证券业协会为股权众筹平台办理备案登记不构成对股权众筹平台内控水平、持续合规情况的认可，不作为对客户资金安全的保证。

股权众筹平台应当具备下列条件：（1）在中华人民共和国境内依法设立的公司或合伙企业；（2）净资产不低于500万元人民币；（3）有与开展私募股权众筹融资相适应的专业人员，具有3年以上金融或者信息技术行业从业经历的高级管理人员不少于2人；（4）有合法的互联网平台及其他技术设施；（5）有完善的业务管理制度；（6）证券业协会规定的其他条件。

股权众筹平台应当履行下列职责：（1）勤勉尽责，督促投融资双方依法合规开展众筹融资活动、履行约定义务；（2）对投融资双方进行实名认证，对用户信息的真实性进行必要审核；（3）对融资项目的合法性进行必要审核；（4）采取措施防范欺诈行为，发现欺诈行为或其他损害投资者利益的情形，及时公告并终止相关众筹活动；（5）对募集期资金设立专户管理，证券业协会另有规定的，从其规定；（6）对投融资双方的信息、融资记录及投资者适当性管理等信息及其他相关资料进行妥善保管，保管期限不得少于10年。

股权众筹平台不得有下列行为：（1）通过本机构互联网平台为自身或关联方融资；（2）对众筹项目提供对外担保或进行股权代持；（3）提供股权或其他形式的有价证券的转让服务；（4）利用平台自身优势获取投资机会或误导投资者；（5）向非实名注册用户宣传或推介融资项目；（6）从事证券承销、投资顾问、资产管理等证券经营机构业务，具有相关业务资格的证券经营机构除外；（7）兼营个体网络借贷（即P2P网络借贷）或网络小额贷款业务；（8）采用恶意诋毁、贬损同行等不正当竞争手段；（9）法律法规和证券业协会规定禁止的其他行为。

（二）对融资者的限定性要求

股权众筹的融资者应当为中小微企业或其发起人，并履行下列职责：（1）向股权众筹平台提供真实、准确和完整的用户信息；（2）保证融资项目真实、合法；（3）发布真实、准确的融资信息；（4）按约定向投资者如实报告影响或可能影响投资者权益的重大信息；（5）证券业协会规定和融资协议约定的其他职责。

融资者不得公开或采用变相公开方式发行证券，不得向不特定对象发行证券。融资完成后，融资者或融资者发起设立的融资企业的股东人数累计不得超过200人。法律法规另有规定的，从其规定。与此同时，融资者不得有下列行为：（1）欺诈发行；（2）向投资者承诺投资本金不受损失或者承诺最低收益；（3）同一时间通过两个或两个以上的股权众筹平台就同一融资项目进行融资，在股权众筹平台以外的公开场所发布融资信息；（4）法律法规和证券业协会规定禁止的其他行为。

（三）对投资者的限定性要求

私募股权众筹融资的投资者是指符合下列条件之一的单位或个人：（1）《私募投资基金监督管理暂行办法》规定的合格投资者；（2）投资单个融资项目的最低金额不低于100万元人民币的单位或个人；（3）社会保障基金、企业年金等养老基金，慈善基金等社会公益基金，以及依法设立并在中国证券投资基金业协会备案的投资计划；（4）净资产不低于1000万元人民币的单位；（5）金融资产不低于300万元人民币或最近三年个人年均收入不低于50万元人民币的个人，且上述个人除能提供相关财产、收入证明外，还应当能辨识、判断和承担相应投资风险，而本项所称金融资产包括银行存款、股票、债券、基金份额、资产管理计划、银行理财产品、信托计划、保险产品、期货权益等；（6）证券业协会规定的其他投资者。

（四）对备案登记的限定性要求

股权众筹平台应当在设立后5个工作日内向证券业协会申请备案，并报送下列文件：（1）股权众筹平台备案申请表；（2）营业执照复印件；（3）最近一期经审计的财务报告或验资报告；（4）互联网平台的ICP备案证明复印件；（5）股权众筹平台的组织架构、人员配置及专业人员资质证明；（6）股权众筹平台的业务管理制度；（7）股权众筹平台关于投资者保护、资金监督、信息安全、防范欺诈和利益冲突、风险管理及投资者纠纷处理等内部控制制度；（8）证券业协会要求的其他材料。

股权众筹平台应当在众筹项目自发布融资计划书之日起5个工作日内将融资计划书报市场监测中心备案。同时，股权众筹平台应当于每年4月30日之前完成上一年度的年度报告及年报鉴证报告，原件留档备查。

应该讲，要想积极鼓励互联网金融的不断创新，须在法律上给众筹业务留下宽泛的发展空间，并对现有的公司法、证券法相关落后的条款进行适度修改，确保众筹的合法与良性发展；在众筹与普通证券融资、非法集资等筹资方式等方面设定明确的边界；遵循发起人与众筹网站签订的协议，鼓励投资者积极参与管理和决策；建立低成本的众筹监管框架，考虑监管的成本以及监管给各种市场主体带来的成本。在监管方面，政府应适度监管，适当放松规制，尽量做到市场与监管一致。应针对不同的市场主体设定不同的监管模式。对融资者而言，要进行充分的信息披露，包括项目发起人的基本情况、项目总筹资金额上限、回报的具体形式，以及筹资后的持续信息披露；对投资人而言，明确准入条件、限制大型机构的介入、个人投资额上限以及投资人能否无偿大量转让所得股票或股份等问题。创新众筹平台，规范平台发展，促进众筹模式良好发展的政策建议，完善相关法律，健全规章制度是当前政府的当务之急。

五、国内主要众筹平台的使用

（一）微信众筹平台

微信可以说是目前使用最为广泛的即时通信聊天工具，西方人把它形象地称作在中国将不同文化背景、不同年龄、不同语言习惯的人士集合在同一平台上进行交流的工具。很多人在微信上有着非常多的好友，如果把自己的众筹项目发到微信上去，想必会达到很好的宣传效果。发起者若想在微信平台发起众筹并筹集到所需的资本，须登陆微信平台，在微信平台发布一个具体的众筹项目名称及其相应的宣传语后，在微信众筹界面上面，你可以看到该项目的相关内容以及目前对该项目的“支持次数”“计划筹资”“剩余天数”等重要信息。发起者须对众筹项目进行具体情况介绍，其文字的编辑应该优美、形象、能够打动客户心灵并达到吸引客户投资的目标。发起者还应列示清楚众筹项目资金的具体需求量及其项目回报方式、预计回报时间及其产品运送方式。相应界面会以醒目的方式显示金额要求及其回报方式。该界面还会显示已经获得的投资者支持人数统计数据。

投资者选择投资项目后，输入需要投资的份额或份数，点击“去付款”按钮后进入相应的投资额度结算界面就可完成资金投入过程。微信目前提供的支付结算登录方式有微信授权登录和普通方式登录两种可供选择。属于微信注册用户的，应选择微信授权登录方式进入；不属于微信注册用户的，应选择普通方式登录进入。一般情况下，微信用户可以选择微信账户资金进行支付，而普通客户则需要绑定银行卡进行支付结账。完成众筹后，投资者可以在查询界面看到显示出来所众筹项目的名称、回报方式、投资金额、回报时间。同时，在该页面还需要发起者提交邮箱、身份证、真实姓名等重要信息。

（二）淘宝众筹平台

淘宝众筹其实就是在支付宝 APP 上运营了淘宝众筹项目。目前国内很多众筹平台都是通过收取成交费来赚钱的，通常在项目成交后他们会向项目发起人收取 3%～10%，甚至高达 30% 的成交费用。而与其他众筹平台有区别的是，淘宝众筹是供大家免费使用的，不管是个人项目发起人还是企业项目发起人在上面发起项目都无需付费。而按照目前网络时尚语言来描述，淘宝众筹是一个协助“亲们”发起创意、梦想的平台。不论你是淘宝的卖家或买家、学生、白领、艺术家、明星，如果你有一个想完成的计划（例如：电影、音乐、动漫、设计、公益等），你就可以在淘宝众筹平台上发起项目向大家展示你的计划，邀请喜欢你的计划的人以资金支持你。如果你愿意帮助别人，支持别人的梦想，你可以在淘宝众筹浏览到各行各业的人发起的项目计划，也可以成为发起人的梦想合伙人，当你们一起见证项目成功后，你还会获得发起人感谢你支持的回报。

目前支付宝上的淘宝众筹项目有很多种类，但总体来讲还是以科技创新类产品居多。投资者如果以低于市场价的价格购买到该项目产品的话，从一定意义上来讲就已经是赚钱的了。如果批量购买该众筹项目，当项目正式在市场上出售后价格肯定要高于你众筹购买的价格，一旦你转手出售还可以获得不错的收益。相关数据显示，在淘宝目前1300多个众筹项目中，科技和设计类项目共占据超过55%的数量，农业、公益、影音和动漫类占比都超过5%，项目数最少的是娱乐和游戏类项目。淘宝众筹最早是从一帮热爱某项新事物的极客开始的，而新事物往往都具有前沿性质，因而科技和设计类占多数就不足为奇了。即使在目前有限的众筹投资人群中，这类项目依然是最多的。而且筹资金额中，科技类的平均单项筹资目标金额达到15万元，实际融资56万元，超募非常普遍。科技和设计类众筹项目的成功率高达97.29%，是各类众筹项目之首，很有些无冕之王的意境。除了科技类排名第一外，动漫、公益、影音和农业类的项目成功率也都超过95%的水平。成功率低于90%只有娱乐类。这么高的成功率可以说明淘宝网本身的电商平台性质铸就了淘宝众筹成功的基石。电商平台巨大的人流，使得这里是项目最好的试验田，众筹能否成功就是市场是否喜欢这款产品的一个小测试，而项目后期可以直接在淘宝开店，又使得众筹项目具有了可持续发展的保证。而在看过淘宝网成千上万的商家和产品后，淘宝众筹在挑选爆款项目的时候也更加有的放矢，在数量有限的项目里不断创造超募，在不断超募的刺激下，更多的创新者云集众筹平台，带来品类丰富质量优势的产品，进而吸引更多的投资人，形成良性循环。

发起者用户登录淘宝账号后，在淘宝首页左侧菜单中选择“淘宝众筹”选项点击进入，登陆到淘宝网站的“淘宝众筹”平台界面，该界面主要由“首页”“浏览项目”“新手帮助”“发布项目”及“我的众筹”功能模块构成。若用户想要发布众筹项目则点击“发布项目”按钮进入相关操作界面；若用户想要投资众筹项目，则点击“浏览项目”按钮进入相关操作界面。如果你是投资或筹资新人，则可在淘宝众筹界面点击“新手帮助”按钮在发起之前首先了解一下相关规则。规则了解清楚之后，接着点击“发起项目”，看看符不符合资质，假如资质还不符合的就不能发起众筹项目，需要资质弄达标之后再发起。资质达标的情况下，就点击“发起项目”填写相应的信息。填写好之后点击“保存”按钮，操作完毕之后该众筹项目会自动进入提交审核阶段。

如果你是投资者的身份，在浏览项目界面选择好你要投资的项目后，点击进入投资主页，仔细阅读该项目目前累计金额、支持人数、剩余时间等重要信息后，点击“我要投资”按钮，进一步选择你要投资的额度。在弹出的“选择你的预购回报”界面，点击“支持”按钮，进入支付宝结算界面。投资者选择付款，用支付宝账号进行众筹项目投资支付结算，完成投资打款过程。

（三）天使汇众筹平台

天使汇成立于2011年11月，由现任中国基金业协会天使投资专业委员会创立，专注于早期创投服务的天使合投平台。定位于投融资的信息服务平台，面对融资方企业，面对大众投资者（中高等收入人群）。使用天使汇股权众筹平台时，创业企业或项目的发起人，向众筹平台提交项目策划或商业计划书，并设定拟筹资金额、可让渡的股权比例及筹款的截止日期。如果是投资者身份，则直接登录天使街股权众筹平台选择“登录”或者“注册”按钮，直接进入到相应投资操作界面，或者进行注册信息登记后再进入投资选择界面。众筹平台对筹资人提交的项目策划或商业计划书进行审核，审核的范围具体包括但不限于真实性、完整性、可执行性以及投资价值。对于发起人项目信息的真实性与专业性，众筹平台在审核过程并没有专业评估机构的证实，项目发起人和众筹平台间具有的利益关系很可能使其审核不具有显著的公正性。众筹平台在其服务协议中常设定了审核的免责条款，即不对项目的信息真实性、可靠性负责。平台项目审核这一环节实质上并没有降低投资人的风险，投资人由于事前审查，很可能需要花费大量的成本以降低合同欺诈的风险。但如果是投资者身份，则在注册登陆后，进入相关股权投资项目选择界面。股权投资界面会显示股权众筹项目的名称、所属行业、所在地区、目标股份、已筹股份、起投股份、剩余天数等重要信息。投资者慎重考虑后，在“领投”“跟投”两个按钮之间选择性点击后，进入到相关项目股权认购界面。

需要说明的是，在项目评估阶段，项目的直接发起者掌握有关项目充分的信息以及项目可能的风险，为了能顺利进行筹资，其可能会提供不实信息或隐瞒部分风险，向投资者展示“完美”信息，误导投资者的评估与决策。而且由于项目发起者与投资者信息的不对称问题，也会导致投资者对项目的评估不准确。

众筹平台审核通过后，在网络上发布相应的项目信息和融资信息。需要说明的是，在项目宣传与展示阶段，项目发起人为获得投资者的支持，需在平台上充分展示项目创意及可行性。但这些项目大都未申请专利权，故不受知识产权相关法律保护。同时在众筹平台上几个月的项目展示期也增加了项目方案被山寨的风险。但如果是投资者身份，则在进入到相关项目股权认购界面，进一步了解项目详情、投融资情况、项目附件、团队介绍、项目动态、运营计划，退出方案等重要信息。对该创业企业或项目感兴趣的个人或团队，可以在目标期限内承诺或实际交付一定数量资金。选择投资，点击“领投”或者“跟投”进入相关操作界面。

目标期限截止，股权筹资成功的，出资人与筹资人签订相关协议；股权筹资失败的，资金退回各出资者。在项目执行阶段，众筹平台归集投资人资金后，可能会出现在投资人不知情的情况下转移资金或挪作他用，导致投资者资金损失。另外，项目在执行过程中还可能因为技术方面原因（新技术瑕疵多或新技术代替原有技术）或经营项目的直接发起者掌握有关项目充分的信息以及项目可能的风险，而为了能够顺利进行筹资，其可能会提供不实信息或隐瞒部分风险，投资者应该实时关注项目进程特别是其财务表现。

第三节　众投业务的特征及其使用

众投还称作大众募捐或众募，国外一般称作 crowd funding。顾名思义，众投就是利用众人的力量，集中大家的资金、能力和渠道，通过开放号召的形式为中小企业、艺术家或个人进行某项活动提供必要的资金援助，且这种援助主要通过网络平台操作现。众投业务是一种基于互联网平台而面向创新者个人或创新型中小企业的新型互联网金融的融资模式。它通过承诺付出非现金的回报，吸引大家支持创新者的项目，让创意和梦想变成现实。众投依靠大众而不是个人的力量进行资金募集；所筹集的金额实际是由大量的小额资金来构成；网络是联系筹资者和支持者的有效渠道。

一、众投的主要社会经济价值

（一）众筹能够有效解决创业初期的资金困难

不少创业者在创业初期，由于企业规模相对较小，资本非常有限，企业管理制度尚在建设，创新创业融资并不理想。虽然政府为了扶持创新创业做出了很多政策安排，特别是提供创新创业贷款，在一定程度上降低创业成本提供有力支持。但是，由于贷款是向创新创业项目一次性投入，因而只能是暂时性解决了眼前的资金问题，而对企业后续发展所需要的资金支持仍然缺乏具体安全保证。大部分创业者在创新创业初期，个人积蓄或者亲戚好友的支持是主要的资金来源，但是由于额度相对较少或者没有持续性，无法满足企业扩大发展规模所需的资金要求，而风投公司也只是针对进入生产经营阶段的企业进行投资，对创新创业初始资金的筹集没有实质性的作用。但是，众投平台为创新创业资金短缺的问题提供了有效的解决渠道，发起者只要将自己的创新创业项目通过众投平台发起融资，就可以受到众多有投资意向的投资者的关注，如果受到投资者的认可和肯定，就可以在预想的时间内筹到项目所需要的资金，而且不受时间限制，只要是有资金短缺现象都可以发起众投。

（二）众投能及时验证创新创业项目是否具备投资价值

创新创业初期企业的起步阶段，内部体制以及产品市场规模都还没有发育成熟，需要企业在不断发展过程中探寻企业的长远发展道路，因而社会对创新创业的企业发展多数时候并不看好，不愿意进行投资。而众投不仅为个人或者中小企业发展增加融资渠道，还为企业以及企业产品的宣传提供了推广平台。通过众投平台，直接反映出项目所蕴含的商业价值或者社会价值，为企业寻求更好的发展路径提供了有价值的信息，让项目研发和企业发展少走弯路。通过众投平台的营销有着范围更广的受众人群，更加公开透明的进行市场开拓，扩大产品的市场影响力和占有率，检验创意产品的市场价值，并且能及时反馈市场信息，为企业及时调整项目发展方向提供有价值的信息。

（三）众投有利于提升发起者的创新创业水平

当前，国内正在开始进行由中国制造向中国创造的转型。各级政府机关也加大对创新创业的扶持力度。从根本上讲，是希望提高发起者的创新创业意识，并不仅仅是为了创造就业机会，简单解决目前存在的就业问题。在大众创业、万众创新的目标下，年轻人作为最有创新创业精神的所有者，理应为国家创新经济的发展做出努力和贡献。而创业成功的关键就是创新。在互联网推动下的众投平台，更加注重众投项目的创新水平。只有新颖的创新产品才能更加吸引投资者的关注和投资兴趣。通过众投平台可以将社会资金和创新项目有效的衔接起来，为广大的创新创业者解决资金短缺的困难，为企业推广新产品新服务提供有利资金支持，帮助有潜力的大学生实现创业梦想，也为众多的闲散投资者寻求合适的投资项目及其投资机会提供有价值的帮助。

二、众投业务与众筹业务的区别

很多人觉得众投业务与众筹业务两者难以区分。基于又都是处于发展的初期阶段，因而当下互联网对这两者的区分也较为混乱并有着理论界的不同看法。而从既有的实践来看，事实上，众投与众筹是一个事物的两个不同方面，也是众筹商业模式发展的不同阶段。众筹更为注重项目发起者，是站在发起者筹资的角度运营平台的，其目标也只是获得支持者的金钱支持。但是，众投更加注重项目支持者的参与度，是站在公众支持创新的角度运营平台的，其目标则不限于获得支持者的金钱支撑，也包括大批支持者时间的投入、方法创意的帮助乃至亲身参与其中的运营。而从另一角度来看，众筹项目在筹集资金的过程中该项目可能并非已经存在，大多数的情形只是一个创意、一个点子或者一个设想而已，需要筹集完全部资金后开始启动项目并进入运营；而众投项目是一个已经真实存在的项目或技术，其运营活动已经开始了一段时期或者市场前景比较明朗明确，因而需要大家做的只是投钱去完成这个项目就可以了。换句话说，众投模式就是利用众人的力量，集中大家的财力、能力和渠道，为中小企业、艺术家或个人进行某项活动提供必要的资金支援。随着互联网金融技术的发展，众投模式也渐渐发展对于中小型创业企业的一种除了天使、VC 外可选的融资方式。相对于传统的融资方式，众投更为开放，能否获得资金也不再是以项目的商业价值作为唯一标准。只要是公众喜欢，都可以通过众投方式获得启动资金。而由于投资金额由众人分摊，可以降低股东的风险。并且除了获得资金支持外，众投也有很多其他好处，如：检验公众对自己的创意的认可程度；在公开的网络上寻找支持者、并尝试与他们沟通，修正产品；结合众投模式运营，获得一次公开的品牌营销的机会。

Kickstarter 曾是一家总部位于美国纽约的网站，它创立的初衷是支持富有创造性的项目，但如今已渐渐发展成为一股专为初创科技公司提供融资的强大力量。企业家们曾利用该网站成功地募集到数十万美元，用于开发和生产各自的产品，这些产品包括了一种网络家庭感测系统和一套用来打印三维物体的装置。应该讲，采用众投模式既为该网络设计公司提供了一种传统融资方式的替代方案，同时还使得初创公司可以保留自己的股权，保持对经营策略的全面掌控，此外还能获得一批忠诚的早期接纳者。

虽然大多数项目要求的资金量都相对较小，但也有一些项目超过了 100 万美元。其中最值得一提的当属 Double Fine productions，他们为了开发一款视频游戏筹集到 300 万美元。这一数额大大超过了当时 60 万美元封顶的天使投资，已经达到了典型风险资本注入的标准。2011 年，Kickstarter 的用户为网站各种项目贡献融资总计 9930 万美元的规模，大致相当于所有的美国种子投资总额 10% 的金额。普华永道的统计数据显示，在 2011 年，美国种子投资的总数额达到了 9.2 亿美元。需要为项目募集资金的人设立一个融资目标和招募抵押。如果 项目没有达到预期目标，投资者将会收回全部投资。而那些达到融资目标的项目，Kickstarter 会从中提取 5% 的资金。Kickstarter 网站是由扬西·斯特里克勒（Yancey Strickler）、查尔斯·阿德勒（Charles Adler）和佩里·陈（Perry Chen）在 2009 年联合创办的。截至 2011 年，总共募集了超过 1.5 亿美元的众投项目资金。

2014 年，是众投模式在国内大行其道的一年，在你的身边，稍不留神就溜出一个众投的例子。2014 年 2 月 24 日晚，创业家传媒通过微博号召发起了中国创业界的首个运动会，被戏称为“史上最不靠谱的组委会”。其原因，正是由于这次的黑马运动会无论是领队、参赛队员、还是拉拉队、资金赞助商，乃至比赛项目和规则的来源都必须符合众投规则。事实证明，参与其中的创业家通过微博、微信等社交媒体发起的这样一次所谓的“众投”活动，从 2 月底《创业家》杂志发布的一条微博开始，一路势如破竹，先后组建了以姚劲波、王小川、夏华、盛发强、阎炎、徐小平、汪建、蔡明为团长的八大代表团。而各路民间资本也在这场游戏中玩的不亦乐乎，赚足了眼球，同时他们做出的众投参与回报也是花样百出，既有精神和思想层面的“和互联网大佬们共进晚餐”，也有相当实惠的《创业家》杂志边栏广告位，还有定制化的创业投资指导。本次众投可以说得上是超值回报了，很快就招募到了超过2000人参加本次众投运动会。

目前的众投看似就像阿拉丁神灯一样，有着巨大的可能性，可以帮助人们实现各种各样的愿望和想法。位于北京邮电大学校园内的互联网创业咖啡馆“零壹时光”就是这样一个例子。与传统咖啡馆不同的是，它的主旨并不是要卖咖啡，而是以创业为主题，依托于北京邮电大学校友圈，融合社会各界人脉、资源、圈子，为创业者提供更好的创业土壤和氛围，和资源对接服务。同样与传统的运作方式不同的是，零壹时光所体现出来的效果可以称作“众智众投”。零壹时光咖啡馆的发起团队主要是以北京邮电大学的创业学生，加上北京邮电大学的创业孵化器的教授参与指导和决策。虽然主要发起人在校期间就有多次的创业经历，但和所有的创业团队一样，年轻人们碰到了一些超出他们经验范围的问题和在执行方向上的分歧。不过，相对幸运的是，他们的项目吸引到了北京邮电大学校友圈的很多颇具实力的创业者和已经成功的师兄师姐们的支持，更幸运的是，大家的支持不仅仅体现在金钱上，同样体现在大家对待这个项目的态度，愿意付出的时间、精力和经验上。在整个项目的执行过程中，发起团队没有放弃任何一次可以和大家沟通交流的机会，充分听取大家意见，既为项目的参与者带来与众不同的体验，同时也为项目的执行团队带来了经验和智慧的收获与成长。

需要说明的是，众投并非万能。如果众投的方式不对，也会给参与众投的企业带来很多问题。众多失败的众投项目告诉我们，想做好众投并没有想象中那么简单。众投本身既不是一个难以捉摸的魔法，也不似是一个客观而且简单的规则。如果能够正确的认识众投的理念，按照客观规律和“规则背后的经营理念”来运作你手中的众投项目，哪怕是微小的创意，也可以获得成功。

三、众投项目成功的因素

（一）认真筛选众投项目参与者

为了保证众投项目的顺利完成，必须要为中小企业的众投参与者设定必要的门槛制度。如果进行没有门槛、没有要求的众投，最后很可能因吸纳了不符合群体主流价值认同的乌合之众，并把生意或活动搅得乌烟瘴气。我们必须知道，众投模式并不是参与者越多越好，而是合适的参与者越多越好。也许正是因为有了标准，才会形成过滤效应，产生稀缺价值，才会有更多志趣相投的人加入进来。最后还要注意，不要让过多的股东参与运营，这样会导致意见难以统一，沟通成本太高，沟通效率低下。

（二）做好价值承诺，提供信任担保

要让股东看到你的投资价值，价值可以是看得见的金钱或商品回报和年底红利，但是众投的参与者可能更看重一些隐性回报。就像3W咖啡馆众投成功的案例中所显示，3W主要给股东的价值是一个圈子。换言之，3W为众投者提供的是金钱不能够提供的人脉价值、投资机会、交流价值、社交价值、聚会场所等，这些可能是某些众投者所看重的。另外在筹资

成功后，企业的运行中，不断地去披露一些企业信息给众投者，也会有效维持并不断增加自己和投资者之间的信任感。

（三）设置合理的退出机制

由于众投开始时，加入的门槛比较低，很多股东可能会并不在意这个项目，因此会有较多的股权的随时随意变更和退出，这需要我们在众投的伊始，就考虑到各种可能出现的不利局面。可以设置并推行必要的代持机制，防止由于一些小的众投者的退出所带来的股权关系改变。也可以设定反稀释条款，保证初始众投参与者的权利，提高众投的吸引力和项目的运行效率。

（四）推崇众投营销理念

使用众投模式筹资的中小企业应该知道众投模式拥有的两个非常重要优点是预知市场需求和低成本市场推广。这要求我们在进行项目众投的时候，更加注重用户价值的发挥，使得用户的意愿能更多反映到产品的研发、生产、销售和使用过程中，形成不断扩充、无限循环、正向生长的良性发展。而众投的不同地域、不同年龄、不同文化背景的广大投资者，还会通过众投项目的投资活动而变得越发关注并宣传这个项目，众投模式可以成为企业的免费广告。

（五）挖掘与支持者之间共同的价值观

只有相同价值观的项目才能吸引到相同价值观的人。其实每个个体都是在根据自己的价值观来做出相应的选择，人们是可以为产生了共鸣的事情而买单的。问题的关键在于，是否可以从项目中挖掘到这样一个具有一定普世价值的点，并且将它完整准确的表达出来。比较有说服力的案例有：冀文正老先生对藏区文化的记录与出版正是在这方面给予了证实。老人深入墨脱 60 年，28 次翻越喜马拉雅山，16 次徒步雅鲁藏布大峡谷，采集到珞巴族和门巴族第一手资料 500 多万字，照片 500 多张，原生态录音 168 小时，他就想通过出版，把这些近乎绝版的文化资料保存下来。而就是这个偏个人梦想和公益性质的项目，却在一周的时间内得到了约 1 万元的支持，值得关注的是对他进行支持的人群包括了象牙塔中的学生、户外运动爱好者、不会用网络支付的老一辈、生活滋润的成都小白领。通过对他们的回访，项目的执行人发现，几乎唯一共同的地方就是，他们都认同冀文正老先生的生活态度和价值观，对这样的活动进行支持，就是对自己的支持。

（六）充分利用参与体验

在对众投项目进行运营的时候，应该根据众投项目特点，充分挖掘可以让支持者提升参与感的内容。例如在众投天地平台上运作的一个“小众”项目“支持中国竞技叠杯队参加在韩国举行的世锦赛”最后却成为了一个得到广大民众关注的项目，乃至于上了 CCTV2－财经频道《对话》特别节目。其在运营过程当中，加入了诸如和选手一起参加比赛、将支持者的照片印在衣服和旗帜上，并带着大家的旗帜一路拍摄参赛过程等有趣而又参与感的回报。同时这样的方式又是带有较强的自传播性的，所以虽然这个竞技叠杯运动十分小众，但因为其所带有的正能量和大众参与大众支持的理念，得到了认可。

四、国内众投平台的使用

当有了众投项目后，需要筹集资金的个人或者企业需要借助众投平台开始募集资金，在相关网站上面点击“发起项目”之后，选择项目类别，填写项目名称、发起地点、简要说明，上传封面图片、宣传视频、详细描述，再填写项目需要募集的金额及其天数，同时设置回报方式。最后确认筹资目标金额和时限，填写真实姓名、性别、手机号码和微信号码，然后提交审核。审核通过之后项目就能上线了。投资者只能选择项目发起人设置好的金额数进行投资。投资者还需要进行项目跟踪调查。由于影视类项目在两网站上排名均较靠前，成功率都比较高，因而大多数投资者愿意选取影视类筹资项目作为进一步研究的对象。众投网页为了便于项目的观察以及选定项目的追踪调查，会总结人们利用众投模式筹集资金的一般模式，构建筹资的逻辑模型，以清晰地表现项目的筹资过程。

项目刚刚上线的时候，其关注度往往还不太令人满意，但投资者一般可以通过随机浏览或在最新上线的项目中发现它们。为了确保筹资规模和时效不出现差错，项目发起人需要为项目造势，通过著名网站或者专题网站对项目进行宣传推介。项目发起人也可以在自己的社交网络上向关系人推荐自己的项目，通过好友的转发让更多的人看到众投项目的社会、经济或者技术价值。网站注册用户关注之后还会收到项目及时更改的信息。投资者或者关注者之间，可以通过包括在项目页面上的评论、社交网络上的转发与回复，及时更新项目主页的信息等诸多方式来了解关注彼此的需求与看法，回答相关疑问，进而对项目进行修改，增删项目内容，留住用户并吸引新用户投资。项目获得融资后，资金会汇到发起人的账户中，项目就可以开始实施。同时，发起人还要负责回报物品的制作并及时送到支持者手中。

思考题

1. 众筹业务的基本特征是什么？
2. 众筹的主要运行模式有哪些？
3. 众筹项目的基本内容是什么？
4. 众筹业务应遵循的基本运行规则是什么？
5. 众投业务的基本特征是什么？

第八章
网上征信

征信一词最早出现在《左传·昭公八年》中，有“君子之言，信而有征，故怨远于其身”的文字记载。其中的“信而有征”就是可验证其信实的意思。其实，征信最重要的价值还是落实在经济层面上，也就是用来防范在经济交往中受到损失。一个人或者一家企业按期履约的能力和意愿，其以往在经济交往中的履约历史记录最能反映。如果一个信息主体其履约历史记录却一直非常良好，作为牟利的经济人、授信机构仍然会相信这个人或者这家企业在经济上是一个守约的主体，仍然值得与其进行经济交易。说话、做事不坦诚等非经济层面的信息会影响到授信机构对其守约能力和意愿的判断就是当没有以往在经济交往中的履约历史记录时，只能依靠这类信息来判断了。

经济交往中我们在预测个人或者企业在并无抵押的经济活动中是否守约时，需要的信息是有层次、有重点的，首先是赊销、借贷等活动的历史记录信息，因为这在非即付并无抵押经济活动中金额通常最大，对交易双方的影响也就最大，如果受信方能够按时履约，其可信度自然也就是最高的。至于像电费、通讯费、水费等，即使有拖欠，也影响不大，因为影响这些费用的原因很多。当没有赊销、借贷等信息时，才不得不依靠电费、通讯费、水费等信息来判断，这就是我们通常所讲的依靠非传统数据进行授信。随着互联网时代的到来，互联网跟征信结合，产生了网上征信。而利用大数据的分析和信息自动化采集手段，是网上征信的最大特征。2015 年 7 月 18 日，中国人民银行等十部委联合印发了《关于促进互联网金融健康发展的指导意见》，指出要推动信用基础设施建设，培育互联网金融配套服务体系，支持大数据存储、网络与信息安全维护等技术领域基础设施建设。

第一节　网上征信的主要特征

征信是依法采集、整理、保存、加工自然人、法人及其他组织的信用信息，并对外提供信用报告、信用评估、信用信息咨询等服务，帮助客户判断、控制信用风险，进行信用管理的活动。征信就是专业化的、独立的第三方机构为个人或企业建立信用档案，依法采集、客观记录其信用信息，并依法对外提供信用信息服务的一种活动，它为专业化的授信机构提供了信用信息共享的平台。

一、国内外网上征信的发展历程

美国的征信体系成熟完善，信用分数和信用记录既是普通民众耳熟能详的基本概念，也是非常看重的无形资产。美国的征信业起源于 1841 年，其征信业务的开展以商业性征信公司为主体，并由民间资本投资建立和经营。美国用了 160 多年的时间完成了从简单征信服务到完善的现代信用体系建立的过程，它们独立于政府和金融机构之外，是第三方征信机构，并且按照市场经济的法则和运作机制，谋取盈利，向社会提供有偿的一系列商业征信服务。美国征信业的发展经历了快速发展期、法律完善期、并购整合期及成熟拓展期四个阶段，现在已经形成了成熟的法律和产业链。当前美国个人网上征信产业链主要由数据收集、数据处理、形成数据产品、产品应用四个重要步骤组成。其中，数据处理和形成数据产品是产业链里面的关键。

在美国，征信机构提供的信用报告属于商品，按照商品交换的原则出售给需求者或委托人。除了直接收集信息外，征信机构还从其他独立征信公司购买和整合数据，信息内容也较为全面，负面信息和正面信息都在征集范围。征信机构面向全社会提供信用信息服务，既相互合作又依靠各自的产品差异形成竞争关系，共同推动着美国征信行业的不断发展。美国的征信行业发展领先于欧洲，很大程度上归功于美国为征信行业采用单独立法，并且将重心放在促进征信行业发展方面。美国在信息采集方面的限制较少，保障正当理由的信息采集，并在历次相关法律修订中逐渐扩大了信息采集的允许范围。同时，对于个人隐私权的保护也有相关法律来规范，形成了比较完整的征信法律框架体系。在完全市场化的征信行业中，政府本身也是征信公司的评级对象。

在美国个人征信行业中，Equifax（艾克飞）、TransUnion（环联）和 Experian（益百利）三家征信公司占据了 70% 的份额，其余几百家区域性或专业性的机构都是依附于上述机构，或向其提供数据。益百利的营收规模最大，且国内国外的业务平分秋色。益百利和环联目前都已开始涉足中国业务。益百利擅长数据分析，艾克飞产品丰富，且能对无信用消费者进行信用评估，而环联在风险管理上存在着实力。随着美国信贷行业的发展，为了快速处理大量的信贷申请，信用评分的办法开始被提出，在这种背景下，世界上第一家提供信用评分数学模型的专业化公司，信用评分巨头 FICO 于 1956 年在美国成立。随着 FICO 的业务水平和规模不断扩大，越来越多的银行采用了 FICO 提供的信用评分模型，逐渐巩固了 FICO 在这一领域的垄断地位。FICO 为三大征信公司提供了三种不同的 FICO 评分模型，帮助其计算出符合自己要求，又极具标准化的评分。而作为美国首家信用服务聚合机构的 Credit Karma，其提供给用户查询的信用评分和信用报告，主要就是来自 Equifax 和 TransUnion 的信用报告。

在 Kenneth Lin 于 2007 年成立 Credit Karma 之时，三大征信机构只在监管要求下每年为消费者提供一份免费的信用报告，其他时间要最新报告，则需要付费的，价格要十几到几十美元。当金融机构向征信机构调用消费者信用记录时，只需要付出 1 美元甚至更低的价格就可。而消费者本人想看自己的报告，却要承担很高的收费。Credit Karma 针对消费者希望随时掌握自己的信用记录的需求，从征信机构用低价格购得信用记录，免费提供给用户。这项服务在当时是独一无二的，彻底颠覆了传统的信用记录业务模式。到 2017 年时，Credit Karma 已经积累了 7000 万用户，在美国的中青年人群中，更是达到了不可思议的 50% 的渗透率。如今坐拥接近8000万用户的信用服务聚合机构Credit Karma是全美最大的金融导流平台。因为可以向用户推荐有针对性的信用卡金融产品，用户转化率远远高于其他渠道，自然可以收取更多的渠道费，年收入在2016年就突破了5亿美元。2017年1月，Credit Karma宣布其在线纳税申报服务上线，消费者可在Credit Karma平台上免费申报联邦税和州税。此举既提高了客户忠诚度，又同时积累了海量数据。目前该公司占据消费金融市场的估值超过了40亿美元。2018年初的数据表明，Credit Karma已经占据了全美国消费金融产品销售渠道总流量的2%。

美国是目前世界上征信最发达的国家。这除了体现在完善的个人征信外，还因为世界上最著名的企业征信机构、个人征信机构、信用评级机构都在美国。尤其是标准普尔（Standard & Poor's）公司、穆迪投资服务公司（Moody's Investors Service）和惠誉国际信用评级有限公司（Fitch Ratings）是公认最具权威的世界三大信用评级机构，其中除了惠誉由欧资控股之外，都是美国本土的公司。而具体来讲，标准普尔更加侧重于企业评级方面，穆迪更加侧重于机构融资方面，而惠誉则更加侧重于金融机构的评级。这三大机构的评级，尤其对相对安全的债券的评级有极高的权威性，三大机构在资本市场和经济界掌控了一定的话语权。2016年，由于英国的公投脱欧事件，三大信用机构纷纷下调了英国的信用评级，导致了英国的市场行情与经济发展都不被看好，并且因此导致欧洲经济受到牵累，其影响力可见一斑。

中国征信业的发展历程大体经历了三个阶段。其中，1989年至1994年属于起步和初期发展阶段。最初由于对外贸易企业对信用调查的需求，由外经贸部下属计算机中心成立了北京中贸远大信用管理有限公司。标志着中国企业征信业也开始从事信用调查机构，但规模普遍较小，业务空间不大，多是进行企业咨询策划的公司类型，兼做信用调查业务。1995年至1999年属于民营征信业发展和外资进入阶段。这一时期，随着中国经济的快速发展和商品买方市场的初步形成，银行信用和商业信用规模都在不断扩大，对企业信用调查的市场需求也在增加。特别是随着一些以跨国公司为代表的外资企业大规模进入中国市场，他们对企业信用调查普遍比较重视，进而带动了企业征信业的发展，使一些民营的征信企业发展起来，新华信商业信息咨询有限公司、华厦国际企业信用咨询有限公司及华安商业信用风险管理有限公司等民营征信企业都是在这一时期得到发展的。这一时期，适应在华跨国公司的需求，国外的大型跨国征信企业如美国邓白氏征信公司开始登陆中国，开展企业征信服务。2000年至2016年属于政府重视征信及个人征信进入试点阶段。这一时期，在中国经济快速发展，加入WTO后市场更加开放的背景下，随着居民消费结构的升级和信用消费的增加，信用规模进一步扩大。但是大量的失信行为也给社会及其经济的正常发展带来了较大危害，促使各级政府重视信用体系的建设。党的十六大报告中第一次明确提出了建立社会信用体系的战略任务。2002年3月，由中国人民银行牵头，由国家经贸委、国家计委等十几个相关部门及商业银行参加的建立企业和个人征信体系专题工作小组成立，并着手起草征信管理的行政法规编制、征信行业标准制定和提案企业和个人征信体系的总体方案。国务院也投入较大力量进行社会信用体系建设规划纲要的起草工作。这一时期征信业发展的外部环境持续向好，同时在个人信用规模发展最快的上海于2000年7月开始进行个人征信试点，标志着规范的个人征信在中国正式起步，同年中央银行信贷登记咨询系统建立并开始启用。2016年至今属于网上征信的飞速发展阶段。随着社会对征信的重视，网上征信营运而生，各大征信公司都在利用互联网技术，实现网上征信，真正做到足不出户即可得到自己的征信报告。

二、网上征信的主要特征

网上征信作为互联网金融发展的重要保障，在借鉴传统征信体系的基础上，利用互联网技术特点，打造出一套适用于互联网金融的征信模式。网上征信主要具有以下特征：

（一）获取数据的渠道互联网化

目前网上获取个人或者单位客户信用信息主要来自于第三方支付平台、网上银行平台、P2P 网贷平台、网上理财平台、众筹众投平台等互联网金融平台上面获取公开数据，同时还有来自于中国人民银行征信系统的信用数据。这是基础数据的重要来源，必须具备时效性、更新频次还要快。获取征信数据的工具主要是以互联网为载体，同时线下征信信息也是互联网工具获取的目标，极大提高了征信数据的商业价值。传统报告通常需要 7 个工作日才能提供，而网上征信能够当天即提供报告，原因就在于充分利用了互联网技术。

（二）数据加工分析互联网化

网上征信机构通常建有私有云，确保数据的动态更新、安全性和开放性。通过图像处理、语义识别、数字挖掘、机器学习等各种技术手段，对数据进行分析和加工。网上获取个人或者单位客户信用信息主要来自于第三方支付平台、网上银行平台、P2P 网贷平台、网上理财平台、众筹众投平台等互联网金融平台都会随着交易服务的不断增长来积累线上客户的大量相关交易数据及其支付信息，互联网平台会对这些数据利用自身的软件进行加工整理，形成所需要的累积征信信息。

（三）客户服务提供互联网化

目前国内征信机构提供的网上征信服务基本上都是采取收费方式提供，但是征信机构提供的征信报告都会对客户提供 PC 端和移动端的系统支持。从客户下订单到报告的读取、保存等都在互联网上完成，甚至直接对接客户的决策系统。但从目前征信报告的使用范围来看，网上征信主要是通过利用互联网技术，结合互联网金融的业务需要，为互联网金融企业提供了专业、高效、安全的征信解决方案。互联网金融征信自成一体，是目前互联网金融业务开展的重要依据。

三、网上征信的社会经济价值

网上征信在管理和防范以及识别风险方面有着举足轻重的作用，是现代金融业发展当中必不可缺的基础设施。根据以往发达国家的经济发展实践与经验来看，对传统金融在手段和载体方面进行创新，是互联网金融不断发展的内在驱动力，而健全科学强大的征信体系是互联网金融顺利发展的前提。与发达国家成熟的征信业相比，我国征信业还处于不断发展阶段，面对互联网金融迅速发展带来的冲击与挑战，在法制、机制方面还有很大的发展空间。

（一）网上征信促进数据来源的多样化发展

传统网上征信数据主要来源是商业银行征信数据，而且在各家商业银行之间互不融通。

但在大数据金融时代，单从互联网金融企业的交易及其结算业务当中就能够提取数量可观且丰富的网上征信数据。阿里巴巴旗下的“芝麻信用”，就可以借助阿里巴巴电商这一贸易平台提供的关于交易数据和客户评价产生的信用数据，而这些数据很好地体现了社会、经济、商业、文化各个层面的有价值信息。利用广泛的数据支持来搭建信用评估模型，对客户的信用行为进行挖掘与分析，并预测客户信用未来发展走向，有利于及时掌握客户的征信数据，扩展客户多样的征信业务需求。

（二）借助互联网平台扩大征信范围

当前，进入到国内网上征信系统的约有 8 亿人的个体信用数据，其中约有四分之一的人拥有信用记录，将近 5 亿人缺乏银行信贷记录。而那么拥有良好信用记录的这些人有很大一部分人可以成为互联网金融机构的客户，可以对其进行业务拓展。但是，如何了解并及时掌握五亿缺乏银行信贷记录的个人客户信息，对金融机构来说是个不容易解决的难题。但是，借助高速发展的网上征信系统，从诸多人在金融企业和互联网金融平台当中留下的信息，运用大数据优势和云计算功能，也可以比较方便地掌握潜在客户的相关信息并逐步累积这些数据信息。即使是实体的金融机构也可以通过网上平台采集并分析得到的数据，对潜在客户做出合乎情理的科学的信用评价，为实体金融机构对借款人的还款意愿和还款能力的贷前审查提供真实有力的数据基础。

（三）有效约束经济失信行为

由于网上征信使用的是多维数据以及大数据技术，再加上互联网共享的特性，个人与互联网企业或者金融机构发生的有关信用评级的行为，都会被记录保存且上传到网上征信平台上，能有效遏制客户的失信行为。网络购物作为现如今最常见的线上消费方式，它早已深深嵌入我们生活的方方面面。如果个人在网上购物时出现了失信行为，那么这一行为便会记录在互联网上且必定会影响其在网上其他交易平台的后续购物行为，因此个人会审慎对待失信行为。网上征信系统还能够实时掌握客户的信用动态，以便及时做出信用评价及日后交易指导预警。不同于传统征信方式只能对个别时点进行记录，网上征信方式能够实时、快速地记录并保存下客户的交易行为，防止个人利用传统征信时存在的间隔掩盖不诚信行为。长此以往，会促使个人形成重视诚信交易方面的态度，有效抑制失信行为的肆意产生。

由于我国网上征信还处于初级发展阶段，关乎个人隐私方面的法律措施还不够健全。如何进行合法的数据收集，是摆在互联网金融机构面前的难题。我国《征信管理条例》中明文规定：征信机构不得采集个人收入、存款、有价证券、商业保险不动产信息和纳税额信息。但是，征信机构明确告知信息主体提供该信息可能产生的不利后果，并取得书面同意的除外。但就目前来看，合法取得信息主体的书面授权，向信息主体提示可能产生的不利后果，以及泄露信息后信息主体维权和金融机构妥善补救，都缺乏相关法律的有效支持。目前对网上征信企业还没有明确的监管标准，虽然互联网金融机构积累了巨大的客户信息数据，但是不同企业在各自的经营中操作业务往往会按照各自的标准采集分析，没有一个具体统一的采集和分析数据的标准，容易造成互联网数据混乱，不便于企业间交换数据使用，不同的数据标准会影响大数据的整合速度和进程。

第二节 网上征信的运营模式

一、网上征信的数据来源

互联网大数据金融信息服务和征信体系的征信数据产品来源于基于大数据技术的数据收集、整理、建模、提炼过程，这也意味着提高互联网大数据信息服务质量和征信模型准确性必须扩大其基础性数据和信息来源。根据当前经济、社会和信息化发展现状，我国基础性社会信息数据既包括个人以水、电、煤、气等为代表的基础生活信息数据，也包括个人教育、住房以及社保公积金缴纳等信息。目前，这些信息和数据散布于不同部门的信息系统中，政府应推动各个部门内部信息系统的数据共享，从而为大数据征信风控系统提供基础的数据来源。

征信机构本身不产生数据，征信数据主要是从与个人进行信用活动的交易对手方获得，即信用数据产生的源头来，这些源头主要有以下几类机构或者部门：

1. 社会安全管理部门。这类机构主要是提供借款者的基本信息，比如个人真实姓名、身份证号码、性别、住址信息。中国对于在本土居住的居民和非居民身份识别存在一定的差异，对于除军人以外的所有中国公民，使用公安部统一提供的个人身份证号码。在中国，所有的军官可以使用军官证号码；对于外宾的识别使用护照号码识别；来自台湾地区的人员则使用台胞证号码识别，来自香港地区的人员使用香港身份证号码识别。所有这些信息均可由公安部全国公民身份证号码查询服务中心提供查询服务，并核实个人提供的身份信息的真实性。

2. 各类商业银行。这类机构主要是提供个人信贷数据，特别是借款金额、还款信息、拖欠信息等重要数据。由于授信机构在授信过程中对于交易对手的真实情况可能不甚了解，因而只能用借款者还款历史的详细信息来了解借款者过去的信誉状况，并用于预测未来的还款概率。

3. 公共事业单位。公共事业单位部门掌握着个人的非金融负债数据，例如，个人缴纳电费的数据由电网部门提供，个人缴纳水费、电信费及其燃气费用的数据由自来水公司、电信公司及其然气公司缴费系统提供。将这类信息收集进入征信数据库，有利于增强对借款者信用状况更加全面的判断。单就电信数据为例，由于电信公司的电子化程度较高，已建成个人话费交费情况数据库，可通过个人身份证号实现单一识别。

4. 政府部门。政府部门掌握着个人遵纪守法的数据。个人缴纳税款的数据由税务部门提供；个人的法院判决数据由法院提供；个人经营数据由工商管理部门提供。在政府部门依法行政的过程中，产生了许多行政处罚信息，这类信息反映了借款者遵纪守法的真实情况，可能会对借款者以后的信贷履约造成重大影响。法院依法审判产生的司法判决信息，不仅反映了被判决人的负债状况，某种程度上也反映了被判决人履行合同的意愿；个人或者企业的缴税记录反映着纳税人履行纳税义务的意愿；个人或者企业受到工商行政管理部门的处罚记录则反映了经营者受到行政处罚的信息。

5. 各类商业服务机构。商业赊销零售机构以及各类金融创新形式的民间金融机构，也存有大量个人信贷及信用交易记录，特别是随着互联网的发展，电商交易数据、社交数据、网贷机构数据等都成为新的数据来源。

二、网上征信的运营模式

所谓征信运营模式，是指一个国家、一个地区在特定的场景中，也就是在自己特有的历史、经济文化等背景下所形成的征信业务发展方向，以及在征信制度结构和征信行为方式等方面的不同特点。征信运营模式是世界各国家或地区在探索和建立征信体系的实践中对征信活动法律法规、运行体制及战略等的选择。

（一）欧美国家网上征信的运营模式

征信行业的发展在不同的国家有不同的模式。就征信制度而言，在国外的发展，确实比国内要完善很多，发展时间也较长，已有100多年历史。由于各国的经济特点、立法传统以及历史文化等方面存在诸多差异，所以各国建立的信用制度也不尽相同。

1. 政府主导的公共征信模式。公共征信系统模式，是以政府或中央银行、银行监管者为主导的征信系统模式。中央信贷登记系统是由政府出资建立的全国数据库网络系统，直接隶属于中央银行。该系统是非营利性的，系统信息主要供银行内部使用，服务于商业银行防范贷款风险和央行进行金融监管及执行货币政策。中央政府利用行政权力，强制性要求企业和个人向这些机构提供征信数据，并通过立法保证这些数据的真实性。具体而言，此种模式多以中央银行建立的银行信贷登记系统为基础，进而建立相应的征信管理体系。在实行公共征信系统模式的国家，中央银行在征信活动实施、征信监管活动中扮演着重要的角色。欧盟成员国德国、法国、意大利、西班牙、奥地利、葡萄牙和比利时等国家均采用此种模式。在这些国家中，法国的公共征信系统模式最为典型。法国不存在私营征信机构，征信服务皆由国家控制。1946年，法兰西国家银行（法国的中央银行）成立了信用服务调查中心，该中心建立了信贷登记系统，该系统分为企业信贷登记系统和个人信贷登记系统。其中，个人信贷登记系统（FICP）主要负责对个人贷款逾期进行记录，也记录包括个人破产情况、基于法院清算命令而偿还贷款的情况。在法国，所有信贷机构和金融机构必须每月报告关于分期付款、贷款、租赁、信贷额度和透支的逾期记录情况。法国公营征信机构设立的主要目的是协助金融监管当局进行监管，法兰西国家银行根据征信机构提供的数据衡量货币政策的执行情况，对各金融机构的信贷资产质量、信用风险进行监控。

2. 盈利为主的私营征信模式。在美国、英国等信用经济比较发达的国家，其从事征信业务的企业均由民间投资组成，政府不作投资，政府也不对征信服务行业实施任何准营许可，而完全交由市场机制决定。信用征信机构以利益导向为核心，政府仅负责提供立法支持和监管信用管理体系的运转。美、英等国家之所以选择以私营信用征信机构为主的征信运作模式，主要源于各国的历史背景与社会环境。采用私营信用征信机构的国家，其征信机构出现之前，个人信用信息主要通过私人关系联系起来的商人组成的网络进行流传，随着消费信贷、信用经济的飞速发展，逐步产生、演变为以营利为目的的专门信用报告机构。可以说，这些组织自建立之初便与政府并无必然、直接的联系，只是后来为了规范征信业市场，国家基于其自身的职责，才以制定法律规范、实施监管等形式介入。而究其社会环境原因，采用私营信用征信机构的国家，其社会经济均比较发达，民族文化呈现出平等、开放等特点，此种社会环境使得信用报告机构极力追求开放、充满活力并且透明的运作机制，而此种运作机制的要求恰恰与私营征信机构运作模式相契合。再加上这些国家在较长时间的征信实践中获得了良好的社会信用基础和法制环境，因此，此种组织模式的征信机构可以比较好地满足社会需求。美国个人信用征信与风险评估产业非常发达，其是伴随着过去几十年科技与市场的飞速发展而形成的。个人信用征信产业的中心力量是拥有征信数据覆盖全国的三家个人征信机构艾克飞（Equifax）、环联（TransUnion）和益百利（Experian）。虽然所有发放消费信贷的金融机构都记录了自己的消费者的相关信息，但其中关于消费者还贷历史情况最重要、最全面的信息则来源于这三家个人征信机构。换言之，三大个人征信局提供的消费者信用记录是消费者信贷风险评估系统里不可缺少的部分。没有个人征信局的存在，美国今天的"现代消费信贷金融服务业"就几乎不可能存在。同时，个人征信局非常注重其与消费者关系的管理，其主要通过披露程序、争议报告程序、争议核实程序、修正报告程序、欺诈受害者管理程序、成员身份调查以及假扮消费者的服务调查等七个方面的程序保障消费者权益。在美国，征信业相关信用信息不仅仅作为金融机构发放个人消费信贷的主要参考，更成为商场向顾客发放购物卡、租赁公司考察个人用户、公用事业公司开通服务的参考，甚至成为雇主了解应聘者品行的重要依据。

3. 共享信息的会员制征信模式。在日本，由行业协会为主建立信用信息中心，为协会会员提供个人和企业的信用信息互换平台，通过信用信息共享机制实现征集和使用信用信息的目的。在会员制模式下，会员向协会信息中心义务地提供由会员自身掌握的个人或者企业的信用信息，同时协会信用信息中心也仅限于向协会会员提供信用信息查询服务。这种协会信用信息中心不以营利为目的，只收取成本费用。日本有三大信用信息中心，分别是全国银行协会（JBA）主管的个人信用信息中心、贷金业协会（JFSA）主管的日本信用信息中心（JICC）和消费者信用协会（JCA）主管的信用信息中心（CIC）。这三家机构是在地方性个人信用信息中心的基础上建立的，不以盈利为目的。会员包括银行、信用卡公司、消费金融公司、担保公司、租赁公司等。日本的会员制模式下，有着非常完善的信用信息共享机制。信用信息。

共享机制包括两个层面：一是会员之间免费共享信用信息。会员通过信用信息中心进行信息登记后实现信息共享。消费者的信用信息并不完全公开，只是在会员之间交换使用。除了信息中心、会员和消费者本人，信息中心不得向其他任何人提供消费者信用信息。二是信息中心之间有偿共享信用信息。1987 年，在日本银行业协会、日本信用局联合会和日本消费者信用行业协会的联合推动下，日本建立了跨行业的信用信息共享机制，只交换状态发生改变的信息，如逾期、逾期贷款的偿还、债务催收等信息，而且这种信息交换是有偿的，需要给另一方支付一定费用。

（二）国内网上征信的运营模式

国内并没有完全照搬欧美国家三种征信模式，而是在借鉴国外经验的基础上，根据我国基本国情及征信行业发展的实际需要，在策略上采取征信机构多样化的发展。依照 2012 年央行的统计数据，我国征信机构的数量为150家。截至2015年6月，在全国范围内仅有78家企业征信机构在人民银行分支行实现备案。在中国信贷机构主要有三类：第一类是信用信息服务机构，以政府为依靠，约20家。第二类社会信用机构，大约有50家。其业务涉及领域为信用登记、信用调查等。社会信用相对于第一种规模较小，主要从事商业信用业务。信贷业务的收入和人员主要集中在几家大型信贷机构。第三类是信用评级机构。目前有超过70家的信用评级机构，已被列入中国人民银行统计范围。信息共享机制缺乏，行业内部征信标准不统一是现阶段我国互联网金融机构间的主要问题。目前，我国非金融机构无法对接中央银行的征信体系，无法实现以统一互联网平台将企业和个人的信用信息进行共享。近年来，信用信息数据的状态都相对较为分散，都是由一些企业或金融机构在多年的经营活动中积累得到的。为了将各类信用信息数据汇总起来完成信用信息的共享机制，2013年我国建立了信用信息共享服务平台和互联网金融征信系统。但是由于目前处于起步阶段，系统的各项运行机制有待完善，目前工作重点仅仅是信息的收集，距离形成全面而系统的体系还有差距。此外，企业之间信用活动和相互协调工作十分缺乏，在技术及其他方面的标准缺乏统一；机构之间的协作较少，数据孤岛现象导致相关信息有效性非常差；央行的征信系统关于合规性和安全性的要求很高，大部分来自互联网金融的数据是无法达到的。阿里巴巴的数据来源于淘宝平台；腾讯公司更多的数据来自于社交软件微信。信息价值口径有所不同，每家公司对于信息的使用相对封闭和有限，更多的则被人们赋予商业性质而无法将信息无偿分享给对方。但现实中只有将信息数据相综合才能得到信用的评价，但每个企业都是独立的，这种信用评估很难得出综合分数。信用信息数据较少、大部分机构都想形成自己的征信系统闭环以及各企业在运营中的违规行为等都直接造成了信用信息资源的浪费、阻碍了征信系统作用。上海、深圳和浙江等是我国最早探索建立征信系统的省市，三个地区征信系统建设都有政府的主导和扶持，个人征信系统与企业征信系统分开建设，政府直接投资或委托第三方建设，投入运行后向服务方收取一定费用。中国人民银行建设和管理的征信系统是我国首个覆盖全国的征信系统，该系统综合了以上三省市征信系统的主要特征，在运行方式上带有一定的商业特征。综合我国征信系统发展历程，可以发现政府在建设初期的投资、服务范围等方面发挥着主导作用，在后期系统运行期间都实施有偿服务，具有市场运作属性。2014年6月国务院印发了《社会信用体系建设规划纲要（2014—2020年）》，部署加快建设社会信用体系、构筑诚实守信的经济社会环境。规划到2020年，实现信用基础性法律法规和标准体系基本建立，以信用信息资源共享为基础的覆盖全社会的征信系统基本建成。上海、浙江和深圳征信系统建设的特点如下：

上海模式以个人征信为起点、市场化运营为基本特征的上海市社会信用体系建设以个人征信服务为起点，通过第三方征信机构建设企业和个人联合征信系统，实行特许经营、商业运作、专业服务，基本建成与现阶段经济发展水平相适应的社会信用体系主要框架和运行机制，被称作上海模式。1999年8月在我国率先进行个人征信试点，通过特许经营方式成立了第三方征信机构上海资信有限公司，开展个人征信业务。2000年7月，个人信用联合征信服务系统开通运行，形成了两个系统、联合征信、普遍服务的发展格局。同时，行业信用制度建设和社会诚信创建活动取得明显进展，在个人和企业征信系统建设的基础上，推动建立覆盖社会经济生活各个方面的诚信体系。上海模式的主要做法有：（1）政务公开。市政府通过立法，规定政府部门对社会公开职能范围内应该公开的政务信息，以代供征信中介机构免费查询、获取有关企业和个人的信息，为该市征信服务系统建设走市场化道路提供了前提条件；市场化运作企业、个人信用基础数据库建设和征信服务，均采取公司经营、商业运作、专业服务方式，政府不直接投资建设，不介入征信服务。（2）政府主导。上海市社会信用体系建设从一开始就具有强烈的行政色彩，个人征信试点得到了温家宝总理的充分肯定。（3）分步实施。分步实施以个人信用征集为起点，整个社会各方资源，在操作上采用先个人后企业、先同业后联合的办法，逐步建立一个覆盖全社会的信用信息网络。

浙江模式是2002年以来，浙江省政府大力推进“信用浙江”建设，全省信用状况有了明显改善，社会信用体系框架已基本搭建，总体信用环境和建设水平位于全国前列，形成了“浙江模式”。采用此模式，选择企业为突破口带动社会信用体系的全面建设；形成了全省统一的企业和个人两大信用基础数据库，由事业单位性质的省企业信用发布查询中心统一建设和管理；企业和个人两大信用信息系统均为公益性，目前查询信用信息是免费的，没有进行市场化服务和运营。主要做法有：2002年6月，浙江省企业信用信息查询系统开始运行，它是全国率先开通、数据容量最大的省、区企业信用数据库；启动建设个人联合征信数据平台，于2006年9月，个人联合征信系统建设启动。基本思路是：坚持政府引导、事业运作、重点突破、分步实施、联建共享等建设原则；遵循先建立覆盖全省的人口基础信息库，依次征集重点人群个人信用记录的工作路径；推进信用信息应用。在信用体系建设中，浙江开展一些信用服务和应用，发挥公共信用信息平台的良好作用。对信用信息比较完备的部分企业，浙江省企业信用发布查询中心进行了类似于信用评级的评价，划分A、B、C和D四个级别，称为“企业信用度提示”，促进了企业信用建设。2005年1月浙江省政府发布浙江省企业信用信息征集和发布管理办法。时至今日，浙江基本建设全面覆盖的网上征信系统，这些都切实加强浙江省中小企业信用担保体系建设，努力改善中小企业融资环境，促进中小企业又好又快发展。

深圳模式以市场运作和政府建设相结合为基本特征，其信用建设的成效主要体现在社会信用体系的综合建设方面。深圳个人信用征信系统建设完全实行市场化运作，形成了较为规范、发展迅速的个人联合征信服务，企业信用信息系统由政府部门建设并实现了自行营运，全市征信行业具有相当规模。2001年，经深圳市政府的特许，在中国人民银行总行的支持下，深圳鹏元公司筹建个人征信系统，次年8月，个人征信系统建成开通，开始提供个人信用报告。目前，个人征信系统已广泛应用于银行、保险和担保行业，2018年提供各类信用报告300多万份，是我国目前为数不多且比较规范的个人征信系统之一。深圳系统有系统先进、完全市场化运作、政府定位明确几个特点。随着深圳市个人社会保险、企业法人等数据纳入征信系统，系统的数据内容得以丰富，同时也扩大了系统的涵盖范围。深圳市政府通过“行政主导，事业运作”“公共服务，会员制有偿查询”以及推行信息征集的标准化建设的方式，将企业信用信息系统逐步完善。深圳模式主要有三个特点：系统先进、完全市场化运作与政府定位明确。主要做法有“行政主导，事业运作”“公共服务，会员制有偿查询”以及推行信息征集的标准化建设。

2013年1月，深圳市出台《信用体系建设方案》，到2016年年底，基本建成法规健全、信息完备、监管有力、服务完善的社会信用体系，在全社会基本形成诚实、自律、守信、互信的氛围，将深圳市打造成为在全国具有重要影响力的诚信建设示范城市。依托企业信用信息网，重点加强对企业市场准入、纳税、信贷、合同履行、政府性资金使用、产品和建设工程质量安全、食品药品安全、进出口、社会保障、知识产权保护、统计数据报送等相关信用信息的记录，并不断扩大征信范围。同时，深化企业信用信息面向政府、社会、征信机构的共享应用，开发差异化信用产品，提供个性化信息服务。利用深圳信用网的“红黑榜”功能，对信用良好的企业予以表扬，对严重失信的企业予以公示，使失信企业丧失市场交易机会，健全失信制裁社会联防机制。

三、网上征信的流程

网上征信活动基本有两类操作模式：一类是征信机构主动去调查被征信人或者企业的信用数据信；另一类是依靠授信机构或其他机构批量报送被征信者的信用数据。两者最大的区别在于前者往往是一种个体活动，通过接受客户的委托，去收集调查客户的信用状况，后者往往是授信机构组织起来，将信息定期报给征信机构，从而建立一种类似信息共享机制。两者还有一个区别是前者评价的范围更广，把被征信人的资质情况、诚信度考察、资产状况等都包括在内，而后者由于是批量采集信息，因此灵活性和主观性上不如前者，但规律性和客观性则强于前者。不管是前者还是后者，两类征信方式的基本流程上是相同的，且都借助了互联网技术的不断更新升级。

（一）制定数据采集计划

能够反映被征信人信用状况的信息范围广泛，为提高效率、节省成本，征信机构应事先制定数据采集计划，做到有的放矢。这是征信基本流程中一个重要的环节，一份好的计划能够有效减轻后面环节的工作负担。一般来说，数据采集计划应该包括以下内容：

1. 数据采集项目。客户使用征信产品的目的都不尽相同，有的希望了解被征信人短期的信用状况，有的则是作为中长期商业决策的参考。客户的不同需求决定了数据采集重点的迥异。征信机构要本着重点突出、不重不漏的原则，从客户的实际需求出发，进而确定所需采集数据的种类。当某家互联网金融企业决定是否对某家企业发放一笔短期贷款时，应重点关注该企业的历史信贷记录、资金周转情况，需采集的数据项应该包括企业基本概况、历史信贷记录、财务状况及其盈亏预计。

2. 数据采集方式。确定科学合理的采集方式是数据采集计划的另一个重要内容。不论主动调查，还是授信机构或其他机构批量报送数据，征信机构都应采取经济便捷的采集方式，提前做好调研时间、调研技术、调研数据加工方式的各项前期准备工作。对于批量报送数据的方式，由于所提供的数据项种类多、信息量大，征信机构应事先制定一个规范的数据报送格式，让授信机构或其他机构按照格式报送数据。

3. 不可预计项目。在实际征信过程中，如果存在各种特殊情况或发生突发状况，征信机构应在数据采集计划中加以说明，以便顺利开展下面的工作。

（二）进行数据采集

数据采集计划完成后，征信机构应依照计划开展采集数据工作。网上数据一般来源于已公开信息、征信机构内部存档资料、授信机构等专业机构提供的信息、被征信人主动提供的信息、征信机构正面或侧面了解到的信息。这些数据来自于社会安全部门、各类商业银行、政府机关、各类商业服务机构。既有互联网上生成的个人或者企业的基础数据、也有海量的金融交易数据。而出于采集数据真实性和全面性的考虑，征信机构会通过多种途径采集数据信息。需要注意的是，征信并不意味着数据是越多越好，要兼顾数据的可用性和规模，在适度的范围内采集合适的数据。

（三）进行数据分析

征信机构收集到的原始数据，只有经过一系列的科学分析之后，才能成为具有参考价值的征信数据。

1. 对数据进行查证。数据查证是保证征信产品真实性的关键步骤。一查数据的真实性。对于存疑的数据，征信机构可以通过比较不同采集渠道的数据，来确认正确的数据。当数据来源唯一时，可通过二次调查或实地调查，进一步确定数据的真实性。二查数据来源的可信度。某些被征信人为达到不正当目的，可能向征信机构提供虚假的信息。如果发现这种情况，征信机构除及时修改数据外，还应记录该被征信人的“不诚信行为”，作为以后业务的参考依据。三查缺失的数据。如果发现采集信息不完整，征信机构可以依据其他信息进行合理推断，从而将缺失部分补充完整。比如利用某企业连续几年的财务报表推算出某几个数据缺失项。最后是被征信人自查，即异议处理程序。当被征信人发现自己的信用信息有误时，可向征信机构提出申请，修正错误的信息或添加异议声明。特别是批量报送数据时，征信机构无法对数据进行一一查证，一般常用异议处理方式。

2. 形成信用评分结果。信用评分是个人征信活动中最核心的数据分析手段，是运用数据挖掘技术和统计分析方法，通过对个人的基本概况、信用历史记录、行为记录、交易记录等大量数据进行系统的分析，挖掘数据中蕴含的行为模式和信用特征，捕捉历史信息和未来信息表现之间的关系，以信用评分的形式对个人未来的某种信用表现做出综合评估。信用评分模型有各种类型，能够预测未来不同的信用表现。常见的有信用评分有信用风险评分、信用破产评分、征信收益评分、申请风险评分、交易欺诈评分、申请欺诈评分等等。

3. 综合数据分析方法。在对征信数据进行分析时，可能使用的技术分析手段及其方法是很多的。但主要是借助统计分析方法对征信数据进行尽可能的全面分析，并将分析获得的综合信息用于产品及服务营销、决策支持、宏观分析、行业分析等领域。使用的统计方法主要有关联分析、分类分析、预测分析、时间序列分析、神经网络分析。

（四）形成信用报告产品

征信机构完成数据采集后，根据收集到的数据和分析结果，加以综合整理，最终形成信用报告。信用报告是征信机构前期工作的智慧结晶，体现了征信机构的业务水平，同时也是客户了解被征信人信用状况、制定商业决策的重要参考。因此，征信机构在生成信用报告时，务必要贯彻征信活动必须遵守的客观性、全面性、隐私和商业秘密保护的原则。所谓客观性原则，指的是信用报告的内容完全是真实客观的，没有掺杂征信机构的任何主观判断。所谓全面性原则，指的是征信报告应充分披露任何能够体现被征信人信用状况的信息。一份高质量的信用报告言简意赅、重点突出，使客户能够一目了然。所谓严格遵守隐私和商业秘密保护原则，是指征信过程中不能泄露相关信息，致使客户和被征信人权益受到损害。信用报告是征信机构最基本最主要的终端产品。随着征信技术的不断发展，征信机构在信用报告的基础上会衍生出越来越多的征信增值产品。

第三节 网上征信体系

社会信用体系也称国家信用管理体系或国家信用体系。社会信用体系的建立和完善是国家经济不断走向成熟的重要标志之一。社会信用体系是以相对完善的法律、法规体系为基础；以建立和完善信用信息共享机制为核心；以信用服务市场的培育和形成为动力；以信用服务行业主体竞争力的不断提高为支撑；以政府强有力的监管体系作保障的国家社会治理机制。社会信用体系的作用在于，记录社会主体信用状况，揭示社会主体信用优劣，警示社会主体信用风险，并整合全社会力量褒扬诚信，惩戒失信。可以充分调动市场自身的力量净化环境，降低发展成本，降低发展风险，弘扬诚信文化。

一、网上征信体系建设目标

互联网经济的兴起在一定程度上降低了交易双方的交易成本，特别是第三方交易平台兴起之后，虚拟交易变得更加便捷，既减少了交易双方的时间成本，也降低了社会联结与交易的成本。但是，互联网交易的虚拟性，也增加了交易的风险性。网络交易所具有的双边效应使得交易双方之间的个人信息的真实性有时候很难得到证实，因而网上征信体系的建设必须看到诚信红利。

（一）提高网络交易效率

互联网的征信主要是在分析用户在线交易的行为数据，从而利用当前的互联网大数据平台进行统计，总结出用户的有用信息，这种评价应该是更趋于人性的判断，更具有真实性。在进行互联网交易的过程中，交易双方可以轻易查询到交易相对人的信用信息，从而降低互联网的交易成本。既然网购已经成为当今百姓生活的主流，那么征信优良者应该能够获得更为便捷的服务。支付宝推出的“芝麻信用”对信用较好的用户给予在衣食住行方面都可以获得便捷和优越的服务，使互联网交易变得更加富有效率，从而淘汰那些信用不良的用户。随着跨国交易变得越来越普遍及其国际合作的深入，信用会变得越来越重要，信用体现着一个国家的素质。征信体系在一定程度上也决定国家在国际互联网经济中的位置。通过构建互联网征信体系能够在国际交易中拥有更好的信任与交流合作，对国家的经济体系建设具有积极意义。

（二）完善私权法律保护

国内互联网征信体系还在起步阶段，相关的法律法规尚未健全到位。有关征信的法律法规较少，并且缺乏相关的配套法律。在社会日益进步以及个人和企业权益保护意识增强的今天，信用信息已经成为一种重要的经济资源，因而越来越多的人及其企业都会注意自身信息的保护。目前国内无论是民事法律还是刑事法律都对公民个人及其经营企业信息的保护进行了规定。但在互联网金融快速发展的今天，由于经验的缺乏容易忽略对信用信息的有效保护，造成有价值信息泄露，从而侵犯个人和企业的私权，造成无法弥补的损失。互联网背景下的征信体系必须保证征信信息不被滥用。法律法规方面应该都对征信范围做出界定，对于哪些数据可以公开，哪些需要予以保密要进行科学的规定。

（三）加重失信惩戒力度

相对于传统隐私，互联网背景下的隐私范围应该进一步扩大，不仅包括基本信息，还应该包括社交信息。在建立征信系统的同时应该通过技术手段予以保密，避免信息的不良利用。要提高国民的法律素养，明确隐私权的重要性，在保护自身信息的同时也要保护他人的信息，规范征信业务的过程。惩罚机制，是征信体系的最后保护机制，只有增加失信的违法成本，才能更好地完善互联网背景下的征信体系。一方面，通过设置失信“黑名单”制度，定期对个人的信用进行评级，对于不达标的个人或者企业进行惩罚。列入“黑名单”后确实表现良好了，也可以将其移除“黑名单”，采用灵活的机制，来保障该制度的权威性。同时，完善失信的申诉机制。对于失信行为的定性存在一定程度上的误差，可以建立申诉机制及时进行申诉，申诉对象可以是评级网站，也可以是政府机构或者其他具有信用评级权力的部门，保障失信惩罚机制的权威。

二、征信体系

我国征信体系的建设将在未来形成金融征信体系、行政管理征信体系和商业征信体系三大数据体系。三大体系之间不是竞争关系，而是相互补充关系。每个体系都有自己的侧重点，目的都是服务社会经济，都是征信体系不可或缺的重要组成部分。

（一）金融征信体系

金融征信体系是以金融业主管部门为主导进行建设，以金融机构为主要用户，以授信申请人为主要征信对象，以信用信息在金融业内互通互联、共同防范信用交易风险为主要目的金融业征信系统及信用管理运行机制的总称。我国金融征信体系显现出行业征信和准公共征信两个基本特征。由于我国金融征信体系主要采集的是金融机构内部伴随着业务办理而积淀传递的信用信息，服务对象也主要是金融机构。换句话说，征信是在行业内部进行的，征信的结果也主要是服务本行业。因而其信息传播特征首先在金融业内进行信息的共享，其次是有选择的有偿或者无偿的方式对外公开数据与信息，而公开这些信息的前提是不影响金融行业的安全。目前，我国金融体系主要以银行为主导，而银行业主要以国有控股为主导。整个金融征信涉及银行、证券、保险、信托多个行业，表现出多层次与多元化，集国有经济与市场经济多样信息，具有准公共征信的特点。其中，中国人民银行征信中心是我国金融征信体系的数据核心机构，主要提供信贷、证券、保险、信托等各种金融信用交易信息，甚至还包括金融机构与上市公司高管人员的个人信用信息、上市公司信息披露与诚信监管信息、企业与个人骗保诈保等信用信息。

（二）行政管理征信体系

行政管理征信体系是以政府及其主要职能部门为主导进行建设，以政府及其各职能部门为主要用户，以企业和个人为征信对象，以信用信息在政府及其各部门间互通互联、实现统一的信用惩戒与预警监管为主要目的政府行政管理征信系统及运行机制的总称。行政管理征信体系的最大特点是公共性，为政府综合信用监管服务。行政管理征信体系事实上是以电子政务为基础，以信用信息整合为切入点，实现政府及其职能部门之间信用信息共享，形成反映企业和个人综合信用状况的基础数据，实现综合的、有针对性的、预先的监督与管理，促督促社会成员遵纪守法、诚信经营。行政管理征信体系主要用于政府部门对市场的监管与预警，其中有些数据只能在政府内部共享，不能被服务中介所利用。部分基础数据或者结论性数据可以经批准后对外公示，主要作用是对失信者实行惩戒的信用公示、警告、行政处罚、取消市场准入资格一类。建立能够互联互通的国家级行政管理征信体系，会把各政府职能部门、地方政府的数据库联起来，实现信用信息共享。

（三）商业征信体系

商业征信体系是以行业协会组织及其会员为主导进行建设，以政府、企业、个人为主要用户，以企业和个人为征信对象，以信用信息在组织内部及相应市场范围内互联互通、共同防范信用交易与管理风险为主要目标的商业征信系统及其运行机制的总称。商业征信体系的最大特征是市场属性，它由独立于政府之外的民营机构构成并按市场方式运作，具有一定的中立特点和权威性。商业征信的信息来源较为广泛，内容品种繁多，设及人们经济交往的方方面面。但商业体系形成的信息一般是通过交易性交换或有偿性提供来获取。商业征信体系主要由征信机构、信用评级机构等信用服务中介机构对企业的信用信息进行采集、加工整理和分析评估后才能形成所需产品，它既包括企业市场交易的信息，也包括企业在商业银行贷款的基本记录，这些信息主要用于企业之间的交易活动展开的重要参考。

三、征信机构的类别及其特点

征信机构是指依照一定的法律条件设立，主要从事对个人、企业及其他组织的信用信息进行采集、整理、保存、加工，并向信息使用者提供服务的机构。它是经征信监督管理部门批准专门从事征信业务活动的企业法人，是信用交易双方之外的第三方机构，拥有一定规模的信用信息数据库。

征信机构一般分为个人征信机构、信贷登记系统和企业征信机构三类。其中的个人征信机构通常是私营的，是按照现代企业制度建立、完全市场化运作，主要为商业银行、保险公司、贸易和邮购公司等信息使用者提供服务。美国是典型的私营征信机构模式，商业化征信机构拥有全面的信用信息系统。个人征信机构主要为信贷机构提供个人借款人以及微型、中小型企业的信用信息。它们从银行、信用卡发行机构和其他非银行金融机构等各类信贷机构采集标准化的信息，同时还采集各类公共信息，如法院判决、破产信息、电话簿信息，或担保物权登记系统等第三方数据库的信息。此外，它们也会采集一些非传统信用数据，如零售商对消费者的赊销信息，以及煤气、水、电等公共事业缴费信息，有线电视、电话、网络等其他先使用服务后付费服务的缴费数据，以便提供更好、更完善的信用报告。对从未与银行发生过信贷关系的个人以及微型、中小型企业而言，不断拓宽信息来源非常有益，可以帮助它们在没有银行信贷记录的情况下建立起信用档案，从而有效解决因为没有信用档案而无法获得银行贷款的难题。近年来，随着微型以及中小企业信贷业务的发展、信息技术的进步，越来越多的个人征信机构开始采集微型以及中小企业的信用信息，并提供其信用报告。这样做的好处是可以把对企业与业主的信用评估结合起来，因为微型和中小企业的业主经常把个人财务和企业财务混在一起，所以企业业主的信用记录是评估小企业信用风险的重要参考因素。个人征信机构通常采取数据提供者自愿报数（通过签署数据共享互惠协议）的模式，广泛采集各类信用数据，并提供多样化的征信产品和服务，帮助信贷机构做出信贷决策。在一些国家和地区征信业的发展初期，法律还会强制要求有关各方进行数据共享，并使用征信机构的服务。

信贷登记系统起源于欧洲。大多数信贷登记系统最初是作为中央银行的内部数据库而设立，而且目前仍然有很多信贷登记系统用于中央银行的宏观金融监管。根据世界银行的调查，越来越多的国家政府鼓励成立信贷登记系统来监督商业银行的信贷活动。因此，这些数据库通常采集贷款额度在一定金额以上的大额信贷业务数据。最初，信贷登记系统的信息仅限于央行内部使用。但随着时间的推移，信贷登记系统也开始向受监管的信贷机构提供信用报告。而且，随着消费信贷的发展，信贷登记系统普遍降低或取消了数据采集门槛。在许多国家，如法国、阿根廷、西班牙、秘鲁、意大利、比利时等，信贷登记系统已经开始提供与个人征信机构类似的产品和服务。通常，法律要求所有受监管的金融机构都要向信贷登记系统报送数据。信贷登记系统既采集个人信息，也采集企业信息。个人信息通常包括个人的身份验证信息、贷款类型和贷款特征信息、负面信息、担保和保证类信息以及还款记录信息。企业信息通常包括企业的身份标识信息、企业主的信息、贷款类型和贷款特征信息、负面信息和还款记录。

企业征信机构提供关于企业的信息，包含个人独资企业、合伙企业和公司制企业，并通过公共渠道、直接调查、供货商和贸易债权人提供的付款历史来获取信息。企业征信机构所覆盖的企业在规模和经营收入上都小于信用评级机构所覆盖的企业，其采集的信息主要用于信用风险评估、信用评分、贸易信用展期方面。企业征信机构采集的信息不包括个人敏感信息，所覆盖的交易的规模也大的多。企业征信往往需要采集更多的有关企业借款人的支付信息和财务信息，但却不会让企业数据主体知道其数据来源或用户的身份。企业征信机构也可能会采集小企业的信息，但由于其报告的数据项并不适合小企业，所以采集的信息往往有限。正如前面提到的，由于小企业往往不会公开自身的财务信息，所以其企业主的信用记录对评估小企业的信用情况非常有用。但企业征信机构并不采集个人数据。此外，由于微型或小型企业的信用信息采集成本往往较高。因此，与企业征信机构相比，个人征信机构往往能更好地满足对微型和中小型企业的征信需求。

国际上征信系统的建设和运行越来越呈现出多元化特别是运行市场化的特点，很难说某个征信机构是公共的还是纯商业性的。即便政府出资举办的事业或投资的机构，很多也是在不同程度上进行市场化运作的。目前新兴市场经济国家尤其是亚洲地区的征信机构都是运用市场的力量来建设和运行公共征信系统，针对为金融机构和社会提供的服务收费，实现征信机构的可持续发展。征信机构的特征如下：

1. 信用信息主要来源于外部。征信机构主要从第三方机构采集企业或个人的信用信息，既包括银行、保险公司、其他工商业企业以及信息主体自身，也包括公共事业单位、政府部门、法院等机构，这些机构在与信息主体从事交易、实施行政或司法管理以及开展经营活动等过程中产生了企业或个人的信用信息，成为征信机构的主要信息来源。

2. 主营征信业务。征信机构是从事信用信息服务的社会中介机构，对信息主体的信用信息进行采集、整理、加工和对外提供，征信机构的所有业务都围绕着信用信息开展，信用信息及其根据信用信息所开发的产品和服务是征信机构的业务核心。

3. 信用信息提供给第三方使用。征信机构自身不使用信息，它只从事信息的采集、整理和加工业务，征信机构采集来的信息经加工、整理后提供给第三方使用，用于第三方判定信息主题的信用风险状况，如银行放贷、工商企业选择交易伙伴以及个人信用风险管理等。

四、征信报告主要内容

其实，网上查询到的征信报告文本和到征信机构营业场所拿到的征信报告文本的格式并无差异，只是提供的方式不同而已。

个人征信报告是全面记录个人信用活动，反映个人信用状况的文件，是个人信用信息基础数据库的基础产品。征信报告由信用报告名称和信用报告内容组成。信用报告内容包括信用报告头、信用报告主体、信用报告说明三个部分。征信报告的报告主体由基本信息、信用交易信息、特殊交易信息、特别记录、本人声明、查询记录六段组成，主要展示了被征信人的基本信息和信用信息。基本信息包含被征信人的个人身份信息、居住信息、职业信息三个子段，具体数据项包括姓名、性别、证件类型、证件号码、出生日期、学历、地址、配偶姓名等数据项。信用交易信息记录被征信人的信用交易历史和现状，包括汇总信息和明细信息，反映了信用卡、贷款两类业务和为他人贷款担保的总体情况和明细情况。信用交易信息段包含银行信贷信用信息汇总、信用卡汇总信息、准贷记卡汇总信息、贷记卡汇总信息、贷款汇总信息、为他人贷款担保汇总信息、信用卡明细信息、贷款明细信息和为他人贷款担保明细信息子段。特殊交易信息用于描述被征信人在商业银行发生的特殊信用交易的总体情况，包括展期（延期）、担保人代还、以资抵债等情况。特别记录用于描述数据上报机构上报的应引起特别关注的信息（特别是负面信息），如欺诈、被起诉、破产、失踪、死亡、核销后还款等信息。本人声明用于描述消费者本人对信用报告某些内容的解释和说明。查询记录显示何人（或机构）在何时、以何种理由查询过该人的信用报告。

企业信用报告是全面记录企业各类经济活动，反映企业信用状况的文书，是企业征信系统的基础产品。企业信用报告客观地记录企业的基本信息、信贷信息以及反映其信用状况的其他信息，全面、准确、及时地反映其信用状况，是信息主体的“经济身份证”。企业征信报告还称作企业信用报告、企业信用调查报告，报告内容以列举能够判断企业履行合约、偿还债务的能力和意愿的信用信息为主，报告撰写者对信息进行明确的分析，并给出一定的商业交易参考建议，有时各个不同征信公司的报告也会给出各自的不同风险分数。企业信用报告的内容及评等结果仅供使用者阅读参考，并不保证被政府管理机构和部门采纳使用，征信的过程及内容都是保密的。企业征信报告会向查询者提供企业比较全面、准确的综合信用信息。目前，企业信用报告查询服务方式包括在线查询和离线查询两类。目前主要用于商业银行信贷审批和贷后管理，也用于政府部门评奖、评优、招标或审计机构进行财务审计等许多活动中。在经过企业的授权同意后，商业银行、政府部门等可以查询该企业的信用报告，了解其信用状况。

企业信用报告主要包括四部分内容：基本信息、信贷信息、公共信息和声明信息。基本信息展示企业的身份信息、主要出资人信息和高管人员信息、财务报表信息、关注信息。借贷信息展示企业在金融机构的当前负债和已还清债务信息，是信用报告最重要的内容。公共信息展示企业在社会管理方面的信息，包括欠税信息、行政处罚信息、法院判决及其相关执行信息。声明信息展示企业项下的报数机构说明、征信标注和信息主体声明等。

五、征信法律法规建设

2013 年 3 月 15 日起施行的《征信业管理条例》对征信活动进行了相关法律层面的规定：

1. 条例规定采集个人信息应当经信息主体本人同意，未经本人同意不得采集。但是，依照法律、行政法规规定公开的信息除外。同时规定了企业的董事、监事、高级管理人员与其履行职务相关的信息，不作为个人信息。条例禁止征信机构采集个人的宗教信仰、基因、指纹、血型、疾病和病史信息以及法律、行政法规规定禁止采集的其他个人信息。同时规定征信机构不得采集个人的收入、存款、有价证券、商业保险、不动产的信息和纳税数额信息。但是，征信机构明确告知信息主体提供该信息可能产生的不利后果，并取得其书面同意的除外。

2. 条例规定信息提供者向征信机构提供个人不良信息，应当事先告知信息主体本人。征信机构对个人不良信息的保存期限，自不良行为或者事件终止之日起为 5 年；超过 5 年的，应当予以删除。在不良信息保存期限内，信息主体可以对不良信息作出说明，征信机构应当予以记载。

3. 条例规定信息主体可以向征信机构查询自身信息。个人信息主体有权每年两次免费获取本人的信用报告。向征信机构查询个人信息的，应当取得信息主体本人的书面同意并约定用途。但是，法律规定可以不经同意查询的除外。征信机构不得违反前面规定提供个人信息。征信机构或者信息提供者、信息使用者采用格式合同条款取得个人信息主体同意的，应当在合同中作出足以引起信息主体注意的提示，并按照信息主体的要求作出明确说明。信息使用者应当按照与个人信息主体约定的用途使用个人信息，不得用作约定以外的用途，不得未经个人信息主体同意向第三方提供。

4. 条例规定征信机构可以通过信息主体、企业交易对方、行业协会提供信息，政府有关部门依法已公开的信息，人民法院依法公布的判决、裁定等渠道，采集企业信息。征信机构不得采集法律、行政法规禁止采集的企业信息。征信机构应当按照国务院征信业监督管理部门的规定，建立健全和严格执行保障信息安全的规章制度，并采取有效技术措施保障信息安全。经营个人征信业务的征信机构应当对其工作人员查询个人信息的权限和程序作出明确规定，对工作人员查询个人信息的情况进行登记，如实记载查询工作人员的姓名，查询的时间、内容及用途。工作人员不得违反规定的权限和程序查询信息，不得泄露工作中获取的信息。征信机构应当采取合理措施，保障其提供信息的准确性。

5. 条例规定信息主体认为征信机构采集、保存、提供的信息存在错误、遗漏的，有权向征信机构或者信息提供者提出异议，要求更正。征信机构或者信息提供者收到异议，应当按照国务院征信业监督管理部门的规定对相关信息作出存在异议的标注，自收到异议之日起 20 日内进行核查和处理，并将结果书面答复异议人。经核查，确认相关信息确有错误、遗漏的，信息提供者、征信机构应当予以更正；确认不存在错误、遗漏的，应当取消异议标注；经核查仍不能确认的，对核查情况和异议内容应当予以记载。若信息主体认为征信机构或者信息提供者、信息使用者侵害其合法权益的，可以向所在地的国务院征信业监督管理部门派出机构投诉。

思考题

1. 网上征信的主要特征是什么？
2. 网上征信的社会经济价值体现在哪些方面？
3. 网上征信的数据来源主要是哪些渠道？
4. 网上征信的运营模式主要是哪几种？
5. 我国征信体系建设的主要构成是什么？

第九章

互联网金融业务的安全保障

第一节　互联网金融安全技术的构建

一、互联网金融的安全问题与需求

（一）互联网金融面临的主要安全问题

众所周知，互联网是一个完全开放的网络信息平台，任何一台计算机、任何一部手机、任何一部平板电脑都可以与之联接，并借助互联网发布信息，获取与共享各种网站的信息资源，发送电子邮件与开展网上办公，同时进行各种网上电子商务活动。但是，由于互联网技术发展的欠缺或不足，也给那些别有用心的组织或个人提供了窃取别人信息和商业机密、消费者的银行账号及其密码，甚至妨碍或毁坏相关网络系统运行的各种机会。概括起来，互联网金融面临的安全威胁主要体现在以下几个方面：

1. 互联网金融系统的中断与瘫痪。网络故障、操作失误、应用程序出错、硬件故障、系统软件设计不完善以及计算机病毒都有可能导致系统不能正常工作。在划拨款项的过程中突然出现网络中断，极有可能造成划款失败或者多划款项现象的发生。而不法者虚开网站和商店，给用户发电子邮件，并接受订单扰乱正常交易秩序；或者是伪造海量用户短时间内大量访问设备端口，堵塞网络通道，穷尽商家资源、使合法用户不能正常访问网络资源。

2. 信息被窃取。互联网金融作为一种全新的金融消费模式和技术，其通讯的信息直接代表着个人、企业或国家的利益。攻击者可能通过互联网、公共电话网、搭线或在电磁波辐射范围内安装截收装置等方式，截获传输的机密信息，或通过对信息流量和流向、通信频度和长度的参数分析，推断出消费者的银行账号及其密码信息。

3. 信息完整性被破坏。攻击者可能从三个方面破坏信息的完整性：一是通过篡改手段，改变支付信息流的次序，更改信息的内容。二是使用删除手段，删除某个消息或消息中的某些重要内容。三是插入错误信息，在信息中插入一些其他干扰信息，甚至是让收款方读不懂或接收错误的信息。

4. 用户身份被篡改与假冒。用户是网络支付的发起者，网络支付对用户的识别主要依靠对不同用户的编码来实现，每个用户编码即是一个唯一的身份标识。用户身份的真实性是网络安全支付的前提和保障。没有这一层保护，所有的网络支付都将面临巨大的风险。从网络支付的风险事件来看，用户身份被假冒是网上频发的且比较突出的一种安全问题，给被盗用户的资金和信用造成极大的损害。同时，由于网络支付的指令输入接口是通用终端，相对于银行的专用终端而言更加容易受到病毒的攻击，造成大量的安全隐患。现实的问题是，虽然通用终端的风险防范技术水平较低，但却有着众多的用户。一旦被病毒攻破防线，会造成大量用户信息泄露，带来巨大的损失并引发动荡。况且网络支付是以公共网络作为媒介的，公共网络的接口众多，开放性也最高，但其接入的终端数量多而且种类繁复。若交易支付指令非常便捷高速的在不同类型的终端之间进行“裸奔”传输，肯定会加大信息传输过程中被截取、被篡改和被伪造的巨大风险。近几年，无线网络和智能终端设备的快速发展使得公共网络的接入终端量呈爆炸性增长，进一步加大了数据传输的风险。而且账户是实现资金收支的平台，是保障用户资金安全的最后一道屏障。用户账号及密码是实现账户安全管理的两道工序，需要予以重点防范。账户的安全问题一般表现为账号及密码被窃取、泄露，账户资金被转移和盗取。或者是冒用他人身份进行消费和栽赃。

5. 对交易行为进行抵赖或不承认。其主要的现象有：发信者事后否认曾经发送过某条消息或内容；收信者事后否认曾经收到过某条消息或内容；购买者不承认确认了的订单；商家卖出的商品因价格差而不承认原有的交易。

（二）互联网金融的主要安全需求

触发网上安全需求的原因主要有：黑客的攻击、管理的欠缺、网络的缺陷、软件的漏洞及人为的触发。互联网金融面临的安全隐患导致了对互联网金融安全的需求，为了实现一个安全的互联网金融系统需要其符合以下几个方面的要求：

1. 机密性。互联网金融作为贸易的一种结算手段，其结算信息直接代表着个人、机构或国家的商业机密。传统的纸面贸易都是通过邮寄封装的信件或通过可靠的通信渠道发送商业报文来达到保守机密的目的，而电子商务则是建立在一个最为开放的网络环境基础之上，因而商业机密的维护是电子商务全面推广应用的最重要保障。要预防非法的信息存取并阻止信息在传输过程中被非法窃取，机密信息的安全保护技术显得非常重要。目前的机密性主要是通过密码技术来对传输的信息进行加密处理来实现。

2. 完整性。互联网金融的支付手段的大量使用简化了现有的贸易过程或交易结算方式，减少了人为的不当干预，但同时也带来维护贸易各方商业信息的完整的问题。由于数据输入时的意外差错或欺诈行为的存在，可能导致贸易各方信息的差异。此外，数据传输过程中信息的丢失、信息重复或信息传送的次序差异也会导致贸易各方信息的不对称。贸易各方信息的完整性将影响到贸易各方的交易和经营策略的正确选择，而保持贸易各方信息的完整性是电子商务应用的基础。因此，要预防对信息的随意生成、修改和删除，同时要防止数据传送过程中信息的丢失和重复，并保证信息传送次序的完整。完整性一般可通过提取信息消息摘要的方式来获得。

3. 认证性。互联网金融系统的特殊性在于，其使用者企业或个人的结算都是在虚拟的网络环境中进行，所以对个人或企业实体进行身份性确认成了互联网金融交易中很重要的一环。对个人或实体的身份进行鉴别，为身份的真实性提供保证，即交易双方能够在相互不见面的情况下确认对方的身份，意味着当某人或实体声称具有某个特定的身份时，通过鉴别服务来提供一种方法以验证其声明的正确与否。目前主要是通过证书机构 CA 证书来实现。

4. 不可抵赖性。应该讲，互联网金融关系到贸易双方的商业交易是否得到对方真实有效的确认，而如何确定进行交易的贸易方正是所期望的贸易伙伴，这一问题则是保证互联网金融支付顺利进行的关键。贸易双方在传统的纸面贸易中可以通过在交易合同、契约或贸易单据等书面文件上手写签名或印章来鉴别贸易伙伴身份，确定合同、契约、单据的可靠性，并预防毁约行为的发生，这也就是人们通常所说的"白纸黑字"。但是，通过手写签名和印章使用在无纸化的互联网金融方式下已是不可能的。因此，要在结算信息的传输过程中，为参与结算的个人、机构或国家提供可靠的标识，即不可抵赖性，可通过对发送的消息进行数字签名来加以解决。

5. 有效性。互联网金融以电子信息票据取代了大量纸质结算凭证，那么如何保证这种电子形式的结算信息的有效性则是正常开展互联网金融业务的前提。互联网金融作为贸易的一种常规结算方式，其信息的有效性将直接关系到个人、机构或国家的经济利益和声誉。采用互联网金融手段，要对网络故障、操作错误、应用程序错误、硬件故障、系统软件错误及计算机病毒所产生的潜在威胁加以控制和预防，以保证结算数据在确定的时刻、确定的地点有效无误。

二、互联网金融的主要安全技术

（一）防火墙技术

防火墙的英文名称是"Fire Wall"，它是目前一种最重要最普遍的网络防护技术。防火墙是指设置在不同网络（如可信任的企业内部网和不可信的公共网）或网络安全域之间的一系列部件的组合。它是不同网络或网络安全域之间信息的唯一出入口，通过监测、限制、更改，跨越防火墙的数据流，尽可能地对外部屏蔽网络内部的信息、结构和运行状况，有选择地接受外部访问，对内部强化设备监管，控制对服务器与外部网络的访问，在被保护网络和外部网络之间架起一道屏障，以防止发生不可预测的、潜在的破坏性侵入。就目前来看，防火墙能做到过滤那些不安全的服务，只有预先被允许的服务才能通过防火墙。这样就降低了受到非法攻击的风险，提高了网络的安全性。如果所有对网络的访问都通过防火墙，那么防火墙还能记录下这些访问的时间及其内容，并能提供网络使用情况的统计数据。当发生可疑情况时，防火墙就能报警并提供网络是否受到检测和攻击的详细信息。通过以防火墙为中心的安全方案配置，能将所有安全软件（如口令、身份认证、加密、审计等）配置在防火墙上，不使用防火墙就必须把所有安全软件分散到各主机上，防火墙的集中安全管理更经济。当然，防火墙技术并非完美。它无法防范那些不通过防火墙的攻击；不能防止传送已被病毒感染的软件或文件；限制或关闭许多有用但存在安全缺陷的网络服务；不能阻止内部人员非法拷贝数据。需要说明的是，目前还没有任何一种防火墙是万能的，如果只有孤立的防火墙在工作，而没有全面的安全方案，特别是磁盘和数据加密、病毒防护技术的使用，那么防火墙等于是形同虚设。

（二）漏洞扫描技术

漏洞扫描技术是自动检测远端或本地主机安全漏洞的技术。安全漏洞通常指硬件、软件、协议的具体实现或系统安全策略方面存在的安全缺陷。漏洞扫描按功能大致可分为：操作系统漏洞扫描、网络漏洞扫描和数据库漏洞扫描。若针对检测对象的不同，漏洞扫描还可分为网络扫描、操作系统扫描、WWW 服务扫描、数据库扫描以及新出现的无线网络扫描。目前，漏洞扫描从底层技术来划分，还可以分作基于网络的扫描和基于主机的扫描这两种类型。漏洞扫描主要通过以下两种方法来检测目标主机是否存在漏洞：一是在端口扫描后得知目标主机开启的端口以及端口上的网络服务，并将这些相关信息与网络漏洞扫描系统提供的漏洞库进行匹配，查看是否有满足匹配条件的漏洞存在；二是通过模拟黑客的攻击手法，对目标主机系统进行攻击性的安全漏洞扫描，如测试弱势口令。一旦模拟攻击成功，则表明目标主机系统存在安全漏洞。

（三）入侵检测技术

入侵检测是防火墙的合理补充，帮助系统对付网络攻击，扩展了系统管理员的安全管理能力，包括安全审计、监视、进攻识别和响应。它从计算机网络系统中的若干关键点收集信息并分析这些信息，察看网络中是否有违反安全策略的行为和遭到攻击的迹象。入侵检测是防火墙之后的第二道安全闸门。在不影响网络性能的情况下能对网络进行监测，从而提供对内部攻击、外部攻击和误操作的实时保护。入侵检测技术会使信息安全基础结构的完整性得到提高。

（四）反病毒技术

计算机病毒时常导致计算机系统瘫痪，程序无法正确运行和数据遭受严重破坏，使网络的效率和作用大大降低，许多功能无法使用或不敢使用。反病毒技术大体分为病毒检测、病毒清除、病毒免疫和病毒预防。对计算机病毒应以预防为主，研制出高品质的预防技术，才是上策。对待病毒具有良好的管理手段和安全屏障，可以大大减少病毒攻击的危险并有效防御大多数病毒的随意侵入。

（五）数据加密技术

通常情况下，网络上的信息如果没有经过特殊处理都是明码传输的，这就意味着用户在网上传输的口令、密码、信用卡号码等都有可能被他人窃取。数据加密技术能防止合法者之外的人获取机密信息，它是互联网金融支付采取的主要安全措施。数据加密技术有两种基本形式的算法，一种是对称密钥加密算法，也称为私有密钥加密算法；另一种是非对称密钥加密算法，也称为公开密钥加密算法。

1. 对称密钥加密算法。对称密钥加密算法具有以下特点：解密密钥和加密密钥相同，用某个密钥加密就必须用同一个密钥解密；加密过程中将待加密数据分割成等长的若干个分组，对每个分组进行加密形成加密后的分组，再将各个分组组合成整个密文；加密过程是一个密钥控制下的复杂迭代运算；相对非对称加密算法密码长度较短、加密速度较快。典型的对称密钥加密算法是 DES 算法。对称加密算法在互联网金融支付过程中存在以下三个方面的问题：一是要求提供一条安全的渠道使交易双方在首次通信时协商一个共同的密钥。而面对面直接协商可能并不现实，因此双方需要借助于邮件、电话等其他相对不够安全的手段来进行协商。二是由于密钥数目的快速增长而变得难以管理。因为每一对可能的通信实体需要使用不同的密钥，这很难适应现代社会大量信息的交流。三是通常对称加密算法不能提供信息完整性鉴别。

2. 非对称密钥加密算法。非对称密钥加密算法存在两个密钥，一个公开为公开密钥，简称公钥；另一个保密为私有密钥，简称私钥。一个密钥用来加密后，就要用另一个密钥来解密，也就是说用公钥加密的信息就要用私钥解密，用私钥加密的数据就要用公钥解密。典型的算法是 RSA 算法。非对称密钥加密算法中的任何一把都可作为公开密钥（加密密钥）通过非保密方式向他人公开，而另一把则作为专用密钥（解密密钥）加以保存。

（六）数字签名技术

数字签名就是通过某种密码运算生成一系列符号及代码组成电子密码进行签名，来代替书写签名或印章。对于这种电子式的签名还可进行技术验证，其验证的准确度是一般手工签名和图章的验证所无法比拟的。数字签名在 ISO7498 -2 标准中定义是："附加在数据单元上的一些数据，或是对数据单元所作的密码变换，这种数据和变换允许数据单元的接收者用以确认数据单元来源和数据单元的完整性，并保护数据，防止被人（例如接收者）进行伪造"。美国电子签名标准（DSS，FIPS186 -2）对数字签名作了如下解释："利用一套规则和一个参数对数据计算所得的结果，用此结果能够确认签名者的身份和数据的完整性"。数字签名的种类和功能非常多，相应的方案也很多，除了常规的数字签名方案之外，还有众多具有代表性的群签名方案、多重数字签名方案、批验证协议和代理数字签名方案等。数字签名技术是目前互联网金融支付中应用最普遍、技术最成熟、可操作性最强的一种电子签名方法。它采用了规范化的程序和科学化的方法，用于鉴定签名人的身份以及对一项电子数据内容的认可。它还能验证出文件的原文在传输过程中有无变动，确保传输电子文件的完整性、真实性和不可抵赖性。在互联网金融业务中众多服务项目都用到了数字签名技术，特别是网络支付单据的认证。由于互联网金融的非面对面性，为了防止网络中假冒、抵赖等行为的发生，并使其有据可循，数字签名就如同传统金融业务中的个人手写签名或企业印章一样，保障了互联网金融业务的安全有效。

（七）数字摘要

利用某种算法对被传送的数据生成一个完整性值，将此完整性值与原始数据一起传送给接收者，接受者用这个完整性值来检验消息在传送过程中是否发生改变，这个由原始数据通过某一加密算法产生的特殊数字信息串，比原始数据小，能代表原始数据，所以称作数字摘要。数字摘要通过使用单向散列（Hash）函数从要发送的报文中生成一个固定长度、通常是 128 位的散列值或报文摘要。不同的报文生成不同的报文摘要，对报文的微小改动都会造成报文摘要的完全不同；相同的报文其报文摘要必然一样。因而利用报文摘要就可以验证网络传输收到的报文是否是初始的、未被篡改过的，从而保证数据的完整特征。由于每个消息数据都有自己特定的数字摘要，就像每个人的指纹一样，所以，数字摘要又称为数字指纹或数字手印。就像可以通过指纹确定一个人一样，可以通过数字指纹来确定所代表的数据。

（八）数字时间戳

在互联网金融支付中，还需对结算文件的日期和时间信息采取安全保护。这需要在经过数字签名的支付信息上打上一个可信赖的时间戳，由于用户桌面的时间很容易改变，由该时间产生的时间戳不可信赖，因此数字时间戳服务通常由专门的机构提供的网上安全服务项目。而数字时间戳服务（DTS，Digital Time - Stamp service）就能提供电子文件发表时间的安全保护。数字时间戳服务是网上安全服务项目，由专门的机构来提供。时间戳是一个经加密后形成的凭证文档，它包括三个部分：需加时间戳的文本的摘要，DTS 收到文件的日期和时间及 DTS 的数字签名。

（九）数字信封

数字信封是一种综合利用了对称加密技术和非对称加密技术两者的优点进行信息安全传输的一种技术。数字信封既发挥了对称加密算法速度快、安全性好的优点，又发挥了非对称加密算法密钥管理方便的优点。数字信封是公钥密码体制在实际中的一个应用，是用加密技术来保证只有规定的特定收信人才能阅读通信的内容。在数字信封中，信息发送方采用对称密钥来加密信息内容，然后将此对称密钥用接收方的公开密钥来加密（这部分称数字信封）之后，将它和加密后的信息一起发送给接收方，接收方先用相应的私有密钥打开数字信封，得到对称密钥，然后使用对称密钥解开加密信息。这种技术的安全性相当高。数字信封主要包括数字信封打包和数字信封拆解，数字信封打包是使用对方的公钥将加密密钥进行加密的过程，只有对方的私钥才能将加密后的数据（通信密钥）还原；数字信封拆解是使用私钥将加密过的数据解密的过程。

（十）数字证书

数字证书是网络通信中标志通信各方身份信息的一系列数据，类似于现实生活中的居民身份证，由权威机构颁发。数字证书的一个重要特征就是只在特定的时间段有效。数字证书的格式一般采用 X. 509 国际标准，一个标准的 X. 509 数字证书包含以下内容：证书的版本信息、证书的序列号、证书所使用的签名算法、证书的发行机构名称、证书的有效期、证书所有人的名称、证书所有人的公开密钥、证书发行者对证书的签名。X. 509 证书格式还预留了扩展内容，用户可以根据自己的需要进行扩展。数字证书通过运用对称和非对称密码体制建立起一套严密的身份认证系统，并使以下服务或项目得到保证：信息除发送方和接收方外不被其他人窃取；信息在传输过程中不被篡改；发送方能够通过数字证书来确认接收方的身份；发送方对于自己发送的信息不能抵赖。证书的验证是通过证书中证书颁发机构用其私钥签署的证书信息摘要的电子签名的合法性来进行的。随着互联网金融业务的普及特别是互联网金融支付业务的飞速发展，数字证书技术已经广泛得到使用。目前数字证书主要用于发送安全电子邮件、访问安全站点、网上证券交易、网上招标采购、网上办公、网上保险、网上税务、网上签约和网上银行等交易活动领域。

用户在进行需要使用证书进行互联网金融支付操作时，必须准备好装有证书的存储介质。如果用户是在自己的计算机上进行操作，操作前必须先安装 CA 根证书。一般所访问的系统如果需要使用数字证书会自动弹出提示框要求安装根证书，用户直接选择确认即可；当然也可以直接登陆 CA 中心的网站，下载安装根证书。操作时，一般系统会自动提示用户出示数字证书或者插入证书介质（IC 卡或 Key），用户插入证书介质后系统将要求用户输入密码口令，此时用户需要输入申请证书时获得的密码信封中的密码，密码验证正确后系统将自动调用数字证书进行相关操作。使用后，用户应记住取出证书介质，并妥善保管。当然，根据不同系统数字证书会有不同的使用方式，但系统一般会有明确提示，用户使用起来都较为方便。

认证中心（Certification Authority）是一个负责发放和管理数字证书的权威机构，也是PKI的核心。在大型应用环境中，认证中心经常采用多层次的分级结构，各级的认证中心类似于各级行政机关，上级认证中心负责签发和管理下级认证中心的证书，最下一级的认证中心直接面向最终用户。认证中心负责完成证书的颁发、更新、查询、作废和归档等管理工作。认证中心的主要功能有：证书发放、证书更新、证书撤销和证书验证，核心功能是发放和管理数字证书。

（十一）安全协议

SSL（Secure Socket Layer）是由Netscape设计的一种面向连接的开放协议，主要在两个通信应用程序之间提供机密性和数据完整性。但是，SSL协议只能提供交易中客户与服务器间的双方认证，而互联网金融支付往往是用户、网站、银行三家协作完成，SSL协议运行的基点是商家对客户信息保密的承诺，在整个过程中商家可以通过银行对客户身份进行认证，但客户没有对商家身份进行认证，因此SSL协议有利于商家而不利于客户。但是SSL协议独立于应用层协议且被大部分的浏览器和Web服务器所内置，目前几乎所有操作平台上的Web浏览器以及流行的Web服务器都支持SSL协议，SSL协议在保障网上交易及其结算安全等方面有着广泛的应用。

SET（Secure Electronic Transactions）是由Visa和MasterCard两大信用卡组织联合开发的互联网金融支付安全协议。SET允许各方之间的报文交换不是实时的。SET详细而准确地反映了卡交易各方之间的各种关系，主要用于消费者与商店、商店与收单银行（付款银行）之间。对消费者而言，SET保证了商家的合法性，并且用户的信用卡号不会被窃取。对商家而言，SET为商家提供了保护自己的手段，使商家免受欺诈的困扰，使商家的运营成本降低。但是SET要求在银行网络、商家服务器、顾客的PC上安装相应的软件，还要求必须向各方发放证书，这使得SET要比SSL昂贵得多。但SET可以用在系统的一部分。例如，商家在与银行连接中使用SET，而与顾客连接时仍然使用SSL。这种方案既回避了在顾客机器上安装电子钱包软件，同时又获得了SET提供的很多优点。

第二节　互联网金融业务的安全使用

一、第三方支付的主要安全问题及其安全手段

（一）第三方支付的主要安全问题

1. 支付方式选择漏洞。由于网上支付基于一个虚拟的空间，市场参与者的诚信度完全建立在虚拟信息的基础之上，因而支付安全和诚信问题显得至关重要。我国目前尚缺乏完整的信用信息披露机制，并未形成非常有效的能够约束个人和企业信用行为、促使其自觉履行承诺的诚信机制。而从另一方面讲，社会诚信观念缺乏，欺诈现象时有发生。依照目前的交

易流程设计，买方提交订单后向第三方平台提交支付信息；第三方平台获取买方支付信息并向相关银行或信用卡公司发送支付请求；银行或信用卡公司验证买方账户后通过第三方平台将资金从银行账户转到支付宝账户；支付宝平台将转账信息传递给卖方并通知卖方发货；卖方发货，买方收到满意商品并确认后，第三方将资金转入卖方账户。整个交易过程虽然由于第三方支付机构的介入对买方和卖方的诚信行为进行了约束，但第三方平台并没有强制要求用户一定按照这样的步骤进行交易。目前第三方平台还保留着直接支付的结算通道。在提供方便快捷的同时，客观上某些不法商家仍有可能欺骗买家先确认付款，但最后又不发货，或者买家收到货物后点击退货，如果卖家的发货凭证丢失或者没有及时出示给第三方支付平台，商家就会损失了货物而得不到货款。这种设计仍然给不法之徒提供了欺诈机会，从而形成了信用缺失的事实。

2. 非法套现操作。由于使用信用卡取现需要额外支付手续费和利息，现在有些人为了省去手续费和利息，通过使用第三方平台网上虚假购物的方式，利用与第三方平台挂钩的信用卡进行套现。从整个交易结算过程来看，第三方平台客户使用信用卡支付后，再通过账户转移到借记卡，然后从银行取出现金，整个过程没有真实的货物交易，也无需缴纳额外的费用。具体讲，只要你拥有几张银行信用卡在身，再利用亲戚朋友的身份证件开个网上店铺，就可以运用信用卡的网上支付功能，通过自买自卖的方式轻松实现免费套现。当然，客户还可以申请支付平台后再“买卖”。许多专职中小商务网站的网关服务商申请门槛很低，就给了套现者可乘之机。套现者只要建立一个自己的网站，并申请到支付平台，就可以顺理成章地通过商品的虚假自买自卖轻松实现信用卡套现。事实上，套现者根本不需要直接进货发货，只需要用虚拟交易的形式以“买家”的身份买下一件件“商品”，并用透支信用卡支付。过段时间后，这笔钱就会通过支付平台划到卖家的银行卡上。由于这里的“卖家”和“买家”其实是同一个人，套现者信用卡上的透支钱款就在另一张卡上变成了最富于流动性可随时用于提取的现款，毫无风险地实现了套现。而就目前来看，这种套现操作的成本是非常低的。同时银行对信用卡的控制也出现了“盲区”。利用第三方平台进行信用卡套现，本质上属于虚假交易。为了杜绝此类现象的频频发生，目前银行大多会把信用卡单笔交易限额设定在500元左右。但由于交易规程的规定，目前对于第三方平台套现现象，商业银行方面很难能够拿出有效的控制手段，而且由于第三方平台网上交易量非常之大，如果银行抛开第三方平台的话，银行现有的业务量会受到较大的冲击，利益流失马上就会体现出来。

3. 网络黑客攻击。网络黑客实际是非法入侵电脑系统者，网上黑客攻击对国家金融安全的潜在风险极大。目前，黑客行动几乎涉及了所有的操作系统，包括UNIX与Windows. NET。因为许多网络系统都有着各种各样的安全漏洞，特别是某些是操作系统本身的，有些是管理员配置错误引起的。黑客利用网上的任何漏洞和缺陷修改网页，非法进入主机，进入银行盗取和转移资金、窃取信息、发送假冒的电子邮件。黑客攻击还会使淘宝用户的注册信息丢失或外泄，使用户蒙受不应发生的经济损失。

4. 手机丢失后患。手机绑定的第三方支付与理财软件给许多人带来了支付与理财的方便。但手机丢失后就带来了非常敏感的问题：信用卡会不会遭到盗刷，账户理财产品会不会被人盗取。而即使是手机不丢的话，我们该怎样来保护自己的手机安全信息不外泄？现在我们周围的很多人，已经很少把银行卡带在身上，因为在很多地方就餐或买东西，绑定第三方的手机可以直接用来支付结算。可是，万一手机丢失或者被人偷取，而手机又绑定着第三方支付与理财软件，那么其安全风险肯定要受到关注。目前使用的苹果手机相对会有一定的安全保障，可如果使用安卓等开源性操作系统的手机，则很容易被不法分子种植木马，手机上的各种数据和信息都可能被不法分子盗取利用，最为典型的就是盗取第三方平台支付账户和理财账户里面的钱财。不法分子种植木马的方法主要是，通过手机短信、即时聊天工具发送链接或文件等，只要用户点击或接受，木马便会悄悄植入手机。现实生活中的手机绑定了第三方软件，一旦手机丢了，拾到者如果知道手机用户的身份证和银行卡号，就可使用快捷支付功能，也就是通过机主预留在银行的手机号码，发送验证码，导致绑定在手机上的银行卡被盗用。

5. 法律盲区较多。由于法律的不完备，客观上并没有建立起完备有效的信用体制，第三方支付的安全并未得到很好的保证。目前电子商务交易中出现纠纷的买卖双方往往各执一词，相关部门取证困难；同时，支付平台流程有漏洞，有些人很可能就会赖账，不讲信用。对第三方平台的监管也是个大问题。尽管第三方平台与银行签订了战略合作协议，但这些银行对第三方账户上的资金是否“专款专用”并没有监督的权利和义务。这样就导致第三方公司本身“类银行”的相关业务处于监管真空状态，这给使用第三方的资金安全留下财务隐患。而依据2013年3月15日中国证监会《证券投资基金销售机构通过第三方电子商务平台开展业务管理暂行规定》，第三方平台销售基金产品应具有代销资格。其推出的理财产品是将基金公司的基金直销系统内置到了第三方网站中，用户将资金转入理财账户的过程中，第三方和基金公司通过系统的对接将一站式为用户完成基金开户、基金购买的过程。目前还有一个比较突出的问题是，类似于第三方支付工具普遍提供了买卖双方现金交易的平台，这极会导致通过第三方支付工具进行洗钱的现象滋生。若第三方支付工具再不需要实名制就可进行交易的话，洗钱会变得更加容易。第三方支付工具将有可能沦为不法分子的洗钱工具，为网络赌博等提供资金渠道。

（二）第三方支付的主要安全手段

1. 建立五级风险防控体系。第三方五级风险防控体系的工作流程是：第一级，当用户进行支付交易时，第三方最先做出反应的是终端环境保护体系。在这一环节，第三方与浏览器及反病毒厂商都建立了合作，对钓鱼网站进行智能识别、过滤。第二级是用户认证系统。用户需要上传真实的个人身份信息，在通过公安网等5个身份比对系统的验证和判断后，才能成为“第三方实名认证账户”。此外，还包括实名管理、黑名单、客户尽职调查、客户风险分级，风险账户处理。第三级是隐私保护。第三方平台的信息安全与隐私保护体系会对用户的信息进行敏感度分级，并对存储、访问、传输进行全程控制，保证敏感信息不会遭到恶意泄露。第四级是账户保护。安全产品包括数字证书，动态口令等。数字证书是对用户使用的电脑进行唯一的身份标识；动态口令则是向用户绑定的手机发送校验码，以此确定账户使用者的身份。第五级是交易保护。对用户的交易行为进行监控和识别，第三方平台对用户行为数据进行分析并建立了风险模型，一旦发现实时交易存在风险，会立刻进行拦截，并向用户人工确认。据有关报道，第三方每笔交易都会经过系统判断能不能通过。这个风险的识别基于两个能力，一是大量用户行为数据的积累，形成风险交易判断的模型。二是安全技术设备有超强的计算能力，大量交易可在毫秒内立即做出判断。不少第三方目前还引入了财产保险承保，用户若出现资损给予赔偿。

2. 优化支付流程。对于交易双方引发的信用风险，可以引入物流部门，以改进第三方支付流程，增强交易的透明性和安全性。在卖方发货后，在物流部门处得到一个发货号，并将其发货号发送到支付平台；买家方面，收到货物之后进行检查，如果满意则确认收货并进行付款确认。当买方觉得货物不满意并要求退货时，需要由物流部门产生一个退货号，并把退货号发送到支付平台，支付平台通过物流部门的信息记录确认，如果真的发生了退货行为，则不对卖方进行转账支付。如果买家在一定期限内没有发送退货号到支付平台，平台根据的发货号和退货号到物流部门查询货物情况从而决定是否转账到卖方。可以看出，改进后的流程中，发货号和退货号已经成为是否进行支付的凭证。在交易的过程中，第三方支付平台需要收到卖方的发货号以及得到买家的确认才会进行转账支付，这不但防止了卖方对买方的欺诈行为，从另一个角度来说，还防止了交易双方没有进行真正的交易而套取信用卡现金的行为。另外，物流部门还可以向交易双方提供查询货物发送情况的服务，并从中收取手续费，增加利润。因为物流部门跟第三方支付平台合作才增加了更多的客户以及取得收入的渠道，所以它要向支付平台支付一定的费用，这就为第三方支付平台创造了一个新的收入来源。通过以上改进后，支付平台对买卖双方都保持较强的控制力，是否支付都有一定的依据，不会再因为一方的不诚信而造成另一方的损失，很好地规避了交易双方的欺诈行为，从而降低了第三方支付平台的信用风险。

3. 强化法律保护和安全使用意识。以第三方支付为代表的互联网金融支付业务的迅速发展，导致了许多新的问题与矛盾，也使得立法相对滞后，另一方面，互联网金融支付涉及的范围相当广泛，也给立法工作带来了一定的难度。第三方支付近年来创新不断，在业界引起了连续不断的此起彼伏的争议和动荡，使得传统的金融机构和政府监管部门颇有些“应接不暇”之感。而客观上，针对目前第三方支付平台在互联网金融支付活动中出现的问题，应尽快建立相关的法律法规，规范互联网金融支付参与者的行为。特别是对互联网金融支付业务操作、电子资金划拨的风险责任进行规范，制定针对第三方等互联网金融支付的犯罪案件管辖、仲裁等规则。对第三方支付平台与理财平台的安全保密必须有法律保障机制。对相关的电脑犯罪、电脑泄密、窃取第三方平台商业和金融机密要有相应的法律制裁的规定和具体手段，逐步形成有法律许可、法律保障和法律约束的互联网金融业务环境。对突现的新型的针对第三方平台犯罪要给予足够重视，通过快速立法来遏制此类犯罪滋生。当然，第三方平台用户的安全使用意识建立也是非常重要的。特别是对于当前大量绑定了第三方平台软件的手机用户来讲，旧手机淘汰前，一定要通过手机内置第三方软件的“第三方—我的—头像昵称框—设置—安全设置—安全中心—设备管理”菜单选项取消对旧手机的授权，否则别人拿到你的旧手机，就能轻易登录你的第三方。而手机丢失后，苹果手机用户可第一时间登录自己的苹果 ID，锁定苹果手机，并抹掉手机上的所有数据和信息。使用安卓系统的手机机主，应第一时间到手机运营商那儿补办手机卡，这样原手机卡就会立即自动注销，失去通信能力，快捷支付功能也就无法使用。还可拨打第三方客服电话，申请冻结绑定第三方账号。如果还不放心，可同时拨打银行卡发卡行的客服电话，要求挂失银行卡，也可凭有效证件到银行柜台直接挂失。

二、网上银行的主要安全风险及其安全手段

（一）网上银行的主要安全风险

1. 网络建设的技术落后问题。网上银行技术风险的产生是由于网上银行系统搭建过程

中的机器设备、网络通信上出现问题所招致的不确定性。网上银行是基于全球电子信息系统基础上运行的金融服务形式，对计算机和网络技术的依赖性很大。从目前的风险案例表现来看，一是目前流行的许多操作系统均存在网络安全漏洞，大多数 INTERNET 上的信息加密程度不高，各种口令在文件传输过程中很容易被盗取。二是系统故障使计算机网络出现系统停机、磁盘破坏、数据丢失。由于网络设备终日担当着网络上繁重而复杂的金融数据传输任务，难免因负荷过重而出现故障，造成网上银行系统直接经济损失发生。三是随着黑客攻击技术的提高，网上银行难免被黑客非法入侵，删除或修改其服务程序，窃取银行及客户的关键敏感资料，或者直接进行非法的电子资金转账。四是目前所使用 Internet 采用的是 TCP/IP 协议，此协议规定主机之间的相互通讯以信任为基础，在数据交换、信息处理上力求方便快捷，其安全性能的设计上则尚有欠缺，因而其数据和信息传输过程中容易被窥视和截获。目前，计算机网络关键技术仍掌握在发达国家极少数的大公司手中，国外银行在与国内银行开展网上银行业务竞争时，其是否会利用技术优势获取我方客户的信息和商业秘密，利用我们还未掌握的网络安全防卫技术扰乱我们的业务处理程序，尚不可预测，这些都将会给我国的网上银行业务发展带来重大的风险隐患。

从另一方面讲，虽然网络犯罪目前已受到高度的重视，但是网络发展的不确定性，以及计算机技术的“摩尔定律”，都会造成对网络犯罪控制难度的加大。而网络技术更替的速度之快则使其在很多领域经常要面临全新的操作环境，漏洞存在已经成为一种正常现象。这使得黑客能够非法侵入甚至破坏计算机的信息系统、利用网络漏洞实行金融诈骗、非法盗用客户账号、窃取商业机密。技术落伍将是网上银行发展长期面临的问题。需要注意的是，网上银行操作系统的设计如果采用非安全的外包方式进行，则还有可能埋下以下严重隐患：一是开发人员开发网上银行系统时可能留下后门；二是网上银行系统在设计时没有遵从最新的安全标准；三是客户端的安全强度设计不足，如没有防范远程劫持的安全交易机制，没有采取反跟踪、加密、加壳保护技术，没有采取有效防止钓鱼网站攻击的保护技术；四是服务器端存在设计缺陷，其安全区域划分不合理或没有采用有效的防护，没有有效的安全审计技术支持，没有考虑灾备或者灾备方式不合理。

2. 诚信缺损下数据真伪难辨。在大数据应用时代，金融行业对数据依赖性极高。由于网上银行采用了与传统银行完全不同的方式拓展金融产品与服务，它的虚拟性和开放性形成了突破地理限制的无边界金融服务。银行与客户之间没有面对面的接触，而是通过远程通讯手段，借助信用确认程度对借款人的信用进行评估。但目前我国缺少足够的客户资信评估数据，银行很难对借款人进行准确的信用评估，借款人也很可能不履行对电子货币借贷应该承担的义务。网上银行虽然通过非传统的渠道扩展了信贷范围，并可突破传统的地域范围限制扩展市场，但是通过远程银行操作来确定信贷申请人的放款价值又是不充分的，这给网上银行带来较高的信用风险。但辩证的看，随着今后互联网金融业务的不断拓展，金融机构在日常运营中累积的用户信息会庞大到不能用 TB 来衡量，数据量从 TB 级别跃升到 PB、EB 乃至 ZB 级别。国际数据公司（IDC）预计到 2020 年全球数据总量将达到 40ZB，其中我国将达到 8.6ZB，占全球的 21%。大数据基础上的金融决策对数据信息非常敏感。一旦数据中混杂了虚假的成分，就可能导致错误的交易行为，进而引发金融市场风险，同时还有可能侵犯消费者的隐私权。

3. 资金被错误操作。操作错误主要是指由于系统中存在不利于可靠性、稳定性和安全性要求的错误操作而招致损失的现象。它可能来自于网络银行客户的疏忽大意，也可能来自于网络银行安全系统和其产品设计缺陷与操作失误，如系统被非法入侵、电子货币被伪造、系统技术失效。同时，银行职员在业务上的误操作，也可能导致网上银行账户资金出现严重的错误支付或转账。操作错误主要涉及网络银行账户的授权使用、网络银行的风险管理系统、网络银行与客户间的信息交流、真假电子货币的识别等领域。因此，操作错误来源于网络系统在可靠性和完整性方面的重大缺陷。

4. 内部管理不严。由于严格制度管控的历史积淀非常短暂，部分中小银行网上银行缺少操作系统管理、操作安全管理、涉密安全管理、变更管理、防恶意代码管理的相关制度建设与规划。而由于企业自身管理制度的缺失或者不到位，因而也不可能从制度上保证网上银行系统的代码安全、运行安全和操作安全。目前，网上银行安全管理中有些问题还是隐藏着严重的隐患，主要有：对操作中的相互制约机制控制不严，存在不安全兼岗的问题；重要开发文档管理不严而造成泄密；未建立网上银行系统应急事件库，应急工作未进行培训和演练；应急预案的内容不完整，可操作性差，缺乏对实际工作的指导意义。

5. 客户安全意识较差。网上银行的客户并非网上银行业务专业技术人员，由于安全意识不足或操作不当，极有可能给犯罪分子以可乘之机。比较集中的问题有：一是钓鱼网站的存在。一些不法分子经常利用与真实银行网站相似的域名，或通过电子邮件提供假链接，骗取用户登录，获取用户账户及密码信息，进行非法操作，造成用户资金损失和银行名誉损失。二是桌面安全问题。这种问题主要出现在无防护的 PC 或者手机客户端。诸如木马盗号、灰鸽子病毒等都是目前常见的能获取客户端账户和密码等敏感信息的攻击方式。三是客户口令设置过于简单和规律。像有些客户口令往往选用诸如身份证号码、出生日期、电话号码，很容易被犯罪分子猜出；有些客户口令密码强度不够，未选用字母和数字混合的方式，容易被暴力破解；有些客户将密码写在纸上，或者经常在不同的系统上使用同一密码，容易造成失密。

6. 网络犯罪不断。随着网民数量的增加和技术的提高，网络黑客的人数和技术水平都在上升。许多黑客为了消遣或炫耀技术而攻击网络，使网上银行的网络系统受损甚至崩溃的威胁。有的网络黑客会利用自己的技术来窃取商业机密或盗取资金，以谋取不义之财。有的犯罪分子还利用网上银行进行洗钱。网上银行属于新兴事物，相关法律法规基本上处于空白状态，仅有中国人民银行《网上银行业务管理暂行办法》这一部门规章显然是不够的。法律是监管的保证，通过法律才能使网上银行的交易规范、有序，由于法律的缺位使监管机构无法可依，监管难度加大。而面对不断涌现的网上支付新的形式和手段，监管力度的确难以拿捏，客户与网上银行很容易陷入相关利益的法律纠纷之中。而且网络空间是个申请网络账号即可进入的自由流动空间，该网络内的各个接点联结成一个整体，网络接点之间有着紧密的关联度。在一个网络接点发生的风险可能会波及整个网络，甚至导致银行整个经营网络瘫痪。再者，高科技的网络技术所具有的快速远程处理功能，虽然为便捷、快速的金融服务和产品提供了强大的技术支持，但也加快了风险积聚的过程，风险积聚与发生可能就在同一时间内。换句话说，来不及察觉并采取补救，就会带来一连串的“地震”效应。网上欺诈频发目前也是比较棘手的问题。不法分子通过发送电子邮件或在手机上提供各种中奖链接引诱互联网用户，当用户接受电子邮件或点击链接地址时，不法分子的木马也随之植入用户的计算机或手机中，并偷偷修改用户的网上银行或手机银行软件，当用户使用这些软件进入银行的网址时，修改后的软件就会自动将用户网上银行的资金转移到不法分子的账户上面。

（二）网上银行的主要安全手段

1. 加强网上银行风险监控的法律建设。法律体系不健全是各国政府对网上银行缺乏足够管理能力的根本原因之一。我国目前已初步制定关于网上证券交易、计算机使用安全保障等方面的法规但还远不能适应网络发展的客观要求。应借鉴网上银行业务发达国家的已有经验，在网上银行发展的初期及时制定和颁布有关法律法规，在电子交易合法性、电子商务的安全保障、禁止利用计算机犯罪等方面加紧立法，修改现有《合同法》《商业银行法》等法律条文中不适合网上银行发展的部分。目前，我国涉及网上银行的法律法规有《网络安全法》《电子签名法》《计算机信息系统安全保护条例》《计算机信息网络国际联网管理暂行规定》和《计算机网络国际联网安全保护管理办法》，而针对性较强的只有中国人民银行发布的《电子支付指引（第一号）》和银监会发布的《电子银行业务管理办法》。从目前的法律法规体系来看，一是缺乏针对电子银行类违法犯罪的具体适用性条款和处罚规定，法院判定时往往只能参考《刑法》《民法》中接近的相关条款；二是对网上银行违法犯罪的举证责任缺乏明确规定，导致各个法院对此类案件判决结果不一，关键之一就是法院如何分配原被告的举证责任。就网上银行犯罪而言，要让对信息的掌握处于明显劣势的客户负完全举证责任，显然有失公允，而以银行现有技术能力而言，有时也难以举证，因此有必要在法律上针对不同情况明确举证责任。

另外，建立完善的社会信用制度是减少互联网金融风险，促进网上银行规范发展的重要保证。没有完善的社会信用体系，人们就会减少经济行为的确定性预期，网上银行业务的虚拟性会使这种不确定性得到强化，不利于网上银行的正常发展，也会增大法律调节的障碍和成本。

2. 不断进行网上银行运行的安全评价。这种评价的内容主要有：一是检查和分析安全审计记录。银行网络系统在运行过程中出现的各种问题均有详细的记录，对有关的非正常操作的记录能使人们及早发现网络系统的绝大部分潜在的安全问题，并提供了评价和检测现有的风险控制措施的有效性的实践依据，从而提出相应的解决办法。二是随时跟踪网络安全解决方案的最新技术进展，及时了解各种网络安全控制最新信息，并根据银行网络系统的实际情况进行对比分析，采取相应的安全控制办法。三是要不断进行网络系统安全测试，及时发现现有网络安全方面的弱点及其现在的安全隐患，综合评价安全管控的效果与水平。四是结合商业银行业务管理的特点，建立一整套对网上银行安全运行进行监测、评估的技术性指标，据以对网上银行的安全运行状况进行不断的考评。而不断完善技术监管平台，对业务数据处理和信息传输的安全性进行实时监控，是维护网上银行安全运行的技术保证。

3. 树立风险管控理念。商业银行要努力培育以“诚信、公正、守法”为标志的良好的网上银行风险控制观念。以良好的企业风险控制文化来影响员工的行为取向，使商业银行每一位员工都能认识到自身网上操作可能带来的风险，以员工自觉的风险意识来提高银行整体的风险应对能力。网上银行是基于现代信息技术而建立的，因而对风险管控者的素质和风险管控水平提出了更高的要求。网上银行风险管控者既要具有互联网专业背景，同时还要有金融业务相关从业经历。当然从另一方面来讲，加强网上银行安全管控手段的同时还应加强金融诚信体系的建设，这是安全管控的重要基础。商业银行要建立诚信的经营考核体系，建立失信惩戒机制和守信增益机制，特别是完善和充分利用现有的企业及其个人征信系统。同时，进一步建立完善还款记录制度，强化信用教育，倡导信用至上。要培养企业的信用意识，使企业认识到良好的信用是最重要的无形资产，要诚实放款。与此同时，净化信用环境，推行信用公示制度，防止信用恶劣的经销商进入网站。要在新闻媒体上定期公布重点企业信用等级，让诚实守信的企业得到更多、更好的金融服务；让不讲信用的企业受到曝光和应有的制裁。

4. 采用生物特征认证。生物特征认证方式是指根据自然人用户的指纹、人脸、虹膜等能够唯一标识该用户身份的特征来验证用户的身份。开户银行首先利用生物特征识别系统对用户的生物特征进行采集，并将采集的特征进行数字化，将数字代码组合成特征模板存储在数据库中，当需要对用户进行身份识别时，生物特征识别系统将获取的用户特征与数据库中存储的特征进行匹配，根据匹配结果判断当前用户的身份是否合法。基于生物特征的身份认证方式利用每个个体生物特征往往不重合的特点对用户的身份进行判定，可靠性较高。特别是虹膜识别几乎是不可能复制。但是由于用户的指纹等特征会不经意留在公众场合，容易被非法人员有意获取。同时，对用户的指纹等进行采集和识别时，需要安装相应的采集客户端，有一定的技术成本开销。

5. 通过数据加密确保信息安全传输。在网上银行支付数据信息管理方面，想要使数据信息得到安全传输，就必须加强对银行数据加密技术的使用。在网上银行客户端采用该技术，可以利用密码算法和密钥完成明文信息处理。在数据传输过程中想要获得准确信息，必须利用与算法匹配的解密密钥进行明文翻译。就目前来看，可以采用的密码方案包含公开密钥加密和私密密钥加密两种，采用公开密钥体制可以使密钥管理简化，在网上支付中应用可以确保支付数据信息的安全和完整。但是采用该体制需要完成数学分解，所以将导致加密速度遭到降低；而采用私密密钥加密体制，尽管能够快速完成网上支付数据的加密，却无法完成交易双方身份的有效鉴别，因而容易导致数据信息的交易出现“断头路”。针对这一情况，银行在支付业务方面可以采用公钥结合私钥的数据加密技术，利用私钥体制完成支付数据信息加密，然后使用公钥体制完成密钥分发和身份鉴别。此外，在客户端数据输入方面，可以利用“ 派遣函数”进行键盘录入风险抵抗，以便在源头上确保网上支付数据信息的传输安全。

三、P2P 网贷的主要安全问题及其安全手段

（一）P2P 网贷的主要安全问题

1. 信用道德缺乏严重。由于尚未建立统一信息查询和审核系统，各网贷平台借贷信息无法互通，既影响贷款效率，也影响贷款质量，甚至导致一人多贷、注册多账号来骗取贷款情况的发生。虽然目前中国人民银行已将小贷公司与融资性担保公司纳入其完善征信系统的监管对象之中，但 P2P 网贷行业仍未纳入建设范围。目前，P2P 平台普遍承担了对借款人的线下调查征信工作。虽然线下调查工作可以减少坏账风险，但高成本运行问题开始迅速突显。实力不强的 P2P 网贷平台又无法做到线下尽职调查，潜在风险上升。相对于国外成熟的网络信贷纯中介平台模式而言，由于规则缺乏，国内迅速发展起来的 P2P 平台为了吸引投资者，往往无原则无底线的对投资者承诺资金安全。姑且不论网贷平台自身是否具有担保的资格，即便网贷平台引入第三方担保，也极可能出现因杠杆过高和相互关联导致风险暴露和损失。信息的极度不透明是目前 P2P 最大的危机，随时都会引发“地雷”爆炸，而且无

法自证。目前的 P2P，从来未曾公开过任何形式的资产质量报告，即使有坏账率也都是自己报的，缺乏公信力。所有的 P2P 在这种不透明的体系下，蕴含极大的道德危机，而道德是最不可靠的东西。在巨大的商业利益面前，道德的作用往往被大打折扣。而且目前也无法进行有效的道德评定。现在 P2P 虽也在寻求更为有效的信用建立机制，探索利用行业协会的方式进行自律约束。但 P2P 网贷中的互联网金融平台性质是资金使用权买卖的中介，其金融业务本身带有极大的外部特征，因而自律在其中的作用是很微弱的。在目前缺乏严格管制的情况下，会让很多人不顾道德约束而做一些铤而走险的事情，关键是对价有多大而已。

2. 风险管控机制有大量漏洞。现实中对网贷平台风险理念不同，会导致平台风险意识的差异。风险意识较弱的平台公司组织机构不够完善，甚至没有设立风险评估或者法律部门，给投资人造成巨大的风险。超过合规上限的定价模式也是 P2P 平台机构对产品的定价超过了最高人民法院关于民间借贷逾期利率的上限规定也是目前比较突出的问题。交易机制在 P2P 网贷业务中居于重要位置，网贷平台的创设者职业素质良莠不齐应该是当前 P2P 平台交易机制缺陷的主要原因。良好的交易制度可以规避或减少很多风险带来的危害。交易机制设定不合理，就会出现投资的信用判断失误，导致出现坏账和投资者损失的问题。目前国内大部分 P2P 网贷平台风险控制手段仅仅停留在线下征信、引入资金银行存管机制、提取风险金等相对单一的办法，尚未建立起风险的量化指标体系和风险的动态评估系统。由于 P2P 网贷处于行业发展的初期阶段，其采用的风险管理手段简单而零散，缺乏更多系统、科学的风险管控方法。只有建立在完善的公司治理基础上的具备严密的内控组织，独立的业务部门，清晰的职能分工，完善的会计控制体系，严格的授权审批制度，合理的业务集合制度，有效的员工管理制度，先进的信息化管理手段，才是一个有效的内部控制机制。目前的网贷平台显然不具备。

3. 信息安全漏洞。打开 P2P 网站进行注册，却发现身份证已被陌生手机号码绑定进行了注册，更让人吃惊的是这个账号已有消费并产生了大量欠款。原因是用户信息泄露，而平台又没有有效的验证方式。当提到 P2P 是否安全时，人们往往想到的是本息到期能否兑现？平台会不会卷款跑路？能考虑到上述信息安全问题的却很少。P2P 的载体是互联网，网络信息安全是 P2P 平台安全的基础保障。从业机构应当切实提升技术安全水平，妥善保管客户资料和交易信息，不得非法买卖、泄露客户个人信息。应该讲，对 P2P 平台对信息安全的忽视比安全威胁本身更可怕。现在一些 P2P 平台营销费用年过千万，而与高额营销费相比，信息安全的投入则显得捉襟见肘。在这个竞争激烈的行业，经营者们首先考虑的是如何吸引眼球、增加用户量，却忽视了信息安全这一安全基础的建设。网站被仿冒、用户资金遭窃取等问题一旦出现，都将对平台的声誉造成打击，并严重动摇投资人信任感，这是很难通过营销宣传补救的。那么，P2P 平台目前面临的信息安全问题主要有哪些呢？一是借贷参与方身份真实性的识别。用户登录“官网”进行转账投资，资金划转后却发现没能进行投资，钱款也不翼而飞。原来，所谓的“官网”是以假乱真的钓鱼网站。网民因在仿冒的银行、购物网站输入密码，导致密码被盗、资金被窃。现在，钓鱼网站的黑手已伸向涉及大量资金交易的 P2P 平台。但 P2P 平台不像银行等金融机构那样拥有线下网点，无法面对面的办理业务，所以大大增加了身份识别的难度，以致出现冒用他人信息进行消费借贷、冒牌 P2P 官网骗取用户钱款的问题。二是信息传输过程中的保密性和完整性。投资者在网页中输入信息，再点击“确认”或“提交”键后，信息就将通过一种叫 HTTP 的网络协议传输到网站的服务器。这一过程最大的问题是没有加密措施，账户密码、隐私数据等重要信息很可能在传输过程中被截取或篡改。三是电子合同的真实性与合法性问题。冒用他人身份注册并进行借贷，相当于合同主体是虚假的，所签合同也是虚假、无效的。一旦出现问题，如果无法找到冒用者，平台恐怕也只能自担损失。如果无法确定借贷人的身份、无法确保 P2P 平台的真实性、投资账户密码可能被盗、签订的电子合同也可能是无效的，那面对投资 P2P 只能望而却步。

4. 担保模式存在难题。目前，担保是 P2P 平台的“标配”，但担保方式、担保程度却是千差万别。若采用平台担保，就是指 P2P 平台本身参与了担保，承诺对出现逾期的标的第一时间进行补偿。在平台担保的模式下，如果发生违约、无法偿付的情况，P2P 公司就得自掏腰包承担责任，如果平台垮掉或者是跑路了，那么投资者可能就不知道借款人了。P2P 平台公司本身也风险加大，如果有大量的单子违约可能就会影响到公司存亡。平台担保模式要求 P2P 平台本身是否有能力覆盖风险，投资人需要关注平台参与担保的资金从何而来？是平台公司拿自己的钱去承担？还是用新进入的资金来覆盖原有的项目风险？当然，也有 P2P 公司将风险转移到担保公司，由第三方担保承担风险。第三方担保公司担保也存在风险。如何防范担保公司的道德风险，也考验平台对担保公司的掌控力。虽然目前绝大多数的 P2P 平台都宣称“有担保公司，本息保障”，但担保后面还有文章。如果担保公司能完全覆盖这些风险，那为什么还有不少 P2P 平台倒闭跑路，投资者血本无归？其实各家担保公司跟 P2P 平台签订的协议不一样，很多都是一般性的有限担保，借款人无法还款就找担保公司。而与之相对应的无限担保，除了找担保公司，还可以找 P2P 平台。虽然都是担保公司，但担保公司的性质却有天壤之别。担保公司也要有分辨，是否具有融资性担保牌照。融资性担保机构是特许机构，需要通过地方监管部门前置性审批许可并获得融资性担保机构经营许可证后，才能在工商等相关部门注册登记成立。而非融资性担保机构尚未实行准入管理，其注册登记没有前置性的行政审批要求，也无须持有经营许可证，只要符合《公司法》等相关规定，直接进行工商注册登记或其他注册登记即可成立。融资性担保公司主要是与银行合作，有银行授信额度、替借款人担保；而非融资性担保机构，主要做一些类似诉讼保全担保、投标担保等履约担保业务。现在很多网站找的担保公司都是没有融资性牌照的空壳，其担保能力没有监管和考核。从本质来观察，担保只是增信手段，真正的风控要靠对借款人有力的调查，有风控和调查能力的担保机构真是少之又少。而对于“平台本身不得提供担保”一说，目前监管层尚未做出详细定义和解读。目前，中国多数 P2P 平台仍以提供本金保障或本息担保的条件吸引投资者。美国 P2P 机构信息平台做得成功，很大程度上得益于其良好社会信用体系的支撑。在中国缺乏信用体系的基础上简单要求 P2P 做信息平台，有些勉为其难。正是基于这种考虑，监管层欲对 P2P 行业进行分类监管。但是对于牌照监管，不少业内人士态度谨慎。

5. 资产端“垃圾”多，投资者选择有难度。P2P 平台规模不断壮大的背后隐藏的是网贷行业产品同质化现象的愈发严重，当稀缺的优质资产端无法跟上平台规模和投资者需求时，就会引发大面积的劣质标和假标涌入平台。标的筛选是 P2P 投资者的重要关卡。然而，由于信息的不对称和征信体系的不健全，国内 P2P 市场的标的筛选已经跳脱了风险—收益预期选择的范围，更是成为了一种极其专业的风险控制能力，这是一般的个人投资者难以做到的。投资者选择难度加大，选择成本必然高昂。同时，P2P 平台繁杂众多，投资者管理难度大。用资产组合来分散风险，是业内投资者共有的理财常识。然而，当可以选择的平台不是几个几十个，而是数千个，且每天都有新平台上线，也有旧平台跑路时，投资者的资产管理就变得极为困难了。不仅需要耗费个人大量的时间与精力，而且风险分散的结果也不一定理想。权益机制缺乏，个人维权难度大使快速发展的 P2P 投资人很难达成维权目的。数据显示，能进入司法程序并得到解决的案件更是寥寥无几。当发生问题平台纠纷案件时，投资人都会先报警，由公安机关立案侦查后再递交检察院，由检察院向人民法院提起公诉。但事实上，投资人在报案后，案件往往由于 P2P 投资人分散在各个区域、单个投资人涉及金额较低等问题，而成功立案的比例极低。而受行业热度下的利益驱使，大批平台涌入市场后，当政府监管无法进行风险过滤时，风险就会直接来到个人投资者面前。P2P 行业虽是新兴行业，但对平台运营能力和风险控制能力的要求其实不比一般金融机构低，不是简单的几个人出点钱弄个平台就能应付的，股东实力、高管团队、风控体系等因素都会关涉其运营结果。当市场利益驱使众多投资个体及投资机构涌进时，当行业准入门槛被放得极低时，业内数千家平台的运营实力着实良莠不齐，差异巨大。做得差的则害人害己，给行业蒙上了厚厚的阴影。

（二）P2P 网贷的主要安全手段

1. 适度的监管仍然需要。所有形式监管的目的都不是把你管死，而是要制定合理的活动边界，让这个行业更好更有序的发展。监管在金融领域是必不可少的事情，而不要过早介入监管的呼声吹肥了 P2P 这个行业，直接导致了现在 P2P 行业大面积崩塌的格局。其实，真正诚意从事 P2P 并致力于市场挖潜的企业来说，没有边界的监管其实恰恰是最大的伤害，它让有信用的人无法得到信用利益，让没信用的人却可以浑水摸鱼，甚至会把 P2P 行业弄得声名狼藉。目前，风险问题通过技术解决基本被证明无效，哪怕大数据也一样。还有一点，就是风控技术无法决定贷后行为，再好的贷前调查，都会在贷后失效，因为你无法约束他在获得你的贷款之后不再进行其他的融资，从而直接改变你贷前调查的重要结果。从 2013 年开始，P2P 的平台数量、融资规模和投资人数都飞速增长。除了监管部门采取相对宽松的容忍态度，还有两个重要因素支持了 P2P 业务的扩张：一是正规金融部门服务供给不足，绝大部分中小企业和个人没有得到很好的金融服务；二是互联网技术包括移动终端和大数据分析的发展为完成金融交易提供了新的可能。目前对于 P2P 的总体监管思路是：定位 P2P 平台为信息中介，严禁提供增信服务、设立资金池和从事非法集资；对 P2P 平台不设注册资本金门槛和杠杆率上限等要求；实行负面清单制，在严禁从事列出的相关业务项目的同时，对符合法律法规的创新业务予以空间；遵循“谁审批，谁监管”的原则由地方金融办负责风险防范与处置。应该讲，对 P2P 业务监管实行不设门槛的备案制，将缺乏对公司治理、交易条件和信息披露等方面的监管要求；而采取由地方金融办负责的属地管理模式，会与小贷公司的管理模式十分类似。但 P2P 与小贷业务存在较大差别。第一，小贷公司的业务基本不跨区域，而 P2P 业务跨区域却很普遍。第二，小贷公司的主要资金来源为股东缴纳的资本以及来自不超过两个银行金融机构的融资；而 P2P 平台的资金大多来自个体投资者，其判断、自担风险的能力要弱许多。虽然大多认为 P2P 业务规模比较小且不致造成系统性风险，但互联网平台和个体投资者的介入也许意味着风险的扩散会更快、更广。事实上，一些地方政府也并不具备金融监管的能力。建议从如下三个方面考虑改进监管框架：一是由银监会负责制定、协调并实施 P2P 业务的监管政策，责任到机构。现在的管理办法看上去很多部门参与监管，容易造成或者三不管或者重复管的现象。二是设立最低门槛制度，审查平台的经营者、资本金和业务能力等方面的基本资质，同时也对融资主体、投资分布、项目种类、融资期限和利率分布提出一些监管要求。三是建立严格的信息披露制度，鼓励对平台公开、公正的评级。对于信息缺失严重、不能及时准确披露的平台，应该限制其业务直至取消从业资格。四是严格规范债权转让，消灭期限错配自动投标模式下的集合理财结构，强调网贷机构不得通过债权转让模式拆分债权、进行期限错配。消灭了期限错配，也就消灭了因恐慌带来的流动性压力和兑付危机，避免合规平台的集中爆雷。

2. 重视投资者风险教育。挑选优劣平台是一件令投资人十分头疼的事情，而且很长一段时间内，很多投资人并不能完全正确认识 P2P 网贷，不清楚网贷行业存在的风险。究其原因，投资人风险教育缺乏是重要缘由之一。P2P 网贷作为新生投资理财模式，投资人教育曾经几乎是空白，直至近两年认清 P2P 网贷的本质，看清网贷理财的风险，这一现象才有所改观。特别是对近年来行业发展经验教训的总结，P2P 网贷投资人的教育取得了阶段性的成果。P2P 网贷是近年来新兴的一种互联网金融模式，是一种个体和个体之间通过互联网平台实现的直接借贷。P2P 网贷平台为借贷双方提供了信息流通交互、撮合、资信评估、投资咨询、法律手续办理等中介服务，但同时也带来的金融风险的近乎爆炸式的增长。除了提现困难、失联跑路等严重问题，与信息安全相关的风险漏洞则在 P2P 平台上大量存在。例如平台的真实性问题、电子交易数据的泄露和被篡改问题。因而作为一种非常平民化的大众融资平台，投资人对其风险的提前预知和预判是非常重要的，当然还包括有风险的主要防御措施。

3. 使用数字证书和电子签名技术。如果一家 P2P 平台希望解决信息安全问题，那么它的安全需求可归纳为以下三点：可识别用户身份、平台身份的真实性；保证电子交易信息的机密性、完整性；借贷合同、借据等电子协议需要符合《中华人民共和国电子签名法》。目前我国已经有比较成熟、完整的技术方案可应对 P2P 平台的主要信息安全问题。现在已经有越来越多的 P2P 平台与取得电子认证服务许可证资质的第三方电子认证服务机构合作，通过引入数字证书 CA 和电子签章技术，满足自身的主要信息安全需求。而且一旦出现投资纠纷以致诉诸法律，CA 还可作为第三方进行电子取证、提供法律依据。当然，数字证书并非谁发都有效力，就好像居民身份证必须由公安机关发放一样。只有类似于 CFCA（中国金融认证中心）这样的正规第三方 CA 机构签发的数字证书才能用于身份认证。CFCA 会为投资人、借款人、担保公司、P2P 平台发放个人数字证书或企业数字证书，建立各方对应的身份标识，实现身份认证，防止身份的冒用。同时对 P2P 平台进行服务器证书（SSL 证书）认证。SSL 证书可以理解为代表网站身份的数字证书，CFCA 在对网站经营方、域名等多项信息进行严格审核后才会签发这张证书。SSL 证书还能起到信息加密传输的作用，避免电子交易信息在传输过程中被截取、篡改，确保其机密性和完整性。P2P 平台受到 CFCA EV SSL 证书的保护后，用户可通过绿色的浏览器地址栏、地址栏中的公司名称、HTTPS 和点击锁形图标后显示的证书信息来确认网站是真实可信的，同时信息传输已经过 HTTPS 协议加密处理。需要说明的是，是否使用符合《电子签名法》的电子签名是电子合同是否具有法律效力的基础。电子签名是指电子文档中以电子形式所含、所附用于识别签名人身份并表明签名人认可其中内容的数据。通俗点说，电子签名就是对电子文档的电子形式的签名，但并非是书面签名的数字图像化。只在所谓的合同文档上放个红章或签名图片是无效的，因为它只是一张数字格式图片，是可以被编辑和修改的。《电子签名法》规定“可靠的电子签名”需要同时满足以下四点：电子签名制作数据用于电子签名时，属于电子签名人专有；签署时电子签名制作数据仅由电子签名人控制；签署后对电子签名的任何改动能够被发现；签署后对数据电文内容和形式的任何改动能够被发现。CFCA 会为 P2P 平台的参与各方都发放数字证书。在签署合同时，各方都要用自己的数字证书结合提供可视化服务的电子印章软件进行盖章。一份经过各方电子签名后的电子签章合同具有和手写签署合同一样的法律效力。在提供了电子签章服务的 P2P 平台，用户只要登录个人账户就能下载到 PDF 格式的电子合同。而为这份合同赋予法律效力的就是其中的数字证书。数字证书为签名人专有，可以证明合同是签名人本人签署的。

四、众筹与众投的主要安全问题及其安全手段

（一）众筹与众投的主要安全问题

1. 法律法规落伍滞后。众筹与众投要在中国得到更大程度上的发展，在法律层面必须给予众筹与众投模式更多的法律松绑，特别是股权众筹问题。我国《刑法》第一百七十六条“非法吸收公众存款罪”的规定基本限制了民间集资发展的法律空间，现实中股权众筹项目如果没有得到有关部门的审核批准，极有可能被界定为非法集资行为。我国 2011 年出台的《关于审理非法集资刑事案件具体应用法律若干问题的解释》对《刑法》第一百七十六条规定的“非法吸收公众存款或者变相吸收公众存款”做出了更为具体的界定，如果同时符合以下四个特征的经济行为将会被认定为非法集资：一是未经有关部门依法批准或者借用合法经营的形式吸收资金；二是通过媒体、推介会、传单、手机短信等途径向社会公开宣传；三是承诺在一定期限内以货币、实物、股权等方式还本付息或者给付回报；四是向社会公众即社会不特定对象吸收资金。但未向社会公开宣传，只是在亲友或者单位内部针对特定对象吸收资金的，不属于非法吸收或者变相吸收公众存款。基于这样的法律条件，我国目前的股权众筹发展基本游走在一个灰色的区域，并以多种方式规避法律风险。但这毕竟不是长久之计，这个问题若不尽快加以解决，众筹在中国的前景将更加令人担忧。在众筹起源的美国，2012 年 4 月 5 日，美国总统奥巴马签署了 JOBS 法案（《2012 年促进创业企业融资法》），进一步放松对私募资本市场的管制，法案允许小企业在众筹融资平台上进行股权融资，不再局限于实物回报，同时法案也做出了一些保护投资者利益的规定。法案规定，对每一个项目来讲，其融资规模在 12 个月内不能超过 100 万美元；同时也限制了每一个特定投资人的融资规模，不可超过其年收入的 5%。JOBS 法案的出台使美国众筹有了合法生存的法律依据，特别对股权类众筹发展有极大的促进作用。但在中国，根据中国法律，众筹不支持以股权、债券、分红、利息形式作为回报项目，否则有非法集资之嫌。在中国现行法律环境下，股权众筹生存和创新的空间很小。根据现行的公司法及证券法相关规定，如果未经监管部门审批，向非特定对象公开发行股票，或者向超过 200 个特定对象发行股票，都属于公开发行股票。如果按照现行法律规定，股权众筹平台不能在平台上公开宣传众筹项目，否则，有可能违反未经审批向公众公开发行股份的法律红线，如果达到一定的程度，则可能构成犯罪。此外，也不能踩向超过 200 个特定的人发行股份的法律红线。在此情况下，股权众筹只能通过线下进行，不能发挥众筹的效用。就目前中国法律政策环境而言，债权类众筹、股权类众筹还存在诸多的限制和法律红线，如果放开去创新则可能触犯刑律，保守则不利于创新，缺乏吸引力。

2. 内部创新机制不足。众筹与众投的内部机制包括平台的运营模式、盈利模式、出资人的招募、优秀项目的征集和维护。目前众筹与众投的内部机制创新不足，中国特色遭遇很大的障碍，主要问题表现在以下四个方面：（1）众筹与众投平台功能缺失。虽然我国众筹与众投平台发展至今已初具规模，但总体而言平台质量较低，缺乏创新，平台的相关服务、信息公开和规则制定等功能缺失。众筹与众投搭建的是链接投资人和筹资人的桥梁，平台需提供网站、服务、规则和秩序。目前中国多数非股权众筹与众投服务商的网站服务在国内运用需要逐步适应我国的发展环境，积极改良和创新。单纯复制网站而缺失配套的服务，导致大量质量低劣、毫无新意的众筹平台充斥市场，是目前众筹发展的一个突出问题。（2）众筹模式职能错配。由于现有法律有悖于众筹模式，众筹与众投网站目前所有项目很难以股权或是资金作为回报，项目发起人在极少情况下向出资者许诺任何资金上的收益，多数以实物、服务或者媒体内容等作为回报，这导致了非股权众筹相对于股权众筹占绝对的优势地位。在目前的法律环境下，大众作为投资人更多时候其实完成的不是一个投资行为，而是一个带有赠与性质的购买行为，表现为对满足消费者特殊需求的某种特定产品的预购。而这实质上是众筹的职能错配及投资功能的扭曲。如此模糊投资和消费的边界在短期内对推动众筹特别是众投的普及和增加居民福利虽也有一定的好处，但不利于众筹与众投的长期发展。股权众筹在国内缺失会使产业体系先天不足；投资人无法获得股权回报使得资金退出机制缺位，追加投资渠道和项目增值受阻，使得众筹与众投后天发展不良。众筹与众投如果不能尽快在法律上得到支持，则会面临职能错配进一步加深，产业畸形发展的危险。（3）项目融资成功率低。目前我国众筹平台上的项目融资成功率在50%以下，与其他创业投资模式相比也许并不低，但考虑到非股权众筹的项目多为风险较低的创意文化产业，则这个数字就并不尽如人意了。其主要原因在于众筹与众投网站上大部分无法产品化的创意并不适合中国市场：一方面鉴于国内对知识产权申请与保护的现状，平台难以规避创意被抄袭的风险，项目发起人很难保护自己的智力成果；另一方面国内出色的原创产品和高级开发人才不足，导致项目总体质量不高，出资人也不愿意为雷同的设计买单。（4）项目发现渠道狭窄。通过众筹与众投网站筹资投资的偶然性很大，项目质量没有科学的考核标准，筹资人或投资人主要依赖口碑效应和粉丝消费拉动投资；而投资人更像保守的消费者一样在自己熟悉的领域进行产品消费。

3. 委托持股问题不断。为了规避非法集资的风险，在委托持股得到合法性的条件下，目前大多数众筹平台的股权众筹是采取由一个实名股东分别与几个乃至几十个隐名的众筹股东签订代持股协议，代表众筹股东持有众筹公司的股份。在这种模式下，众筹股东并不亲自持有股份，而是由某一个实名股东持有，并且在工商登记里只体现出该实名股东的身份。尽管法律认可委托持股的合法性，但是还须证明众筹股东委托过实名股东。这种委托关系是众筹股东和实名股东之间的内部约定。如果这种约定没有书面文件或者其他证据证明，众筹公司和实名公司一旦不认可众筹股东的身份，众筹股东将根本没法证明“我就是这个公司的股东”，或者“他名下的股份其实是我的”。显然，对于持股平台模式，众筹股东与众筹公司之间隔了一个持股平台，众筹公司股东名册里只有持股平台，没有众筹股东。因而众筹股东与众筹公司之间的关系非常间接，对众筹公司几乎无法产生直接的影响。在很多众筹项目中，众筹股东虽然是公司股东，但是几乎很难行使公司股东的权利，基本上都不能亲自参加股东会的表决和投票，而且想要过半数通过任何表决都会困难重重。现实操作中，很多众筹咖啡馆都面临过"一人一句"的决策权混乱窘境。众筹股东参与众筹，很多时候看中的是众筹公司的盈利能力。股权众筹的投资项目看得见、摸得着，收益率有保证，因而很多人愿意参与股权众筹，也非常期待公司分红。但公司法并未规定公司有税后可分配利润就必须分红，那么众筹股东只能自己保护自己，最好要在公司章程中约定强制分红条款。风险投资项目一般具有高风险、高收益的特征，且大部分的项目都会投资失败，只要其中少数几个创业项目成功。股权众筹本身就是为了降低投资门槛，且大多数众筹股东都是普通老百姓。众筹投资人不可能有大量资金涌进众多的项目投资，而只能投一两个项目，如果这一两个项目干砸了，那就是血本无归了。另一方面，普通老百姓由于缺乏专业背景更多的是听信于众筹发起人的所谓宣传或炒作，投资的风险也会随之提升。

4. 知识产权保护不利。众筹与众投平台成立的主要目的之一在于挖掘创意、鼓励创新，其上线众筹与众投项目的发起者的主要目的在于实现并贩卖其创意，而出资者的出发点在于支持创意、购买新颖的产品。但是发布在奖励制众筹平台的众筹项目大都是还未申请专利权的半成品创意，故不能依知识产权相关法律保护其权益。与此同时，几个月的众筹与众投项目预热期给了盗版商"充分的"剽窃时间。所以从保护知识产权利益的角度出发，许多众筹与众投项目的发起者只向公众展示其创意的部分细节。连带下来，具有出资意愿的创新爱好者由于无法看到项目全貌而无法对产品形成整体、全面的印象，也就大大降低了其投资兴趣和投资热情。所以我国知识产权相关法律法规在创新性众筹与众投项目方面的缺失降低了创意发布者创新积极性，也使众筹与众投项目出资人对创新项目的支持力度大打折扣，严重桎梏了众筹行业的发展。众筹与众投在国内正处于刚刚兴起的阶段，客观上没有一个有效的知识产权保护机制。同时，知识产权创新项目能否上线最终还是依靠平台团队的经验判断。项目的风险、金额设定、信用评级也基本取决于平台方，可操作的弹性空间非常大。当下多数出资者对知识产权项目的收益形式和风险点缺乏必要的了解，一些可能的欺诈行为也会打出创新并高收益的"噱头"。而由于众筹与众投参与的门槛相对较低，出资金额小，其中的风险往往更容易被忽略，造成损失后也更难追讨。需要说明的是，对于筹资人或投资人来讲，知识产权法律保护的缺位也阻碍了众筹与众投的发展。高质量的项目是众筹与众投发展的基础，知识产权的保护首先是使项目发起人的利益得到保障，而后是能够增强众筹与众投平台对高质量项目的吸引。

（二）众筹与众投的主要安全手段

1. 政府积极干预。政府相关部门应尽快完善有关众筹与众投的法律制度，对于众筹众投标准、与非法集资的区别等内容给予明确的解释，为众筹与众投模式的今后发展奠定相关的制度基础，保证其发展的合法和有序。同时，相关政府部门应增强对知识产权的保护力度，为众筹与众投平台的开放运行提供良好的法制环境。由于现阶段我国对于相关众筹与众投项目的知识产权的保护几乎真空，众筹与众投平台的开放运行无法避免创意被抄袭的恶果，导致项目很难进入投资执行阶段，众筹与众投平台难以出现真正有价值的创意。政府加强对知识产权的保护力度，完善相关法律规定为众筹与众投平台的有效运行提供了良好的外部环境。当然，政府需完善互联网信用监控机制，改善国内信用环境。因为众筹与众投模式的发展主要依赖互联网，由于缺少监督机制和信用监控机制，项目发起人常常将募集到的款项移作他用，出资人无法得到应得的报酬，致使公众对于众筹与众投平台缺乏信心。当前，作为政府的基层管理部门，工商行政管理部门应严把市场主体准入，同时结合抽检工作与查询系统，建立众筹与众投行业的动态风险台账，对投资、投资担保、投资咨询、投资管理、财务管理、非融资性担保等公司的登记注册进行严格审核，规范企业经营范围，并建立统计查询制度。通过工商系统数据平台，对开展与投资业务相关的市场主体进行统计，梳理出非法集资管控重点。众筹与众投平台按照要求到相关部门注册备案，众筹项目和众筹平台要提供高度完整的信息披露和富有针对性的风险提示，以保护投资者知情权和利益；要求平台要严格审核筹资人的准入资质，把相关证照资质、人员信息收集齐全，并在显著位置公示，平台还要做到交易记录的备份保存工作。对引入融资性担保，增加融资信用，当被担保人不履行对债权人负有的融资性债务时，由担保人依法承担合同约定的担保责任。随着大数据技术的推广，可与相关机构合作，在投资方授权的情况下在线获取其资产、社会属性、教育及工作情况等信息，融合电商、社交网络上的行为数据，以准确评估筹款或投资的风险度。同时，设定投资者准入门槛，限制投资者的最大投资额，提高投资者的风险承受能力，保障投资者的利益。要形成多部门协同联动的大监管格局，共同查处问题企业，尤其是互联网金融方面的问题企业。与此同时，加强行业自律建设，自觉遵守《中国股权众筹联盟自律公约》。根据行业特点，建立适用于业态的现场与非现场检查体系，指导众筹与众投平台建立风险量化指标体系和风险动态平复系统。此外，要进一步畅通消费者投诉举报渠道，开通平台服务通道，加强社会舆论监督，逐步实现社会共治。

2. 提高平台运行质量。众筹与众投平台要拓展相关业务范围，充分发挥众筹与众投的积极作用。在现阶段，我国的众筹与众投网站只支持以项目的名义募集资金，并不向相关创业公司开放。所支持的项目类别仅限于设计、漫画、出版等少数行业，不涉及公益项目。而出资人的收益也仅仅是实体产品，而非股份或资金。这严重限制了众筹与众投作用的发挥，严重扭曲了投资行为，背离了众筹与众投产生的初衷，不利于支持种子期的小微企业持续发展。因此，我国现有的众筹与众投平台应当在合法合理的基础上，努力扩展相关业务范围，逐步使我国众筹与众投模式有序发展，进一步提升众筹与众投对于中小新兴企业的筹资作用，充分发挥众筹与众投对于创意产业的支持力度。众筹与众投平台应当完善项目筹资标准，提升创意项目质量，避免雷同，避免鱼龙混杂，有力保护项目发起人的智力成果。此外，众筹与众投平台对于投资人的回报收益也应有所关注，建立投资人与项目发起人交流的桥梁，使投资人对自己投资的项目得到相关回馈，完善报偿索取制度，减少欺诈行为，保护出资人的合法权益。而对于拥有众筹项目的小微企业和创业者而言，只有充分利用众筹与众投发展模式，提高项目质量才能发挥众筹与众投的真正作用。筹资难是我国中小企业发展普遍面临的问题之一，而众筹与众投模式恰恰为我国中小企业破解这一难题提供了新的解决途径。中小企业可以利用相关众筹与众投平台筹集企业发展资金，将企业面临的资金难题通过互联网众筹与众投平台得以解决，将募集到的资金用于企业的持续发展。

3. 做好知识产权保护。目前创意产品募资的众筹平台，其公开性和不确定性有使创意被窃取的风险。而且大多数创意类项目，有的项目产品已经面世，有的可能还只是半成品，长期展示过程中，创意被他人窃取的可能性极大。在创新匮乏的现实环境中，偶尔出现的创新极易成为各商家瞄准的目标。因此，对应的众筹网站都会建议项目发起人在网站上展示项目时，尽可能避免将关键信息披露出来。但是，如果众筹项目是建立在剽窃他人创意的基础上完成的，抄袭他人创意而发起众筹后，如果被抄袭者发起知识产权诉讼，项目发起人可能会承担停止侵害和其他赔偿责任，出资人的出资也就失去回报的可能性。对于创业团队而言，参与产品众筹的同时，应该提前做好一些知识产权部署或商业秘密保护。其一，提前做好商标保护。大多数参与众筹的产品或项目，创业团队都会取个名字。如果没有单独命名，则尽量使用公司名称。如果已单独命名，则需要提前做好商标申请保护，至少做到未提交申请商标保护的名称暂不公开使用，以免被有心之人提前抢注。类似的情形也适用域名等商业标识领域的布局和保护，创业团队参与众筹尽量对公司或产品域名也提前做一些布局。其二，适当做好专利布局。根据当前众筹平台的需要，大多数参与众筹产品都需要设计精美的产品介绍海报。一方面，创业团队应对产品的外观或样式，提前申请外观设计专利保护，另一方面，对于产品的核心技术或是实现方式，也要提前做好发明或实用新型专利申请保护。如果创业团队因资金有限，暂时无暇投入精力，做相应的专利申请保护，则在参与众筹时，要考虑采取多种方式或手段确保核心技术或是技术原理不被外泄或抄袭。此外，也要适当做好介绍海报图片、样式及文字等著作权保护。其三，做好商业秘密保护。商业秘密是指不为公众所知悉、能为权利人带来经济利益，具有实用性并经权利人采取保密措施的技术信息和经营信息。通常而言，商业秘密包括技术信息和经营信息两部分。生产配方、工艺流程、技术诀窍、设计图纸属于技术信息；管理方法，产销策略，客户名单、货源情报则属于经营信息。创业团队参与项目或产品众筹，如果无精力或财力申请专利保护，就要想办法采取保密措施，对提交众筹产品的核心技术或原理加以保护。

思考题

1. 目前互联网金融面临的主要安全问题是什么？
2. 互联网金融的主要安全技术有哪些？
3. 第三方支付的主要安全手段有哪些？
4. 网上银行的主要安全手段有哪些？
5. P2P 网贷的主要安全手段有哪些？